Die Bedeutung von Preisverzerrungen
für das Wirtschaftswachstum ausgewählter mittel-
und osteuropäischer Transformationsstaaten

Europäische Hochschulschriften

Publications Universitaires Européennes
European University Studies

Reihe V
Volks- und Betriebswirtschaft

Série V Series V
Sciences économiques, gestion d'entreprise
Economics and Management

Bd./Vol. 2203

PETER LANG
Frankfurt am Main · Berlin · Bern · New York · Paris · Wien

Joachim Köhne

Die Bedeutung von Preisverzerrungen für das Wirtschaftswachstum ausgewählter mittel- und osteuropäischer Transformationsstaaten

PETER LANG
Europäischer Verlag der Wissenschaften

Die Deutsche Bibliothek - CIP-Einheitsaufnahme

Köhne, Joachim:

Die Bedeutung von Preisverzerrungen für das Wirtschaftswachstum ausgewählter mittel- und osteuropäischer Transformationsstaaten / Joachim Köhne. - Frankfurt am Main ; Berlin ; Bern ; New York ; Paris ; Wien : Lang, 1997
(Europäische Hochschulschriften : Reihe 5, Volks- und Betriebswirtschaft ; Bd. 2203)
Zugl.: Frankfurt (Main), Univ., Diss., 1997
ISBN 3-631-32656-4

D 30
ISSN 0531-7339
ISBN 3-631-32656-4

Bei der Erstellung dieser Arbeit am Lehrstuhl von Herrn Prof. Dr. P. Michael Schmitz in Frankfurt konnte ich auf vielfältige Unterstützung zählen. Mein besonderer Dank gilt Herrn Prof. Dr. Schmitz für seine umfassende Hilfe und kritische Begleitung der Arbeit. Für die Übernahme des Koreferates und die konstruktive Kritik bin ich Herrn Prof. Dr. Malcolm H. Dunn dankbar. Die intensive Durchsicht des Manuskriptes übernahmen Frau Cornelia Nöth, Herr Dr. Stephan Wiegand, Frau Gisela Rohrbach, Frau Claudia Himmelreich und Frau Katja Tönnesmann, wofür ich ihnen sehr dankbar bin. Meiner Frau, Andrea Köhne, danke ich für die vielen wertvollen Hinweise sowie für die Hilfe bei der Erstellung der Grafiken und der Druckvorlage. Ein herzlicher Dank gilt auch meinen Eltern.

Die Promotion wurde von der Friedrich-Naumann-Stiftung mit Mitteln des Bundesministeriums für Bildung, Wissenschaft, Forschung und Technologie gefördert.

Stade, den 28. Juli 1997

Joachim Köhne

Vorwort

Mit der ökonomischen Analyse des Transformationsprozesses in mittel- und osteuropäischen Ländern greift Herr Köhne ein interessantes Forschungsgebiet auf. Er geht der Frage nach, welche Rolle Preisverzerrungen für das Wirtschaftswachstum in mittel- und osteuropäischen Ländern spielen. Im Bewußtsein, daß diese Frage nicht isoliert von anderen Einflußfaktoren beantwortet werden kann, stellt er sie von Anfang an in den größeren Zusammenhang des gesamten Reformprozesses und seiner Teilkomponenten. So werden wichtige Wechselwirkungen überhaupt erst sichtbar. Als theoretisches Grundgerüst dient dem Autor die neue Wachstumstheorie, deren Facetten er in überzeugender Weise auf seine Problemstellung anwendet. Nach einer klaren Hypothesenbildung werden die theoretisch vermuteten Zusammenhänge dann empirisch überprüft und sorgfältig interpretiert. Mit der Entwicklung eines eigenen Indikatorengerüsts für 14 Länder, neun Politikfelder und insgesamt sechs Jahre leistet der Autor einen Literaturbeitrag, der beachtlich ist. Eine ökonometrische Querschnittsanalyse speziell für Osteuropa von diesem Umfang liegt bislang nicht vor. Die Verbindung von Theorie und Empirie gelingt dem Autor sehr gut. Beeindruckend ist darüber hinaus die Literaturarbeit, die sich als Argumentationsvielfalt im Text deutlich widerspiegelt.

Es handelt sich um eine sehr gründliche, wissenschaftlich anspruchsvolle Arbeit zu einem Thema, dessen Relevanz außer Frage steht und das in fruchtbarer Weise den methodisch/theoretischen Teil mit der wirtschaftspolitisch angewandten und empirischen Fragestellung verknüpft. Dem Autor ist es nicht nur gelungen, die Literatur zum Thema vollständig und didaktisch geschickt aufzuarbeiten, sondern er hat eindeutig das Wissen über spezifische Transformationsprobleme erweitert.

Gießen, 24. Juli 1997

Prof. Dr. P. Michael Schmitz

I Inhalt

II Abbildungsverzeichnis

III Tabellenverzeichnis

V Verzeichnis der verwendeten Symbole

GRS - *Grenzrate der Substitution*
GRT - *Grenzrate der Transformation*
i - *Inland*
a - *Ausland*
X - *Gut X*
Y - *Gut Y, bzw. Volkseinkommen (gesamtwirtschaftliche Produktion)*
L - *Produktionsfaktor Arbeit*
K - *Produktionsfaktor Kapital*
k - *Kapitalintensität* K/L
y - *Pro-Kopf-Produktion*
F_K, F_L - *Faktorgrenzproduktivitäten pro Kopf*
K - *Kapitalwachstum*
δ - *Abschreibungsrate*
k - *Veränderung der Kapitalintensität*
n - *Wachstumsrate des Arbeitskräftebestandes*
y - *Veränderung der Produktion pro Kopf*
k* - *Kapitalintensität im „Steady-State"*
c - *Pro-Kopf-Konsum*
c* - *Pro-Kopf-Konsum im „Steady-State"*
y* - *Pro-Kopf-Produktion im „Steady-State"*
s - *Sparquote*
γ - *Wachstumsrate*
A - *Technologie*
t - *Zeit*
x - *Wachstumsrate des technischen Fortschritts*
Ç - *Konsum*
C - *Wachstum des Konsums*
ω - *Lohnrate*
r - *Zinsrate*
M - *Anzahl geleisteter Arbeitsstunden*
τ - *Einkommensteuer*
g - *Staatliche Leistungen je Einwohner*
G - *Gesamtleistungen des Staates*
κ - *Aggregierter Kapitalstock*
H - *Humankapital*
ξ - *Studienparameter*
θ - *Durchschnittliche Dauer der Geldhaltung*
π - *Inflationsrate*
υ - *Subvention*

IV Abkürzungsverzeichnis:

BIP - *Bruttoinlandsprodukt*
BSP - *Bruttosozialprodukt*
CES - *Constant Elasticity of Substitution*
CEFTA - *Central European Free Trade Agreement*
DIW - *Deutsches Institut für Wirtschaftsforschung, Berlin*
EBRD - *European Bank for Reconstruction and Development*
EFTA - *European Free Trade Agreement*
EU - *Europäische Union*
F&E - *Forschung und Entwicklung*
GATT - *General Agreement on Tarifs and Trade*
GUS - *Gemeinschaft Unabhängiger Staaten*
IfW - *Institut für Weltwirtschaft an der Universität Kiel*
IWF - *Internationaler Währungsfonds*
IWH - *Institut für Wirtschaftsforschung Halle*
Mio. - *Millionen*
Mrd. - *Milliarden*
OECD - *Organization for Economic Co-Operation and Development*
PPP - *Purchasing Power Parity (Kaufkraftparität)*
RGW - *Rat für Gegenseitige Wirtschaftshilfe*
S. - *Seite*
u. a. - *und andere*
UdSSR - *Union der Sozialistischen Sowjetrepubliken*
US-$ - *US-Dollar*
vgl. - *vergleiche*
WTO - *World Trade Organization*

1 Einführung

1.1 Problemstellung

Die Abkehr der mittel- und osteuropäischen Länder vom sozialistischen Wirtschaftssystem hat auf dem eingeschlagenen Weg zur Marktwirtschaft vielschichtige Transformationsprozesse angestoßen. Ausrichtung und Umfang der Wirtschaftsreformen kennen in der Geschichte keine Entsprechung. Dieser tiefgreifende ökonomische Wandel wird von einer demokratischen Neuausrichtung der politischen Systeme sowie von gravierenden sozialen Umwälzungen begleitet. Zusätzlich erschwert wird die Situation der Reformländer Mittel- und Osteuropas durch den Zusammenbruch traditioneller Handelsstrukturen im RGW.

Nachdem staatliche Pläne und Weisungen in der sozialistisch geprägten Vergangenheit als ökonomische Koordinierungsinstrumente versagt und zur Mangelwirtschaft geführt haben, soll die marktwirtschaftliche Umgestaltung des Wirtschaftslebens das ökonomische Los der Menschen in möglichst kurzer Zeit verbessern. Mit den revolutionären Umwälzungen auf politischer und wirtschaftlicher Ebene bietet sich die Möglichkeit einschneidender Maßnahmen, die in Erwartung langfristig verbesserter Lebensverhältnisse zunächst von einer Mehrheit der Bevölkerung getragen werden.

Im Transformationsprozeß steht die Politik vor der Aufgabe, Märkte zu schaffen, auf denen die Informations- und Anreizfunktionen von Preisen die Handlungen der Wirtschaftssubjekte koordinieren. Daraus resultierende verbesserte Marktergebnisse und infolgedessen die Beseitigung der Mangelwirtschaft bilden die Voraussetzung für erneutes Wirtschaftswachstum.

Die Reformpolitiken mit dem Ziel einer effizienteren Allokation von Gütern und Faktoren erfordern die Beseitigung von Preisverzerrungen, denn Marktungleichgewichte aufgrund mangelnder makroökonomischer Stabilität und verzerrender staatlicher Markteingriffe reduzieren die Wohlfahrt der Wirtschaftssubjekte. Eine Stabilisierung des Preisniveaus, die Liberalisierung der Märkte und Reformen von Institutionen schaffen die Voraussetzungen für die Funktionsfähigkeit von Güter- und Faktormärkten. Eingedenk der monopolistischen Unternehmensstruktur, eingefahrener Verhaltensweisen der Wirtschaftssubjekte und unter marktwirtschaftlichen Gesichtspunkten unzureichender Institutionen der ehemaligen Planwirtschaften kann im Transformationsprozeß jedoch oft kein sofortiger Abbau von Preisverzerrungen erzielt werden. Deshalb besteht auch weiterhin die Gefahr ineffizienter Marktergebnisse.

In der ökonomischen Literatur hat die Untersuchung von Preisverzerrungen eine lange Tradition; ausgehend von der neoklassischen Außenhandelstheorie rückten neben Beschränkungen im internationalen Handel ebenso die Wirkungen inländischer Preisverzerrungen ins Blickfeld der Untersuchung. Wie die Theorie aufzeigt, führen Preisverzerrungen zur Abkehr vom pareto-optimalen Marktergebnis, wodurch sich die volkswirtschaftliche Wohlfahrt reduziert.

Die theoretische Behandlung von Preisverzerrungen beschränkte sich in der Vergangenheit auf die Analyse von statischen Wohlfahrtseinbußen. Bedeutsamer dürften jedoch langfristige dynamische Auswirkungen ineffizienter Marktergebnisse sein. Diese gilt es mit Hilfe neuerer Ansätze der Wachstumstheorie zu untersuchen. Neue Wachstumsmodelle bieten die Möglichkeit, den Einfluß staatlicher Maßnahmen auf das Wirtschaftswachstum abzubilden. Politikinduzierte oder marktmachtbedingte Preisverzerrungen können im Rahmen dieser Theorieansätze einen signifikant negativen Einfluß auf die Rate des Wirtschaftswachstums einer Volkswirtschaft nehmen.

Ziel der Analyse ist die Untersuchung langfristiger Wachstumsbedingungen, die durch marktwirtschaftliche Reformen geschaffen werden. Zentrales Element dieser Wirtschaftsreformen sollte eine von staatlichen Eingriffen sowie von monopolistischer Marktmacht freie Preisbildung auf Güter- und Faktormärkten sein. Deshalb dürfte der Beseitigung von Preisverzerrungen im Transformationsprozeß eine entscheidende Rolle zufallen. Es gilt zu untersuchen, welche Bedeutung unverzerrten Güter- und Faktormärkten für die ökonomischen Entwicklungsperspektiven der Länder Mittel- und Osteuropas zukommt.

Die Differenzierung der Reformprogramme verschiedener Staaten nach den von ihnen geschaffenen Wachstumsbedingungen wird angestrebt. Theoretisch und empirisch soll untersucht werden, in welchem Maße das Wirtschaftswachstum von Reformstaaten durch die Beseitigung von Markt- und Preisverzerrungen gefördert wird. Die Kenntnis der Wachstumsbedingungen in den einzelnen Reformländern könnte zudem Anhaltspunkte zum weiteren Verlauf der wirtschaftlichen Entwicklung dieser Staaten geben. Schließlich erlaubt die empirische Analyse des Wirtschaftswachstums in Mittel- und Osteuropa eine Überprüfung von Aussagen neuer wachstumstheoretischer Ansätze, innerhalb deren der Einfluß von Preisverzerrungen untersucht wird.

Mit der Untersuchung von Preisverzerrungen auf der Grundlage der neuen Wachstumstheorie werden realwirtschaftliche Aspekte im Vordergrund stehen. Dadurch kann die besondere Rolle von Finanzmarktreformen in Mittel- und Osteuropa nicht eingehend thematisiert werden. Auch institutionelle Reformelemente können nicht in der gesamten Breite ihrer Bedeutung behandelt werden. Es wird keine umfassende Erklärung und Bewertung der Transformationsprozesse angestrebt, sondern vielmehr der Schwerpunkt auf die Wirkungen der unzureichenden Funktionsfähigkeit von Güter- und Faktormärkten gelegt. Sofern institutionelle Probleme den Kern der Untersuchung beeinflussen, werden sie behandelt, ohne daß dieses erschöpfend geschehen kann.

1.2 Aufbau der Analyse

Im Anschluß an die Einleitung bietet Kapitel 2 einen kurzen Abriß der Wirtschaftsreformen in Mittel- und Osteuropa. Neben den Ausgangsbedingungen der Transformationsprogramme und den wichtigsten Elementen der Reformpolitik soll die zeitliche Abfolge von Reformmaßnahmen diskutiert werden. Besonderes Augenmerk lenkt das Kapitel auf die Preisverzerrungen im Transformationsprozeß.

Die Entwicklung und Bedeutung der theoretischen Auseinandersetzung mit Markt- und Preisverzerrungen sollen in Kapitel 3.1 aufgezeigt werden. Als Basis für die Untersuchung von Preisverzerrungen im Rahmen der Wachstumstheorie gilt es, die Wurzeln der Theorie der Preisverzerrungen in der Außenhandelstheorie und in der Wohlfahrtsökonomie aufzuzeigen. Es sollen unterschiedliche Arten von Preisverzerrungen abgegrenzt werden.

Langfristige wachstumstheoretische Aspekte erlangen seit einigen Jahren zunehmende Beachtung in der ökonomischen Theorie. Hierzu leisten neuere Entwicklungen in der wachstumstheoretischen Forschung, die auf der neoklassischen Wachstumstheorie fußen, entscheidende Beiträge. Neue Modelle, die auch einen Einfluß staatlicher Politikmaßnahmen auf die Rate des Wirtschaftswachstums abbilden, bieten der Wachstumstheorie ein breites Anwendungsfeld. Die Entwicklung der Theorie nachvollziehend, sollen im dritten Kapitel verschiedene Ansätze der neuen Wachstumstheorie aufgezeigt werden. Daraus soll sodann ein Modell entwickelt werden, das den langfristigen Einfluß von Markt- und Preisverzerrungen auf das Wirtschaftswachstum abbildet und die Formulierung theoretisch fundierter Hypothesen erlaubt, deren Überprüfung anhand des Transformationsprozesses in Mittel- und Osteuropa vorgenommen werden kann.

Die entscheidende Voraussetzung für die empirische Analyse des Wachstumseinflusses von Preisverzerrungen im Transformationsprozeß ist die Messung von Verzerrungen. Das Ausmaß von Verzerrungen und der Fortschritt von einzelnen Reformpolitiken kann mit Hilfe eines geeigneten Indikatorenrahmens, der in Kapitel 4.1 entwickelt werden soll, ermittelt und über Ländergrenzen hinweg verglichen werden. Innerhalb von Analysen ausgewählter Transformationsländer Mittel- und Osteuropas soll sodann eine Bewertung der Reformprozesse auf Basis des Indikatorenrahmens erfolgen. Im Zuge einer einfaktoriellen Varianzanalyse in Kapitel 4.3.2 sollen die Politikindikatoren zur Untersuchung des Einflusses von Reformfortschritten auf das Wirtschaftswachstum dienen. Die Bedeutung des Abbaus von Preisverzerrungen für das Wirtschaftswachstum wird zudem mit Hilfe einer ökonometrischen Querschnittsanalyse ermittelt. Diese Berechnungen greifen in Kapitel 4.3.3 auf geeignete Maßzahlen zur Ermittlung von Preisverzerrungen zurück.

Abschließend soll eine Bewertung der Analysen einen Ausblick auf die weitere wirtschaftliche Entwicklung in Mittel- und Osteuropa erlauben. Schlußfolgerungen für die Fortsetzung der Reformpolitiken und für weitere Transformationsschritte dürften sich aus den theoretischen und empirischen Analysen ableiten lassen.

2 Die Transformation der Wirtschaftssysteme als Voraussetzung für wirtschaftliches Wachstum

Seit Beginn der 90er Jahre befinden sich die Länder Mittel- und Osteuropas in einem tiefgreifenden wirtschaftlichen und politischen Transformationsprozeß. Ziel der Wirtschaftsreformen ist die Überführung der sozialistischen Planwirtschaft in ein marktwirtschaftliches Wirtschaftssystem. In diesem umfassenden Ansatz unterscheiden sich die laufenden Transformationsprozesse fundamental von vorhergehenden Reformbemühungen. Ende der 60er Jahre in Ungarn sowie Anfang der 80er Jahre in Polen wurden lediglich einige marktwirtschaftliche Instrumente in die Planwirtschaft integriert.[1] Damals konnten in Polen und Ungarn zwar schon wichtige institutionelle Reformen wie die Schaffung zweistufiger Bankensysteme durchgeführt werden, doch reichten die Reformen nicht aus, um nachhaltige Verbesserungen zu erzielen. In Polen kumulierten die vereinzelten Lockerungen des Plansystems 1989 in einer Hyperinflation. Ungarn konnte mit den schrittweisen Reformen der 80er Jahre gute Voraussetzungen für den Systemumbau ab 1989 schaffen, da bereits weitgehende Autonomie der Unternehmen und ein an Weltmarktpreisen orientiertes relatives Preisgefüge existierten. Doch für sich genommen sind die vereinzelten „marktsozialistischen" Experimente nicht mit der aktuellen Wirtschaftstransformation zu vergleichen, deren erklärtes Ziel die gänzliche Beseitigung der Planwirtschaft ist.

Zur Verdeutlichung der Relevanz eines umfassenden Reformansatzes werden zunächst die wichtigsten ökonomischen Verzerrungen im planwirtschaftlichen Wirtschaftssystem aufgezeigt. Theoretisch entwickelte Lösungen zur Transformation der Wirtschaftssysteme unterscheiden sich vornehmlich in der angestrebten Reihenfolge und der Geschwindigkeit, mit der einzelne Reformvorhaben umgesetzt werden sollten. Bevor jedoch die Phasenabfolge von Reformerfordernissen diskutiert werden kann, sind die wichtigsten Elemente der Stabilisierungs- und Reformpolitik aufzuzeigen. Die besondere Geltung von Preisverzerrungen im Transformationsprozeß wird abschließend herausgestellt.

2.1 Ökonomische Verzerrungen in der Planwirtschaft

Erhebliche Marktverzerrungen im makroökonomischen Bereich zählten zu den wichtigsten Problemen, die aus der planwirtschaftlichen Wirtschaftsordnung erwuchsen. Sie führten zu Inflation und außenwirtschaftlichen Ungleichgewichten. Auf mikroökonomischer Ebene kennzeichnete eine ineffiziente Pro-

---

1 Vgl.: Lösch (1993a): S. 111-114 und 122-124.

duktion mit hohem Ressourceneinsatz und sowohl quantitativ als auch qualitativ schlechten Ergebnissen die Planwirtschaft. Im Hinblick auf die Transformation der Wirtschaftssysteme erwiesen sich zudem die für eine marktwirtschaftliche Ordnung unzureichenden institutionellen Bedingungen als hinderlich.[2]

Die Märkte für Arbeit, Kapital und Güter waren in den untergegangenen Planwirtschaften Mittel- und Osteuropas durch tiefgreifende Ungleichgewichte gekennzeichnet. Den zentralen Wirtschaftsplänen, die Mengen, Preise und Löhne fixierten, gelang es nicht, die Märkte zu räumen. Die umlaufende Geldmenge stieg stärker als das Angebot zu festgelegten Preisen. Die daraus resultierende überschüssige Nachfrage der Haushalte konnte nicht befriedigt werden, weshalb diese gezwungen waren, Ersparnis zu bilden.[3] Die Ursachen dieser unterdrückten Inflation sind sowohl auf mikroökonomische als auch auf makroökonomische Faktoren zurückzuführen.[4]

Auf der Makroebene entstanden die Inflationsgefahren in der Geld- und Fiskalpolitik. Die Geldpolitik spielte in der Planwirtschaft nur eine untergeordnete Rolle. Gemäß des Marxschen Geldumlaufgesetzes war es ihre Aufgabe, den geplanten Güterkreislauf mit Geld zu versorgen. Wurden Planziele verfehlt, bildeten sich Ungleichgewichte im Buchgeldkreislauf, der den Zahlungverkehr zwischen Unternehmen und Zentralbank regelte. Die reale Geldversorgung überstieg dann die Planvorgaben. Auch der Bargeldkreislauf, der die Zahlungsvorgänge der privaten Haushalte umfaßte, war nicht exakt planbar. Dabei wurde im Planungsprozeß die Geldversorgung ex ante bestimmt. Später konnte die Zentralbank nicht mit restriktiver Geldpolitik auf Störungen reagieren.[5] Wurden dazu Defizite im Staatshaushalt mit Notenbankkrediten finanziert, was der üblichen Praxis entsprach, erhöhte sich die Geldschöpfung, und der Inflationsdruck wuchs. Makroökonomische Inflationsgefahren wirkten in den angeführten Fällen allein auf die Nachfrage. Wie Portes darüber hinaus zeigt, reagierten die Haushalte auf den Kaufkraftüberhang mit einem Rückgang des Arbeitsangebots. Die Güterproduktion ging zurück, und der inflationäre Effekt von Geld- und Fiskalpolitiken wurde angebotsseitig verstärkt.[6] Die Knappheiten auf den Märkten beeinträchtigten die Allokationseffizienz. Ressourcen wurden verschwendet, weil Haushalte und Unternehmen große Lagervorräte horten mußten, um Versorgungsschwankungen ausgleichen zu können. Für die Haushalte entstanden hohe Suchkosten (Rent-Seeking-Losses).[7]

---

2 Vgl.: Siebert (1991): S. 6-8.

3 Kornai charakterisiert diesen Zustand als „Shortage Economy". Vgl.: Kornai (1980).

4 Zur zurückgestauten Inflation: Vgl.: Brunner (1984); Jansen (1982); Hartwig (1987); Bennet (1989).

5 Vgl.: Parskewopoulos (1990): S. 20-24; Thieme (1990): S. 85-88; Hartwig (1987): S. 44.

6 Vgl.: Hartwig (1987): S. 111-113; Bennet (1989): S. 161-165.

7 Vgl.: Lipton, Sachs (1990): S. 90-95.

Auf mikroökonomischer Ebene führten die massiven Verzerrungen im Planungssystem zu einer sehr ineffizienten Kapitalallokation in den Unternehmen. Trotz des hohen und steigenden Ressourceneinsatzes[8] blieb das produzierte Volkseinkommen in Osteuropa hinter vergleichbaren Staaten mit marktwirtschaftlicher Wirtschaftsordnung zurück. Die Faktorproduktivität ging beispielsweise in der Sowjetunion seit den 60er Jahren rapide zurück.[9] Osteuropäische Unternehmen erlangten aufgrund der geringen Qualität ihrer Produkte keine Wettbewerbsfähigkeit am Weltmarkt. Die Industriestruktur war überwiegend auf die Schwerindustrie ausgerichtet, und die Betriebe verfügten über eine hohe Fertigungstiefe, die ihnen in der Mangelwirtschaft die Versorgung mit Vorprodukten sichern sollte. Viele Staatsunternehmen besaßen eine Monopolstellung und unterlagen keinem Wettbewerb. Weil der Staat Vollbeschäftigung garantierte, waren Entlassungen von Beschäftigten nicht möglich. Stark verzerrt wurde dadurch der Zusammenhang zwischen der Produktivität und der Entlohnung von Arbeit. Es existierte kein geregeltes Verfahren des Marktaustritts ineffizienter Betriebe, der Außenhandel war beschränkt, und der Staat hatte weitgehende Mitspracherechte bei betrieblichen Entscheidungen.[10]

Die Unternehmen unterlagen weichen Budgetschranken,[11] denn Gewinne wurden an den Staat abgeführt und Verluste durch Subventionen ausgeglichen. Deshalb bestand ein Anreiz, hohe Investitionen unter Vernachlässigung der Risiken durchzuführen. Erfolgreiche Investitionen erweiterten die Verfügungsrechte des Managements, während Fehlinvestitionen nicht mit persönlichen Kosten verbunden waren. Um die Gewinnabführungen an den Staat gering zu halten, wurden relativ hohe Löhne an die Mitarbeiter gezahlt.[12] Die Unternehmensverfassung im Sozialismus war deshalb eine der entscheidenden Ursachen für permanenten Nachfragedruck, der bei fixiertem Preisniveau zu unterdrückter Inflation führte.

Die Erfassung ordnungspolitischer Probleme in Osteuropa kann an den Funktionsschwächen der Planwirtschaft ansetzen. In der Planwirtschaft wurden Angebot und Nachfrage über exante ermittelte Güterbilanzen festgelegt. Dabei traten Prognoseprobleme auf, die zu Fehlplanungen und Planungslücken führten und so Produktions- und Versorgungsengpässe verursachten. In der Branchenstruktur der Wirtschaftslenkung erhielten partielle Ressortinteressen großes Gewicht, und die Einzelpläne waren oft schlecht koordiniert. Das Ge-

---

8 Pro Einheit Sozialprodukt war der Energieverbrauch in Osteuropa nahezu dreimal höher als in OECD-Ländern. Die Investitionsquoten gehörten zu den höchsten der Welt. Vgl.: Tanzi (1991): S. 4.

9 Vgl.: Easterly, Fischer (1995), zitiert in: World Bank (1996): S. 2 f.

10 Vgl.: Lipton, Sachs (1990): S. 80-84.

11 Vgl.: Buch, Funke, Heinrich, Raiser (1994): S. 39-42.

12 Vgl.: Lipton, Sachs (1990): S. 81.

meineigentum an Produktionsmitteln verleitete zu Verantwortungslosigkeit, weil die Leistung der Unternehmen durch die weichen Budgetschranken nur einer unzureichenden Kontrolle unterlag. Egalitäre Lohnstrukturen schwächten die Leistungsbereitschaft.[13]

Im Transformationsprozeß waren die institutionellen Schwächen der Planwirtschaft nicht mehr entscheidend, da mit dem erklärten Ziel der Marktwirtschaft die entsprechenden Institutionen völlig neu aufzubauen waren. Dem Ziel einer effizienteren Kapitalallokation folgend, sollten die Reformen entsprechende marktkonforme Anreizstrukturen herstellen. Bezüglich der notwendigen makroökonomischen Stabilisierungspolitik sowie der Transformation des Wirtschaftssystems wurden seit Beginn der 90er Jahre zahlreiche Reformvorschläge erarbeitet, deren wichtigsten Elemente in den folgenden Abschnitten knapp erläutert werden. Diese Darstellung folgt vorwiegend neoklassisch geprägten Empfehlungen, die großen Einfluß in Osteuropa erlangten, indem sie u. a. die Politik des Internationalen Währungsfonds und der Weltbank prägten. Wichtige Vertreter dieses Theoriezweiges waren beispielsweise Lipton und Sachs, die zahlreiche Regierungen in den Reformländern berieten, sowie Blanchard, Dornbusch, Krugman, Layard und Summers.[14]

2.2 Makroökonomische Stabilisierungspolitik

Gesamtwirtschaftliche Gleichgewichte sind die Voraussetzung für ein funktionsfähiges Allokationssystem im mikroökonomischen Bereich. Makroökonomische Stabilität schafft Erwartungssicherheit und klare Anreize für die Wirtschaftssubjekte, während von hoher Inflation falsche Allokationsanreize ausgehen. Stabilisierungspolitik kann im engeren Sinne in der Reduzierung von Inflation gesehen werden. In einer umfassenden Betrachtung zählen dazu aber alle Reformelemente, die es den Preisen ermöglichen, wieder ihre markträumende Funktion zu erfüllen. Der Inflationsabbau ist damit eine Voraussetzung für die Allokationsfunktion der Preise, doch ist er alleine noch nicht hinreichend. Die Stabilisierungspolitik kann die Transformation eines Wirtschaftssystems nicht ersetzen, doch ohne Stabilisierung bleibt eine Systemtransformation undurchführbar. Zur Absicherung der Preisstabilisierung gilt es in Osteuropa, weitreichende Reformen der Staatsfinanzen, der Finanzsysteme und der Wechselkursmechanismen zu implementieren.[15] Klassische stabilitätspolitische Instrumente der Geld-, Fiskal- und Wechselkurspolitik sind angesichts des Ausmaßes

---

[13] Vgl.: Peters (1990): S. 385.

[14] Vgl.: Lipton, Sachs (1990); Blanchard, Dornbusch, Krugman, Layard, Summers (1991).

[15] Vgl.: Kolodko (1993): S. 21 f.

der Verzerrungen und der mangelnden institutionellen Voraussetzungen in Mittel- und Osteuropa noch nicht ausreichend.

Vordringlich ist der Geldüberhang abzubauen, der durch die weichen Budgetschranken und die bisherige Geldpolitik bei fixierten Preisen entstand. Weder Geld- noch Fiskalpolitik sind dazu allein in der Lage,[16] vielmehr ist eine Beseitigung überschüssiger Liquidität die Voraussetzung für die erfolgreiche Anwendung stabilitätspolitischer Instrumente.[17] Zur Liquiditätsabschöpfung stehen vier Alternativen im Zentrum der Diskussion: zum einen eine Währungsreform, des weiteren die Ausgabe von Staatsschuldtiteln, deren Erlöse einzufrieren sind, drittens der Verkauf von Staatsbetrieben mit ebenfalls anschließender Stillegung der Erlöse und schließlich eine vorübergehende Anpassungsinflation.[18] Die Liquiditätsbegrenzung führt in jedem Fall zu einer ansteigenden Besteuerung der Bevölkerung, wobei die Wahl besteht, ob vorhandene Vermögen, laufende Einkommen oder zukünftige Einkommen und Vermögen die Last tragen. Besondere Bedeutung kommt den zwei letztgenannten Möglichkeiten zu, denn sie verbinden mit dem Liquiditätsabbau gleichzeitig wichtige Ziele der Wirtschaftstransformation. Der Verkauf von Staatsbetrieben ist jedoch mit erheblichen Unsicherheiten belastet, die einen kurzfristigen Liquiditätsabbau unmöglich machen. Dagegen läßt sich mit einem vorübergehenden Preisanstieg nach Preisfreigabe und Subventionsabbau der Liquiditätsabbau relativ kurzfristig erreichen.

Die Löhne dürfen in der Stabilisierungsphase allerdings nicht in demselben Maße wie die Preise ansteigen, da mit einer inflationären Lohn-Preis-Spirale das Ziel der Politik verfehlt würde. Um den inflationären Druck aus der Lohnentwicklung zu nehmen, muß eine Lohnindexierung entsprechend der Inflationsrate vermieden werden.[19] Staatliche Eingriffe in die Lohnpolitik der Staatsunternehmen, die in einer prohibitiv hohen Besteuerung von Lohnzuwächsen oder in dirigistischen Vorgaben über die Lohnhöhe bestehen können, sind geeignet, die Stabilisierungspolitik zu unterstützen. Eine restriktive Lohnpolitik verhindert indes die Anpassung der relativen Löhne. Die bestehenden Verzerrungen der Reallöhne bleiben aufrechterhalten, wodurch die Faktorallokation auf den Arbeitsmärkten eingeschränkt wird.[20]

Erst nach Abbau des Liquiditätsüberhangs kann eine stabilitätsorientierte Geldpolitik durchgeführt werden. Knappe Geldschöpfung und hohe Zinsen reduzieren in funktionierenden Marktwirtschaften die Nachfrage und stabilisieren damit das Preisniveau. Die Durchführung stabilitätsorientierter Geldpolitik wird entscheidend von der Entwicklung des geldpolitischen Instrumentariums be-

---

16 Vgl.: Calvo, Frenkel (1991): S. 290-293.

17 Vgl.: Blanchard, Dornbusch, Krugman, Layard, Summers (1991): S. 11-17.

18 Vgl.: Bernholz (1990): S. 312-314; Peters (1990): S. 388; Gros, Steinherr (1991): S. 13-16.

19 Vgl.: Gros, Seinherr (1991): S. 14 f.

20 Vgl.: Kaser, Allsopp (1992): S. 9 f.

stimmt, wozu auch der Aufbau eines zweistufigen Bankensystems gehört.[21] Als besonderes Problem der Geldmengenkontrolle erweisen sich die Verbindlichkeiten der staatlichen Unternehmen und die Ausweitung der zwischenbetrieblichen Kreditvergabe als Reaktion auf eine restriktivere Kreditvergabe.[22] Die Umsetzung einer stabilitätsorientierten Geldpolitik ist deshalb ohne gleichzeitige umfassende Wirtschaftsreformen nicht möglich. In der Übergangszeit bedarf sie der Unterstützung weiterer Maßnahmen, wie der Lohnkontrolle, damit die Geldmengenbeschränkung sich auf die Nachfrageseite auswirkt.[23] Solange die Zentralbank noch kein Geldmengenziel festlegen kann, weil sie die Geldumlaufgeschwindigkeit und die Entwicklung des künftigen Produktionspotentials nicht kennt, ist es möglich, die heimische Geldmengensteuerung an einem fixierten Wechselkurs auszurichten.[24] Damit kann die Geldpolitik an Glaubwürdigkeit gewinnen und Inflationserwartungen mindern.[25]

Die Haushaltspolitik des Staates muß ebenfalls auf Stabilität abzielen. Defizite sind abzubauen und strukturelle Reformen durchzuführen. Die Produktion privater Güter durch den Staat ist einzustellen und die Einnahmenseite neu zu gestalten. Kurzfristig ergeben sich Einsparungen aus dem notwendigen Subventionsabbau und der Entlassung von Beschäftigten in ehemaligen Planbehörden. Dem stehen allerdings längerfristig höhere Ausgaben für soziale Maßnahmen im Zuge der Unternehmensumstellungen gegenüber. Mit der Privatisierung von Staatsunternehmen gehen Einnahmen aus Gewinnabführungen verloren. Neue Belastungen entstehen durch Investitionen in die Infrastruktur. Die neuen Aufgaben des Staates können mit den vorhandenen Steuersystemen, die sich auf Abgaben von Staatsunternehmen stützen, nicht bewältigt werden.[26] Marktgerechte Einnahmequellen des Staates wie Mehrwert- und Einkommensteuern müssen neu eingeführt werden.[27] Die Finanzierung von Haushaltsdefiziten durch die Zentralbank kann aus Stabilitätserwägungen nicht zulässig sein. Sollten Defizite auftreten, sind sie mit Anleihen zu finanzieren.[28] Vorteilhafter ist es jedoch, diese zu vermeiden, denn ein ausgeglichener Staatshaushalt leistet ebenso wie die stabilitätsorientierte Geldpolitik einen wichtigen Beitrag zum Abbau der Inlandsnachfrage.

---

21 Zusätzliche Unterstützung erhielt die Geldpolitik bei unzureichenden Finanzmarktreformen durch staatlich vorgegebene Obergrenzen der Kreditvergabe an Staatsbetriebe. Vgl.: Raiser (1994): S. 17.

22 Vgl.: Bofinger (1993): S. 95-102.

23 Vgl.: Gabrisch, Laski (1990): S. 7.

24 Lohn- und Wechselkursfixierung dienen als stabilitätspolitische Anker. Vgl.: Portes (1991): S. 11.

25 Vgl.: Bofinger (1990).

26 Vgl.: Gandhi, Mihaljek (1992): S. 153 f.

27 Vgl.: Gabrisch, Laski (1990): S. 6; Holzmann (1991): S. 6-9.

28 Vgl.: Sachverständigenrat (1990): S. 33.

Der Währungspolitik kommt in Empfehlungen die Aufgabe zu, über die Wahl des Wechselkurses ein internes Gleichgewicht herzustellen. Dazu gilt es zunächst, die Konvertibilität der Währungen herzustellen. Eine konvertierbare Währung soll den Außenhandel fördern und einen von den Weltmärkten ausgehenden Konkurrenzdruck ermöglichen. Sie kann sich damit beschleunigend auf den Strukturwandel im Lande auswirken. Ein leicht unterbewerteter Wechselkurs unterstützt zudem die Konkurrenzfähigkeit heimischer Unternehmen auf dem Weltmarkt und damit die Exportorientierung. Volle Konvertibilität ist aber angesichts der unsicheren makroökonomischen Situation in Osteuropa nicht sofort durchführbar. Zunächst wird nur eine Inländerkonvertibilität angestrebt.[29] Damit diese möglich ist, müssen Zentralbanken über ausreichende Devisenreserven verfügen, um im Bedarfsfall den Wechselkurs stabilisieren zu können. Fixierte Wechselkurse, die als stabilitätspolitischer Anker der Geldpolitik dienen können, erfordern diese Voraussetzung.[30] Probleme ergeben sich aus einem fixierten Wechselkurs jedoch bei unzureichender Inflationsbekämpfung durch die reale Aufwertung der heimischen Währung, die bei verspäteter Wechselkursanpassung zu Leistungsbilanzdefiziten führt.

2.3 Die Transformation des Wirtschaftssystems

Reformen in Osteuropa dürfen sich nicht auf eine makroökonomische Stabilisierungspolitik beschränken. Umfassende Reformen des gesamten Wirtschaftsgefüges und der institutionellen Rahmenbedingungen sind erforderlich, damit auf mikroökonomischer Ebene eine effizientere Ressourcenallokation ermöglicht wird, um einen umfassenden Strukturwandel einzuleiten. Institutionelle Reformen sind auch Voraussetzung für die Durchführung der Stabilisierungspolitik. Ziel der Transformation der osteuropäischen Wirtschaften ist der Aufbau einer gesicherten Wettbewerbsordnung. Die ordnungspolitischen Rahmenbedingungen der Wirtschaftssubjekte bedürfen dazu eines grundlegenden Wandels.[31] Wettbewerb und Eigenverantwortung müssen an die Stelle staatlicher Eingriffe treten und die marktwirtschaftliche Kontrolle des Unternehmenserfolgs gewährleisten. Zentrale Lenkung und weiche Budgetschranken sind für Staatsunternehmen zu beseitigen und privatwirtschaftliche Eigentumsformen gleichberechtigt zuzulassen. Neugründungen, aber auch Marktaustritte von Unternehmen erfordern ein geregeltes Verfahren.[32]

---

29 Vgl.: Williamson (1991): S. 19-23; Asselain (1991): S. 218-220.

30 Vgl.: Kaser, Allsopp (1992): S. 10 f; Rosati (1993): S. 22-24.

31 Vgl.: Schrader, Laaser (1992).

32 Vgl.: Sachverständigenrat (1990): S. 21.

Freie Preisbildung ist nur dann ein Garant für Wettbewerb auf nicht-reglementierten Märkten, wenn die Preise wirklich die Knappheitsverhältnisse der Güter widerspiegeln. Subventionen und Steuern, die das Preisgefüge in Planwirtschaften stark verzerren, sind deshalb abzubauen. Dies setzt ein neues Steuersystem voraus, in dem die direkte Finanzierung des Staatshaushalts mit Gewinnabführungen der Unternehmen durch Einkommens- und Mehrwertsteuern ersetzt wird. Eine Entflechtung der Staatsunternehmen ist notwendig, weil die stark monopolistische Wirtschaftsstruktur den Preiswettbewerb erschwert.[33]

Ein auf den Gütermärkten geschaffener Wettbewerb muß jedoch sein Ziel verfehlen, wird er nicht durch den Aufbau von Arbeits- und Finanzmärkten begleitet. Grundvoraussetzung für einen Arbeitsmarkt ist die freie Entscheidung über ein Beschäftigungsverhältnis von Arbeitnehmern und Arbeitgebern. Unternehmen, die den Beschäftigungsstand nicht den geschäftlichen Erfordernissen anpassen können, sind nicht in der Lage, einen effizienten Ressourceneinsatz vorzunehmen. Die Schaffung von Arbeitsmärkten erfordert in Mittel- und Osteuropa neue Infrastrukturen. Arbeitsämter sind notwendig, um die Mobilität der Arbeitnehmer zu fördern und ihnen im Falle von Arbeitslosigkeit sozialen Schutz zu bieten. Langfristig muß die Lohnfindung neue Wege gehen und die Tarifautonomie gesichert werden. Erfolgreiche Arbeitsmarktreformen schaffen geeignete Anreizsysteme für Arbeitnehmer wie für Arbeitgeber und beschleunigen den Strukturwandel im Transformationsprozeß.[34]

Effiziente Finanzmärkte leisten einen wichtigen Beitrag zum Wirtschaftswachstum, denn sie fördern die Ersparnisbildung und die Investitionstätigkeit.[35] Die Kapitalallokation zwischen konkurrierenden Zielen ist auf die höchste Gewinnerwartung ausgerichtet, womit Wettbewerbsdruck auf die Unternehmen ausgeübt wird. Bedeutende institutionelle Voraussetzungen sind ein zweistufiges Bankensystem mit wettbewerbsorientierten Geschäftsbanken sowie funktionierende Eigen- und Fremdkapitalmärkte.[36] Weil die Privatisierung von Staatsunternehmen in Osteuropa nur langfristig möglich ist, kommen den Banken mittelfristig wichtige Funktionen zu.[37] Solange die Kapitalmärkte unzureichend entwickelt sind, üben Aktionäre keine Eigentümerfunktionen aus. Die Banken müssen derweilen als Kreditgeber eine wichtige Kontrollfunktion gegenüber den Unternehmen erfüllen. Für die ebenfalls nicht privatisierten Banken erhält die Bankenaufsicht besondere Geltung in der Überwachung des Geschäftsgebah-

---

33 Vgl.: International Monetary Fund (1991): S. 33.

34 Vgl.: Raiser (1994): S. 12-14.

35 Vgl.: Buch, Funke, Heinrich, Raiser (1994): S. 82-85.

36 Vgl.: International Monetary Fund (1991): S. 33f.

37 Vgl.: Gabrisch, Laski (1990): S. 7.

rens. Beispielsweise gilt es, die fortlaufende Umschuldung ausstehender Kredite an Staatbetriebe zu verhindern.[38]

Wichtige Unterstützung erfährt der Reformprozeß durch die Öffnung der Wirtschaft nach außen. Bei freiem Handel können komparative Kostenvorteile und damit höhere Wachstums- und Beschäftigungsmöglichkeiten realisiert werden. Darüber hinaus ergeben sich für ehemalige Planwirtschaften wichtige Vorteile für die internen Marktprozesse. Der Markteintritt ausländischer Konkurrenten erlaubt die Übernahme einer rationalen Preisstuktur vom Weltmarkt. Kann ein internationales Preisgefüge möglichst unverzerrt übernommen werden, reduziert sich die Gefahr falscher Investitionsentscheidungen, die an vorübergehenden Knappheiten orientiert sind. Weltmarktkonkurrenz soll die Staatsbetriebe zu effizientem Unternehmensverhalten zwingen und ihre Monopolstellung in vielen Bereichen brechen. Zudem ist die außenwirtschaftliche Liberalisierung Voraussetzung für ausländische Direktinvestitionen. Restriktionen im Außenhandel und im Devisenverkehr, wie das Außenhandelsmonopol des Staates oder besondere Steuern und Subventionen für Im- und Exporte müssen abgebaut werden. Ein einheitlicher konvertibler Wechselkurs ist zumindest für Leistungsbilanztransaktionen zu gewährleisten.[39]

Das herausragende Problem der Wirtschaftstransformation ist die Privatisierung der Staatsunternehmen. Nur private Unternehmen sind ausschließlich am geschäftlichen Erfolg orientiert. Sie können deshalb effizienter arbeiten als Staatsunternehmen, die häufig auch andere Ziele verfolgen. Manager von staatliche Betrieben zeigen sich in der Übergangsphase beispielsweise nachgiebiger gegenüber hohen Lohnforderungen.[40] In Osteuropa kann die Privatisierung jedoch nicht allein auf eine ordnungspolitische Neuorientierung beschränkt bleiben. Vielmehr muß die Privatisierung mit der Restrukturierung der Wirtschaft verbunden sein. Für die Sanierung und Modernisierung der Staatsbetriebe ist privates Kapital und Management erforderlich. Doch an privaten Ersparnissen und unternehmerischen Kenntnissen mangelt es in Mittel- und Osteuropa.

Die Diskussion über verschiedene Privatisierungstechniken[41] zielt auf diese beiden wichtigen Ziele ab. So verfolgt der Verkauf von Staatsunternehmen über eine Börse nach britischem Vorbild oder über eine Treuhandgesellschaft nicht nur ein ordnungspolitisches Ziel. Die Privatisierung wäre dabei auf finanzkräftige Investoren ausgerichtet, die in der Lage sind, die übernommenen Betriebe zu sanieren. Mangels Investoren käme die Privatisierung auf diesem Wege jedoch nur schleppend voran. Viele Unternehmen wären vermutlich nicht zu veräußern.

---

38 Vgl.: Corbett (1990): S. 228.

39 Vgl.: International Monetary Fund (1991): S. 34ff.

40 Vgl.: Schmieding, Koop (1991): S. 4.

41 Vgl.: Schmieding; Koop (1991): S. 11-13.

In vielen Staaten wird deshalb mit dem Verschenken von Unternehmensanteilen eine beschleunigte flächendeckende Privatisierung angestrebt. Damit erreicht die Politik zwar formal eine Eigentumsübertragung, doch es werden weder neues Kapital noch unternehmerische Fähigkeiten für die Sanierung der Betriebe mobilisiert. Eine funktionierende Kontrolle der Unternehmen ist nicht abgesichert. Parallel dazu ist deshalb die beschleunigte Entwicklung der Bankensysteme und der Kapitalmärkte wichtig, da andernfalls die privatisierten Unternehmen nur einer ungenügenden Kontrolle unterliegen.

Die großen Schwierigkeiten, die mit der Privatisierung und Restrukturierung der Staatsunternehmen einhergehen, können durch ausländische Direktinvestitionen wesentlich erleichtert werden. Neben Kapitalimporten bringen diese auch neue Technologien und Managementfähigkeiten nach Mittel- und Osteuropa.[42] Sie tragen wesentlich dazu bei, die neue Wirtschaftsordnung zu etablieren.[43] Allerdings sind Direktinvestitionen selbst mit vielfältigen Schwierigkeiten verbunden. In vielen Staaten Mittel- und Osteuropas führt die Furcht vor einem Ausverkauf der Volkswirtschaften zunächst zu sehr restriktiven Regelungen für ausländische Kapitalbeteiligungen.[44] Für westliche Investoren ist die Region zunächst kein besonders attraktiver Investitionsstandort. Dem niedrigen Lohnniveau für gut ausgebildete Arbeitskräfte stehen hohe Hemmnisse gegenüber. Die Infrastruktur ist schlecht ausgebaut, und die staatliche Bürokratie arbeitet schleppend und ineffizient. Die politischen Rahmenbedingungen, der Stand der Wirtschaftsreformen und hohe Auslandsverschuldungen bergen viele Risiken in sich. Die Bewertung von Unternehmen ist angesichts fehlender Kapitalmärkte und wenig aussagekräftiger Bilanzen sehr schwierig.[45] Ausländische Direktinvestitionen erlangen in Osteuropa deshalb zunächst nicht die Bedeutung, die ihnen zuvor beigemessen wurde.[46]

2.4 Zeitliche Abfolge der Reformschritte

Einen bedeutenden Aspekt der Transformationspolitik bildet die zeitliche Abfolge von Reformschritten und die Geschwindigkeit der Umsetzung von Politikmaßnahmen. Letztendlich kann die Transformation der Wirtschaftsordnung nur bei Einführung aller Elemente der marktwirtschaftlichen Wettbewerbsord-

---

42 Vgl.: Sachverständigenrat (1990): S. 24. Gabrisch-Laski (1990): S. 10.

43 Dietz sieht in umfangreichen Direktinvestitionen sogar die einzige Möglichkeit, das „Systemvakuum" in Osteuropa aufzufüllen. Vgl.: Dietz (1991): S. 362.

44 Vgl.: Dietz (1991): S. 363.

45 Vgl.: Chilosi (1990): S. 112.

46 Vgl.: McMillan (1993): S. 98 f.

nung erfolgreich sein. Begleitend ist die makroökonomische Stabilisierungspolitik erforderlich.[47] Umstritten ist jedoch, ob die einzelnen Reformmaßnahmen schrittweise nacheinander, d. h. graduell, oder gleichzeitig in Form einer „Schock-Therapie" durchzuführen seien. Gegner einer „Schock-Therapie" sehen in der gleichzeitigen Preisfreigabe und Öffnung der Märkte die Gefahr von Rezession und Arbeitslosigkeit, die zu sozialen Spannungen und zur Ablehnung der Wirtschaftstransformation führt.[48] Dem wird entgegengehalten, daß die einzelnen Elemente der Wettbewerbsordnung eng miteinander verknüpft sind. Unvollständige Reformen können deshalb schlechter sein als der vollständige Verzicht auf Veränderungen. Beispielsweise kann die Preisfreigabe bei unterlassener Stabilisierung zu einer Hyperinflation führen. Die notwendige Stabilisierungspolitik ist wiederum nicht ohne Reform des geld- und fiskalpolitischen Instrumentariums möglich.[49] Dazu kommt die politische Gefahr gradueller Reformen. Die Reformen verlieren den Rückhalt in der Bevölkerung, wenn Erfolge nicht unmittelbar erkennbar sind. Interessengruppen erhalten die Möglichkeit, sich gegen bestimmte Reformmaßnahmen zu formieren. Eine umfassende Transformation wird somit erschwert.[50] Mit den tiefgreifenden politischen Umwälzungen der Jahre 1989 und 1990 ergibt sich außerdem die einmalige politische Chance für radikale und fundamentale Wirtschaftsreformen, da im Zuge revolutionärer Veränderungen vorübergehende wirtschaftliche Einbußen Akzeptanz finden.[51] In bezug auf die Glaubwürdigkeit und die Durchführung der Transformation ist es wichtig, sie umfassend und gleichzeitig einzuleiten.[52]

Reformmaßnahmen müssen auf allen Ebenen so schnell wie möglich umgesetzt werden, damit nach kurzer Zeit eine „kritische Masse" verwirklichter Reformen die Systemtransformation unumkehrbar gestaltet.[53] Trotzdem kann auch eine radikale „Schock-Therapie" den unterschiedlichen zeitlichen Umfang einzelner Maßnahmen nicht vernachlässigen. Es stellt sich im Verlaufe der praktischen Umsetzung die Frage nach der zeitlichen Abfolge von Reformmaßnahmen, dem „Sequencing".

Neoklassisch argumentierende Ökonomen stellen die Maximierung einer sozialen Wohlfahrtsfunktion und die Erfüllung des Pareto-Optimums in den Vordergrund. Zentrales Element der Empfehlungen, dessen rasche Einführung angemahnt wird, ist die Liberalisierung der Preise bei begleitender Stabilisierungspolitik. Diese müssen zeitgleich einhergehen, weil die Inflation das Gefüge der

47 Vgl.: Kornai (1990): S. 158-161.
48 Vgl.: Gabrisch, Laski (1990): S. 11. Nuti (1990): S. 195.
49 Vgl.: Gros, Steinherr (1991): S. 5 f.
50 Vgl.: Kornai (1990). Gabrisch, Laski (1990): S. 10 f.
51 Vgl.: Balcerowicz (1994): S. 54; World Bank (1996): S. 11.
52 Vgl.: Sachverständigenrat (1990): S. 36.
53 Vgl.: Balcerowicz (1994): S. 52; World Bank (1996): S. 9 f.

relativen Preise verzerrt. Eine Liberalisierung des Außenhandels soll ebenfalls frühzeitig vorgenommen werden. Dementsprechend ist die Herstellung von Währungskonvertibilität für Handelsbilanztransaktionen, verbunden mit einer starken Abwertung der Währung, notwendig. Am Beginn des Transformationsprozesses steht auch die Einleitung institutioneller Reformen, obwohl deren Umsetzung einen längeren Zeitraum in Anspruch nimmt. Geringere zeitliche Priorität nimmt in neoklassischen Reformansätzen die Privatisierung, die Kapitalverkehrsliberalisierung und die Finanzmarktreform ein. Lipton und Sachs (1990) empfehlen, die Privatisierung erst nach einer erfolgreichen Stabilisierung zu beginnen. Wichtige Voraussetzung für die Privatisierung großer Unternehmen ist auch die Restrukturierung der Banken. Einer Finanzmarktreform muß hingegen zunächst die Stabilisierungspolitik sowie die Kontrolle des Staatshaushalts und die Bereinigung der Bankbilanzen von Altschulden vorausgehen. Die Kapitalverkehrsliberalisierung soll erst am Ende einer erfolgreichen Transformation stehen. Ausländische Direktinvestitionen können in einer stark verzerrten Volkswirtschaft zu Fehlallokationen und Wohlfahrtseinbußen führen. Kapitalzuflüsse schaffen zudem einen Aufwertungsdruck und die Gefahr der Überschuldung des Unternehmenssektors. Kapitalexporte erlauben eine Kapitalflucht, die nur durch hohe inländische Zinsen zu verhindern ist.[54]

2.5 Preisverzerrungen im Transformationsprozeß

Preisverzerrungen entstehen im sozialistischen Wirtschaftssystem nicht allein durch die staatliche Festlegung der überwiegenden Zahl von Güter- und Faktorpreisen. Ebenso begrenzen monopolistische Marktstrukturen, Außenhandelskontrollen und weiche Budgetschranken die Allokations- und Informationsfunktion von Marktpreisen. In der Mangelwirtschaft erfüllen Preise nicht die Anreizfunktion wie im angestrebten marktwirtschaftlichen System. Mit dem Transformationsprozeß erhält ein funktionierender Preismechanismus nun zentrale Bedeutung. Stabilisierung, Liberalisierung und institutionelle Reformen dienen dazu, Markt- und Preisverzerrungen zu beseitigen, damit Allokation und Distribution an gesamtwirtschaftlichen Knappheitsrelationen ausgerichtet sein können. Die notwendigen Reformen kennen in ihrem besonderen Umfang keine Vorläufer, zumal mit der Ablösung der Planwirtschaft in vielen Fällen überhaupt erst einmal Marktbeziehungen hergestellt werden müssen. Ein gleichzeitiger umfassender und sofort wirksamer Abbau sämtlicher Markt- und Preisverzerrungen ist in keinem Land durchführbar. Preisverzerrungen bleiben deshalb für gewisse Zeit in jedem Transformationsstaat bestehen.

54 Vgl.: Buch, Funke, Heinrich, Raiser (1994): S. 7-28.

Die Stabilisierungspolitik zielt darauf ab, Geldaufbewahrungs- und Zahlungsmittelfunktion der inländischen Währung abzusichern und damit den Wirtschaftssubjekten über das Vertrauen in die heimische Währung Erwartungssicherheit zurückzugeben. Bei einem länger anhaltenden instabilen Zustand, der von hoher Inflation geprägt wird, würde die Wirtschaftsentwicklung unter den Folgen nicht durchgeführter Investitionen leiden. Eine reduzierte Ersparnisbildung folgt in diesem Fall aus verzerrten Preisen zwischen aktuellem und zukünftigem Konsum. Für die Wirtschaftssubjekte überwiegt bei hohen und variablen Inflationsraten der Anreiz zu sofortigem Konsum. Auch verbreitete Kapitalflucht kann das Ergebnis ungenügender Stabilisierungsfortschritte sein. Im inflationären Umfeld steigt durch fehlende Erwartungssicherheit des weiteren die Gefahr von Fehlinvestitionen, weil ein unverzerrtes Preisgefüge als Voraussetzung für eine effiziente Faktorallokation nicht gegeben ist.

In den ersten Jahren des Transformationsprozesses steht die Stabilisierungspolitik vor dem Problem, daß sie aufgrund institutioneller Defizite nicht voll wirksam sein kann. Während des anfangs in den meisten ehemaligen sozialistischen Staaten durchzuführenden Liquiditätsabbaus fehlen noch sämtliche Voraussetzungen für eine restriktive Geld- und Fiskalpolitik. Die Gefährdung der Stabilisierungspolitik durch unzureichende Kontrollen der Staatshaushalte und durch eine unwirksame Geldpolitik infolge mangelnder Finanzmarktreformen bestimmt die ersten Jahre des Transformationsprozesses. Eine erfolgreiche Wirtschaftsreform bei gleichzeitig fixiertem Wechselkurs stellt die Stabilisierungspolitik langfristig vor weitere Probleme. Dringend notwendige Direktinvestitionen, die mit dem wiedererlangten Vertrauen in eine Volkswirtschaft zufließen, erhöhen die inländische Geldmenge und wirken auf diese Weise inflationsverstärkend.

Preisliberalisierungen und die Öffnung des Außenhandels erhalten hohe Priorität in den Transformationsprozessen Mittel- und Osteuropas. Indes werden sie nicht in allen Ländern rasch und umfassend durchgeführt. Preisfreigaben für Wohnungsmieten, Energie oder Grundnahrungsmittel zögern viele Regierungen hinaus. Haben anfangs politische Erwägungen zur Verschiebung einzelner Liberalisierungsschritte geführt, so wird deren nachträgliche Durchführung durch den Widerstand von inzwischen formierten Interessengruppen erschwert.

Preisverzerrungen entstehen auf einzelnen Märkten allerdings nicht allein durch den fehlenden Abbau staatlicher Restriktionen. Selbst dort, wo die Regierung Preiskontrollen unmittelbar beseitigt, verbleiben Preisverzerrungen, die die Marktergebnisse beeinträchtigten. Marktbeherrschende monopolistische Staatsunternehmen üben auf formal liberalisierten Märkten einen beherrschenden Einfluß aus. Private Konkurrenz kann sich erst langsam etablieren. Der Außenhandel bleibt als Regulativ zunächst unwirksam, da die inländischen Währungen mit Einführung der Konvertibilität sehr stark abgewertet werden.

Entscheidende Probleme zeigen sich bei der Liberalisierung des Finanzsektors und des Arbeitsmarktes. Im Umfeld fehlender institutioneller Reformen können Zinsen keine steuernde Funktion ausüben. Vielmehr führten hohe Zinsen zu „adverser Selektion“ unter den Kreditnehmern, solange die staatlichen Banken die Kreditwürdigkeit von Unternehmen nicht wirksam überprüfen können. Zumeist werden Kredite an die bestehenden Staatsunternehmen verlängert, während neu gegründeten Privatunternehmen der Zugang zu Bankkrediten verwehrt bleibt. Zu einer ineffizienten Kreditallokation trägt auch der Überhang notleidender Kredite in den Staatsunternehmen bei. Sie zwingen die Banken zur Vergabe weiterer Kredite an „schlechte“ Schuldner, bei denen eine Verweigerung neuer Kredite zum Konkurs führen könnte. Der dann notwendige Abschreibungsbedarf würde die Existenz des Kreditinstitutes gefährden. Probleme bereitet zudem die Liberalisierung des Arbeitsmarktes, sofern dem nicht eine Straffung der Budgetrestriktionen der Unternehmen vorausgeht. Andernfalls nutzen die von Arbeitnehmerinteressen geleiteten Staatsbetriebe ihre neu gewonnene Freiheit für betriebswirtschaftlich nicht gerechtfertigte Lohnerhöhungen. Diese stellen eine Gefahr für die Stabilisierungspolitik dar, weshalb die Lohnpolitik in vielen Transformationsländern anfangs durch restriktive Staatseingriffe eingeschränkt ist. Dadurch bedingte Preisverzerrungen verhindern jedoch die Ausrichtung des relativen Lohngefüges an volkswirtschaftlichen Knappheiten.

Institutionelle Reformen nehmen eine Schlüsselposition bezüglich des Erfolgs von Stabilisierungs- und Liberalisierungsmaßnahmen ein. Reformen des Finanzsektors und des Rechtssystems beeinflussen entscheidend das Vehältnis zwischen den Marktteilnehmern. Indem gravierende Hindernisse für die Funktionsfähigkeit von Märkten beseitigt werden, reduzieren sich Preisverzerrungen und die Allokationsfunktion der Märkte wird gestärkt.

Im weiteren Verlauf der Arbeit gilt es nun zu untersuchen, welche Bedeutung der Abbau von Preisverzerrungen für die Funktionsfähigkeit von Güter- und Faktormärkten hat und wie veringerte Verzerrungen das Wirtschaftswachstum in Mittel- und Osteuropa fördern. Die Untersuchung der Wachstumsergebnisse der einzelnen Länder mit unterschiedlichen Reformansätzen und -geschwindigkeiten erlaubt den Vergleich unterschiedlicher Konzeptionen der Transformationspolitik und die Analyse der Erfolge bei der Reduzierung staatlich induzierter Verzerrungen. Im folgenden Kapitel wird zunächst anhand der „Theorie der Preisverzerrungen“ die Bedeutung von Verzerrungen für die volkswirtschaftliche Wohlfahrt aufgezeigt.

3 Die Untersuchung von Preisverzerrungen in der neuen Wachstumstheorie

3.1 Allgemeine Theorie der Preisverzerrungen

3.1.1 Literaturüberblick zur theoretischen Untersuchung von Preisverzerrungen

Grundlagen der Theorie der Preisverzerrungen bzw. „Generalized Theory of Distortions and Welfare“[55] finden sich in der Außenhandels- und in der Wohlfahrtstheorie. Verzerrungen beziehen sich im Sinne dieser Theorie auf Abweichungen vom neoklassischen Gleichgewichtszustand bei vollkommener Konkurrenz, der zu einem Pareto-Optimum führt. Unter Anwendung des Pareto-Kriteriums läßt sich simultan ein Gleichgewichtszustand auf den Faktor-, Produktions-, Konsum- und Außenhandelsmärkten ableiten, in dem die volkswirtschaftliche Wohlfahrt maximiert wird.[56]

Die Analyse von Verzerrungen im grenzüberschreitenden Warenaustausch ist mit der Optimalzolltheorie bereits seit geraumer Zeit Bestandteil der Außenhandelstheorie. Ergänzung findet die Optimalzolltheorie durch die Theorie der einheimischen Verzerrungen („Domestic Distortions“), die die Analyse der Abweichungen vom Pareto-Optimum auf inländische Güter- und Faktormärkte ausweitet. Zu ihrem Untersuchungsgegenstand gehören einerseits Verzerrungen in der inländischen Produktion, die durch oligopolistische und monopolistische Marktformen oder durch externe Effekte in der Produktion entstehen. Unter diesen Bedingungen sind die Güterpreise am Inlandsmarkt höher als die Grenzkosten der Unternehmen. Es kommt aufgrund der verzerrten Preisanreize zur Fehlallokation von Ressourcen, weil sich die Unternehmen nicht optimal spezialisieren. Zum zweiten werden Verzerrungen auf der Konsumentenseite untersucht. Externe Effekte im Konsum bewirken ein Konsumentenverhalten, das nicht pareto-optimal ist. Der dritte bedeutende Bereich der Theorie einheimischer Verzerrungen sind Faktorpreisdifferenzen zwischen der Produktion in verschiedenen Sektoren. Sind Löhne oder Zinsen aufgrund institutioneller Gegebenheiten verzerrt, kann nicht auf der gesamtwirtschaftlich optimalen Produktionsmöglichkeitenkurve produziert werden. Es läßt sich dann nur ein Güterbündel auf niedrigerem Niveau realisieren.

Erstmals wurde die Bedeutung heimischer Verzerrungen von Bhagwati und Ramaswami (1963) herausgestellt. Die wissenschaftliche Auseinandersetzung

---

55 Diese Bezeichnung wählt Bhagwati. Vgl.: Bhagwati (1971), S. 69.

56 Zu Wohlfahrtsbedingungen des Pareto-Optimums vgl.: Just, Hueth, Schmitz (1982): S. 16-31; Luckenbach (1986): S. 23-94, Kirschke, Schmitz (1990): S. 328-333.

mit diesem Ansatz begann mit Johnson (1965) und Kemp, Nagishi (1969) und führte 1971 zu einer allgemeinen Formulierung als Theorie (Bhagwati: 1971). In der Folgezeit entstanden eine Vielzahl theoretischer Beiträge auf diesem Gebiet, wie beispielsweise Johnson (1970), Sontheimer (1971), Walter und Chung (1971), Magee (1971), Arndt (1971), Bruno (1972), Schmitz (1973), Batra (1973), Lloyd (1974), Lapan (1976) sowie Helmers und Harberger (1982).

Die Theorie der heimischen Verzerrungen beschränkt sich jedoch nicht darauf, allein die Wirkungen von Verzerrungen herauszuarbeiten, sondern ist ebenso bemüht, Politikmaßnahmen aufzuzeigen, die zur Beseitigung von Verzerrungen führen. Vielfach können nicht alle erforderlichen Pareto-Optimalitätsbedingungen erfüllt werden, weil die „First-Best"-Politik, die direkt an einer bestehenden Verzerrung ansetzt, nicht durchführbar ist. Die Theorie leitet in diesem Fall entsprechende „Second-Best"-Politiken ab, die eine Verzerrung zwar reduzieren, jedoch mit der Folge neuer Verzerrungen an anderer Stelle („By-Product-Distortions"). Die Analyse von „Second-Best"-Politiken führt auf Meade (1955) sowie Lipsey und Lancester (1956) zurück und nimmt breiten Raum in der Theorie heimischer Verzerrungen ein.

Heute existiert ein ausgedehntes Spektrum von Analysen heimischer Verzerrungen. Ein bedeutender Bereich der Untersuchungen bleibt die Außenhandelstheorie, in der zahlreiche Veröffentlichungen ausdrücklich auf Verzerrungen abzielen.[57] Einen weiteren Analyseschwerpunkt bilden durch staatliche Fiskalpolitik verursachte Verzerrungen. Jüngere Arbeiten auf diesem Gebiet sind beispielsweise Fullerton und Henderson (1989) sowie Diewert, Turunen-Red und Woodland (1991). Verzerrungen auf Faktormärkten, insbesondere auf Arbeitsmärkten, stehen zumeist bei der Analyse von Problemen in Entwicklungsländern im Vordergrund.[58] Auch das Vorhandensein von Marktmacht im Inland führt zu Verzerrungen. In neueren Forschungsansätzen werden zunehmend Oligopoltheorien einbezogen.[59]

3.1.2 Ausprägungen von Preisverzerrungen

In der ersten geschlossenen Darstellung der unterschiedlichen Preisverzerrungen differenziert Bhagwati, nach den Folgen von Marktunvollkommenheiten auf den verschiedenen in der Theorie abgrenzbaren Märkten. Basierend auf dem neoklassischen Marktgleichgewicht, d. h. der Identität der Grenzrate der Substitution im Inland (GRS_i), der Grenzrate der Transformation im Inland (GRT_i)

---

[57] Vgl.: Rodrik (1987); Yeh (1987); Baladi (1991); Edwards (1992).

[58] Vgl.: Balassa (1988); Gupta (1989).

[59] Vgl.: Chang, Tremblay (1991); Krishna, Thursby (1991).

und der Grenzrate der Transformation im Ausland (GRT_a), ist das Pareto-Optimum als Referenzzustand definiert:[60]

$$GRS_i = GRT_i = GRT_a$$

Gleichung 3-1

Dieser Gleichgewichtszustand sichert die maximal erreichbare volkswirtschaftliche Wohlfahrt, während sowohl für inländische Produzenten und Konsumenten als auch für ausländische Produzenten die gleichen relativen Preise Gültigkeit besitzen. In Abweichung von diesem Marktgleichgewicht sind zunächst drei prinzipielle Verzerrungen abzuleiten. Dabei liegt eine Verzerrung im Außenhandel („Foreign Distortion") vor, wenn die Grenzraten der Transformation zweier Länder voneinander abweichen:

$$GRS_i = GRT_i \neq GRT_a$$

Gleichung 3-2

Ursächlich für Verzerrungen im Außenhandel ist die Marktmacht eines großen Landes auf dem Weltmarkt für ein bestimmtes Produkt. Der Weltmarktpreis bildet sich in diesem Fall in Abhängigkeit von der Angebots- bzw. Nachfragemenge dieses Landes heraus. Ist ein Land am Weltmarkt ein großer Nachfrager für ein Gut, so ist der marginale relative Güterpreis, d. h. die Grenzrate der Transformation des Auslandes, von dessen Nachfragemenge abhängig.

Inländische Verzerrungen („Domestic Distortions") entstehen aus der Abweichung der relativen Preise in der heimischen Produktion und Konsumtion. Liegen Verzerrungen seitens der Produktion vor, so weicht die Grenzrate der Transformation des Inlands sowohl von der Grenzrate der Substitution im Inland wie auch von der Grenzrate der Transformation im Ausland ab:

$$GRT_i \neq GRS_i = GRT_a$$

Gleichung 3-3

Ursache dieser Verzerrungen können Marktmacht der Produzenten oder externe Effekte in Verbindung mit der Produktion sein. Bestehen monopolistische Bedingungen auf den Gütermärkten des Inlands, wird der einheimische Preis über die Grenzkosten hinaus angehoben. Positive oder negative externe Effekte führen zu Abweichungen der privaten von den sozialen Grenzkosten. Der Güterpreis entspricht dann nicht der inländischen Grenzrate der Transformation.

60 Vgl.: Bhagwati (1971), S. 72. In einer umfassenden Aufarbeitung der Theorie der Preisverzerrungen gliedert Hazari die einzelnen Marktverzerrungen demgegenüber entsprechend ihren Ursachen: Vgl.: Hazari (1978).

Eine Preisverzerrung im heimischen Konsum führt zur Abweichung der Grenzrate der Substitution von den Grenzraten der Transformation sowohl im Inland als auch im Ausland:

$$GRS_i \neq GRT_i = GRT_a$$

Gleichung 3-4

Externe Effekte, die mit dem Konsum eines Gutes verbunden sind, bewirken entsprechende Verzerrungen im einheimischen Konsum. Ist der Konsum eines Gutes mit positiven externen Effekten bzw. der Konsum eines zweiten Gutes mit negativen externen Effekten verbunden, so ist die inländische Grenzrate der Substitution größer als die heimische Grenzrate der Transformation.

Eine weitere inländische Verzerrung betrifft die Faktoreinsatzverhältnisse. Stimmt die soziale Grenzrate der Substitution für Arbeit (*L*) und Kapital (*K*) nicht für alle Industriezweige überein, wird im Inland unterhalb der effizienten Produktionsmöglichkeitenkurve produziert. Gründe für Faktorpreisverzerrungen können Informationsmangel, differenzierte Faktorsteuern oder unvollkommene Kapitalmärkte sein.[61] Bei der Produktion der Güter X und Y weichen dann die Grenzraten der Substitution voneinander ab:

$$GRS_{LK}^{X} \neq GRS_{LK}^{Y}$$

Gleichung 3-5

Ursächlich für Preisverzerrungen sind sowohl staatliche Eingriffe in das Marktgeschehen als auch das Vorliegen von Marktmacht seitens einzelner Wirtschaftssubjekte.[62] Bei Abwesenheit staatlicher Eingriffe können Preisverzerrungen endogen in der Volkswirtschaft entstehen, wenn Marktversagen vorliegt. Beispielsweise führt Marktmacht zu Verzerrungen im Außenhandel, oder externe Effekte in der Produktion lassen im Inland die Grenzrate der Substitution von der Grenzrate der Transformation abweichen.[63] Verzerrende Politikeingriffe als Ursache von Preisverzerrungen werden von Bhagwati (1971) nach autonomen und instrumentellen Verzerrungen unterschieden, je nachdem, ob zum Beispiel ein Zoll oder eine Steuer ungeplant in einem historisch gegebenen Steuersystem vom optimalen Satz abweicht („Autonomous Policy Imposed Distortion") oder die Verzerrung das Ergebnis eines zielgerichtet eingesetzten Politikinstruments ist („Instrumental Policy Imposed Distortion").

Zum Abbau von Preisverzerrungen sind im Modell bestimmte staatliche Eingriffe wie Steuern oder Subventionen geeignet. Eine optimale Politikintervention

---

61 Vgl.: Magee (1971): S. 624 f.

62 Vgl.: Bhagwati (1971): S. 73 f.

63 Vgl.: Chacholiades (1978): S. 504.

ist darauf ausgerichtet, das Pareto-Optimum wiederherzustellen, ohne gleichzeitig an anderer Stelle eine neue Preisverzerrung zu schaffen. Dazu muß eine Politikmaßnahme direkt an der Abweichung vom Marktgleichgewicht ansetzen und dort zum vollständigen Verzerrungsausgleich eine genau ebenso große Wirkung entfalten wie die betreffende Verzerrung selbst.[64]

Probleme entstehen indes dort, wo derartige „First-Best-Policies" nicht möglich sind. Läßt sich keine Politik durchführen, die das Pareto-Optimum an der ursprünglich verzerrten Stelle wiederherstellt, ohne andernorts neue Abweichungen vom Pareto-Optimum zu schaffen, müssen zweitbeste Lösungen („Second-Best-Policies") verfolgt werden. In einem solchen Fall ist die Abkehr vom ursprünglichen Pareto-Optimum sinnvoll, weil die vollkommene Herstellung des Optimums an der anfangs verzerrten Stelle weniger Nutzen stiftet, als sie anderswo neuen Schaden anrichtet. „The general theorem for the second best optimum states that if there is introduced into a general equilibrium system a constraint which prevents the attainment of one of the Paretian conditions, the other Paretian conditions, although still attainable, are, in general, no longer desirable. In other words, given that one of the Paretian optimum conditions cannot be fulfilled, the optimum situation can be achieved only by departing from all the other Paretian conditions."[65] Bei „Second-Best"-Lösungen ist der Nutzen aus dem Abbau einer Verzerrung mit dem Schaden daraus entstehender neuer Verzerrung („By-Product-Distortions") abzuwägen. In diesem Wechselspiel ist das Ausmaß der zweitbesten Politikmaßnahme zu optimieren.[66] Verschiedene „Second-Best"-Politiken führen über Abkehr vom „Laissez-faire"-Gleichgewicht zu einer Wohlfahrtserhöhung, doch sind nicht alle Politikmaßnahmen bei allen Verzerrungen gleichermaßen erfolgreich. Es kann bei verschiedenen Verzerrungen eine Reihenfolge der Vorteilhaftigkeit von Politikmaßnahmen gebildet werden.

3.1.3 Bedeutung der Theorie der Preisverzerrungen

Die umfangreiche Literatur zur Theorie der Preisverzerrungen bietet erschöpfende Antworten zu den Wohlfahrtswirkungen einzelner Marktverzerrungen wie auch den Auswirkungen des Zusammenspiels von Verzerrungen auf unterschiedlichen Märkten. Schwerpunkt der Untersuchungen bilden die multiplen Verzerrungen im Rahmen von Modellen, die zwei Länder, zwei Faktoren und zwei Güter betrachten. Innerhalb des restriktiven Modellrahmens eröffnet

---

64 Vgl.: Bhagwati (1971): S. 77.

65 Lipsey und Lancaster (1956): S. 11 und S. 26 f.

66 Vgl.: Corden (1974): S. 18 ff.

sich die besondere Bedeutung von Wechselwirkungen zwischen den einzelnen Preisverzerrungen, die im Falle verhinderter „First-Best"-Politiken eine Quantifizierung entsprechender „Second-Best"-Lösungen erlauben. Während damit der staatlichen Politik im Modell ein bedeutender Handlungsspielraum über die Implementierung von korrigierenden Markteingriffen zukommt, verbieten sich diese wiederum aufgrund der in der Realität nicht exakt meßbaren Abweichungen von der pareto-optimalen Marktlösung. Notwendige „Second-Best"-Lösungen, die externen Effekten entgegenwirken, ließen sich im politischen Prozeß nicht befriedigend bemessen und umsetzen.

Auch in der ökonomischen Literatur bereitet die empirische Umsetzung der Theorie der Preisverzerrungen infolge der Wechselwirkungen multipler Verzerrungen erhebliche Probleme. Eine genaue Bestimmung von Preisverzerrungen bleibt unmöglich, da ein verzerrungsfreier Referenzzustand in der Realität nicht beobachtbar ist. Es lassen sich lediglich Hinweise auf das Vorliegen einzelner Verzerrungen finden. Die empirische Überprüfung der Theorie muß deshalb auf die Auswirkungen einzelner Verzerrungen reduziert werden, wie es beispielsweise Agarwala (1983) in seiner Untersuchung zeigte.

Neben den Wechselwirkungen verschiedener Abweichungen vom Pareto-Optimum stellt die Theorie der Preisverzerrungen den möglichst vollständigen Abbau von marktverzerrenden Staatseingriffen bzw. Verzerrungen durch Marktmacht in den Vordergrund. Dieses Ergebnis wird innerhalb eines statisch angelegten Theoriegebäudes entwickelt, in dem alleine die Wohlfahrtswirkungen untersucht werden. Langfristige dynamische Aspekte des Wirtschaftswachstums finden sich anfangs lediglich in der Analyse der Auswirkungen von Wirtschaftswachstum auf die volkswirtschaftliche Wohlfahrt eines Landes, wenn gleichzeitig Marktverzerrungen vorliegen. Unter der Annahme eines großen Landes, dessen Außenhandel durch einen Zoll verzerrt ist, kann wirtschaftliches Wachstum zugunsten des Importgutes den Wohlstand dieses Landes, gemessen an den Weltmarktpreisen, vermindern. Dieser besondere Fall wird von Bhagwati (1968) mit „Immiserizing Growth" betitelt.[67]

Eine ausschließlich statische Untersuchung der Wohlfahrtswirkungen von Preisverzerrungen vernachlässigt jedoch viel größere gesamtwirtschaftliche Einbußen, die infolge des verlangsamten Wirtschaftswachstums entstehen. Preisverzerrungen beeinträchtigen die effiziente Allokation von Ressourcen in einer Volkswirtschaft. Neben der Reduzierung des Wohlfahrtsniveaus beeinträchtigen Ineffizienzen in der Ressourcenallokation zudem die Rate des Wirtschaftswachstums.[68] Einerseits wird unter verzerrten Rahmenbedingungen

---

67 Vgl.: Bhagwati (1958): S. 201-205; Johnson (1967): S. 151-154; Bhagwati (1968): S. 481-485. Vgl. hierzu auch: Krueger (1990): S. 19 f.

68 Vgl.: Schmitz (1996): S. 15.

weniger Ersparnis gebildet und somit weniger investiert. Andererseits beeinträchtigt die geringere Faktorproduktivität als Ergebnis einer ineffizienten Kapitalallokation die Wachstumsrate.[69] Werden dynamische Effekte von Preisverzerrungen berücksichtigt, erhalten verzerrende Marktunvollkommenheiten und politikinduzierte Markteingriffe zusätzliches Gewicht.[70] Im folgenden wird deshalb die Bedeutung von Preisverzerrungen im Rahmen der Wachstumstheorie untersucht. Insbesondere bieten sich hierzu neuere Ansätze der Wachstumstheorie an, die auf die Wachstumswirkungen staatlicher Maßnahmen abstellen.

3.2 Der Weg zur neuen Wachstumstheorie

Die Wachstumstheorie erfährt in den Wirtschaftswissenschaften in jüngster Zeit zunehmende Beachtung, nachdem in ersten Arbeiten von Romer (1986) und Lucas (1988) Bestimmungsgründe für das Wirtschaftswachstum modellendogen ermittelt wurden. Diese Modelle versprechen, die Schwächen des neoklassischen Wachstumsmodells zu überwinden, in dessen langfristigem Gleichgewicht die Wachstumsrate des Outputs allein von den Wachstumsraten des Arbeitskräftepotentials und des exogen gegebenen technischen Fortschritts abhängt. Wird die Wachstumsrate des Kapitalstocks erhöht, so hat dieses eine Verschiebung der Produktionsfunktion und damit einen Niveaueffekt zur Folge. Das Wachstum des Kapitalstocks hat im Modell keinen Einfluß auf die Steigung der Produktionsfunktion, also keinen Wachstumseffekt.[71] Langfristig läßt das neoklassische Wachstumsmodell ein Angleichen der Wachstumsraten aller Länder erwarten.[72] Ein Angleichen von Wachstumsraten konnte für die Zeit nach dem Weltkrieg jedoch nur innerhalb der entwickelten Länder beobachtet werden.[73] Die empirischen Untersuchungen von Norsworthy (1984), Chenery u. a. (1986) sowie Maddison (1987) zeigen, daß die physischen Faktoreinsätze, die im neoklassischen Modell für das Wirtschaftswachstum einzig entscheidend sind, allenfalls 50-70 % der Wachstumsrate erklären können.[74]

Wenn das Wirtschaftswachstum, wie von der neoklassischen Theorie postuliert, vollständig von exogenen Größen bestimmt wird, bildet die Wirtschaftspolitik eines Landes keinen wachstumsbeeinflussenden Faktor. In neoklassischen Wachstumsmodellen wären somit politisch induzierte Preisverzerrungen be-

69 Vgl.: Balassa (1987): S. 7 und 33.

70 Verbindungen zwischen Faktorpreisverzerrungen und der Wachstumstheorie stellten erstmals Batra und Casas (1971) sowie Casas (1972) her.

71 Vgl.: Kösters (1994): S. 117.

72 Vgl.: Romer (1986): S. 1003.

73 Vgl.: Summers, Heston (1988), zitiert in Ramser (1993), S. 117.

74 Vgl.: Easterly, King, Levine und Rebelo (1991): S. 43.

deutungslos. Wie jedoch beispielsweise Barro (1991) zeigt, besteht auch langfristig eine positive Korrelation zwischen der Sparquote und der Wachstumsrate.[75] Weitere Variablen, wie das durch Ausbildung geschaffene Humankapital sowie Preisverzerrungen auf Märkten, zeigen in dieser Untersuchung ebenso einen signifikanten Einfluß auf das Wirtschaftswachstum. Diese Größen werden durch die Wirtschaftspolitik der einzelnen Länder bestimmt, womit die Politik, entgegen den Aussagen der neoklassischen Theorie, einen Einfluß auf die Wachstumsrate in einer Volkswirtschaft hat.

In der neuen Wachstumstheorie werden Einflußgrößen in die formalen Modelle integriert, die den empirischen Beobachtungen Rechnung tragen. Von besonderem Interesse in bezug auf die Analyse von Preisverzerrungen sind dabei solche Modelle, die sich mit politisch induzierten Verzerrungen und Steuern auseinandersetzen, wie beispielsweise jenes von Rebelo (1991).[76]

Als Ausgangspunkt der modernen Wachstumstheorie kann die Arbeit Ramseys (1928) zum Optimierungsverhalten von Haushalten betrachtet werden.[77] In seinem Modell maximieren die Haushalte ihre intertemporal separable Nutzenfunktion über einen unendlichen Zeitraum unter Berücksichtigung einer intertemporalen Budgetrestriktion. Seinerzeit fand dieser Ansatz wenig Resonanz. Er wurde erst 1965 von Cass (1965) und Koopmans (1965) weiterentwickelt.[78]

Harrod (1939) und Domar (1946) untersuchten das Wirtschaftswachstum im Rahmen der Keynesianischen Theorie. Die postkeynesianische Wachstumstheorie, die sich hieraus entwickelte, zielte auf die Erklärung konjunktureller Instabilitäten des Wachstumsprozesses. Wichtige Vertreter dieser Theorierichtung waren Kaldor und Robinson.[79] Diese Theorierichtung ist heute jedoch von geringerer Bedeutung.

Die neoklassische Wachstumstheorie gründet auf den Beiträgen von Solow (1956) und Swan (1956). Zentraler Baustein des Solow-Swan-Modells ist die neoklassische Produktionsfunktion mit konstanten Skalenerträgen und positiven, aber abnehmenden Grenzprodukten in den einzelnen Faktoren. Das Wachstum des Bestandes an Arbeitskräften und der technische Fortschritt sind in diesem Modell exogen gegeben. Unter diesen Annahmen führt das Modell zu langfristig ausgeglichenen Wachstumsraten für das Pro-Kopf-Einkommen, die Arbeitsproduktivität und die Kapitalintensität. Das Modell postuliert die Konvergenz von Wachstumsraten verschiedener Länder, denn je geringer die wirtschaftliche

---

75 Vgl.: Barro (1991): S. 426 f.

76 Vgl.: Easterly, King, Levine und Rebelo (1991): S. 46.

77 Vgl.: Barro, Sala-i-Martin (1995): S. 10.

78 Vgl.: Barro, Sala-i-Martin (1995): S. 59-92.

79 Vgl.: Kromphardt (1988): S. 515 ff.

Entwicklung in der Ausgangslage, bezogen auf den langfristigen Gleichgewichtszustand, ist, um so höher fällt zunächst die Wachstumsrate aus.

Cass (1965) und Koopmans (1965) integrierten Ramseys Analyse des Optimierungsverhaltens von Haushalten in die neoklassische Wachstumstheorie. Dieses ermöglichte eine endogene Bestimmung der Sparquote. Der technische Fortschritt blieb jedoch exogen bestimmt, und es galt weiterhin die Konvergenzhypothese. Mit Arbeiten, wie der von Burmeister und Dobell (1970), erhielt die neoklassische Wachstumstheorie ihren vorläufigen Abschluß.[80]

Durch die neuen Ansätze von Romer (1986) und Lucas (1988) erfährt die Wachstumstheorie seit Mitte der 80er Jahre zunehmende Beachtung. Diese endogenen Wachstumsmodelle bestimmen die langfristige Wachstumsrate modellendogen. Sie wird also nicht durch den exogenen technischen Fortschritt festgelegt. Wichtigster Ansatz dieser „neuen" Wachstumstheorie ist die in langfristigen theoretischen Untersuchungen nicht zu bestätigende Konvergenzhypothese des neoklassischen Modells. Romer und Lucas unterstellen, daß Technologie weltweit verfügbar ist. Und wenn alle Länder Zugang zur gleichen Technologie haben, ergeben sich aus dem neoklassischen Wachstumsmodell einheitliche Pro-Kopf-Wachstumsraten im langfristigen Gleichgewichtszustand. Weil aber eine derartige Konvergenz der Wachstumsraten nicht zu beobachten ist, muß das Pro-Kopf-Wachstum modellendogen bestimmt werden. Dazu integrieren Romer und Lucas die Technologie in die Wachstumsmodelle, wobei sie davon ausgehen, daß nicht alle Länder die verfügbare Technologie in demselben Maße übernehmen. Die Absorption von Technologie wird durch Präferenzparameter und Politiken der einzelnen Länder beeinflußt. Im Ergebnis können die Wachstumsraten verschiedener Länder auch langfristig voneinander abweichen. Eine Konvergenz ist nicht zu erwarten.[81] Entscheidend an der neuen Wachstumstheorie ist die Bedeutung von nationalen Politikmaßnahmen und die zunehmende Beachtung empirischer Ergebnisse.[82]

Bevor im Kapitel 3.4 Modelle der endogenen Wachstumstheorie im einzelnen behandelt werden, folgt zunächst ein kurzer Einstieg in die neoklassische Wachstumstheorie. Sie bietet den Ausgangspunkt für jüngste Theorieinnovationen. Die Integration von politikinduzierten Verzerrungen in diesen Modellrahmen wird sodann in Kapitel 3.5 aufgezeigt. In Kapitel 3.6 folgt ein Überblick über empirische Arbeiten zur Analyse der Relevanz von Wachstumsmodellen. Aus der neuen Wachstumstheorie abgeleitete, empirisch überprüfbare Hypothesen werden abschließend in Kapitel 3.7 aufgestellt.

---

80 Vgl.: Barro, Sala-i-Martin (1995): S. 11, Ramser (1993): S. 117.

81 Vgl.: Solow (1991): S. 6-8.

82 Vgl.: Barro, Sala-i-Martin (1995): S. 13.

3.3 Das neoklassische Wachstumsmodell als Ausgangspunkt jüngster Theorieinnovationen

3.3.1 Das neoklassische Solow-Swan-Modell

Im Mittelpunkt des Interesses der neoklassischen Wachstumstheorie steht die Frage, ob in entwickelten Marktwirtschaften ein fortdauernder und stetiger Wachstumspfad möglich ist. Dieser Analyseschwerpunkt entstand aus der Opposition zur postkeynesianischen Wachstumstheorie, die die inhärente Instabilität des Wirtschaftssystems betonte. Gegenüber der postkeynesianischen Wachstumstheorie zeichnet sich die neoklassische Theorie durch die Annahme kontinuierlicher Faktorsubstituierbarkeit und einer stärkeren Tendenz zum Gleichgewicht aus.

Im Walrasianischen Gleichgewichtsmodell werden polypolistische Märkte, gegebene Präferenzstrukturen der nutzenmaximierenden Haushalte, eine festgelegte Technologie der gewinnmaximierenden Unternehmen und gegebene Faktormengen angenommen. Im Marktgleichgewicht werden die produzierten und ausgetauschten Gütermengen in Abhängigkeit von den eingesetzten Produktionsfaktoren ausgedrückt. Wirtschaftswachstum kann dabei als Abfolge von Gleichgewichtszuständen betrachtet werden, die sich in den verfügbaren Faktormengen unterscheiden. Die einzelnen Zustände sind durch Investition eines Teils der produzierten Güter in die Vermehrung der Faktorausstattung miteinander verknüpft. So wird das Faktor- und das Güterwachstum erklärt.[83]

Die Betrachtung der Abfolge stationärer Gleichgewichtszustände ist nur durch starke Aggregation möglich. Mathematisch wird die neoklassische Wachstumstheorie üblicherweise mit Hilfe von Differentialgleichungen abgebildet. Hier wird lediglich Grundmodell entwickelt, an dem sich Ansatzpunkte und Differenzierungen der „neuen“ Wachstumstheorie aufzeigen lassen.

Im Solow-Swan-Modell wird ein Gut (Y) betrachtet, das sowohl Konsum- wie auch Investitionsgut ist. Seine Herstellung erfolgt mit Hilfe der zwei Faktoren Arbeit (L) und Kapital (K). Arbeit ist nicht reproduzierbar und der Bestand an Arbeitskräften exogen gegeben, dagegen ist der Faktor Kapital durch Investitionsentscheidungen akkumulierbar. Entscheidend ist die Annahme einer neoklassischen Produktionsfunktion (Gleichung 3-6), die die drei Inada-Bedingungen[84] erfüllt. Diese Funktion hat deshalb positive, aber gegen Null abnehmende Grenzproduktivitäten in den einzelnen Faktoren[85] sowie konstante Skalener-

83 Vgl.: Vosgerau (1988): S. 493. Vgl. zum folgenden auch: Walter (1983) und Rose (1991).

84 Vgl.: Inada (1963): S. 121 f.

85 $\frac{\partial F}{\partial K} > 0, \frac{\partial^2 F}{\partial K^2} < 0, \frac{\partial F}{\partial L} > 0, \frac{\partial^2 F}{\partial L^2} < 0.$

träge.[86] Das Grenzprodukt eines Faktors tendiert gegen unendlich, wenn dessen Bestand gegen Null geht:[87]

$$Y = F(K,L)$$

Gleichung 3-6

Aufgrund der Annahme konstanter Skalenerträge kann die Funktion umgeformt werden zu:

$$Y = F(K,L) = L \cdot F(\frac{K}{L},1) = L \cdot f(k), \qquad \text{mit } k \equiv \frac{K}{L}$$

Gleichung 3-7

Daraus ergibt sich die Produktivitätsfunktion. Dieses ist die Funktion der Produktion pro Kopf aller Beschäftigten:

$$y \equiv \frac{F}{L} = F(\frac{K}{L},1) \equiv f(k)$$

Gleichung 3-8

Die Grenzproduktivitäten pro Kopf die Faktoren Kapital und Arbeit entsprechen:[88]

$$F_K = \frac{\partial Y}{\partial K} = A\frac{df(k)}{dk} \cdot \frac{dk}{dK} = Af'(k)\frac{1}{A} = f'(k)$$

Gleichung 3-9

und:

$$F_L = \frac{\partial Y}{\partial L} = f(k) + A\frac{df(k)}{dk} \cdot \frac{dk}{dL} = f(k) - kf'(k)$$

Gleichung 3-10

Das Kapitalwachstum ($\dot{K}$) ergibt sich aus den Investitionen in den Kapitalbestand abzüglich der Abschreibungen ($\delta > 0$). Für die Ersparnisbildung wird eine konstante Sparquote angenommen ($s(\bullet) = s > 0$). Das Arbeitsvolumen wächst annahmegemäß mit einer konstanten „natürlichen" Wachstumsrate (n),

86 $F(\lambda K, \lambda L) = \lambda \cdot F(K,L)$ für alle $\lambda > 0$.

87 $\lim_{K \to 0}(F_K) = \lim_{L \to 0}(F_L) = \infty$, $\lim_{K \to \infty}(F_K) = \lim_{L \to \infty}(F_L) = 0$.

88 Vgl.: Vosgerau (1988): S. 497.

d. h. $L(t)=L_0 e^{nt}$.[89] Unter diesen Annahmen und bei Abwesenheit von technischem Fortschritt ist das Kapitalwachstum:

$$\dot{K} = I - \delta K = s \cdot F(K, L_0 e^{nt}) - \delta K$$

Gleichung 3-11

Die Veränderung des Kapitalstocks pro Kopf ergibt sich aus der Division von Gleichung 3-11 mit der verfügbaren Arbeitsleistung (L):

$$\frac{\dot{K}}{L} = s \cdot f(k) - \delta k$$

Gleichung 3-12

Für die Kapitalintensität gilt die Bedingung:

$$\dot{k} \equiv \frac{d(K/L)}{dt} = \frac{\dot{K}}{L} - nk$$

Gleichung 3-13

Diese gilt, weil die Investitionen pro Kopf entweder für eine wachsende Kapitalintensität oder für die Kapitalausstattung der mit $n = \dot{L}/L$ wachsenden Bevölkerung aufgewendet werden. Durch Einsetzen der Gleichung 3-12 ergibt sich die grundlegende Differentialgleichung des Solow-Swan-Modells:

$$\dot{k} = s \cdot f(k) - (n + \delta) \cdot k$$

Gleichung 3-14

Die Veränderung der Kapitalintensität wird darin positiv durch die Ersparnisbildung und negativ durch das Bevölkerungswachstum und die Abschreibungsrate bestimmt. In der grafischen Abbildung von Gleichung 3-14 wird das Erreichen des „Steady-States", verdeutlicht. Wie die Abbildung 3-1 aufzeigt, sind im Modell die Bruttoinvestitionen proportional zur Produktionsfunktion. Der Pro-Kopf-Konsum ergibt sich aus der Differenz dieser beiden Funktionen.[90] Die Veränderung der Kapitalintensität bildet der vertikale Abstand zwischen den Bruttoinvestitionen und der effektiven Abschreibungsrate, ab. Im „Steady-State" (k*) ist ein Gleichgewichtszustand mit konstanter Kapitalintensität erreicht:

---

89 Vgl.: Solow (1956): S. 66 f.

90 Vgl.: Barro, Sala-i-Martin (1995): S. 18.

$$s \cdot f(k^*) = (n+\delta) \cdot k^*$$

Gleichung 3-15

Für eine festgelegte Produktionsfunktion sowie bei gegebenen Zuwachsraten des Arbeitskräftewachstums und fixierten Abschreibungsraten stellt sich also eine bestimmbare Kapitalintensität (k^*) ein. In diesem langfristigen stabilen Gleichgewichtszustand wachsen die Kapitalausstattung (K), das Volkseinkommen (Y) und der Konsum (C) alle mit der konstanten Rate des Bevölkerungswachstums (n). Auch die übrigen Pro-Kopf-Größen sind im „Steady-State" damit konstant: $y^* = f(k^*)$ und $c^* = (1-s) \cdot f(k^*)$.[91]

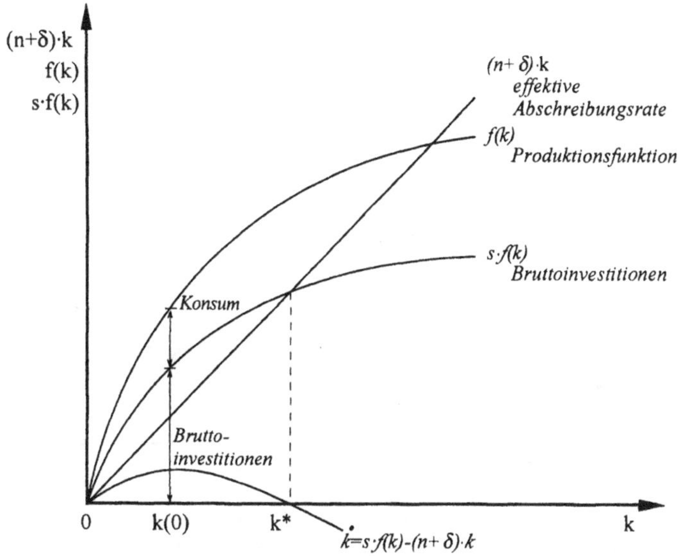

Abbildung 3-1: ***Das Solow-Swan-Modell.***
Quelle: Bearbeitet nach Vosgerau (1988): S. 498, und Barro, Sala-i-Martin (1995): S. 18.

Ist im Ausgangszustand die Kapitalintensität geringer als im langfristigen Wachstumsgleichgewicht ($k(0) < k^*$), so bleibt die Kapitalmenge relativ zum Arbeitsvolumen und zum Output zurück. Es stellt sich somit eine höhere Kapitalwachstumsrate ein, die bei gegebenem Arbeitskräftewachstum mit der Zeit die Kapitalintensität erhöht. Diese Anpassung vollzieht sich über die Veränderung der Nettoinvestitionen und verläuft deshalb sehr langsam.[92]

---

91 Vgl.: Barro, Sala-i-Martin (1995): S. 19.

92 Vgl.: Vosgerau (1988): S. 498.

Die langfristige Wachstumsrate des Volkseinkommens wird im neoklassischen Wachstumsmodell ausschließlich von exogenen Faktoren wie dem Wachstum des Arbeitsvolumens oder dem technischen Fortschritt bestimmt. Modellendogen wird die Wachstumsrate lediglich im Anpassungsprozeß an den „Steady-State" erklärt. Bis die Kapitalintensität ihren „Steady-State"-Wert (k^*) erreicht, wächst sie mit der Rate:[93]

$$\gamma_k \equiv \frac{\dot{k}}{k} = s \cdot \frac{f(k)}{k} - (n + \delta)$$

Gleichung 3-16

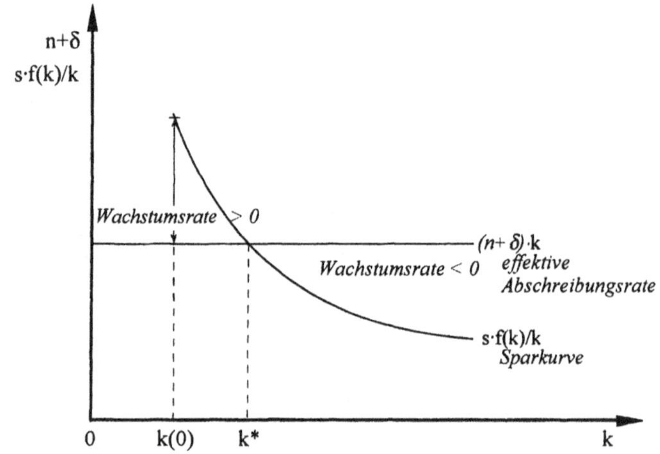

Abbildung 3-2: ***Anpassungsprozeß im Solow-Swan-Modell.***
Quelle: Bearbeitet nach Sala-i-Martin (1990a): S. 37, und Barro, Sala-i-Martin (1995): S. 23.

Die Wachstumsrate des Anpassungsprozesses wird in Abbildung 3-2 durch die vertikale Differenz der Sparkurve ($s \cdot f(k)/k$) und der Linie der effektiven Abschreibungen ($n + \delta$) ausgewiesen.[94] Ist in der Ausgangssituation $k(0)<k^*$, ergibt sich eine positive Wachstumsrate für die Kapitalausstattung pro Kopf. Im Laufe der Anpassung an den „Steady-State" wächst die Kapitalintensität k auf k^*, während sich die Wachstumsrate (γ_k) monoton an Null annähert. Das Volkseinkommen wächst im Anpassungsprozeß mit der Rate:

93 Vgl.: Barro, Sala-i-Martin (1995): S. 22.

94 Vgl.: Barro, Sala-i-Martin (1995): S. 23 und Sala-i-Martin (1990a): S. 37.

$$\gamma_y \equiv \frac{\dot{y}}{y} = f'(k) \cdot \frac{\dot{k}}{f(k)} = \left[k \cdot \frac{f'(k)}{f(k)} \right] \cdot \gamma_k$$

Gleichung 3-17

Gleichung 3-17 beschreibt die Beziehung zwischen der Wachstumsrate des Pro-Kopf-Volkseinkommens (γ_y) und der Wachstumsrate der Kapitalintensität (γ_k), wobei sie vom Anteil des Kapitaleinkommens am gesamten Einkommen $\left(k \cdot f'(k) / f(k)\right)$ abhängig ist. Durch Einsetzen von Gleichung 3-16 in Gleichung 3-17 und anschließende Ableitung nach k ergibt sich, daß $\partial\gamma_y / \partial k < 0$ ist. Deshalb muß die Wachstumsrate (γ_y) notwendigerweise fallen, wenn die Kapitalintensität (k) ansteigt, d. h. also auch, wenn das Pro-Kopf-Einkommen (y) steigt. Mit der Annäherung an den „Steady-State" sinkt die Wachstumsrate des Volkseinkommens ab. Ebenso verhält sich selbstverständlich auch die Wachstumsrate des Konsums (γ_c). Weil für den Konsum ein konstanter Anteil des Volkseinkommens aufgewendet wird, ist dessen Wachstumsrate identisch mit derjenigen des Volkseinkommens.

Um technischen Fortschritt im neoklassischen Wachstumsmodell abzubilden, muß arbeitsvermehrender technischer Fortschritt eingeführt werden, der das Volkseinkommen auf gleiche Weise erhöht wie bei einer Ausdehnung des Arbeitskräftepotentials. Andere Arten des technischen Fortschritts, wie Harrod-neutraler, Solow-neutraler oder kapitalvermehrender technischer Fortschritt, sind nicht konsistent mit dem „Steady-State".[95] Die Produktionsfunktion lautet unter Berücksichtigung des technischen Fortschritts:

$$Y = F\left[K, L \cdot A(t)\right]$$

Gleichung 3-18

Für die technologische Entwicklung, abgebildet im Term $A(t)$, wird eine konstante Wachstumsrate (x) unterstellt. Die Bedingung für die Veränderung der Kapitalintensität wird damit zu:

$$\dot{k} = s \cdot F\left[k, A(t)\right] - (n + \delta) \cdot k$$

Gleichung 3-19

und für die Wachstumsrate von k ergibt sich:

95 Vgl.: Barro, Sala-i-Martin (1995): S. 33.

$$\gamma_k = s \cdot \frac{F[k, A(t)]}{k} - (n + \delta)$$

Gleichung 3-20

Im Unterschied zum Fall ohne technischen Fortschritt (Gleichung 3-16) wächst nun das Durchschnittsprodukt des Kapitals $F[k, A(t)]/k$ mit der konstanten Rate x. So verschiebt sich die Sparkurve $(s \cdot F(\bullet)/k)$ in Abbildung 3-2 kontinuierlich nach rechts. Weil die Sparquote, das Bevölkerungswachstum und die Abschreibungsrate konstant sind, wächst die Kapitalintensität nun mit einer konstanten Rate von x. Ebenso steigen im „Steady-State" auch das Pro-Kopf-Volkseinkommen und der Pro-Kopf-Konsum mit dieser Wachstumsrate des technischen Fortschritts an.

Der Anpassungsprozeß an den „Steady-State" verhält sich gleichermaßen wie der Anpassungsprozeß ohne technischen Fortschritt, wobei anstelle des Arbeitsvolumens (L) nun das effektive Arbeitsvolumen $(\hat{L} = L \cdot A(t))$ betrachtet werden muß. Es wird ein „Steady-State"-Wert $(\hat{k}^*)$ für die Kapitalintensität gewonnen, der sich auf das effektive Arbeitsvolumen bezieht und bei dem die effektive Abschreibungsrate (x+n+ δ) berücksichtigt ist. Dieser „Steady-State" erfüllt nun die Bedingung:

$$s \cdot f(\hat{k}^*) = (x + n + \delta) \cdot \hat{k}^*$$

Gleichung 3-21

Die Anpassungsprozesse verlaufen wie im Standardfall ohne technischen Fortschritt. Im Unterschied dazu sind jetzt die Werte, die sich auf die effektiven Arbeitsmengen beziehen $(\hat{k}, \hat{y}, \hat{c})$, konstant, während die Pro-Kopf-Größen mit der exogenen Wachstumsrate (x) des technischen Fortschritts wachsen.[96]

3.3.2 Das Modell unter Annahme der Cobb-Douglas-Technologie

Bislang wurden die Produktionsfunktion und alle daraus abgeleiteten Gleichungen in allgemeiner Form präsentiert. Die Literatur unterstellt jedoch zumeist die Cobb-Douglas-Produktionstechnologie. In dieser Arbeit wird ebenfalls überwiegend mit diesem Funktionstyp gearbeitet. An dieser Stelle folgt deshalb die Darstellung der wichtigsten Gleichungen des vorangegangenen Abschnitts auf Basis einer Cobb-Douglas-Produktionsfunktion anstelle von Gleichung 3-6:

---

96 Vgl.: Barro, Sala-i-Martin (1995): S. 35.

$$Y = K^{\beta} \cdot L^{\alpha}$$

Gleichung 3-22

In diesem Fall ergibt sich für das Kapitalwachstum ohne technischen Fortschritt aus Gleichung 3-11:

$$\dot{K} = s \cdot K^{\beta} \cdot L^{\alpha} - \delta K$$

Gleichung 3-23

und für die Entwicklung der Kapitalintensität aus Gleichung 3-14 erhält man:

$$\dot{k} = s \cdot k^{\beta} \cdot L^{\alpha+\beta-1} - (n+\delta) \cdot k$$

Gleichung 3-24

Im „Steady-State" folgt daraus nun die Kapitalintensität (k^*):

$$k^* = \left[\frac{s \cdot A}{(n+\delta)}\right]^{\frac{1}{(1-\beta)}}$$

Gleichung 3-25

Im Anpassungsprozeß bis zum Erreichen des „Steady-State" wächst die Pro-Kopf-Kapitalintensität (k) mit der Rate:

$$\gamma_k = s \cdot A \cdot k^{-(1-\beta)} - (n+\delta)$$

Gleichung 3-26

Weil im „Steady-State" alle Variablen mit der gleichen Rate wachsen, ist in diesem Zustand (γ_k)ebenfalls konstant. Es gilt deshalb zugleich:[97]

$$0 = (\beta - 1)\gamma_k + n(\alpha + \beta - 1)$$

Gleichung 3-27

Aufgrund der Annahme konstanter Skalenerträge im neoklassischen Wachstumsmodell, d. h. ($\alpha+\beta = 1$), ist der Term ($n(\alpha+\beta-1)$) in Gleichung 3-27 gleich Null. Es verbleibt also lediglich:

$$0 = (\beta - 1)\gamma_k$$

Gleichung 3-28

---

97 Vgl.: Sala-i-Martin (1990a): S. 5.

Die einzig mögliche gleichgewichtige „Steady-State"-Wachstumsrate im neoklassischen Wachstumsmodell ist demzufolge gleich Null, weil Gleichung 3-28 unter der Annahme abnehmender Grenzproduktivität des Kapitals ($\beta < 1$) nur mit $\gamma_k = 0$ erfüllt wird. Diese Formulierung des Modells bestätigt lediglich noch einmal die Ergebnisse des vorangegangenen Kapitels. Wachstum wird im neoklassischen Wachstumsmodell nur durch den exogenen technischen Fortschritt $A(t)$ ermöglicht, der mit der konstanten Rate x wächst. Als Cobb-Douglas-Produktionsfunktion liest sich Gleichung 3-18 folgendermaßen:

$$Y = A(t) \cdot K^{\beta} \cdot L^{\alpha}$$

Gleichung 3-29

Wie später gezeigt wird, ist Wachstum ohne exogenen technischen Fortschritt nur unter Aufhebung der Annahme abnehmender Grenzproduktivitäten des Kapitals möglich.

3.3.3 Politik im neoklassischen Wachstumsmodell

Staatliche Politik könnte darauf ausgerichtet sein, die Sparquote zu erhöhen, um so über gestiegene Investitionen höhere Wachstumsraten zu erzielen. Erfolg ist dieser Wachstumsförderung im neoklassischen Wachstumsmodell aber nur vorübergehend beschieden. In Abbildung 3-3 bewirkt eine Erhöhung der Sparquote eine Rechtsverschiebung der Sparkurve und damit auch eine Verschiebung des Schnittpunktes mit der effektiven Abschreibungslinie nach rechts.

Es ergibt sich eine höhere Kapitalintensität im „Steady-State", doch mit Annäherung an diesen neuen „Steady-State"-Wert ($\hat{k}_2 *$) sinken die Pro-Kopf-Wachstumsraten der Kapitalintensität, des Volkseinkommens und des Konsums wieder auf die Wachstumsrate des technischen Fortschritts. Lediglich im Anpassungsprozeß bewirkt eine Erhöhung der Sparquote einen Wachstumseffekt. Die Politik hat in diesem Modell langfristig nur Einfluß auf das Niveau des Wachstumspfades, nicht aber auf die Dynamik des Wirtschaftswachstums.[98] Eine dauerhafte Veränderung der Technologie hat die gleiche Wirkung wie eine Erhöhung der Sparquote. Dadurch wird die Produktionsfunktion nach oben verschoben, und es ergibt sich erneut ein „Steady-State"-Wert rechts vom ursprünglichen Gleichgewicht.

---

98 Vgl.: Barro, Sala-i-Martin (1995): S. 24 f.

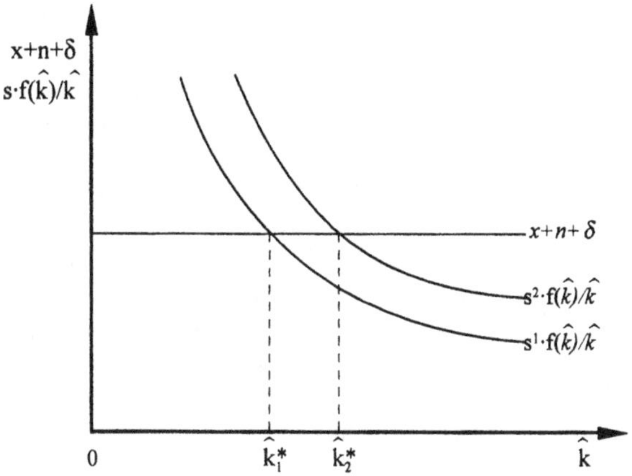

Abbildung 3-3: ***Wirkung einer höheren Sparquote im neoklassischen Wachstumsmodell mit technischem Fortschritt.***
Quelle: Bearbeitet nach Barro, Sala-i-Martin (1995): S. 25 und S. 36.

Mit Hilfe der „Goldenen Regel" der Kapitalakkumulation von Phleps (1961), Meade (1961) und Weizsäcker (1965) ist diejenige Sparquote zu ermitteln, die zum „Steady-State"-Wert (k^*) führt, der den langfristig maximalen Pro-Kopf-Konsum ermöglicht.[99] Ist zum Erreichen dieses Wertes ein Anstieg der Sparquote erforderlich, so fällt in der Anpassungsphase der Konsum zunächst niedriger aus. Es hängt demnach von der Zeitpräferenz des Konsums ab, ob zugunsten eines höheren zukünftigen Verbrauchs auf Konsum in der Gegenwart verzichtet wird.

3.3.4 Kritik am neoklassischen Wachstumsmodell

Kritik am neoklassischen Wachstumsmodell und damit die Begründung für eine „neue" Wachstumstheorie richtet sich auf die Konvergenzhypothese und die im langfristigen Wachstumsgleichgewicht ausschließlich exogen bestimmte Wachstumsrate. Entsprechend der Konvergenzhypothese läßt das Solow-Swan-Modell erwarten, daß im Anpassungsprozeß an den „Steady-State" Länder mit einem niedrigeren Ausgangsniveau höhere Wachstumsraten aufweisen müssen. Die Produktion in Entwicklungsländern sollte also schneller wachsen als in entwickelten Ländern. Dieses ist in der Realität indes nur eingeschränkt zu beobachten. Wie in Kapitel 3.6.2.2 eingehend untersucht wird, ist lediglich eine

99 Vgl.: Vosgerau (1988): S. 500.

bedingte Konvergenz empirisch zu ermitteln, die sich auf strukturell ähnliche Länder oder Regionen beschränkt. Solow weist beispielsweise auf die zu beobachtende Konvergenz der Wachstumsraten der bereits entwickelten Länder hin.[100] Doch zwischen Industrie- und Entwicklungsländern ist die in der neoklassischen Wachstumstheorie postulierte Angleichung von Wachstumsraten nicht nachweisbar. Romer zitiert eine Studie von Reynolds (1983), derzufolge im Zeitraum 1950-1980 die durchschnittliche Wachstumsrate der Entwicklungsländer geringer ausfiel als das Wachstum der OECD-Länder.[101] Zur Erklärung der wenig ausgeprägten Konvergenz bei einer größeren Anzahl von Ländern kann eine Unterscheidung zwischen absoluter und bedingter Konvergenz vorgenommen werden. Bei absoluter Konvergenz nähern sich die Länder alle den gleichen „Steady-State"-Werten k^* und y^* an. Identische „Steady-States" sind nur bei strukturell vergleichbaren Ländern mit gleicher Sparquote (s), Bevölkerungswachstumsrate (n), Abschreibungsrate (δ) und Produktionsfunktion zu beobachten. Die geringere Konvergenz zwischen Entwicklungs- und Industrieländern ist im Gegensatz dazu Folge einer bedingten Konvergenz.[102] In diesem Fall streben die beteiligten Volkswirtschaften auf unterschiedliche „Steady-State"-Gleichgewichte zu. Für ärmere Länder können geringere Werte für k* und y* angenommen werden als für reiche Länder. Die Geschwindigkeit der Konvergenz ist dann nur noch von der Entfernung der Ausgangswerte $k(0)$ und $y(0)$ von den jeweiligen „Steady-State"-Werten abhängig.[103]

Langfristig wachsen die Volkswirtschaften im neoklassischen Wachstumsmodell nur noch mit der Rate des exogen gegebenen technischen Fortschritts. Auch diese Vorgabe des Modells ist nicht zu beobachten, denn zwischen einzelnen Volkswirtschaften bestehen nicht nur Niveauunterschiede, sondern auch langfristige Wachstumsunterschiede.[104] Problematisch ist daran zudem die Bedeutungslosigkeit wirtschaftspolitischer Maßnahmen und Rahmenbedingungen für das Wachstum der pro-Kopf Einkommen. Zahlreiche empirische Arbeiten (siehe Kap. 3.6) ermitteln demgegenüber signifikant Wachstumshemmende Auswirkungen staatlichen Handelns.

---

100 Vgl.: Solow (1991): S. 5.

101 Vgl.: Romer (1986): S. 1012.

102 Vgl.: Barro, Sala-i-Martin (1995): S. 26 f.

103 Vgl.: Barro, Sala-i-Martin (1995): S. 29 f.

104 Vgl.: Höfert (1993): S. 14.

3.4 Die Theorie endogenen Wachstums

3.4.1 Endogene versus neoklassische Wachstumstheorie

3.4.1.1 Voraussetzung für endogenes Wachstum

Das charakteristische Element aller Modelle, die den Wachstumsprozeß endogenisieren, ist die Aufhebung der Annahme abnehmender Grenzerträge des akkumulierbaren Faktors Kapital. Sie erzielen auf diese Weise positive „Steady-State“-Wachstumsraten, ohne daß exogener technischer Fortschritt vorliegen muß. So schreibt beispielsweise Solow: „All these variations on the neoclassical model work by limiting the effects of diminishing returns in one way or another. That is what frees them from the straitjacket of convergence to a given steady-state growth rate.“[105] Sala-i-Martin (1990a) zeigt die Möglichkeit endogenen Wachstums bei konstanten Grenzerträgen des Kapitals anhand der Gleichung 3-27 bzw. Gleichung 3-28. Nur wenn $\beta = 1$ ist, kann in Gleichung 3-28 die „Steady-State“-Wachstumsrate $\gamma_k > 0$ sein.[106]

Die einfachste Produktionsfunktion, die diese Voraussetzung erfüllt, ist die AK-Funktion des Modells von Rebelo (1991). In diesem Modell wird die Produktion lediglich durch den Kapitaleinsatz (K) und eine positive Konstante (A), die die Technologie widerspiegelt, bestimmt:[107]

$$Y = A \cdot K$$

Gleichung 3-30

Nicht-reproduzierbare Faktoren, wie ungelernte Arbeit oder Land sind für die Produktion bedeutungslos. Auch bei konstanten Grenzerträgen des Kapitals erfüllt die Produktionsfunktion die Annahme konstanter Skalenerträge. Realistischerweise kann argumentiert werden, daß ausschließlich qualitativ hochwertige Arbeit für die Produktion relevant ist. Der Kapitalbegriff der AK-Funktion umfaßt dann neben physischem Kapital auch Humankapital. Die Akkumulation von Humankapital erfolgt durch Aneignung neuen Wissens. Zudem geht Boden nicht als exogener Faktor in die Produktion ein. Muß er durch Einsatz von Kapital und Arbeit kultiviert und erhalten werden, um als Produktionsfaktor Nutzen zu stiften, so ist der Produktionsfaktor Boden ebenso akkumulierbar wie das Humankapital. Das Naturkapital fließt als reproduzierbarer Faktor anstelle des exogen gegebenen Bodens in die Produktionsfunktion ein. Im folgenden werden alle akkumulierbaren Kapitalarten zusammenfassend als Kapital betrachtet.

---

[105] Solow (1991): S. 11.

[106] Vgl.: Sala-i-Martin (1990a): S. 6.

[107] Vgl.: Rebelo (1991): S. 507.

Die Produktion pro Kopf ergibt sich als $y = Ak$. Wenn $f(k)/k$ in Gleichung 3-16, bzw. $Ak^{-(1-\beta)}$ in Gleichung 3-26 durch A ersetzt wird, kann die Wachstumsrate der Pro-Kopf-Kapitalintensität gewonnen werden:

$$\gamma_k = s \cdot A - (n + \delta)$$

Gleichung 3-31

Aus dieser Differenz ergibt sich nun ein „Steady-State"-Wachstum, das ohne exogenen technischen Fortschritt auskommt. Die Wachstumsrate ist unabhängig von der Kapitalintensität (k). Somit gibt es keinen Anpassungsprozeß, sondern die Kapitalintensität wächst immer mit der gleichen konstanten Rate (γ_k). Die übrigen Größen, wie das Pro-Kopf-Wachstum des Konsums (γ_c) und des Volkseinkommens (γ_y), wachsen mit derselben Rate. Das Rebelo-Modell kann grafisch ebenso präsentiert werden wie das neoklassische Wachstumsmodell in Abbildung 3-2. Weil aber f(k)/k durch A ersetzt ist, gibt sich in Abbildung 3-4 eine konstante Wachstumsrate, die von der Kapitalintensität unabhängig ist.

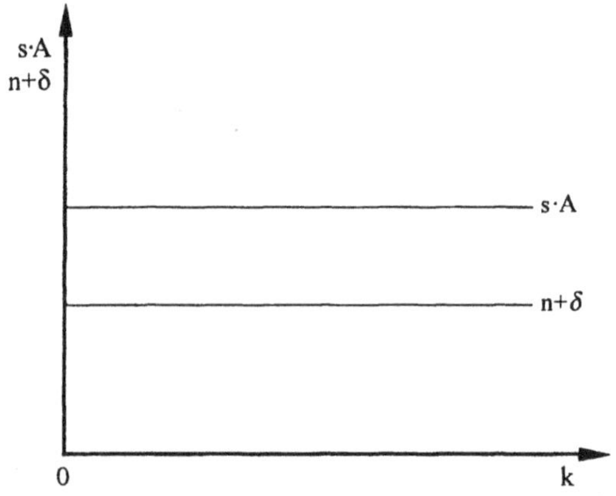

Abbildung 3-4: ***Konstante Wachstumsrate im AK-Modell.***
Quelle: Bearbeitet nach Sala-i-Martin (1990a): S. 39, und Barro, Sala-i-Martin (1995): S. 39.

Der entscheidende Unterschied dieses endogenen Wachstumsmodells zum neoklassischen Wachstumsmodell wird augenfällig, wenn eine Politik betrachtet wird, die Einfluß auf die Sparquote nimmt. Wie in Kapitel 3.3 gesehen, hat eine Erhöhung der Sparquote im „Solow-Swan"-Modell lediglich einen Niveaueffekt, ohne langfristig die „Steady-State"-Wachstumsrate zu beeinflussen. Wird dagegen im Rebelo-Modell die Sparquote erhöht, so führt dieses zu einer dauerhaften Erhöhung der Wachstumsrate, was sich in Abbildung 3-4 in einem größeren Abstand zwischen den Graphen niederschlägt. Auch ein Abbau staatlicher

Verzerrungen, der zu einer einmaligen Erhöhung des Niveaus der Technologie (A) führt, hat hier einen nachhaltigen Einfluß auf den Wachstumspfad.[108]

Ein endogenes Wachstumsmodell postuliert nicht die Konvergenz von Volkswirtschaften, die sich in der Ausgangssituation lediglich in der Höhe des Kapitalstocks unterscheiden. Da das Wachstum im Rebelo-Modell unabhängig von der Höhe des Kapitalstocks ist, können nun „ärmere" Länder nicht schneller wachsen als solche, die zu Beginn „reicher" sind und eine höhere Kapitalausstattung je Arbeitskraft besitzen. Endogene Wachstumsmodelle erklären auf diese Weise das empirisch ermittelte Fehlen einer langfristigen Konvergenz von Volkswirtschaften.

Ein interessanter Aspekt des Modells zeigt sich bei einem exogenen Schock, der einen Teil des Kapitalstocks vernichtet. Im neoklassischen Wachstumsmodell würde eine Volkswirtschaft nun vorübergehend beschleunigt wachsen, bis der ursprüngliche „Steady-State" wieder erreicht wird. Im betrachteten endogenen Modell hat der Schock dagegen keinen Einfluß auf die Wachstumsrate.[109]

3.4.1.2 Eine Verknüpfung neoklassischer und endogener Wachstumstheorie

Das AK-Modell widerspricht zum Teil empirischen Ergebnissen, weil es keine Konvergenz von Wachstumsraten erlaubt. Dieses Problem läßt sich umgehen, wenn die Produktionsfunktion die Eigenschaften der neoklassischen und der AK-Funktion miteinander verbindet.[110] Eine solche Funktion wurde bereits von Kurz (1968) sowie Gale und Sutherland (1968) entwickelt und später von Jones und Manuelli in die Wachstumstheorie integriert.[111] Der (AK)-Term in Gleichung 3-32 entspricht der Rebelo-Produktionsfunktion, und der Term $(BK^{\beta}L^{\alpha})$ entstammt dem „Solow"-Modell:

$$Y = AK + BK^{\beta}L^{\alpha}$$

Gleichung 3-32

Daraus ergibt sich die Pro-Kopf-Produktion mit:

$$y = f(k) = Ak + Bk^{\beta}$$

Gleichung 3-33

---

108 Vgl.: Barro, Sala-i-Martin (1995): S. 40.

109 Vgl.: Sala-i-Martin (1990a): S. 13.

110 Sala-i-Martin (1990a) nennt diese Funktion treffend „Sobelow"-Produktionsfunktion.

111 Vgl.: Jones, Manuelli (1990): S. 1008-1038.

Für die Durchschnittsproduktivität des Kapitals folgt:

$$f(k)/k = A + Bk^{-(1-\beta)}$$

Gleichung 3-34

Diese Funktion ist, ebenso wie im neoklassischen Wachstumsmodell, konkav für alle Kapitalintensitäten, wobei sie sich jedoch nicht gegen Null bewegt, sondern sich mit steigender Kapitalintensität (*k*) an *A* annähert. Mit wachsenden Kapitalintensitäten wird folglich die Wachstumsrate des Rebelo-Modells realisiert.[112] Im Vergleich zur neoklassischen Produktionsfunktion erfüllt diese „Sobelow"-Funktion jedoch nicht alle Inada-Bedingungen.

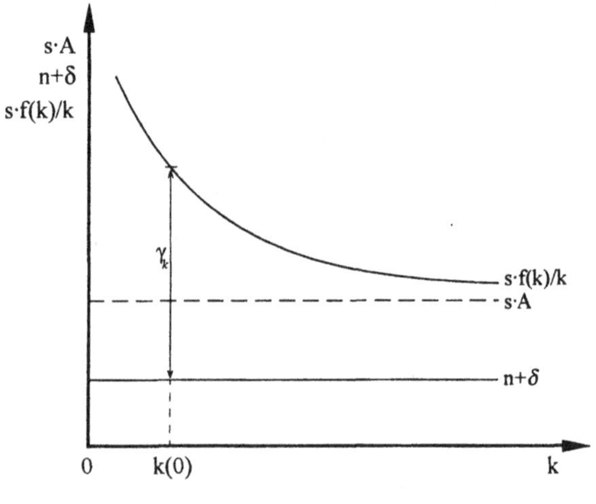

Abbildung 3-5: ***Abnehmende Wachstumsrate im endogenen Wachstumsmodell mit Anpassungsphase.***
Quelle: Bearbeitet nach Sala-i-Martin (1990a): S. 45, und Barro, Sala-i-Martin (1995): S. 43.

In diesem Modell wird ein endogenes „Steady-State"-Wachstum realisiert, das mit wachsenden Kapitalintensitäten positiv bleibt. Gleichzeitig wird eine bedingte Konvergenz abgebildet, wie sie aus dem neoklassischen Wachstumsmodell zu erwarten ist. Mit dem Fortschreiten einer Volkswirtschaft verliert der fallende Teil der Produktionsfunktion jedoch an Relevanz, so daß dann die Verwendung der einfacheren linearen AK-Funktion sinnvoller ist.[113]

---

112 Vgl.: Barro, Sala-i-Martin (1995): S. 42.

113 Vgl.: Sala-i-Martin (1990a): S. 18.

3.4.1.3 Übersicht über weitere Modelle endogenen Wachstums

Gemeinsames Kennzeichen endogener Wachstumsmodelle ist die Abkehr von der Annahme abnehmender Grenzerträge des Kapitals. Modelle, die in diesem Sinne dem Rebelo-Modell ähneln und ebenfalls zu einer linearen Produktionsfunktion gelangen, sind das Modell von Lucas, in dem das physische Kapital um Humankapital ergänzt wird,[114] sowie das Modell von Barro.[115] Im letzteren gibt es neben dem privat bereitgestellten Kapital noch als zweiten Faktor staatliche Investitionen in die Infrastruktur. Die gesamtwirtschaftliche Produktion erfüllt bei Barro die Bedingung konstanter Grenzerträge in bezug auf beide Faktoren, womit die Produktionsfunktion erneut dem AK-Modell entspricht.

Werden auch nicht-reproduzierbare Faktoren wie Arbeit, deren Grenzerträge positiv sind ($\alpha > 0$), in die Produktionsfunktion aufgenommen, so entsteht im Zusammenhang mit konstanten Grenzerträgen für den akkumulierbaren Faktor Kapital ($\beta = 1$) das Problem, daß insgesamt steigende Skalenerträge realisiert werden ($\alpha + \beta > 1$). Diese verhindern die wettbewerbliche Bildung eines pareto-optimalen Gleichgewichtspreises. Probleme mit der wettbewerblichen Preisbildung infolge steigender Skalenerträge versucht die neue Wachstumstheorie auf zwei Arten zu lösen. Einerseits bieten externe Effekte die Möglichkeit, auf aggregiertem Niveau steigende Skalenerträge mit einer wettbewerblichen Preisbildung zu verknüpfen, und andererseits wird in Modellen, die endogenes Wachstum durch Forschungs- und Entwicklungsausgaben erklären, unvollkommene Konkurrenz ausdrücklich zugelassen.

Positive externe Effekte in der Produktion („Spill-over") können bei konstanten Skalenerträgen auf der Ebene der einzelnen Unternehmen dennoch zu steigenden Skalenerträgen auf aggregiertem Niveau führen. Durch diese steigenden Skalenerträge in der gesamten Volkswirtschaft sind konstante Grenzerträge in der Produktion realisierbar. Dadurch ist endogenes Wachstum möglich, ohne daß auf die Annahme wettbewerblichen Verhaltens der Unternehmen verzichtet wird. Die einzelnen Unternehmen beeinflussen durch Spill-over zwar die Ergebnisse aller übrigen Anbieter, doch geht dieses nicht in Unternehmensentscheidungen ein.[116] In der Produktionsfunktion ist neben dem privaten Kapital (K) und der Arbeit (L) nun als zusätzlicher Faktor das aggregierte Kapital der Volkswirtschaft (κ) enthalten, das durch die positiven externen Effekte entsteht:

$$Y = K^{\beta} \cdot L^{(1-\beta)} \cdot \kappa^{\psi}$$

Gleichung 3-35

[114] Vgl.: Lucas (1988): S. 11 ff.
[115] Vgl.: Barro (1990): S. S104 ff.
[116] Vgl.: Sala-i-Martin (1990a): S. 8.

Der Spill-over-Effekt (κ) wird zwar von den einzelnen Unternehmen nicht mit berücksichtigt, doch ist er Teil des gesamten Kapitals:

$$Y = K^{\beta+\psi} \cdot L^{(1-\beta)}$$

Gleichung 3-36

Ist nun der externe Effekt gerade so groß, daß konstante Grenzproduktivitäten des Kapitals ($\beta+\psi=1$) vorliegen, so ist endogenes Wachstum bei steigenden Skalenerträgen und gleichzeitiger wettbewerblicher Preisbildung möglich. Dieses entspricht dem vom Romer (1986) gewählten Ansatz. Darin schaffen die Unternehmen durch „learning-by-doing" neues Wissen, das sie nicht vollständig für sich behalten können. Ein Spill-over von Wissen erhöht deshalb auch die Produktivität der übrigen Unternehmen.[117] Durch diese Möglichkeit endogenen Wachstums bietet das Modell eine Erklärung für unterschiedliche Wachstumsraten einzelner Volkswirtschaften. Auch hier kann der Staat durch die Beeinflussung des Sparverhaltens auf die langfristige Wachstumsrate einwirken.[118]

Die zweite Möglichkeit, mit dem Problem steigender Skalenerträge und daraus folgender Abweichungen vom wettbewerblichen Verhalten umzugehen, ist die Abkehr von der Annahme mengenanpassender Unternehmen. Bei unvollständiger Konkurrenz werden Renten erwirtschaftet, die nicht direkt produktiv eingesetzt werden, sondern durch Investitionen in Forschung und Entwicklung dazu dienen, den Bestand des vorhandenen Wissens zu erweitern.[119] Dieser Ansatz wird in den Modellen der endogenen Wachstumstheorie verwendet, die auf den Wachstumseinfluß von Forschungsaufwendungen abzielen.[120]

Zumeist wird in diesen Modellen die Existenz unvollkommener Konkurrenz mit externen Effekten der Forschungs- und Entwicklungsausgaben kombiniert. Durch die Investitionen in neues Wissen entstehen positive Spill-over, da einmal getätigte Forschungsausgaben zukünftige Forschungen verbilligen[121] und weil durch Entwicklungsaufwendungen die Produktivität anderer Produktionsfaktoren erhöht wird. Wichtige Vertreter dieses Zweigs der endogenen Wachstumstheorie sind Romer, Aghion, Howitt, Grossman und Helpman.

Dieser kurze Überblick zeigt bereits die Vielfältigkeit der Modelle in der endogenen Wachstumstheorie. Deshalb ist es schwierig, konsistente Gliederungskriterien für deren weitere Darstellung zu finden. Die Modelle lassen sich beispielsweise wie in diesem Abschnitt nach der Form der Produktionsfunktion

---

117 Vgl.: Romer (1986): S. 1003.

118 Vgl.: Wolf (1994a): S. 189 f.

119 Vgl.: Sala-i-Martin (1990a): S. 9.

120 Vgl.: Ramser (1993): S. 121.

121 Vgl.: Gould, Rouffin (1993): S. 30.

abgrenzen,[122] oder es kann die resultierende Marktstruktur als Ordnungskriterium gewählt werden.[123] Auch ist es möglich, nach den Determinanten endogenen Wachstums zu differenzieren.[124]

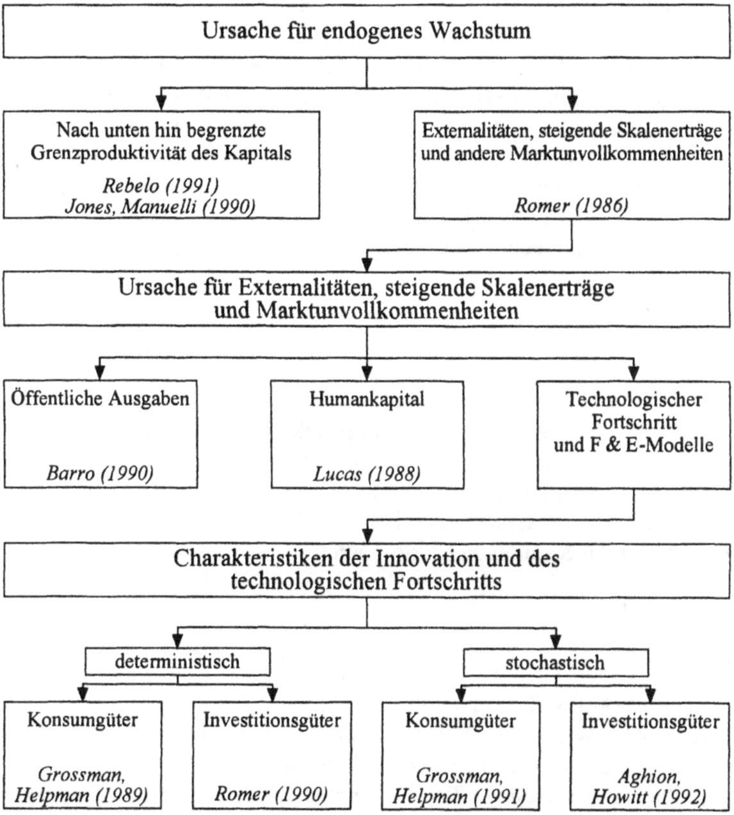

*Abbildung 3-6: **Übersicht über endogene Wachstumsmodelle.***
Quelle: Bearbeitet nach Höfert (1993): S. 4.

Der Übersicht von Höfert in Abbildung 3-6 gelingt es, verschiedene Gliederungskriterien zu verbinden. Dabei wird in erster Linie nach den Ursachen endogenen Wachstums differenziert, während gleichzeitig auch die unterschiedlichen Formen der Produktionsfunktion voneinander abgegrenzt sind.

122 Diese Gliederung entspricht Sala-i-Martin (1990a).

123 Vgl.: Barro, Romer (1990): S. 5.

124 Vgl.: Stern (1991). Dieser Gliederung folgt auch Ramser (1993): S. 120 ff.

3.4.2 Das Rebelo-Wachstumsmodell

Bereits zuvor wurden in Kapitel 3.4.1.1 die Bedingungen für endogenes Wirtschaftswachstum aufgezeigt. Endogenes Wachstum bedarf keiner steigenden Skalenerträge, wie sie im Modell von Romer (1986) und in F&E-Modellen zugrunde gelegt werden. Rebelo (1991) stellt in seinem Modell die konstanten Grenzerträge des akkumulierbaren Faktors als entscheidende Voraussetzung für endogenes Wachstum heraus. Das Modell weist einen positiven „Steady State"-Wachstumspfad ohne Anpassungsprozeß auf und ermöglicht deshalb die Erklärung dauerhaft unterschiedlicher Wachstumsraten.[125] In diesem Abschnitt wird, Rebelo (1991) folgend, endogenes Wachstum in einem Zwei-Sektoren-Modell mit intertemporaler Nutzenmaximierung der Haushalte dargestellt.

3.4.2.1 Endogenes Wachstum im Zwei-Sektoren-Modell

Die Modellwirtschaft verfügt über zwei Sektoren, den Kapitalgüter- und den Konsumgütersektor. In beiden Sektoren werden jeweils die zwei Faktoren Kapital (K) und Arbeit (L) eingesetzt. Der reproduzierbare Faktor K umfaßt physisches und Humankapital. Der Faktor L ist nichtreproduzierbar. Die Produktionsfunktion im Kapitalgütersektor lautet:

$$I = A \cdot K(1-\phi)$$

Gleichung 3-37

Hier steht $(1-\phi)$ für den Anteil des verfügbaren Kapitalstocks, der in diesem Sektor eingesetzt wird. Die lineare Technologie ist durch den Parameter A gegeben, die Investitionen in diesem Sektor sind irreversibel, und das Kapital unterliegt der Abschreibungsrate δ. Daraus ergibt sich das Wachstum des Kapitalgutes als $\dot{K} = I - \delta K$, mit $\dot{K} = dK/dt$. Dieses Wachstum liegt zwischen A-δ, dem Fall der reinen Akkumulation, und -δ, einer Situation, in der ausschließlich konsumiert wird. Die Produktionsfunktion im Konsumgütersektor wird als „Cobb-Douglas"-Funktion angenommen und lautet:

$$C = B(\phi \cdot K)^{\alpha} L^{1-\alpha}$$

Gleichung 3-38

125 Das Modell ist auch kompatibel mit den stilisierten Fakten des Wirtschaftswachstums von Kaldor (1961). Vgl.: Rebelo (1991): S. 501.

Der Parameter B bezeichnet die in diesem Sektor eingesetzte Technologie. Die Wachstumsrate des Konsumgutes ist proportional zur Wachstumsrate des Kapitals $\gamma_C = \alpha\gamma_K$.[126] Die intertemporale Nutzenfunktion einer großen Zahl identischer nutzenmaximierender Haushalte lautet:

$$U = \int_0^\infty e^{-(\rho-n)t} \frac{C^{1-\sigma}-1}{1-\sigma} dt$$

Gleichung 3-39

Wird zur Vereinfachung eine konstante Bevölkerung angenommen, so muß die Bevölkerungswachstumsrate (n) nicht in der Nutzenfunktion enthalten sein. Diese Nutzenfunktion geht auf Ramsey (1928) zurück.[127] Sie wird aufgrund ihrer Eigenschaften auch als „CIES"-Nutzenfunktion („Constant Intertemporal Elasticity of Substitution") bezeichnet.[128]

$$\dot{K} = w \cdot L + r \cdot K - C$$

Gleichung 3-40

Die Nutzenmaximierung der Haushalte unter der intertemporalen Budgetbeschränkung mit der Zinsrate (r) und der Lohnrate (w) in Gleichung 3-40 ergibt die optimale Wachstumsrate des Konsums in Gleichung 3-41.[129]

$$\gamma_C = \frac{\dot{C}}{C} = \frac{r-\rho}{\sigma}$$

Gleichung 3-41

Diese ist allein eine Funktion der Zinsrate, weil die Zeitpräferenzrate (ρ) und die intertemporale Substitutionselastizität ($1/\sigma$) konstant sind. Im „Steady-State" ist die Zinsrate konstant.

Die Haushalte stellen ihre Produktionsfaktoren (K und L) den Unternehmen bereit und wählen den Konsumpfad, der den Nutzen über die gesamte Lebensspanne maximiert. Die Unternehmen treffen ihre Produktionsentscheidungen unter Maßgabe der Gewinnmaximierung. Bei identischen Grenzerträgen sind sie indifferent in der Produktion des Kapital- oder des Konsumgutes: $pA = \alpha B(\phi \cdot K)^{\alpha-1}$. Der relative Preis des Kapitals (p) sinkt mit der Rate

126 Vgl.: Rebelo (1991): S. 502 f.

127 Detaillierte Darstellungen dieser Funktion und ihrer Bedingungen finden sich in Barro, Sala-i-Martin (1995): S. 60-67, und in Höfert (1993): S. 6-8.

128 Vgl.: Sala-i-Martin (1990b): S. 5, oder Höfert (1993): S. 5.

129 Vgl.: Gries, Wigger, Hentschel (1994): S. 70 f.

$\gamma_p=(\alpha-1)\gamma_K$, während die Kapitalquoten der zwei Sektoren unverändert bleiben. Wenn p nicht konstant ist, weichen die Zinsraten im Kapital- (r_K) und Konsumgütersektor (r_C) voneinander ab. Im Kapitalgütersektor ist die Kapitalverzinsung durch die Grenzproduktivität des Kapitals $r_K=A-\delta$ bestimmt. Aufgrund von Arbitragemöglichkeiten ist die Verzinsung im Konsumgütersektor an den Zins im Kapitalgütersektor gekoppelt: $r_C=r_K+\gamma_p$. Im „Steady-State" gilt deshalb für die Verzinsung im Konsumgütersektor:

$$r_C = A - \delta + (\alpha - 1)\gamma_K$$

Gleichung 3-42

Für die Haushalte ist dieses der relevante Zins. Sie wählen dementsprechend den optimalen Wachstumspfad des Konsums:

$$\gamma_C = (r_C - \rho)/\sigma$$

Gleichung 3-43

Wird hierin für r_C der obige Ausdruck eingesetzt, läßt sich die „Steady-State"-Wachstumsrate des Nettovolkseinkommens (γ_Y), ausgedrückt in Einheiten des Konsumgutes ($Y=C+pI-\delta K$), errechnen:[130]

$$\gamma_Y = \gamma_C = \alpha\gamma_K = \alpha\frac{A-\delta-\rho}{1-\alpha(1-\sigma)}$$

Gleichung 3-44

Unter den gegebenen Annahmen bildet Gleichung 3-44 das Wettbewerbsgleichgewicht dieses Wachstumsmodells. Das Modell kann gleichermaßen als Marktmodell oder als Haushaltsproduktionsmodell gelöst werden.[131]

3.4.2.2 Eigenschaften des Gleichgewichts und Reduzierung zum Ein-Sektor-Modell

Die Gleichgewichtslösung weist im Rebelo-Modell keinen Anpassungsprozeß auf. Vielmehr wächst die Volkswirtschaft konstant mit der „Steady-State"-Wachstumsrate γ_Y. Für den Wachstumsprozeß sind der Parameter B und der nicht-akkumulierbare Faktor L bedeutungslos; sie üben allein einen Einfluß auf den Wachstumspfad aus. Die Produktion von Konsum- und Industriegütern

---

130 Vgl.: Rebelo (1991): S. 504.

131 Vgl.: Sala-i-Martin (1990b): S. 9-11.

wächst zwar mit unterschiedlichen Raten, doch verändert sich deren relativer Preis p so, daß die jeweiligen Produktionsnteile pI/Y und C/Y konstant bleiben.

Weil der Parameter B und der nicht-akkumulierbare Faktor L für die Bestimmung der Wachstumsrate bedeutungslos sind, kann auf den Konsumgütersektor verzichtet werden, womit die wichtigsten Ergebnisse dieses Modells auch in einer Ein-Gut-Wirtschaft darstellbar sind. Werden $B=A$ und $\alpha=1$ gesetzt, so ergibt sich das einfache Modell einer „Ein-Gut"-Ökonomie mit der „AK"-Produktionsfunktion:[132]

$$Y = A \cdot K .$$

Gleichung 3-45

Aus der Gleichung 3-44 ergibt sich dann die gemeinsame Wachstumsrate des Kapitalstocks, des Konsums und des Volkseinkommens mit:[133]

$$\gamma_Y = \gamma_C = \gamma_K = \frac{A - \delta - \rho}{\sigma}$$

Gleichung 3-46

Die Brutto-Sparquote ist konstant und wird durch die gleichen Parameter wie die Wachstumsrate bestimmt:[134]

$$s = \frac{\left(\dot{K} + \delta K\right)}{Y} = (1/A) \cdot (\gamma_Y + \delta) = \left[\frac{A - \rho + (\sigma - 1) \cdot \delta}{\sigma \cdot A}\right]$$

Gleichung 3-47

Durch Umstellung ergibt sich die entsprechende Abhängigkeit der Wachstumsrate von der Sparquote. Je größer die Sparquote ist, um so höher ist auch die Wachstumsrate des Volkseinkommens:[135]

$$\gamma_Y = s \cdot A - \delta$$

Gleichung 3-48

Eine verbesserte Technologie führt ebenso wie eine zunehmende intertemporale Substitutionselastizität zu einem höheren Grenzprodukt des Kapitals (A-δ)

---

132 In diesem Modell ist die Inada-Bedingung $\lim_{k \to \infty}[f'(k)] = 0$ verletzt, denn $f'(k)=A$, wenn k gegen Null oder unendlich geht. Vgl.: Barro, Sala-i-Martin (1995): S. 167 f.

133 Vgl.: Rebelo (1991): S. 507.

134 Vgl.: Barro, Sala-i-Martin (1995): S. 143. Vgl. auch: Sala-i-Martin (1990b): S. 8 ff.

135 Vgl.: Höfert (1993): S. 16.

und damit zu steigenden Wachstumraten. Eine höhere Zeitpräferenzrate bewirkt im Gegensatz dazu geringeres Wachstum. Die durch die Parameter A, δ und ρ bestimmte Wachstumsrate kann sowohl positiv wie auch negativ ausfallen, abhängig vom Vorzeichen des Terms A-δ-ρ.[136] Politikeingriffe entfalten ihren Wachstumseinfluß in diesem Modell durch einen einfachen Mechanismus: Ein Anstieg der Einkommensteuer vermindert die Verzinsung des investierten Kapitals im privaten Sektor. Für die Wirtschaftssubjekte sinken die Opportunitätskosten einer höheren Konsumneigung in der Gegenwart; sie reagieren mit einer geringeren Sparneigung. Die abnehmende Rate der Kapitalakkumulation vermindert infolgedessen die Wachstumsrate des Volkseinkommens. Die Steuerpolitik des Staates hat in diesem Modell viel stärkere und nachhaltigere Auswirkungen als in der neoklassischen Wachstumstheorie.[137]

Kritisierbar ist am Rebelo-Modell die ausschließliche Bestimmung der Produktion durch den akkumulierbaren Faktor Kapital. Die verwendete Produktionsfunktion bleibt jedoch realistisch, wenn der Faktor K als Aggregat aus physischem Kapital und Humankapital betrachtet wird. Eine derartige Aufgliederung des Kapitals wird im folgenden Abschnitt vorgenommen.

3.4.2.3 Das Rebelo-Modell mit physischem Kapital und Humankapital

Endogenes Wachstum wird durch die konstanten Grenzerträge der akkumulierbaren Faktoren ermöglicht. Die Produktion des Volkseinkommens muß nicht ausschließlich durch den Einsatz des physischen Kapitals erfolgen. Auch die Arbeitskräfte sind in der Produktionsfunktion von Bedeutung, indem sie über das Humankapital Eingang finden. Angenommen sei wieder eine Ein-Sektor-Volkswirtschaft, in der ein einheitliches Konsum- und Investitionsgut (Y) unter Einsatz von physischem Kapital (K_P) und Humankapital (K_H) produziert wird. Die Produktionsfunktion ist vom Cobb-Douglas-Typ:[138]

$$Y = A_1(\phi K_P)^{1-\beta} \cdot (MK_H)^{\beta}$$

Gleichung 3-49

Die Akkumulation des physischen Kapitals erfolgt mit $\dot{K}_P = I - \delta K_P$. Humankapital geht in Form von „effektiven Arbeitseinheiten" („Efficiency Units of

[136] Allerdings bleibt der Technologieparameter A in diesem Modell selbst unerklärt. Vgl.: Rebelo (1991): S. 505.
[137] Vgl.: Rebelo (1991): S. 501.
[138] Vgl.: Rebelo (1991): S. 507 f.

Labour“) in die Produktionsfunktion ein. Sie werden aus der Anzahl der Arbeitsstunden (M), multipliziert mit dem Humankapital eines Individuums, gebildet. Die Produktion von Humankapital erfolgt unter Einsatz des verbleibenden physischen Kapitals $(1-\phi)K_P$ und der effektiven Arbeitseinheiten, die nicht im Gütersektor aufgebraucht werden $(1-R-M)K_H$.[139] Die Akkumulation des Humankapitals erfolgt mit:

$$\dot{K}_H = A_2\left[(1-\phi)K_P\right]^{1-\alpha}\left[(1-R-M)K_H\right]^{\alpha} - \delta K_H$$

Gleichung 3-50

Beide Kapitalarten werden mit derselben Rate δ abgeschrieben.[140]

Dieses Modell impliziert erneut im „Steady-State“ identische Wachstumsraten des Volkseinkommens, des Konsums und der zwei akkumulierbaren Kapitalarten. Im wettbewerblichen Wachstumsgleichgewicht müssen zwei Effizienzbedingungen erfüllt sein. Die erste betrifft die optimale Allokation des physischen Kapitals und der effizienten Arbeitseinheiten. Diese ist gegeben, wenn die Grenzprodukte der beiden Kapitalarten in beiden Sektoren gleich sind.[141] Im folgenden ist q der relative Preis des Humankapitals, ausgedrückt in Einheiten des physischen Kapitals:

$$(1-\beta)A_1(\phi K_P)^{-\beta}(MK_H)^{\beta} = q(1-\alpha)A_2(1-\phi K_P)^{-\alpha}\left[(1-R-M)K_H\right]^{\alpha}$$

Gleichung 3-51

und:

$$\beta A_1(\phi K_P)^{1-\beta}(MK_H)^{\beta-1} = q\alpha A_2\left[(1-\phi)K_P\right]^{1-\alpha}\left[(1-R-M)K_H\right]^{\alpha}$$

Gleichung 3-52

Aus dem Angleichen der Grenzraten der Transformation in den beiden Sektoren erhält man für die Produktion der Güter die Relation der Kapitalintensitäten:

$$\frac{\beta}{1-\beta}\left(\frac{\phi K_P}{MK_H}\right) = \frac{\alpha}{1-\alpha}\left[\frac{(1-\phi)K_P}{(1-R-M)K_H}\right]$$

Gleichung 3-53

---

139 Jede Arbeitskraft verfügt über eine bestimmte Anzahl von Arbeitsstunden. Davon werden R Stunden als Freizeit und M Stunden für die Güterproduktion verwendet.

140 Vgl.: Rebelo (1991): S. 508.

141 Vgl.: Rebelo (1991): S. 509.

Die zweite Effizienzbedingung ist dynamisch und bezieht sich auf die Investitionsentscheidung. Welche der beiden Kapitalarten akkumuliert wird, ist von der Kapitalverzinsung abhängig. Der Wert einer zusätzlichen Einheit physischen Kapitals ist dessen Netto-Grenzprodukt im Gütersektor:

$$r_P = (1-\beta)A_1(\phi K_P)^{-\beta}(MK_H)^{\beta} - \delta$$

Gleichung 3-54

Alternativ dazu könnten $1/q$ Einheiten Humankapital akkumuliert werden; deren Grenzertrag ausgedrückt in physischem Kapital lautet:

$$r_H = \alpha A_2\left[(1-\phi)K_P\right]^{1-\alpha}\left[(1-R-M)K_H\right]^{\alpha-1}(1-R) - \delta + \frac{\dot{q}}{q}$$

Gleichung 3-55

Entsprechend der Effizienzbedingung müssen sich die Grenzerträge ausgleichen, d. h., es muß $r_P = r_H$ gelten. Weil die erste Effizienzbedingung im „Steady-State" ein konstantes Einsatzverhältnis der Kapitalarten (K_P/K_H) impliziert, hat auch der „Steady-State" dieser zweiten Bedingung eine einfache Form:

$$(1-\beta)A_1\left(\frac{\phi K_P}{MK_H}\right)^{-\beta} = \alpha A_2\left(\frac{(1-\phi)K_P}{(1-R-M)K_H}\right)^{1-\alpha}(1-R)$$

Gleichung 3-56

Der „Steady-State"-Zinssatz (r) ergibt sich als geometrischer Durchschnitt der Technologieparameter in den Produktionsfunktionen:[142]

$$r = \zeta A_1^{v} A_2^{1-v}(1-R)^{1-v} - \delta, \qquad \text{mit: } v = \frac{1-\alpha}{1-\alpha+\beta}$$

Gleichung 3-57

In Gleichung 3-57 ist ζ eine positive Funktion von α und β. Die Wachstumsrate des Volkseinkommens lautet nun:

$$\gamma_Y = \max\left[\left(\zeta A_1^{v} A_2^{1-v}(1-R)^{1-v} - \delta - \rho\right)\sigma^{-1}, -\delta\right]$$

Gleichung 3-58

---

142 Vgl.: Rebelo (1991): S. 510.

Weil Desinvestitionen annahmegemäß ausgeschlossenen werden, ist die Wachstumsrate nach unten auf $-\delta$ beschränkt. Der Wachstumspfad ähnelt dem zuvor dargestellten einfachen Modell. Bemerkenswert ist hier die Abhängigkeit der Wachstumsrate vom Umfang der geleisteten Arbeit. Es resultiert ein höheres Wachstum, wenn weniger Freizeit (R) genommen wird. Befindet sich das Faktorverhältnis des Kapitalstocks im Ausgangszustand, nicht im „Steady-State"-Verhältnis ($k=K_P/K_H$), so ist nun ein Anpassungsprozeß möglich. In einer anfänglichen Periode wachsen die Bestände der zwei Kapitalarten mit unterschiedlicher Geschwindigkeit an.[143]

Der Einfluß von Einkommensteuern ist in diesem Modell schwächer als im vorhergehenden Modell mit nur einem Faktor. Die Besteuerung der Güterproduktion bewirkt Substitutionsreaktionen zugunsten einer größeren Produktion von Humankapital.[144]

3.4.3 Externe Effekte und steigende Skalenerträge als Ursache endogenen Wachstums

Den Ausgangspunkt der endogenen Wachstumstheorie bildete das Modell von Romer (1986). Wie zuvor im Rebelo-Modell wird auch im Romer-Modell endogenes Wachstum durch nicht-abnehmende Grenzproduktivitäten der akkumulierbaren Faktoren ermöglicht. Doch indem Rebelo ausschließlich akkumulierbare Produktionsfaktoren in die Produktionsfunktion aufnimmt, gelingt es ihm, konstante Skalenerträge wie im neoklassischen Wachstumsmodell beizubehalten. Diese haben den entscheidenden Vorteil der Grenzproduktivitätsentlohnung der Faktoren und ermöglichen damit eine konsistente Erklärung der Einkommensverteilung sowie Aufrechterhaltung der Annahme vollständiger Konkurrenz. Romer integriert jedoch auch nicht-akkumulierbare Faktoren in die Produktionsfunktion. Damit weiterhin konstante Grenzproduktivitäten der akkumulierbaren Faktoren möglich sind, muß die Funktion allerdings steigende Skalenerträge aufweisen. Um trotz steigender Skalenerträge die Marktform der monopolistischen Konkurrenz ausschließen zu können, bewirkt im Modell mindestens ein Faktor positive externe Effekte in der Produktion.[145]

Positive externe Effekte werden im Modell Romers durch den Spill-over des Faktors „Wissen" verursacht. Dieses Wissen („Know-how") geht als Input in die Produktionsfunktion einer Unternehmung ein. Es steht als quasi-öffentliches Gut allen Unternehmen kostenfrei zur Verfügung, weil die forschenden Unter-

---

143 Vgl.: Rebelo (1991): S. 511.

144 Vgl.: Rebelo (1991): S. 511 f.

145 Vgl.: Klodt (1992): S. 13.

nehmen das selbst geschaffene Wissen nicht ausschließlich selbst nutzen können. Es entstehen externe Effekte, wenn es Unternehmen nicht gelingt, sich die Ergebnisse eigener Forschung vollständig selbst anzueignen.[146] Romers Konzeption der externen Effekte durch Spill-over von Wissen geht auf Arbeiten von Arrow (1962) und Sheshinski (1967) zurück.[147] Dabei unterscheidet er sich jedoch in der Behandlung der Gewinnung von Wissen.[148] Bei Arrow entsteht Wissen im Produktionsprozeß durch Lernkurveneffekte,[149] während im Modell Romers Wissen in einem eigenen Forschungssektor mit Ressourceneinsatz, d. h. unter Konsumverzicht, produziert wird. Die Produktion von Wissen weist abnehmende Grenzerträge auf, doch in der Produktion des Gutes Y führt das Wissen zu steigenden Skalenerträgen, während gleichzeitig abnehmende Grenzerträge für jeden einzelnen Faktor vorliegen. [150] Da die steigenden Skalenerträge für die einzelnen Unternehmen exogen sind, kann für sie weiterhin ein Preisnehmerverhalten angenommen werden.[151] In einer einfachen Darstellung des Modells wird Wissen als Funktion aller vergangenen Investitionen einer Volkswirtschaft betrachtet. Damit geht dann der aggregierte Kapitalstock (κ) als externer Effekt in die gesamtwirtschaftliche Produktionsfunktion ein:

$$Y = F(K, L, \kappa) = K^{\beta} \cdot L^{(1-\beta)} \cdot \kappa^{\psi}$$

Gleichung 3-59

Wird für die Haushalte wiederum von der Gültigkeit der intertemporalen Ramsey-Nutzenfunktion aus Gleichung 3-39 ausgegangen, ergibt sich in einer wettbewerblichen Wirtschaft die Wachstumsrate des Konsums mit:

$$\gamma_C = \left(\beta k^{\beta+\psi-1} L^{\psi} - \rho\right) \cdot \sigma^{-1}$$

Gleichung 3-60

Die „Steady-State"-Wachstumsrate gilt gleichermaßen auch für das Wachstum des Volkseinkommens und des Kapitalstocks. In diesem Fall wird die Wachstumsrate positiv von der Größe der Bevölkerung, d. h. der verfügbaren Arbeitskraft (L), beeinflußt, weil die Annahme zugrunde liegt, daß Wissen eine Funktion des aggregierten Kapitalstocks sei. Dieser Effekt tritt jedoch nicht auf,

---

146 Vgl.: Romer (1986): S. 1015.

147 Vgl.: Sala-i-Martin (1990b): S. 17.

148 Vgl.: Seiter (1994): S. 6 f.

149 Vgl.: Arrow (1962): S. 156 f.

150 Vgl.: Romer (1986): S. 1015. Barro und Sala-i-Martin (1995), S. 146 f, interpretieren die Wissensgenerierung als Nebeneffekt der Investitionstätigkeit, d. h., sie nehmen Learnig-by-doing bzw. Learning-by-investment an.

151 Vgl.: Romer (1994): S. 14.

wenn Wissen nur in Abhängigkeit des durchschnittlichen Pro-Kopf-Kapitalstocks betrachtet wird.[152]

Sofern die akkumulierbaren Faktoren zumindest konstante Skalenerträge erzielen, ist endogenes Wachstum möglich. Steigende Skalenerträge sind nicht entscheidend; sie sind weder eine notwendige noch eine hinreichende Bedingung für endogenes Wachstum. Ergibt sich ($\beta + \psi < 1$), so gleicht das Modell dem neoklassischen Wachstumsmodell. Dann ist der externe Effekt des Wissens nicht ausreichend, die abnehmenden Grenzerträge des physischen Kapitals zu kompensieren, und es wird im „Steady-State" kein Wachstum realisiert. Gilt ($\beta + \psi = 1$), so erzielt dieses Modell endogenes Wachstum ohne Anpassungsprozeß. Es entspricht damit im Ergebnis dem Rebelo-Modell. Besonders umstritten ist der Fall ($\beta + \psi > 1$), denn eine solche Produktionsfunktion impliziert eine ständig steigende Wachstumsrate, die langfristig gegen unendlich strebt.[153]

Weil in einer wettbewerblichen Lösung die einzelnen Unternehmen den positiven externen Effekt der Wissensgenerierung nicht in ihrem Investitionskalkül berücksichtigen, wird lediglich eine suboptimale Wachstumsrate erzielt. Paretooptimal kann nur die Lösung eines Planers sein, der neben dem privaten auch das öffentliche Grenzprodukt des Kapitals berücksichtigt.[154] Dessen höhere Wachstumsrate lautet:

$$\gamma_C = \left(\left(\beta + \psi\right)k^{\beta+\psi-1}L^{\psi} - \rho\right) \cdot \sigma^{-1}$$

Gleichung 3-61

In diesem Modell wird bei vollkommenem Wettbewerb also ein zu geringes Investitionsniveau erzielt, das durch staatliche Investitionssubventionen erhöht werden könnte.

3.4.4 Das Barro-Modell öffentlicher Ausgaben

Im Staatsausgabenmodell von Barro (1990) werden staatlich bereitgestellte Leistungen, wie beispielsweise öffentliche Infrastrukturinvestitionen, in die endogene Wachstumstheorie integriert. Diese schaffen, vergleichbar dem Wissen im Romer-Modell, positive Externalitäten, die in die Produktionsfunktion des privaten Sektors eingehen. Mit Hilfe der Externalitäten werden wiederum trotz abnehmender Grenzerträge des privaten Kapitals insgesamt konstante Grenzer-

---

152 Vgl.: Sala-i-Martin (1990b): S. 20.

153 Vgl.: Romer (1986): S. 1031.

154 Vgl.: Höfert (1993): S. 20, Sala-i-Martin (1990b): S. 21.

träge der akkumulierbaren Faktoren ermöglicht, und so entsteht, wie bereits im Rebelo-Modell, endogenes Wachstum.[155]

3.4.4.1 Staatliche Leistungen in Form privater Güter

Barro analysiert staatliche Leistungen, die als private Inputgüter in die einzelwirtschaftlichen Produktionsfunktionen eingehen. Unterliegen die Infrastrukturleistungen des Staates der Rivalität im Konsum und dem Ausschlußprinzip,[156] so ist endogenes Wachstum in einem wettbewerblichen Umfeld zu erzielen, wenn der private Kapitaleinsatz und die staatlichen Infrastrukturleistungen gemeinsam konstante Skalenerträge realisieren, während gleichzeitig abnehmende Grenzproduktivitäten für das private Kapital gelten.[157] In diesem Fall lautet die gesamtwirtschaftliche Produktionsfunktion:

$$Y = A \cdot K^{\beta} \cdot (L \cdot g)^{1-\beta}$$

Gleichung 3-62

und die individuelle Produktionsfunktion:

$$y = A \cdot k^{\beta} \cdot g^{1-\beta}$$

Gleichung 3-63

In den obigen Gleichungen symbolisiert g die Menge öffentlicher Leistungen pro Kopf. Die Staatsausgaben werden mittels einer Einkommensteuer (τ) finanziert, und es wird ein ausgeglichener Staatshaushalt angenommen. Die staatliche Budgetschranke bestimmt sich dann als:

$$g = \tau \cdot y = \tau \cdot A \cdot k^{\beta} \cdot g^{1-\beta}$$

Gleichung 3-64

Für die Haushalte wird wiederum eine Ramsey-Nutzenfunktion zugrundegelegt und dementsprechend die Wachstumsrate des Konsums bestimmt:

$$\gamma_c = \left(\beta(1-\tau)A(g/k)^{1-\beta} - \rho \right) \cdot \sigma^{-1}$$

Gleichung 3-65

---

155 Vgl.: Barro (1990): S. S104-112.
156 Vgl.: Aschauer (1989).
157 Vgl.: Barro (1990): S. S106.

Gemäß der Budgetschranke des Staates kann hier $g/k=(\tau A)^{1/\beta}$ ersetzt werden; die Wachstumsrate schreibt sich dann:[158]

$$\gamma_c=\gamma_y=\left(\beta\cdot(1-\tau)\cdot\tau^{\frac{1-\beta}{\beta}}\cdot A^{\frac{1}{\beta}}-\rho\right)\cdot\sigma^{-1}$$

Gleichung 3-66

Dieses Ergebnis weist große Ähnlichkeit zum Rebelo-Modell auf. Die politisch bestimmbare Einkommensteuerrate (τ) vermindert einerseits über die Steuerlast ($1-\tau$) die Wachstumsrate, während sie andererseits über die Staatsausgaben ($\tau^{1-\beta/\beta}$) einen positiven Einfluß auf das Wachstum ausübt. Durch Nullsetzen der Ableitung der Wachstumsrate nach dem Einkommensteuersatz:

$$\frac{\partial\gamma_c}{\partial\tau}=\left(\beta\cdot A^{\frac{1}{\beta}}\cdot\left[-\tau^{\frac{1-\beta}{\beta}}+(1-\tau)\left(\frac{1-\beta}{\beta}\right)\tau^{\frac{1-2\beta}{\beta}}\right]\right)\cdot\sigma^{-1}\overset{!}{=}0$$

Gleichung 3-67

kann nun der optimale Umfang staatlicher Leistungen bestimmt werden:

$$\tau^{opt}=1-\beta$$

Gleichung 3-68

Das ermittelte Gleichgewicht ist nicht pareto-optimal, denn die einzelnen Wirtschaftssubjekte nehmen den Umfang staatlicher Inputleistungen (g) für die Produktionsfunktion als gegeben an. Doch auch die private Investitionstätigkeit hat einen Einfluß auf g, da diese zu einem höheren Volkseinkommen und so auch zu höheren Staatseinnahmen beiträgt. Die deshalb möglichen höheren Staatsausgaben steigern die Produktivität aller Wirtschaftssubjekte.[159] Hier liegt also wie im Romer-Modell ein positiver externer Effekt vor, der vom einzelnen nicht internalisiert wird. Wird das Modell für eine Planwirtschaft gelöst, die den externen Effekt internalisiert, resultiert daraus eine höhere Wachstumsrate:[160]

$$\gamma_{Plan}=\left((1-\tau)\cdot\tau^{\frac{1-\beta}{\beta}}\cdot A^{\frac{1}{\beta}}-\rho\right)\cdot\sigma^{-1}$$

Gleichung 3-69

---

158 Vgl.: Sala-i-Martin (1990b): S. 11-13, Höfert (1993): S. 22.

159 Vgl.: Barro (1990): S. S112 f, Sala-i-Martin (1990b): S. 12.

160 Vgl.: Höfert (1993): S. 23.

3.4.4.2 Vom Staat bereitgestellte öffentliche Güter

Bisher wurde ein staatlich bereitgestelltes privates Gut betrachtet. Ein zweiter Ansatz besteht darin, staatliche Infrastrukturleistungen als öffentliche Güter zu betrachten, die keiner Rivalität im Konsum und nicht dem Ausschlußprinzip unterliegen. Ist im ersten Fall lediglich der Betrag (g) von Bedeutung, der ausschließlich für jedes einzelne Individuum aufgewendet wird, so bestimmt nun die Höhe der gesamten Aufwendungen des Staates (G) den Nutzen, den ein Wirtschaftssubjekt aus den staatlichen Leistungen ziehen kann.[161] Entsprechend lautet die individuelle Produktionsfunktion:[162]

$$y = A \cdot k^{\beta} \cdot G^{1-\beta}$$

Gleichung 3-70

Wird in diesem Modell die Wachstumsrate bestimmt, so ist diese auch von der Größe der Volkswirtschaft und damit von der Anzahl der Arbeitskräfte (L) abhängig:[163]

$$\gamma_c = \gamma_y = \left(\beta \cdot (1-\tau) \cdot (L\tau)^{\frac{1-\beta}{\beta}} \cdot A^{\frac{1}{\beta}} - \rho \right) \cdot \sigma^{-1}$$

Gleichung 3-71

Damit tritt hier derselbe Größeneffekt wie im Romer-Modell auf, denn es gehen aufgrund der Nichtrivalität im Konsum die gesamten Staatsausgaben (G) auf dieselbe Weise in die Produktionsfunktion ein wie beim Romer-Modell das Wissen über den aggregierten Kapitalstock (κ). Die Ableitung der optimalen Steuerrate und der „geplanten" First-Best-Lösung erfolgt wie zuvor beim staatlich bereitgestellten privaten Gut.[164]

Um das Problem des Größeneffekts zu umgehen, bei dem die Anzahl der Arbeitskräfte eine Bedeutung für die Wachstumsrate erlangt, und um dennoch staatliche Leistungen als öffentliche Güter zu modellieren, kann angenommen werden, daß staatliche Leistungen nicht unendlich nutzbar sind. Dieses gilt für die meisten staatlichen Leistungen wie das Straßennetz, die Polizei, die Gerichte usw. Sie unterliegen ab einem gewissen Grad der Nutzung einer Rivalität im Konsum, während gleichzeitig das Ausschlußprinzip nicht gilt.[165] In die indivi-

---

161 Vgl.: Barro (1990): S. S107.

162 Vgl.: Barro, Sala-i-Martin (1992a): S. 649.

163 Vgl.: Barro, Sala-i-Martin (1995): S. 152-156.

164 Vgl.: Barro, Sala-i-Martin (1995): S. 155-158.

165 Vgl.: Barro, Sala-i-Martin (1992a): S. 650 f.

duelle Produktionsfunktion geht eine Funktion der Staatsausgaben mit abnehmenden Grenzerträgen ein:

$$y = A \cdot k \cdot f(G/Y)$$

Gleichung 3-72

Die Wachstumsrate dieser Modellvariante ist unabhängig von der Größe des Arbeitskräfteangebotes (L) einer Volkswirtschaft:[166]

$$\gamma = \left((1-\tau) \cdot f(\tau) \cdot A - \rho\right) \cdot \sigma^{-1}$$

Gleichung 3-73

Sind staatliche Infrastrukturangebote mit abnehmenden Grenzerträgen versehen, existiert kein Unterschied zwischen den Wachstumsraten unter den Bedingungen eines freien Wettbewerbs oder einer „geplanten" First-best-Lösung.[167]

3.4.5 Humankapital als Wachstumsfaktor

Das Humankapital-Modell von Lucas (1988) zeigt ebenfalls einen endogenen Wachstumsprozeß auf, der politisch bestimmte, dauerhaft unterschiedliche Wachstumsraten zwischen verschiedenen Staaten zuläßt. Humankapital (H) wird von Lucas als Gesamtheit der Fähigkeiten einer Arbeitskraft verstanden, die die Produktivität erhöhen. Es besteht eine proportionale Beziehung zwischen dem Humankapital und der Produktivität, so daß H auch als Produktivitätsmaßstab aufgefaßt werden kann.[168] Mit dieser Auffassung des Humankapitals steht Lucas (1988) in der Tradition von Uzawa (1965).[169]

Die Humankapitalakkumulation trägt im Modell von Lucas auf zweierlei Weise zum Wirtschaftswachstum bei. Zum einen stellt Humankapital wie im erweiterten Rebelo-Modell einen akkumulierbaren Faktor dar, der durch Investitionen in Ausbildung geschaffen wird und die individuelle Produktivität erhöht. Dieser Zusammenhang kann als interner Effekt einer Bildungsmaßnahme bezeichnet werden, der zu einer Produktionsfunktion mit konstanten Skalenerträgen führt:

$$Y = A \cdot K^{\beta} \cdot (uHL)^{1-\beta}$$

Gleichung 3-74

166 Vgl.: Barro, Sala-i-Martin (1995): S. 158.
167 Vgl.: Barro, Sala-i-Martin (1995): S. 159.
168 Vgl.: Lucas (1988): S. 11.
169 Vgl.: Gries, Wigger, Hentschel (1994): S. 65.

In Gleichung 3-74 steht u für den Anteil der Arbeitszeit, der für die Güterproduktion verwendet wird, und L bezeichnet die Zahl der Arbeitskräfte. Der gesamte Term (uHL) drückt damit die effektiv geleistete Arbeitszeit aus.[170] Die Arbeitsleistung kommt im Modell indes nicht nur dem einzelnen zugute. Die damit geleistete Humankapitalinvestition trägt bei Lucas auch zum Anstieg des gesamtwirtschaftlichen Ausbildungsniveaus bei, worin die zweite wachstumsfördernde Wirkung der Humankapitalbildung liegt. Der steigende durchschnittliche Wissensstand erhöht die Produktivität aller übrigen Faktoren, womit also ein positiver externer Effekt der Humankapitalakkumulation entsteht.[171] Dieser externe Effekt des Humankapitals geht als durchschnittlicher Ausbildungsstand (H_a) in die gesamtwirtschaftliche Produktionsfunktion ein.[172] Bei Lucas ist die Produktionsfunktion deshalb durch steigende Skalenerträge geprägt. Sie ähnelt an dieser Stelle der Produktionsfunktion des Romer-Modells:

$$Y = A \cdot K^{\beta} \cdot (uHL)^{1-\beta} \cdot H_a^{\psi}$$

Gleichung 3-75

Die Externalität ist für einen endogenen Wachstumsprozeß also nicht zwingend erforderlich. Die Bestimmung der Wachstumsrate erfolgt wieder für einen optimalen Konsumpfad mittels der intertemporalen Ramsey-Nutzenfunktion. Sie wird unter der Restriktion der Akkumulierbarkeit des physischen Kapitals und des Humankapitals maximiert. Das physische Kapital kann mit folgender Rate akkumuliert werden:

$$\dot{K} = A \cdot K^{\beta} \cdot (uHL)^{1-\beta} \cdot H_a^{\psi} - c$$

Gleichung 3-76

Humankapital entsteht durch Investitionen in die Ausbildung, wobei für die Produktionstechnologie konstante Grenzerträge angenommen werden. Die Akkumulation von Humankapital ist eine Funktion der Ausbildungszeit $(1-u)$ und eines „Studienparameters“ (ξ):

$$\dot{H} = \xi \cdot H(1-u)$$

Gleichung 3-77

---

170 Diese Produktionsfunktion entspricht der Gleichung 3-49 im erweiterten Rebelo-Modell, da uL=N ist.

171 Vgl.: Seiter (1994): S. 12.

172 Vgl.: Lucas (1988): S. 18.

Durch Lösung des Kontrollproblems für beide Restriktionen mit Hilfe der Hamilton-Funktion können nun die Wachstumsraten des Konsums und des Volkseinkommens in Gleichung 3-78 sowie der Wachstumspfad des Humankapitals in Gleichung 3-79 bestimmt werden:[173]

$$\gamma = \gamma_c = \gamma_y = \left(\beta \cdot A^{-(1-\beta)} u^{(1-\beta)} H^{(1-\beta+\psi)} - \rho\right) \cdot \sigma^{-1}$$

Gleichung 3-78

$$\gamma_H = \frac{\dot{H}}{H} = \frac{(1-\beta)}{(1-\beta+\psi)} \cdot \gamma$$

Gleichung 3-79

Ohne externen Effekt (ψ=0) wächst das Humankapital mit derselben Rate wie der Konsum. Durch Auflösung des Modells nach seinen Parametern finden sich die Wachstumsraten in Gleichung 3-80 bzw. in Gleichung 3-81:

$$\gamma = \frac{(1-\beta+\psi)(\xi-\rho)}{(1-\beta+\psi)-\psi} \cdot \sigma^{-1}$$

Gleichung 3-80

$$\gamma_H = \frac{(1-\beta)(\xi-\rho)}{(1-\beta+\psi)-\psi} \cdot \sigma^{-1}$$

Gleichung 3-81

Aufgrund des externen Effekts der Humankapitalbildung wird auch in diesem Modell in der Wettbewerbslösung nur ein „Second-Best"-Ergebnis erzielt. In einer „Planwirtschaft" ist eine höhere Wachstumsrate erreichbar, wenn H_a und H gleichgesetzt werden:[174]

$$\gamma_H = \frac{(1-\beta)(\xi-\rho)+\xi\psi}{(1-\beta+\psi)} \cdot \sigma^{-1}$$

Gleichung 3-82

---

173 Vgl.: Gries, Wigger, Hentschel (1994): S. 66; Sala-i-Martin (1990b): S. 27; Höfert (1993): S. 25.

174 Vgl.: Sala-i-Martin (1990b): S. 29.

3.4.6 Technischer Fortschritt und F&E-Modelle

Die bisher aufgezeigten endogenen Wachstumsmodelle bieten in einem Modellrahmen mit vollständiger Konkurrenz konsistente Erklärungen differierender Wachstumsraten verschiedener Länder, die durch politische Maßnahmen beeinflußbar sind. Doch berücksichtigen diese Modelle die Bedeutung des technologischen Fortschritts lediglich indirekt über das Humankapital. Nach Ansicht der Vertreter von Modellen, in denen explizit der Forschungs- und Entwicklungssektor abgebildet wird (F&E-Modelle), ist in Anlehnung an den Prozeß der „Schöpferischen Zerstörung" von Schumpeter (1934) technischer Fortschritt der entscheidende Grund für einen beständigen Wachstumsprozeß.[175]

Bedeutende F&E-Modelle stammen von Romer (1990), Grossman, Helpman (1991a) und Aghion, Howitt (1992). Die Modellierung des Innovationsprozesses erfolgt in hier zum einen als Ausdehnung der Produktvielfalt („Increasing Product Variety") und zum anderen über die Einführung neuer Qualitätsstufen („Quality Ladders"). Gemeinsames Kennzeichen dieser Modelle ist die Abkehr von der Marktform der vollkommenen Konkurrenz. In einem Sektor werden jeweils steigende Skalenerträge und die Möglichkeit von Monopolgewinnen oberhalb der Produktionskosten zugelassen. Im Rahmen der monopolistischen Konkurrenz können die Unternehmen mit den fortschrittlichsten Gütern vorübergehend Preise oberhalb der Produktionskosten realisieren. Es existiert somit ein Anreiz für die Unternehmen, in Forschung und Entwicklung zu investieren, um so in den Genuß von Monopolrenditen zu kommen.[176]

3.4.6.1 Wachstum durch Ausdehnung der Produktvielfalt

Endogenes Wachstum entsteht in den von Romer (1987 und 1990) entwikkelten Modellen durch Forschungstätigkeiten zugunsten der Entwicklung produktiverer Inputgüter, die in der Produktion von Endprodukten eingesetzt werden.[177] Zunächst modelliert Romer (1987) Wachstum aufgrund steigender Skalenerträge ohne „Spill-over"-Effekte, doch nimmt er im Modell von 1990[178] eine Kombination aus Monopolrenditen im Zwischenproduktsektor und dem

---

175 Vgl.: Grossman, Helpman (1994): S. 24.

176 Vgl.: Grossman, Helpman (1994): S. 32. Bereits Judd (1985) legte monopolistische Konkurrenz zugrunde. Die F&E-Modelle der neuen Wachstumstheorie weisen auch Parallelen zur neuen Handelstheorie auf: Vgl.: Krugman (1991, 1993), Schäfer (1994): S. 7 f.

177 Diese Modelle stehen in der Tradition von Spence (1976), Dixit, Stieglitz (1977) und Ethier (1982). Vgl.: Barro, Sala-i-Martin (1995): S. 213.

178 Vgl.: Romer 1990: S. S71 ff.

„Spill-over“ von Wissen vor. Mangelnder Patentschutz („Intellectual Property Rights“) ist darin die Ursache von „Spill-over“-Effekten.

Das Wachstumsmodell mit zunehmender Produktvielfalt besteht aus einem F&E-Sektor, in dem unter Einsatz von Humankapital und bestehender Technologie neue „Designs“ für Zwischenprodukte entwickelt werden. Ferner existiert ein Zwischenproduktsektor, der die technologischen „Designs“ und das Endprodukt verwendet, um produktive Vorprodukte für den Endproduktsektor bereitzustellen. Letztlich werden im dritten Sektor Arbeit, Humankapital und eine Reihe von Zwischenprodukten zur Herstellung des Endprodukts eingesetzt.[179] In dieser Modellvariante sind es die Produzenten von Zwischenerzeugnissen, die sich durch Innovationen zeitweise eine Monopolstellung gegenüber den Herstellern des Endprodukts sichern. Dieses schafft Anreize zu immer neuen F&E-Investitionen.[180]

Ein ähnlicher Mechanismus liegt auch dem Modell von Grossman, Helpman (1991, Kap. 3) zugrunde,[181] worin innovative Anbieter des Endprodukts eine vorübergehende Monopolstellung gegenüber den Konsumenten erlangen können, wenn sie eine neue Produktvariante anbieten. Die Produzenten werden solange in neue Forschung investieren, wie die daraus zu erwartenden Gewinne über den F&E-Aufwendungen liegen.[182] Kann das im F&E-Sektor generierte Wissen ausschließlich durch den Innovator genutzt werden, ist kein dauerhaftes Wachstum möglich, denn durch die zunehmende Zahl von Produktvarianten sinken die Profitmöglichkeiten. Damit gehen auch die Investitionsanreize im F&E-Sektor zurück, und das Modell nähert sich einem „Steady-State“ ohne Wachstum an; ebenso wie das neoklassische Wachstumsmodell.[183] Erst die Integration von „Spill-over“-Effekten, wie sie auch von Romer (1990) vorgenommen wird, ermöglicht endogenes Wachstum.[184] Weil Wissen und technischer Fortschritt nicht vollständig internalisiert werden können, senken heutige F&E-Ausgaben die Kosten künftiger Forschung anderer Innovatoren. Das bereits vorhandene Wissen, das die heutigen Forschungsaktivitäten begünstigt, ist beispielsweise durch die Zahl bisheriger Produktvarianten meßbar.[185]

Der externe Effekt von Innovationen auf spätere F&E-Aktivitäten wird nicht von den einzelnen Unternehmen berücksichtigt, weshalb in diesem Modell

---

179 Vgl.: Romer 1990: S. S71.

180 Vgl.: Romer 1990: S. S86-91. Erweitert wurde dieses Modell um den Außenhandel in Rivera-Batiz, Romer (1991a,b). Vgl. auch: Ramser (1990).

181 Vgl. auch: Grossman, Helpman (1989): S. 1261-1283.

182 Mit neuen Konsumgutvarianten arbeitet auch Segerstrom (1991). Young (1993) erweitert die Annahmen über den Forschungsprozeß, der nicht direkt zu Produkten führt.

183 Vgl.: Grossman, Helpman (1991a): S. 56 ff.

184 Vgl.: Barro, Sala-i-Martin (1995): S. 235.

185 Vgl.: Grossman, Helpman (1991a): S. 58 und Helpman (1992): S. 246.

wiederum in der Marktlösung weniger Forschungsanstrengungen geleistet werden, als pareto-optimal wären.[186] Vom einzelnen Anbieter bleibt ebenfalls unberücksichtigt, daß die zunehmende Zahl von Produktvarianten die Wohlfahrt der Konsumenten erhöht (Konsumentenrenten-Effekt). Dieser Effekt bewirkt erneut zu geringe F&E-Investitionen. Gleichzeitig beachten die Unternehmen aber auch nicht die im Zuge von Innovationen möglichen Gewinneinbußen bei bereits etablierten Gütern des eigenen Unternehmens. Im Gegensatz zum externen Effekt und zum Konsumentenrenten-Effekt hat dieser Profitzerstörungseffekt im Wettbewerbsgleichgewicht zu große F&E-Investitionen zur Folge.

Wirtschaftspolitische Schlußfolgerungen sind in diesem Modell nicht eindeutig, da Subventionen für den F&E-Sektor zwar die Innovationsrate erhöhen, aber ebenso dem Endproduktsektor Arbeitskräfte entziehen und damit die Güterproduktion vermindern.[187] In Abwägung der Modelle von Romer (1990) sowie von Grossman und Helpman (1991a) ziehen Barro und Sala-i-Martin (1995) das Romer (1990)-Modell vor, denn darin wird der Wachstumsprozeß weiterhin auf der Produktionsseite erklärt.[188]

3.4.6.2 Wachstum über die Einführung neuer Qualitätsstufen

Die endogene Bestimmung des technischen Fortschritts in Wachstumsmodellen, die Forschungsinvestitionen integrieren, ist, wie im letzten Abschnitt gezeigt, durch Einführung zunehmender Produktvielfalt zu erzielen. Daneben existiert ein zweiter Typ von F&E-Modellen, in denen technische Innovationen als Qualitätsverbesserungen bestehender Produkte aufgefaßt werden. Forschung und Entwicklung erhöhen nicht die Anzahl von Produktvarianten, sondern deren Qualität. Jedes Produkt durchläuft eine Qualitätsleiter, deren folgende Stufe jeweils durch eine Innovation erklommen wird. Ein neues Produkt ersetzt das bisherige Produkt, das nun veraltet und wertlos ist. Der Innovator, dessen Entwicklung durch Patente geschützt wird, erzielt Monopolrenditen auf unvollkommenen Märkten, bis ein neuer Innovator auftritt. Auf diese Weise wird der Prozeß „schöpferischer Zerstörung“ von Schumpeter modelliert.[189]

Die wichtigsten Modelle dieses Zweiges der neuen Wachstumstheorie sind die Modelle von Grossman und Helpman (1991, Kapitel 4)[190] sowie Aghion und Howitt (1992). Während Grossman und Helpman Qualitätsstufen im Endpro-

---

186 Vgl.: Grossman, Helpman (1991a): S. 74 ff.

187 Vgl.: Seiter (1994): S. 17.

188 Vgl.: Barro, Sala-i-Martin (1995): S. 236.

189 Vgl.: Grossman, Helpman (1991a): S. 85 f, und Aghion, Howitt (1992): S. 323 f.

190 Vgl.: Grossman, Helpman (1991a): S. 85 ff. und: Grossman, Helpman (1991b): S. 44 ff.

duktsektor modellieren, führen Aghion und Howitt, ähnlich dem Modell von Romer (1990), einen Zwischenproduktsektor ein, dessen forschungsintensive Produkte im Endproduktsektor Verwendung finden.

Die forschenden Unternehmen beeinflussen durch ihre Investitionen den Zeitpunkt eines Qualitätssprungs, der eine stochastische Variable ist. Damit ist auch die Wachstumsrate eine Zufallsvariable. [191] Bestimmend für Investitionen im F&E-Sektor sind einerseits die Gewinnmöglichkeiten aus Innovationen, die wiederum von den Monopolrenditen und der Dauer des Monopols abhängen. Andererseits beeinflussen die Kosten der Innovationen, die sich aus Kapital- und Arbeitskosten zusammensetzen, die Forschungsleistungen.[192] Der Anbieter des jüngsten Zwischenproduktes erzielt eine Monopolrendite und hat seinerseits keinen Anreiz zu neuen Innovationen, weil er damit seine eigenen Monopolrenten zerstört.[193] Forschung erfolgt allenfalls als Signaleffekt, um konkurrierende Unternehmen von eigenen Forschungen abzuhalten. Weil für das Forschungsverhalten der Unternehmen die erwarteten Monopolrenditen und damit das antizipierte Verhalten der Konkurrenz entscheidend ist, können Unternehmen mit pessimistischen Erwartungen auch ganz auf das Forschen verzichten. Auch die Erwartung zunehmender Effizienz in der Forschung kann sich negativ auf heutige Forschungsbemühungen auswirken. Wenn vollständig auf aktuelle Forschungsbemühungen verzichtet wird, kann aus diesen Effekten unter Umständen eine „Nullwachstumsfalle" entstehen.[194]

Auch in diesen Qualitätsstufenmodellen liegt ein externer Effekt der Wissensgenerierung aus Forschungstätigkeit vor. Dieses neue Wissen steigert die Effizienz künftiger Forschungen, da durch diesen „Spill-over"-Effekt die Eintrittswahrscheinlichkeit künftiger Innovationen erhöht wird. Der externe Effekt wird den innovativen Unternehmen jedoch nicht entlohnt.[195] Deshalb wird in diesen Modellen in einer wettbewerblichen Marktlösung kein Pareto-Optimum erzielt. Doch es ist nicht eindeutig, ob die am Markt verwirklichte Wachstumsrate positiv oder negativ von der Wachstumsrate eines sozialen Planers abweicht. Einerseits wird im Modell von Aghion und Howitt (1992) in der staatlich geplanten „First-Best"-Lösung mehr in Forschung investiert und eine höhere Wachstumsrate erzielt. Weil die soziale Diskontrate der Gewinne im F&E-Sektor geringer ist als die private und weil der Planer zusätzlich neben den individuellen Profiten den positiven externen Effekt auf nachfolgende Innovationen berücksichtigt, werden in einer „First-Best"-Lösung höhere F&E-Investitionen vorgesehen. Andererseits muß jedoch ein umfassender Planer

---

191 Vgl.: Ramser (1990).

192 Vgl.: Grossman, Helpman (1994): S. 34.

193 Vgl.: Aghion, Howitt (1992): S. 330 f.

194 Vgl.: Aghion, Howitt (1992): S. 325.

195 Vgl.: Grossman, Helpman (1991a): S. 85, und Aghion, Howitt (1992): S. 330.

neben den Gewinnen des Innovators auch die Verluste der unterlegenen Wettbewerber einbeziehen, womit aus diesem Grund das Investitionsniveau im F&E-Sektor geringer sein wird als in einer wettbewerblichen Lösung.[196]

Ähnlich unbestimmt ist die Wirkung von Staatseingriffen im Modell von Grossman und Helpman (1991, Kapitel 4). Dort führt der Konsumentenrenten-Effekt aufgrund des zusätzlichen Nutzens der Konsumenten von qualitativ höherwertigen Produkten und der „Spill-over"-Effekt beim Wissen zu einer im Vergleich zum sozialen Optimum zu geringen Wachstumsrate. Allerdings bewirkt der Profitzerstörungseffekt gleichzeitig einen Innovationsanreiz, der größer ist als im sozialen Optimum.[197]

In den F&E-Modellen auf Basis von Qualitätsstufen ist also nicht eindeutig bestimmbar, ob sich staatliche Eingriffe positiv oder negativ auf das Wachstum von Volkswirtschaften auswirken. Solche Eingriffe können nur dann die Wachstumsrate durch Investitionsförderungen oder durch einen verbesserten Patentschutz erhöhen, wenn die positiven externen Effekte den Profitzerstörungseffekt überwiegen. In diesem Fall besteht ein staatlicher Informationsbedarf, der kaum realisiert werden kann.

3.5 Markt- und Preisverzerrungen als Bestimmungsgrößen des Wirtschaftswachstums

3.5.1 Möglichkeiten der Integration von Verzerrungen in endogene Wachstumsmodelle

In der Theorie der Preisverzerrungen wird aufgezeigt, inwiefern Verzerrungen zu Abweichungen vom Pareto-Optimum und damit zu statischen Wohlfahrtseinbußen führen können. Die Ursachen dieser nutzenmindernden Verzerrungen sind häufig auf Marktunvollkommenheiten, wie Marktmacht oder externe Effekte, zurückzuführen. In diesen Fällen ist es sinnvoll, unter Anwendung geeigneter Politiken, die unmittelbar an einer Marktunvollkommenheit ansetzen, Preisverzerrungen so exakt wie möglich aufzuheben und somit Wohlfahrtssteigerungen zu erzielen.

Die gleichen Verzerrungen, wie sie in Kapitel 3.1 aufgezeigt wurden, die im Außenhandel, in der inländischen Produktion und dem Konsum sowie auf Faktormärkten möglich sind, lassen sich oft auf staatliche Interventionen zurückführen. Diese Politikmaßnahmen verursachen entsprechende Wohlfahrtseinbu-

---

196 Vgl.: Aghion, Howitt (1992): 338 f. Vgl. auch Barro, Sala-i-Martin (1995): S. 259 ff.

197 Vgl.: Grossman, Helpman (1991a): S. 101 f.

ßen und sind vielfach nicht direkt zu beseitigen. Es sind hier deshalb ebenfalls „Second-Best“-Lösungen denkbar, mit deren Hilfe die wohlfahrtsmindernde Wirkung einzelner Zölle oder Steuern abgeschwächt werden kann. Grundsätzlich bleibt allerdings die Feststellung, daß Verzerrungen die Wohlfahrtssituation eines Landes beeinträchtigen. Das Ausmaß dieser Wohlfahrtseinbußen muß aber nicht mit jeder weiteren politikinduzierten Verzerrung zunehmen, da sich die Politiken gegeneinander aufheben können.

In der mikroökonomischen Theorie der Preisverzerrungen, die ihre Wurzeln in der neoklassischen Außenhandelstheorie hat, können Verzerrungen lediglich statische Wohlfahrtseinbußen verursachen. Wenn aber Politikeingriffe derart bedeutende Auswirkungen in statischen Modellen haben, so müßten sie ebenfalls auf dynamische Wachstumsmodelle übertragbar sein und in diesen einen meßbaren Einfluß auf das langfristige Wirtschaftswachstum von Volkswirtschaften zeigen. Im neoklassischen Wachstumsmodell mit konstanten „Steady-State“-Wachstumsraten beeinflussen politische Eingriffe und damit auch Preisverzerrungen jedoch nicht die langfristige Wachstumsrate, sondern lediglich das Niveau des Wachstumspfades. Politisch induzierte Verzerrungen, wie differenzierte Steuern oder Zölle, die die Kapitalakkumulation beeinträchtigten, sind vielfach Gegenstand neoklassischer Wachstumsmodelle. Doch die Untersuchung ihrer Wirkungen bezieht sich lediglich auf den Anpassungsprozeß zum „Steady-State“.[198] Der von Steuern ausgehende Effekt im Anpassungsprozeß des neoklassischen Wachstumsmodells ist jedoch zu schwach, um Unterschiede in den Wachstumsraten verschiedener Länder erklären zu können.[199]

Werden politisch induzierte Verzerrungen dagegen innerhalb der endogenen Wachstumstheorie analysiert, so haben diese hier nicht allein Niveauverschiebungen, sondern ebenso dauerhafte Veränderungen der Wachstumsrate zur Folge. Dabei sind wohlfahrtsmindernde Preisverzerrungen, die Marktunvollkommenheiten schaffen, lediglich in das AK-Modell von Rebelo zu integrieren. Dieses kommt in seiner Struktur neoklassischen Annahmen sehr nahe und geht nicht zwangsläufig von unvollkommener Konkurrenz aus.

Im Rebelo-Modell wirken staatliche Eingriffe zunächst auf die Höhe der Ersparnisbildung und damit auf das Ausmaß der Kapitalakkumulation. Durch Einführung zweier verschiedener Arten von Kapital kann in diesem Modell zudem die Beeinträchtigung der Effizienz der Kapitalallokation als Folge staatlich induzierter Verzerrungen untersucht werden. Dieser Ansatz entspricht im wesentlichen den theoretischen Implikationen der Theorie der Preisverzerrungen.

---

[198] Vgl.: Sato (1967); Krzyzaniak (1967), Feldstein (1974) und in jüngerer Zeit: Judd (1985) sowie Chamley (1986) und Judd (1987).

[199] Vgl.: King, Rebelo (1993).

Weitere Ansätze in der neuen Wachstumstheorie, wie das Barro-Modell oder die Arbeiten von Grossman und Helpman, stellen demgegenüber die wachstumsfördernde Bedeutung von Staatsausgaben heraus. Bei Barro gehen staatliche Infrastrukturinvestitionen in die Produktionsfunktion ein. Staatliche Investitionen können eine dauerhafte Erhöhung der Wachstumsrate zur Folge haben, weil sie zu einer steigenden Investitionstätigkeit in der Volkswirtschaft führen.

Die Endogenisierung des technischen Fortschritts im Modell von Romer (1990) sowie von Grossman und Helpman (1991a) bewirkt, daß staatliche Eingriffe das Wachstum fördern können. Durch Subventionen werden beispielsweise vermehrte Ausgaben für Forschung und Entwicklung initiiert. Die Entwicklung neuer Produkte und verbesserter Inputfaktoren führt dann zum Anstieg der langfristigen Wachstumsrate. In diesen Modellen wird auch der Handel zwischen Ländern auf unterschiedlichem technologischem Niveau abgebildet. Wie aber in Kapitel 3.4.6 aufgezeigt wurde, vollzieht sich die Entwicklung neuer Produkte in einem Umfeld unvollkommener Märkte, denn Forschungs- und Entwicklungsausgaben stellen Fixkosten dar, die allein unter monopolistischer Konkurrenz getätigt werden.

Die Grundaussage der allgemeinen Theorie der Preisverzerrungen, die die Vorteilhaftigkeit des vollkommenen Wettbewerbs und der Abwesenheit verzerrender staatlicher Eingriffe zur Erlangung des Pareto-Optimums herausstellt, ist mit diesen Modellen der endogenen Wachstumstheorie nicht vereinbar. Die Aussagen der F&E-Modelle, denen zufolge bestimmte staatliche Eingriffe die Wachstumsrate erhöhen, werden gerade aufgrund ihrer politischen Implikationen scharf kritisiert. Sie bieten theoretisch fundierte Argumente für eine staatliche Industriepolitik, die erneute Subventionen fordert. Doch benötigen staatliche Akteure zur Implementierung wohlfahrtsfördernder staatlicher Maßnahmen einen nicht erreichbar hohen Wissensstand. Es besteht damit die Gefahr, daß anstelle von Marktversagen ein Politikversagen tritt, dessen wachstumsmindernde Folgen stärker sind als der Verzicht auf staatliche Eingriffe.[200]

Auch sind die Aussagen der F&E-Modelle über Wachstumswirkungen politischer Eingriffe in den Außenhandel nicht eindeutig. Protektion kann das Wachstum fördern oder auch beeinträchtigen – je nachdem, welche Anreize damit für Forschungs- und Entwicklungstätigkeiten gegeben werden. Die Ambivalenz der Aussagen dieser Modelle erschwert damit aber deren empirische Überprüfung. Dementsprechend schwach sind diese Arbeiten bislang deshalb empirisch abgesichert.[201] Im Unterschied dazu führen auf dem AK-Modell basierende Ansätze zu sehr konkreten, auch empirisch belegbaren Aussagen über die Wirkung staatlich induzierter Verzerrungen für die Rate des Wirt-

---

200 Vgl.: Kösters (1994): S. 120 f; sowie Ramser (1993): S. 122.

201 Vgl.: Helpman (1991): S. 41; sowie Barro, Romer (1990): S. 5.

schaftswachstums. Oder wie Easterly es ausdrückt: „While this branch of the literature (F&E-Modelle) has generated much excitement, it still has not reached the stage of giving plausible insights into how policies affect growth. It is the more pedestrian ‚everything is capital' models (Modelle, die auf dem AK-Modell basieren) that yield sharp predictions for policy and growth."[202]

3.5.2 Integration von Verzerrungen in das Rebelo-Modell

In Kapitel 3.4.2 wurde das AK-Modell von Rebelo mit dessen zugrundeliegender intertemporaler Nutzenfunktion dargestellt. Endogenes Wachstum ist in diesem Modell möglich, weil die sehr weite Definition des Kapitalbegriffs physisches Kapital und Humankapital integriert. In diesem Modellrahmen vermindert staatliche Politik über die Einkommensbesteuerung die Investitionsquote der Wirtschaftssubjekte. Somit wird die Wachstumsrate der Volkswirtschaft durch die Fiskalpolitik beeinflußt. Preisverzerrungen im engeren Sinne spielen in diesem einfachen Modell jedoch noch keine Rolle. Sie lassen sich in dieses Modell integrieren, indem das umfassend definierte Kapital in verschiedene Kapitalarten aufgegliedert wird, die jeweils zu bestimmten Anteilen in die Produktion einfließen. Unterschiedliche Besteuerungen der verschiedenen Kapitalarten oder ähnliche politikinduzierte Verzerrungen üben im Modell einen wachstumshemmenden Einfluß aus, weil die Allokation des Kapitals nicht mehr optimal sein kann.

Zunächst werden solche Preisverzerrungen untersucht, die Einfluß auf die Höhe der Ersparnisbildung nehmen, und die damit über das Ausmaß der Kapitalakkumulation das Wirtschaftswachstum beeinflussen. Daran anschließend folgt die modellendogene Analyse von Verzerrungen, die über die verminderte Effizienz der Ressourcenallokation zu geringeren Wachstumsraten führen.

3.5.2.1 Verminderte Kapitalakkumulation durch Politikeingriffe

Politikmaßnahmen, die das Niveau der Investitionstätigkeit in einer Volkswirtschaft beeinflussen, können anhand einer einfachen AK-Produktionsfunktion ($Y = AK$) analysiert werden. Wie bereits zuvor in Gleichung 3-31 gezeigt, ergibt sich dann die Wachstumsrate des Volkseinkommens mit:

$$\gamma_y = s \cdot A - (n + \delta)$$

Gleichung 3-83

---

[202] Easterly (1992): S. 297.

Darin können der Koeffizient für die Technologie (A), die Abschreibungsrate (δ) und die Rate des Bevölkerungswachstums (n) als konstant betrachtet werden.[203] Allein die Sparquote bzw. die Investitionsquote ist eine variable Größe, über die in diesem Modell Einfluß auf die Wachstumsrate ausgeübt wird. Die Wirtschaftssubjekte maximieren den abdiskontierten Wert zukünftiger Wohlfahrt, der durch eine Nutzenfunktion mit konstanter intertemporaler Substitu tionselastizität beschrieben wird (siehe Kapitel 3.4.2):

$$U = \int_0^\infty e^{-\rho t} \frac{C_t^{1-\sigma} - 1}{1-\sigma} dt$$

Gleichung 3-84

Darin ist ρ die Zeitpräferenzrate und $1/\sigma$ die intertemporale Substitutionselastizität. Damit die Bereitschaft besteht, auf aktuellen Konsum zugunsten zukünftigen Konsums zu verzichten, müssen Investitionen eine entsprechende Verzinsung erzielen. Die von der Zeitpräferenzrate und der Substitutionselastizität beeinflußte Wachstumsrate lautet nun:[204]

$$\gamma_y = \frac{A - (\delta + \rho)}{\sigma}$$

Gleichung 3-85

Zunächst kann eine allgemeine Einkommensteuer (τ) angenommen werden, die die Kapitalverzinsung nach Steuern auf $A(1-\tau)$ verringert. Um von den Wirkungen der Staatsausgaben absehen zu können, wird angenommen, daß die Staatseinnahmen als „Lump-Sum"-Transfers pauschal an die Wirtschaftssubjekte zurückfließen. Die Steuererhebung führt aufgrund der endogenen Bestimmung des Wachstums zu einer abnehmenden Wachstumsrate:[205]

$$\gamma_y = \left[A(1-\tau) - (\delta + \rho)\right] \cdot \sigma^{-1}$$

Gleichung 3-86

Dieselbe Wirkung hat auch eine spezifische Steuer auf die Produktion von Investitionsgütern (τ). Sie verringert die Kapitalverzinsung auf $A/(1+\tau)$ und reduziert damit die Wachstumsrate.[206] Eine Besteuerung der Konsumausgaben hat in dieser Volkswirtschaft dagegen keine Wirkungen, denn sie nimmt keinen

---

203 Im folgenden wird die Bevölkerungswachstumsrate als konstant angenommen.

204 Vgl.: Rebelo (1991): S. 504. Höfert (1993): S. 15 f. Barro, Sala-i-Martin (1992a): S. 646 f.

205 Vgl.: King, Rebelo (1990): S. S132 f. Die Autoren kalibrieren jeweils ein neoklassisches und ein endogenes Wachstumsmodell mit einer AK-Produktionsfunktion und stellen diese in ihren Wirkungen gegenüber. Vgl. auch: Rebelo (1991): S. 505.

206 Vgl.: Easterly, King, Levine, Rebelo (1991): S. 14.

Einfluß auf die einzige Entscheidung, die den Wirtschaftssubjekten in diesem Modellrahmen möglich ist – heute oder morgen zu konsumieren. Eine Konsumbesteuerung wirkt lediglich wie eine „Lump-Sum"-Steuer.[207]

Neben der Fiskalpolitik kann auch die Geldpolitik auf die Investitionstätigkeit und damit die Wachstumsrate Einfluß nehmen. Inflation bewirkt eine Besteuerung der Geldhaltung, die zum Erwerb von Investitionsgütern vorübergehend unausweichlich ist. Bildet θ den Parameter für die durchschnittliche Zeit der Geldhaltung und π die Inflationsrate, so vermindert sich die Kapitalverzinsung auf $A/(1 + \theta\pi)$. Damit beeinträchtigt Inflation das Wachstum auf die gleiche Weise wie eine Steuer auf Investitionen:

$$\gamma_y = \left[\frac{A}{(1+\theta\pi)} - (\delta + \rho) \right] \cdot \sigma^{-1}$$

Gleichung 3-87

Im Rahmen dieser einfachen Integration von Preissteigerungsraten ist jedoch nicht berücksichtigt, inwiefern Inflation zu Verschiebungen zwischen Sektoren führt.[208] Entsprechend erweiterte Ansätze zeigt das folgende Kapitel auf. Werden die betrachteten Politiken – Produktionssteuern und expansive Geldpolitik – gemeinsam betrachtet, so zeigen sich entsprechende Wechselwirkungen:

$$\gamma_y = \left[\frac{A(1-\tau)}{(1+\theta\pi)} - (\delta + \rho) \right] \cdot \sigma^{-1}$$

Gleichung 3-88

Je höher die Rate der Einkommensteuer festgesetzt wird, um so geringer ist die Auswirkung der Inflation auf die Wachstumsrate. Weil durch Inflation die Einkommensteuerzahlungen entwertet werden, schwächt die Wirkung der einen Verzerrung den Wachstumseinfluß der zweiten Verzerrung ab.[209]

3.5.2.2 Berücksichtigung der Allokationseffizienz

Im Rebelo-Modell erfolgte die Produktion ausschließlich unter Einsatz eines umfassenden Kapitalgutes. Wird im Modell dieser Kapitalbegriff insofern angepaßt, daß die Produktion unter Einsatz zweier verschiedener Kapitalarten erfolgt, sind Preisverzerrungen umfassender zu analysieren. Das optimale Einsatzver-

---

207 Vgl.: Rebelo (1991): S. 506.

208 Vgl. auch: Fischer (1993): S. 488.

209 Vgl.: Easterly, King, Levine, Rebelo (1991): S. 16 f.

hältnis der Faktoren, wie es im Modell unter vollkommenen Marktbedingungen zustande kommt, wird bei Existenz von politikinduzierten Verzerrungen nicht mehr realisiert. Dieses bewirkt eine veringerte Wachstumsrate. Mit diesem Modellaufbau können die Wachstumseffekte einer Vielzahl von Verzerrungen sowie auch Wechselwirkungen von Verzerrungen analysiert werden.

Angenommen sei in Gleichung 3-89 eine „Cobb-Douglas"-Produktionsfunktion mit konstanten Skalenerträgen, die sich aus zwei akkumulierbaren Faktoren K_1 und K_2 zusammensetzt. Diese Faktoren können beispielsweise Humankapital und physisches Kapital sein, oder in Entwicklungsländern mit einer Schattenwirtschaft kann das Kapital im formellen Sektor vom Kapitaleinsatz im informellen Sektor unterschieden werden:[210]

$$Y = A \cdot K_1^{\beta} \cdot K_2^{1-\beta}$$

Gleichung 3-89

Über das Investitionsverhalten gilt weiterhin die Annahme, daß der aktuelle Wert der intertemporalen Nutzenfunktion (Gleichung 3-84) maximiert wird. Die Akkumulation der beiden Faktoren wird von den jeweiligen Investitionen I_1 und I_2 sowie von der Abschreibungsrate δ bestimmt. Zur Vereinfachung soll die Abschreibungsrate in beiden Sektoren identisch sein:

$$\dot{K}_1 = I_1 - \delta K_1$$

Gleichung 3-90

$$\dot{K}_2 = I_2 - \delta K_2$$

Gleichung 3-91

Auf unverzerrten Märkten sind die Grenzerträge beider Kapitalarten identisch:

$$\frac{\partial Y}{\partial K_1} \Big/ \frac{\partial Y}{\partial K_2} = \frac{P_2}{P_1} = 1$$

Gleichung 3-92

Das Verhältnis des Faktoreinsatzes lautet deshalb:

210 Dieses Modell zeichnet sich durch eine enge Verwandtschaft zu Humankapitalmodellen von Lucas (1988, 1990) aus; jedoch mit dem Unterschied, daß hier anstelle der effektiven Arbeit eine zweite physische Kapitalart K_2 verwendet wird.

$$\Phi = \frac{K_2}{K_1} = \frac{(1-\beta)}{\beta}$$

Gleichung 3-93

Unter diesen Voraussetzungen geht das Grenzprodukt beider Kapitalarten in die „Steady-State"-Wachstumsrate ein. Und da die Investitionsquote abhängig von der Nutzenfunktion endogen bestimmt wird, lautet die Wachstumsrate:[211]

$$\gamma_y = \frac{r_2 - (\delta + \rho)}{\sigma}$$

Gleichung 3-94

In dieser Gleichung steht r_2 für den Grenzertrag der Kapitalart K_2, der aus der Produktionsfunktion abgeleitet werden kann:

$$r_2 = \frac{\partial Y}{\partial K_2} = A \cdot \phi^{-\beta} \cdot (1-\beta)$$

Gleichung 3-95

Die Wachstumsrate ergibt sich aus der Differenz zwischen dem Nettogrenzprodukt des Kapitals und der Zeitpräferenzrate der Wirtschaftssubjekte, multipliziert mit der intertemporalen Substitutionselastizität. Ohne Vorliegen von Verzerrungen sind die Grenzproduktivitäten beider Kapitalarten identisch. Doch werden beispielsweise ein formeller und ein informeller Sektor in der Volkswirtschaft unterschieden, die steuerlich getrennt erfaßt werden, hat eine differenzierte Besteuerung Auswirkungen auf die Wachstumsrate.

3.5.2.3 Abnehmende Allokationseffizienz durch differierende Steuersätze

Der bedeutendste wachstumsmindernde Eingriff in die Allokationseffizienz ist die differenzierte Besteuerung der eingesetzten Kapitalarten. Diese Differenzierung kann politisch erwünscht sein, wenn der Einsatz eines bestimmten Kapitalgutes gefördert oder beschränkt werden soll, um auf diese Weise eine Umverteilung von Einkommen zwischen den Kapitalbesitzern zu ermöglichen.

211 Vgl.: Easterly (1993): S. 192, sowie Easterly, King, Levine, Rebelo (1991): S. 18. Einen ähnlichen Modellaufbau wählen auch King, Rebelo (1990): S. S135, wobei sie physisches Kapital und Humankapital unterscheiden. Für beide Kapitalarten werden jeweils unterschiedliche Annahmen über deren Akkumulierbarkeit getroffen.

Eine differenzierte Besteuerung kann auch zur Internalisierung negativer externer Effekte führen, sofern diese mit dem Einsatz eines bestimmten Kapitalgutes verbunden sind. Oft sind ungleiche Steuersätze jedoch lediglich das Ergebnis eines Staatsversagens. So ist es praktisch nicht möglich, in einem informellen Sektor Steuern zu erheben.

Lastet auf dem im formellen Sektor eingesetzten Kapital eine Steuerrate τ, die im informellen Sektor nicht erhoben werden kann, so führt diese zur Abweichung der Grenzertrags des in den jeweiligen Sektoren eingesetzten Kapitals:[212]

$$(1-\tau)\frac{\partial Y}{\partial K_1} = \frac{\partial Y}{\partial K_2}$$

Gleichung 3-96

Die Benachteiligung des formellen Sektors durch die steuerliche Verzerrung macht eine verstärkte Investition im informellen Sektor lohnenswert, in dem folglich eine geringere Kapitalproduktivität erzielt wird.[213] Diese Fehlallokation von Ressourcen senkt die Wachstumsrate der Volkswirtschaft, weil weniger in K_1 investiert wird als gesamtwirtschaftlich optimal wäre. Das Verhältnis des Kapitaleinsatzes in Gleichung 3-93 steigt durch diese Preisverzerrung an:

$$\Phi = \frac{K_2}{K_1} = \frac{(1-\beta)}{\beta(1-\tau)}$$

Gleichung 3-97

Wird dieses verzerrte Faktoreinsatzverhältnis in Gleichung 3-95 übernommen, ist die negative Beziehung zwischen der verzerrenden Besteuerung des formellen Sektors und der Wachstumsrate der Volkswirtschaft zu erkennen:[214]

$$r_2 = A \cdot \left(\frac{\beta(1-\tau)}{(1-\beta)} \right)^{\beta} \cdot (1-\beta)$$

Gleichung 3-98

Ein positiver Steuersatz τ erhöht das Einsatzverhältnis K_2/K_1 und vermindert damit die Grenzproduktivität r_2. Dieses bedeutet in Gleichung 3-94 eine Abnahme der Wachstumsrate des Volkseinkommens und auch des privaten Kon-

212 Die folgende Integration von Steuern und Subventionen orientiert sich an Easterly, King, Levine, Rebelo (1991) und Easterly (1993).

213 Dieses gilt unabhängig davon, ob eine Umsatzsteuer auf Kapitalgüter K_1 oder eine Einkommensteuer auf Kapitalrenditen aus K_1 erhoben wird. Vgl.: Atkinson, Stieglitz (1980).

214 Eine vergleichsweise lineare Beziehung zwischen Steuersatz und Wachstumsrate erhalten auch Wang, Yip (1992): S. 322.

sums.[215] Die Steuereinnahmen werden den Wirtschaftssubjekten als „Lump-Sum"-Transfer ausgezahlt und haben deshalb keinen Einfluß auf die Wachstumsrate. Wirtschaftswachstum ist in diesem Modell eindeutig eine negative Funktion der verzerrenden Besteuerung nur eines Sektors.[216]

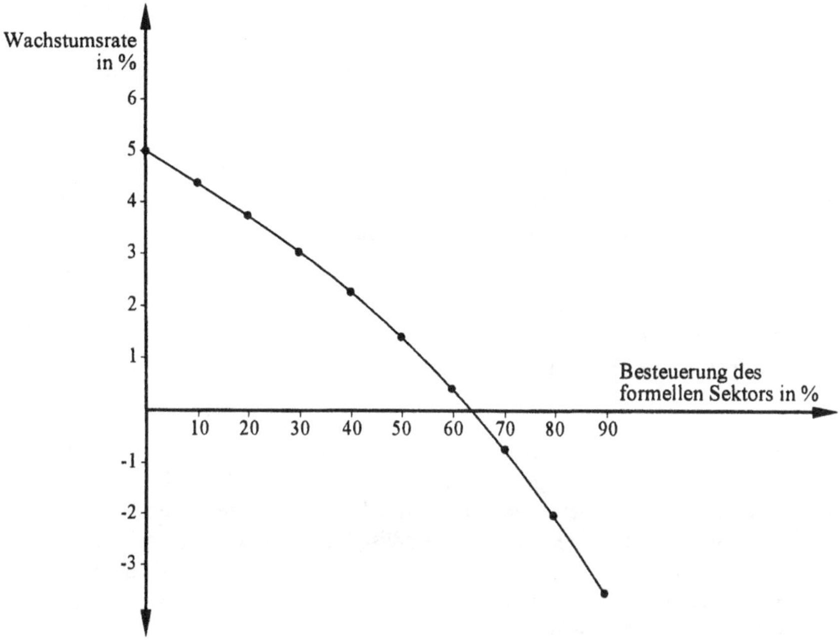

Abbildung 3-7: ***Simulation der Wachstumswirkung einer differenzierten Besteuerung.***
Quelle: Eigene Darstellung.

Dieses Ergebnis wird in Abbildung 3-7 verdeutlicht, in der das Modell mit plausiblen Annahmen über die einzelnen Parameter simuliert wird.[217] Easterly (1993) nimmt eine vergleichbare Simulation vor, bei der jedoch eine CES-Produktionsfunktion zugrunde gelegt wird. Weiterhin macht die Simulation

---

215 Vgl.: Easterly (1993): S. 192. Die verzerrende Zollerhebung auf Importe im Modell von Lee (1993) wirkt auf die gleiche Weise auf die Wachstumsrate. Vgl.: Lee (1993): S. 315.

216 Vgl. auch: Easterly, King, Levine, Rebelo (1991): S. 18 f.

217 Die angenommenen Werte sind A=0,5, d=0,05, b=0,5, s=2 und r=0,1. Diese Parameter werden von Easterly (1993) in einer ähnlichen Simulation verwendet. Auch die von King und Rebelo (1990): S. S136 zur Kalibrierung eines endogenen Wachstumsmodells zugrunde gelegten Parameter unterscheiden sich nicht grundsätzlich von den hier gewählten. Ähnliche Werte verwendet auch Lee (1993) in einer Simulation des Wachstumseinflusses von Importzöllen.

anschaulich, daß die wachstumsmindernde Wirkung einer verzerrenden Steuer um so stärker ausfällt, je geringer die Substitutionselastizität zwischen den verschiedenen Kapitalarten gewählt wird.[218] Eine hohe Substitutionselastizität zwischen formellem und informellem Sektor kann damit ein Grund sein, warum auch in Ländern mit erheblichen Verzerrungen die Wachstumsraten höher ausfallen, als unter Vernachlässigung der möglichen Substitution zu erwarten wäre.[219] Wie auch im vorhergehenden Abschnitt haben Verbrauchssteuern in diesem Modell keine Auswirkungen auf die Wachstumsrate. Ein solcher Einfluß ist aber möglich, wenn das Arbeitsangebot endogenisiert wird.[220]

Der hier aufgezeigte Ansatz über die Wirkungen von Verzerrungen auf die langfristige Wachstumsrate kann auf weitere politikinduzierte Verzerrungen ausgeweitet werden. Dabei führt diese Form eines endogenen Wachstumsmodells zu eindeutigen Hypothesen, die sich auch empirisch testen lassen.

3.5.2.4 Abnehmende Allokationseffizienz durch Subventionen und Preiskontrollen

Die Subventionierung einer Kapitalart verursacht ebenso wie die einseitige Besteuerung ein verzerrtes Faktoreinsatzverhältnis. Diese Fehlallokation bewirkt erneut einen Rückgang der Wachstumsrate. Wie auch eine Steuer auf K_1 treibt die Subventionierung von K_2 einen Keil zwischen die Grenzerträge der Kapitalarten, womit das Pareto-Optimum nicht mehr erreicht werden kann. Das subventionierte Kapitalgut K_2 erzielt durch die Subvention geringere Grenzerträge in der Produktion bei identischer Verzinsung für den Investor:

$$\frac{\partial Y}{\partial K_1} = \frac{\partial Y}{\partial K_2}(1+\upsilon)$$

Gleichung 3-99

Die Subvention schafft Anreize, relativ mehr vom Kapitalgut K_2 bei der Produktion des gesamtwirtschaftlichen Outputs einzusetzen:

---

218 Vgl.: Easterly (1993): S. 193 f.

219 Vgl.: Weitergehend untersucht Easterly (1993) die Wohlfahrtseffekte, die mit einer verzerrenden Besteuerung verbunden sind. Diese sind bei einer niedrigen Besteuerung zunächst noch sehr moderat und steigen später mit wachsender Steuerbelastung des Kapitaleinsatzes im formellen Sektor erheblich an. Bei Vorliegen einer geringen Substitutionselastizität fällt die Wohlfahrtseinbuße mit niedrigen Steuersätzen zunächst relativ gering, aber bei hoher Besteuerung vergleichsweise stark aus. Easterly (1993): Grafik auf S. 195.

220 Vgl.: Jones, Manuelli, Rossi (1993).

$$\Phi = \frac{K_2}{K_1} = \frac{(1-\beta)(1+\upsilon)}{\beta}$$

Gleichung 3-100

Dieser Effizienzverlust führt über eine Verminderung der Grenzproduktivität r_2 zu abnehmenden Wachstumsraten des Volkseinkommens und des Konsums.

$$r_2 = A \cdot \left(\frac{\beta}{(1-\beta)(1+\upsilon)} \right)^{\beta} \cdot (1-\beta)$$

Gleichung 3-101

Damit wird das Wirtschaftswachstum in diesem Modell durch die verzerrende Subventionierung eines Sektors beeinträchtigt. Doch wird die Wachstumsrate nicht ausschließlich durch die Effizienz der Faktorallokation bestimmt, sondern, wie in Kapitel 3.5.2.1 gezeigt, vielmehr auch von der Investitionsquote. Die Subventionierung eines Sektors kann die Wachstumsrate erhöhen, wenn der Anstieg der Wachstumsrate infolge der höheren Investitionsquote stärker ist als die Wachstumsminderung durch die Fehlallokation:

$$\gamma_y = \left[A \cdot \left(\frac{\beta}{(1-\beta)(1+\upsilon)} \right)^{\beta} \cdot (1-\beta) \cdot (1+\upsilon) - (\delta + \rho) \right] \cdot \sigma^{-1}$$

Gleichung 3-102

Dieser Sonderfall tritt ein, sofern die Mittel zur Subventionierung von K_2 durch eine Besteuerung des Konsums aufgebracht werden. Trotz einer ineffizienten Kapitalallokation ermöglicht diese verzerrende Politik einen Anstieg der Wachstumsrate. Die Besteuerung des Konsums hat in diesem endogenen Wachstumsmodell keinen Einfluß auf die Wachstumsrate, während die Subventionierung auch nur einer Kapitalart die Kapitalverzinsung insgesamt erhöht. Höher würde der Wachstumseffekt aus der Konsumbesteuerung natürlich ausfallen, wenn die erhobenen Mittel beiden Sektoren gleichermaßen zugute kämen. Nicht die Subventionierung fördert hier das Wirtschaftswachstum, sondern die höhere Sparquote infolge der Konsumbesteuerung. Weil das Modell Markträumung zugrunde legt, wirken Preiskontrollen wie eine Subventionierung der Kapitalgüterproduzenten, deren Preise fixiert sind.

3.5.2.5 Finanzierung von Subventionen durch eine verzerrende Besteuerung

Eindeutig negativ wirkt die Subventionierung eines Sektors, wenn die dazu benötigten Einnahmen durch eine verzerrende Besteuerung des anderen Sektors aufgewendet werden. Die Fehlallokation der zwei Kapitalarten wird durch das gemeinsame Auftreten beider Verzerrungen verstärkt, weil der Unterschied zwischen den resultierenden Grenzerträgen zunimmt, wenn eine Kapitalart benachteiligt und die andere in gleicher Höhe gefördert wird:

$$\frac{\partial Y}{\partial K_1} = \frac{\partial Y}{\partial K_2} \cdot \frac{(1+\upsilon)}{(1-\tau)}$$

Gleichung 3-103

Damit die Subvention von K_2 vollständig aus der Besteuerung von K_1 finanziert werden kann, gilt $K_1/K_2=\upsilon/\tau$. Das Kapitaleinsatzverhältnis wird durch die zweifache Verzerrung stark zugunsten des geförderten Kapitalgutes verschoben:

$$\Phi = \frac{K_2}{K_1} = \frac{(1-\beta)(1+\upsilon)}{\beta(1-\tau)}$$

Gleichung 3-104

Die Fehlallokation der Kapitalgüter mindert den Grenzertrag von K_2:

$$r_2 = A \cdot \left(\frac{\beta(1-\tau)}{(1-\beta)(1+\upsilon)} \right)^{\beta} \cdot (1-\beta)$$

Gleichung 3-105

Weil sich die Verzerrungen nicht gegenseitig aufheben, ist die Wachstumseinbuße aus dieser multiplen Verzerrung nun stärker als bei Vorliegen der jeweiligen Einzelverzerrungen. Der Rückgang der Wachstumsrate aufgrund der Fehlallokation wird auch nicht mehr durch einen positiven Effekt der Subventionierung auf die Kapitalakkumulation aufgewogen. Die Sparquote bleibt insgesamt konstant, es verschlechtert sich lediglich die Kapitalallokation:

$$\gamma_y = \left[A \cdot \left(\frac{\beta(1-\tau)}{(1-\beta)(1+\upsilon)} \right)^{\beta} \cdot (1-\beta) \cdot (1+\upsilon) - (\delta+\rho) \right] \cdot \sigma^{-1}$$

Gleichung 3-106

Die Subventionierung eines Faktors zu Lasten einer Besteuerung eines zweiten Faktors stellt in jedem Fall eine suboptimale Situation gegenüber einem unverzerrten Zustand dar, weil allein ein negativer Wachstumseffekt infolge der Fehlallokation des Kapitals zum Tragen kommt.[221] Dieses Ergebnis kann auch durch eine Simulation wie in Kapitel 3.5.2.3 verdeutlicht werden:[222]

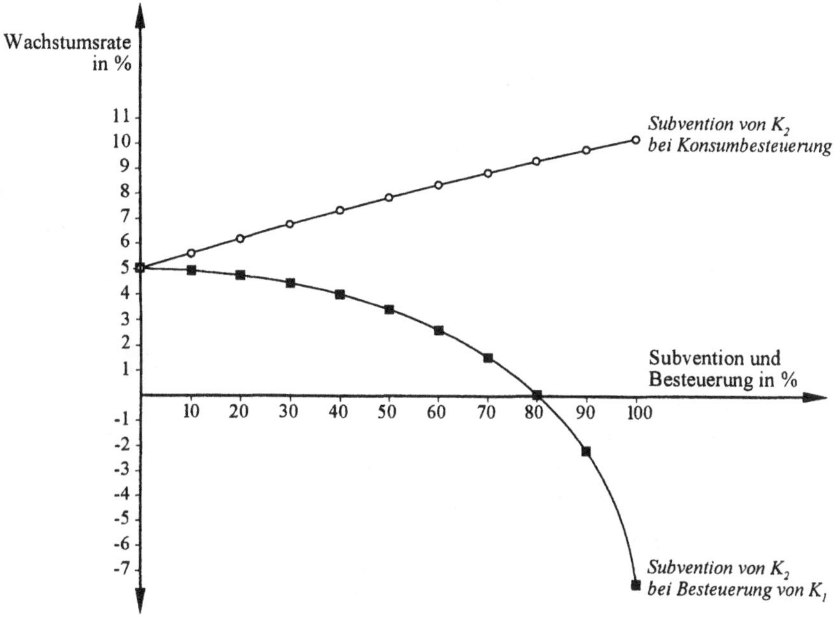

Abbildung 3-8: ***Simulation der Wachstumswirkungen von Subventionen unter differierenden Annahmen über deren Finanzierung.***
Quelle: Eigene Darstellung.

Abbildung 3-8 zeigt einen Vergleich der Wachstumswirkung zwischen einer Subvention, deren Mittel verzerrungsfrei durch eine Konsumbesteuerung aufgebracht werden, und einer Subvention, die durch eine verzerrende Besteuerung des anderen Faktors finanziert wird. Der positive Wachstumseffekt der durch Konsumsteuern finanzierten Subvention wäre größer, wenn die Subvention selbst nicht verzerrend eingesetzt würde. Selbst eine mit verzerrenden Steuern finanzierte Subvention zeigt bei niedrigen Steuersätzen keine starken Wachstumseinbußen. Mit steigenden Steuersätzen auf dem benachteiligten Faktor nimmt jedoch der Einfluß der verzerrenden Steuer auf die Wachstumsrate zu.

---

221 Vgl.: Easterly (1993): S. 206 f.

222 Der Abbildung liegen die in Fußnote 232 angenommenen Parameter zugrunde.

Dieses endogene Wachstumsmodell ist nun ebenfalls geeignet, differenzierte Politiken gegenüber verschiedenen Sektoren zu untersuchen. Beispielsweise kann die subventionierte Kapitalart als das im Agrarsektor eingesetzte Kapitalgut betrachtet werden, dessen Subvention durch Besteuerung des Kapitaleinsatzes in der Industrie finanziert wird. In diesem Fall läßt das Modell dann einen erheblichen Einfluß der verzerrenden Politik auf die Wachstumsrate erwarten.

3.5.2.6 Wachstumswirkungen weiterer verzerrender Eingriffe in diesem Modellrahmen

Der Modellrahmen mit zwei getrennten Kapitalarten ist über die Betrachtung von Steuern und Subventionen hinaus geeignet, auch die wachstumshemmenden Wirkungen weiterer Preisverzerrungen zu untersuchen. Viele Entwicklungsländer nehmen zur Förderung bestimmter Industriezweige Eingriffe im Finanzsektor vor. Es werden Kredite mit Zinssätzen unterhalb des Marktzinses an bevorzugte Unternehmen vergeben. Eine derartige Politik ist nur mit begleitender Kreditrationierung möglich, weil der Eingriff in die Marktpreise eine Markträumung verhindert. Im Ergebnis haben die geförderten Unternehmen geringere Kapitalkosten als die übrigen Marktteilnehmer, die sich auf dem verbleibenden Finanzmarkt verschulden müssen. Die Spaltung der Zinssätze führt somit zu einer Fehlallokation des vorhandenen Kapitals.

Die Wachstumswirkung dieser Zinsbewirtschaftung ist im obigen Modell direkt abbildbar, denn in diesem Fall wird eine Subvention durch eine direkte Steuer auf einem anderen Sektor finanziert. Werden die Kredite an bevorzugte Sektoren als eigene Kapitalart K_2 aufgefaßt, deren niedrigere Zinsen durch Besteuerung der übrigen Kredite K_1 finanziert werden, ist hier exakt der Modellrahmen aus Abschitt 4.4.2.5 anwendbar.[223]

Auch zur Untersuchung von Eingriffen in den Außenhandel ist dieses endogene Wachstumsmodell geeignet. Zwei verschiedene Modellannahmen wären möglich. Zum einen könnte importiertes Kapital (K_1) von inländischem Kapital (K_2) unterschieden werden.[224] In diesem Fall wirkt ein Zoll auf das importierte Kapitalgut ebenso verzerrend, wie eine differenzierte Besteuerung zweier Kapitalarten im Inland die Allokation beeinträchtigt.[225] Darin kommt also der Modellrahmen aus Kapitel 3.5.2.2 zum Ausdruck. Es kann andererseits aber auch

223 Vgl.: Easterly (1993): S. 197.

224 Zur Vereinfachung liegt wieder ein angenommenes Preisverhältnis von $P_2/P_1=1$ zugrunde.

225 Dieses entspricht dem von Lee (1993) aufgestellten Modell. In seiner Untersuchung wird zunächst ein Zoll auf ein Importgut in ein neoklassisches Wachstumsmodell integriert und später dieses Modell zu einem endogenen Wachstumsmodell erweitert.

angenommen werden, daß zwei verschiedene Kapitalgüter (K_1 und K_2) importiert werden, die jeweils mit unterschiedlichen Zollsätzen belegt sind. Auch dann führt die differenzierte Besteuerung zu einer Fehlallokation, weil die geringer verzollte Kapitalart vermehrt eingesetzt wird. Die Folge ist nach obigem Modell wieder ein Rückgang der Wachstumsrate. Zölle auf importierte Konsumgüter sind in diesem Modell bedeutungslos. Sie bewirken zwar Wohlfahrtseinbußen, doch beeinflussen sie nicht die Wachstumsrate des Volkseinkommens.[226]

In gleicher Weise wie auf den Außenhandel ist das Wachstumsmodell auch auf Beschränkungen ausländischer Direktinvestitionen anwendbar. In Kapitel 3.5.2.2 kann das Auslandskapital als K_1 und das Inlandskapital als K_2 aufgefaßt werden. Unterliegt das ausländische Kapital besonderen Restriktionen, so läßt das Modell infolge der Preisverzerrung geringere Wachstumsraten erwarten.[227]

Devisenkontrollen mit staatlich differenzierten und fixierten Wechselkursen bilden ebenfalls Verzerrungen, die zur Fehlallokation von Kapital und geringerem Wirtschaftswachstum führen. Zur Abbildung von Wechselkursverzerrungen lassen sich in Kapitel 3.5.2.5 Kapitalgüter (K_2), die mit offiziell eingetauschten Devisen erworben werden, von anderen Kapitalgütern (K_1) unterscheiden, zu deren Erwerb Schwarzmarktdevisen erforderlich sind. Hier erfolgt also eine verzerrende Subvention von K_2 zu Lasten einer verzerrenden Besteuerung von K_1 in Höhe des Schwarzmarktaufschlages auf den Preis von Devisen.[228]

Der aufgezeigte Modellrahmen bietet die Grundlage für eine Vielzahl empirisch überprüfbarer Hypothesen über die Wirkung von Verzerrungen auf die Rate des Wirtschaftswachstums. Diese werden in Kapitel 3.7 abgeleitet.

3.5.3 Weitere Analysen von Verzerrungen in Wachstumsmodellen

Im aufgezeigten Modellrahmen sind zahlreiche Preisverzerrungen abbildbar, die einen negativen Einfluß auf die Wachstumsrate ausüben. Zudem können teilweise auch Wechselwirkungen zwischen einzelnen Verzerrungen mit diesem Ansatz analysiert werden, weshalb dieser für die empirische Analyse von Preisverzerrungen im Transformationsprozeß besonders geeignet ist. Dennoch kann eine solche Herangehensweise keinen Anspruch auf Vollständigkeit erheben, weil hier nur solche Verzerrungen wachstumswirksam werden, die Einfluß auf die Kapitalakkumulation und die effiziente Allokation der Kapitalarten nehmen.

---

226 Vgl.: Easterly, King, Levine, Rebelo (1991): S. 24 f.

227 Vgl.: Easterly, King, Levine, Rebelo (1991): S. 25 f.

228 Vgl.: Easterly (1993): S. 198.

Die Endogenisierung der Wachstumsrate im Modell erfolgt ausschließlich über die Annahme konstanter Grenzerträge des Kapitals. Technischer Fortschritt bleibt exogen bestimmt, d. h., der Bestand technologischen Wissens wurde als konstant angesehen. Diese Annahme ist für den zu untersuchenden Zeitraum in Mittel- und Osteuropa plausibel.

Basierend auf jüngeren Forschungen in der Außenhandelstheorie können zur Untersuchung der Wachstumswirkungen von Preisverzerrungen auch andere Wege beschritten werden. In der modernen Außenhandelstheorie rücken neben den statischen Gewinnen aus Außenhandel heute die dynamischen Außenhandelsgewinne zunehmend in den Vordergrund theoretischer und empirischer Arbeiten.[229] Dynamische Gewinne offener Volkswirtschaften ergeben sich nicht allein durch eine verbesserte Verfügbarkeit von Inputfaktoren, wie sie im obigen Modell und auch im Modell von Lee (1993) abgebildet werden. Ein weiterer wachstumsbestimmender Vorteil offener Volkswirtschaften ist die schnellere Absorption technologischer Entwicklungen der fortschrittlicheren Länder. Neue Ideen und Verfahren können in offenen Volkswirtschaften leichter übernommen werden.[230]

Basierend auf Lewis (1955) formuliert Edwards (1992) ein Wachstums modell, in dem der Bestand des akkumulierten technologischen Wissens (A) keine Konstante, sondern selbst eine Funktion politisch beeinflußbarer Parameter ist. Edwards Ansatz, die Wachstumsrate einer Volkswirtschaft zu endogenisieren, unterscheidet sich damit grundsätzlich von den endogenen Wachstumsmodellen, die Romer (1986), Lucas (1988) oder Rebelo (1991) formuliert haben. In letzteren werden die Annahmen über die eingesetzten Faktoren variiert, während der Bestand des technologischen Wissens konstant bleibt.

Die Akkumulation von Wissen erfolgt im Modell von Edwards auf zwei Weisen; zum einen durch rein inländische Innovationen und zum anderen durch Imitation von Erfindungen („Inventions"), die im Ausland entwickelt wurden. Es wird eine Rate der Wissensakkumulation bestimmt, die u.a. von der Fähigkeit eines Landes abhängt, Erfindungen des Auslandes zu absorbieren. Diese ist eine negative Funktion der Verzerrungen im Außenhandel.[231]

Einen vergleichbaren Ansatz wählt auch Villanueva (1993), dessen Arbeit auf einem Zwei-Sektoren-Modell von Feder (1983) basiert. Dieses Modell enthält neben Kapital und Arbeit eine Exportvariable in der Produktionsfunktion.[232] Während im Standardmodell der neoklassischen Wachstumstheorie der hier

---

229 Vgl.: Weltbank (1991): S. 115-121.

230 Vgl.: Lewis (1955): S. 178.

231 Vgl.: Edwards (1992): S. 34-37.

232 Dieses ist möglich, weil Exporte geeignet sind, die totale Faktorproduktivität zu erhöhen. Vgl.: Balassa (1978): S. 185.

modellierte Exportsektor keinen Einfluß auf den arbeitszeiteinsparenden technischen Fortschritt hat, ist dieses Modell so modifiziert, daß ein offener Exportsektor die Produktivität der eingesetzten Arbeit verbessert. Die Rate des arbeitsersetzenden technischen Fortschritts ist damit eine positive Funktion der Pro-Kopf-Produktion im Exportsektor.[233] Auf diese Weise wird der technische Fortschritt und so auch die Wachstumsrate der Volkswirtschaft zumindest teilweise endogen im Modell bestimmt.[234]

Ein Abbau von Verzerrungen im Außenhandel bewirkt einen vermehrten Einsatz von Arbeit und Kapital im Exportsektor. Damit ergibt sich im Modell nicht nur ein vorübergehender Niveaueffekt, sondern ein dauerhafter Anstieg der „Steady-State"-Wachstumsrate. Politikempfehlungen, die sich aus diesem Modell ableiten lassen, betonen die Förderung einer Außenorientierung von Volkswirtschaften durch den Abbau von Zöllen und nicht-tarifären Handelsbeschränkungen. Auch die Bedeutung unverzerrter Wechselkurse und stabilitätsorientierter Finanzpolitik wird im Modell herausgestellt.[235]

In endogenen Wachstumsmodellen, in denen F&E-Aufwendungen die langfristige Wachstumsrate bestimmen, kann gleichsam ein positiver Wachstumseffekt durch die Absorption von Wissen analysiert werden.[236] Doch in diesen Modellen bestimmt der Außenhandel darüber hinaus die Wachstumsrate auch über die Faktorallokation und die Marktgröße. Die einzelnen Wachstumswirkungen sind dabei vielfach widersprüchlich. Aufbauend auf den F&E-Ansätzen, formulieren Blackburn und Hung (1993) ein Modell, in dem die Wachstumswirkungen einer Außenhandelsliberalisierung allein aus einer wachsenden Marktgröße resultieren. Die Absorption von Wissen ist darin keine notwendige Voraussetzung für die Wachstumsförderung durch den Außenhandel. In diesem Modell führt eine Liberalisierung in jedem Fall zu höheren Wachstumsraten.[237]

Über die Außenhandelsverzerrungen hinaus sind in der Literatur weitere makroökonomische Verzerrungen bezüglich ihrer Wachstumswirkung analysiert worden. Beispielsweise untersucht Fischer (1993) den Einfluß von Inflationsraten, Haushaltsdefiziten und verzerrten Devisenmärkten auf das Wirtschaftswachstum. Makroökonomische Instabilitäten, die sich in hohen und schwankenden Inflationsraten widerspiegeln, wirken in Fischers Arbeit ebenso wie in

---

233 Es werden Beobachtungen von Keesing (1967) und Feder (1983) im Modell formalisiert.

234 Vgl.: Villanueva (1993): S. 6 f.

235 Vgl.: Villanueva (1993): S. 8 und S. 17.

236 Vgl.: Grossman, Helpman (1990 und 1991a, b), Rivera-Batiz, Romer (1991a, b), Romer (1990) sowie Young (1991).

237 Vgl.: Blackburn, Hung (1993): S. 14-18.

dem Modellrahmen in Kapitel 3.5.2 über die Höhe von Investitionen sowie der Effizienz bei der Allokation der verfügbaren Mittel.[238]

Eine weitere Richtung von Arbeiten analysiert die Auswirkung von Verzerrungen im Finanzsektor auf die Wachstumsrate.[239] Beispielsweise versuchen King und Levine (1993b) in einem endogenen Wachstumsmodell aufzuzeigen, inwiefern Finanzsysteme zur Unterstützung von Unternehmern und deren Innovationen beitragen, die somit ein höheres Produktivitätswachstum ermöglichen. Durch Besteuerung der Finanzintermediation entstehende Verzerrungen mindern in diesem Modell die Wachstumsrate.[240]

Der Überblick über die Literatur zur endogenen Wachstumstheorie verdeutlicht, wie in einer Vielzahl von Arbeiten die wachstumsmindernde Wirkung politikinduzierter Verzerrungen dargelegt wird. Das theoretische Ergebnis, demzufolge Länder, deren Märkte stärker verzerrt sind, geringere Wachstumsraten aufweisen, gilt es in bezug auf Mittel- und Osteuropa empirisch nachzuweisen. Zunächst folgt jedoch im nächsten Abschnitt eine Aufarbeitung empirischer Analysen zur Wachstumstheorie.

3.6 Empirische Überprüfung der Wachstumstheorie

3.6.1 Das „Growth-Accounting" in der neoklassischen Wachstumstheorie

3.6.1.1 Bedeutung des Wachstums einzelner Inputfaktoren für die gesamtwirtschaftliche Wachstumsrate

Die neoklassische Wachstumstheorie identifiziert die Wachstumsrate in Abhängigkeit vom Umfang der eingesetzten Inputfaktoren sowie vom exogen bestimmten technischen Fortschritt. Der Entwicklung der neoklassischen Wachstumstheorie folgt auch deren empirische Umsetzung im Rahmen des „Growth-Accounting". Darin wird die quantitative Bedeutung der einzelnen Bestimmungsfaktoren für die Wachstumsrate des Volkseinkommens untersucht.[241] Der Anstieg des Outputs wird unterschieden nach dem Wachstum des Faktoreinsatzes („Total Factor Input") und dem Zuwachs der Faktorproduktivität („Total Factor Productivity"). Für die einzelnen Faktoren wird eine Entloh-

---

238 Vgl.: Fischer (1993): S. 488.

239 Vgl.: Bencivenga, Smith (1991), King, Levine (1992, 1993a, b), Levine (1991), Pagano (1993) sowie Roubini, Sala-i-Martin (1992).

240 Vgl.: King, Levine (1993b): S. 516-527.

241 Als Ausgangspunkt des Growth Accounting gilt: Solow (1957). Vgl.: Stern (1991): S. 129.

nung nach dem jeweiligen Grenzprodukt angenommen, und es gilt die Annahme konstanter Skalenerträge in der Produktion. Damit ist die Wachstumsrate der Inputfaktoren einfach als der mit den jeweiligen Anteilen der Entlohnung am Bruttosozialprodukt gewichtete Durchschnitt der Wachstumsraten der einzelnen Faktoren bestimmbar.[242] Die totale Faktorproduktivität ergibt sich als Differenz des Produktionswachstums und des Wachstums der eingesetzten Faktoren und wird als „Residual" bezeichnet:[243]

$$\frac{\dot{A}}{A} = \frac{\dot{Y}}{Y} - w_K \cdot \frac{\dot{K}}{K} - w_L \cdot \frac{\dot{L}}{L}$$

Gleichung 3-107

In frühen Arbeiten wurde zunächst eine überragende Bedeutung des Anstiegs der totalen Faktorproduktivität für die Wachstumsrate ermittelt. In der Arbeit von Solow (1957) erklärt sie beispielsweise etwa 90 % des Wachstums. Solow interpretierte den Wachstumseffekt der totalen Faktorproduktivität als exogenen technischen Fortschritt.[244]

In der Folgezeit ist dieser Ansatz vielfach angewendet und verfeinert worden.[245] Ein wichtiges Ziel war die genauere Untersuchung des Residuums als entscheidender Bestimmungsgrund des Wirtschaftswachstums. Beispielsweise kann Denison (1985) eine höhere Bedeutung des Faktoreinsatzes ausmachen, indem er die eingesetzte Arbeit um das zunehmende Humankapital korrigiert. Als nicht bestimmbares Residuum, also exogener technischer Fortschritt, verbleibt in dieser Arbeit noch etwa die Hälfte der Wachstumsrate.[246] Vergleichbare Ergebnisse erhält auch Chenery (1986).[247] Nur 50 bis 70 % des Outputwachstums sind durch physische Faktoreinsätze zu erklären.[248] In der Arbeit von Jorgenson, Gollop und Fraumeni (1987)[249] trägt die totale Faktorproduktivität nur mit 24 % zur Wachstumsrate bei. Die Autoren erhalten eine große Bedeutung des Kapitaleinsatzes, da sie auch die Qualität des eingesetzten Kapitals und des Faktors Arbeit mit berücksichtigen.[250]

---

242 Vgl.: Solow (1957): S. 314 ff; Abramowitz (1989): S. 14.

243 Vgl.: Norsworthy (1984): S. 324.

244 Vgl.: Solow (1957): S. 316 ff.

245 Vgl.: Denison (1967), Kuznets (1966) und Literaturüberblick in: Stern (1991): S. 129 f. sowie in: Chenery, Robinson, Syrquin (1986) und Norsworthy (1984): S. 311 ff.

246 Vgl.: Denison (1985): Tab. 8-3.

247 Vgl.: Chenery (1986): Tab. 2-2, S. 20 f.

248 Vgl.: Easterly, King, Levine, Rebelo (1991): S. 43.

249 Vgl.: Jorgenson, Gollop, Fraumeni (1987): Tab. 9-5.

250 Vgl.: Abramowitz (1989): S. 19; Barro, Sala-i-Martin (1995): S. 351.

3.6.1.2 Grenzen des „Growth-Accounting“

Das „Growth-Accounting“ untersucht allein die Bedeutung der Ursachen des Wirtschaftswachstums, ohne eine Erklärung von Wachstumsprozessen vorzunehmen. Es wird nicht analysiert, warum die Elemente der Wachstumsrate, d. h. die Faktoreinsätze und die totale Faktorproduktivität, sich ändern.

Für die empirische Analyse liegen mit diesem Rahmen sehr enge Beschränkungen vor, da nur physische Inputfaktoren in die Analyse aufgenommen werden können.[251] So kritisiert Abramowitz (1989), daß sich Vorteile durch eine Marktöffnung und die damit verbundene Marktexpansion im „Growth-Accounting“ nicht berücksichtigen lassen.[252] Zudem wird mit der Postulierung voneinander unabhängiger Bestimmungsgründe der Wachstumsrate eine sehr problematische Annahme getroffen.[253]

Wie Baro und Sala-i-Martin (1995) aufzeigen, kann der „Growth-Accounting“-Ansatz keinen „Steady-State“ des neoklassischen Wachstumsmodells abbilden. In dieser Situation bestimmt im Modell allein der exogene technische Fortschritt, d. h. der Anstieg der totalen Faktorproduktivität, die Wachstumsrate, doch wird im „Growth-Accounting“ immer ein Teil des Wachstums als Kapitalwachstum ausgewiesen.[254]

3.6.2 Empirische Überprüfung der endogenen Wachstumstheorie

3.6.2.1 Ansätze zur empirischen Umsetzung der neuen Wachstumstheorie

In der Entwicklung der endogenen Wachstumstheorie bildete sich schon frühzeitig ein großes Interesse an der empirischen Bestätigung der neuen theoretischen Ergebnisse heraus. Dabei wurde zunächst weniger eine direkte Umsetzung der neuen Wachstumsmodelle vorgenommen, sondern es gab vielmehr Versuche, anhand der Konvergenz von Wachstumsraten eine Bestätigung oder Ablehnung der neoklassischen Wachstumstheorie vorzunehmen. Weil das Solow-Swan-Modell für ärmere Länder mit geringen Kapitalquoten höhere Wachstumsraten als in entwikkelten Volkswirtschaften voraussagt, ist in der neoklassischen Wachstumstheorie ein Angleichen der Pro-Kopf-Einkommen zu

---

251 Vgl.: Norsworthy (1984): S. 327.
252 Vgl.: Abramowitz (1989): S. 22.
253 Vgl.: Abramowitz (1989): S. 23 ff.
254 Vgl.: Barro, Sala-i-Martin (1995): S. 352.

erwarten. Demgegenüber führen endogene Wachstumsmodelle nicht zur Konvergenz der Wachstumsraten und der Einkommensverhältnisse, da hier die Wachstumsraten von der Kapitalquote unabhängig sind. Die Untersuchung der Konvergenz kann deshalb einen deutlichen Hinweis zur Bestätigung endogener oder neoklassischer Wachstumsmodelle bieten.

Zudem weisen die verschiedenen endogenen Wachstumsmodelle unterschiedliche Einflußfaktoren für die Wachstumsrate aus. Einflüsse von staatlichen Ausgaben, Preisverzerrungen, Humankapitalinvestitionen und weiteren Faktoren lassen sich in Querschnittsanalysen („Cross Country Studies") erfassen, indem untersucht wird, inwiefern unterschiedliche Wachstumsprozesse durch Politikmaßnahmen und staatlich beeinflußte Rahmenbedingungen erklärt werden können.

Im Zuge des wiedererwachten Interesses an der Wachstumstheorie entstanden in jüngster Zeit zahlreiche empirische Arbeiten mit dem Ziel der Bestätigung oder Widerlegung der neuen wachstumstheoretischen Ansätze. Zunächst werden in diesem Abschnitt die Ergebnisse wichtiger Arbeiten zur Konvergenz von Wachstumsraten dargelegt. Anschließend erfolgt ein Überblick über zahlreiche Querschnittsanalysen („Cross-Country-Studies") in der Wachstumstheorie. Diese Arbeiten bieten auch die Grundlage für eine weiterführende Untersuchung der Wachstumswirksamkeit von Preisverzerrungen. Beide empirischen Ansätze geben wichtige Hinweise für die Bestätigung des Erklärungsgehaltes der endogenen Wachstumstheorie.

3.6.2.2 Die Bedeutung der Konvergenz von Wachstumsraten

Ein entscheidender Unterschied endogener und neoklassischer Wachstumstheorie besteht in der Konvergenzhypothese des neoklassischen Modells. Diese besagt, daß unter sonst gleichen Bedingungen, also bei identischen Sparquoten und Bevölkerungswachstumsraten sowie übereinstimmendem exogenem technischem Fortschritt, solche Länder und Regionen, die weiter vom „Steady-State" entfernt sind, höhere Wachstumsraten erzielen. Dieses ist den ärmeren Ländern möglich, weil aufgrund der geringeren Kapitalintensität die Kapitalproduktivität zunächst größer ist. Das neoklassische Modell prognostiziert damit eine bedingte Konvergenz („Conditional Convergence") der Einkommensverhältnisse strukturell ähnlicher Länder. Es muß keine absolute Konvergenz („Absolute Convergence") vorliegen, sofern sich nicht alle Länder demselben „Steady-State" annähern, was nur dann möglich wäre, wenn sich die Länder allein in der Kapitalintensität unterschieden.

Die endogene Wachstumstheorie postuliert keine Konvergenz der Pro-Kopf-Einkommen, weil die Wachstumsrate unter der Voraussetzung konstanter Grenzerträge des Kapitals unabhängig von der Kapitalintensität ist. Es wird nicht vorausgesetzt, daß ärmere Länder aufgrund ihrer geringeren Kapitalquote höhere Wachstumsraten aufweisen. Kann keine Konvergenz der Pro-Kopf-Einkommen festgestellt werden, so gäbe dieses in der Auseinandersetzung über das „richtige" Wachstumsmodell indirekt einen Hinweis zugunsten der endogenen Wachstumstheorie.

Zur Messung des Ausmaßes des „Aufholprozesses" ärmerer Länder kommt im allgemeinen in Querschnittsanalysen das Kozept der „β-Konvergenz" zur Anwendung. Mit seiner Hilfe wird die Geschwindigkeit des Angleichens der relativen Pro-Kopf-Einkommen gemessen.[255]

In einer frühen Arbeit zur Konvergenzproblematik findet Baumol (1986) eine deutliche inverse Korrelation zwischen der Arbeitsproduktivität und der Produktivitätswachstumsrate für 16 Industrieländer im Zeitraum 1870 bis 1979.[256] Dieses Ergebnis bietet eine Bestätigung der neoklassischen Wachstumstheorie, da die fortschrittlichsten Länder mit den höchsten Stundenlöhnen das geringste Produktivitätswachstum aufwiesen, was auf abnehmende Wachstumsraten in Annäherung an den „Steady-State" schließen läßt. Die Resultate Baumols wurden jedoch von DeLong (1988) ausdrücklich kritisiert. Wie DeLong zeigt, läßt sich die Konvergenz der Produktivitäten nur für die von Baumol „ex post" ausgewählten Industrieländer bestätigen, die 1979 zu den erfolgreichen Industrienationen zählen. Glaubwürdig ist die Konvergenz aber nur dann zu bestätigen, wenn die Regression mit einer „ex ante" Auswahl von Ländern durchgeführt wird, die 1870 eine erfolgreiche Zukunft versprachen.[257] In einer Regression mit den 22 reichsten Ländern des Jahres 1870 kann das Ergebnis von Baumol nicht eindeutig bestätigt werden.[258]

Dennoch ist eine absolute Konvergenz zwischen ähnlich strukturierten Ländern und Regionen von verschiedenen Autoren ermittelt worden. Insbesondere für die OECD-Länder bestätigen die Arbeiten von Dowrick und Nguyen (1989), Grier und Tullock (1989), Romer (1989), Dowrick (1992) sowie Mankiw, Romer und Weil (1992) einen Konvergenzprozeß und damit ein Angleichen der Einkommensverhältnisse. Für die OECD-Staaten liegt eine eindeutig negative Korrelation zwischen dem Einkommensniveau im Jahre 1960 und den Wachs-

255 Vgl.: Barro, Sala-i-Martin (1990), zitiert in: Barro, Sala-i-Martin (1991): S. 112 f. Die Autoren unterscheiden in der empirischen Messung von Konvergenz zwischen „β-Konvergenz" und „σ-Konvergenz". Letztere mißt eine Abnahme der Streuung der „Pro-Kopf-Einkommen" zwischen Ländern. Vgl. auch: Barro, Sala-i-Martin (1995): S. 383.

256 Vgl.: Baumol (1986): S. 1076 f.

257 Vgl.: De Long (1988): S. 1138 f.

258 Vgl.: De Long (1988): S. 1141.

tumsraten von 1960 bis 1985 vor.[259] Die Ergebnisse lassen sich aber nicht für eine breitere Auswahl von Ländern, die auch weniger entwickelte Länder einschließt, bestätigen. Dieses zeigen ebenfalls die Arbeiten von Grier und Tullock (1989), Romer (1989) sowie Dowrick (1992). Werden alle 98 Länder des Datensatzes von Summers und Heston einbezogen, kann keine eindeutige Beziehung zwischen Einkommensniveau und Wachstumsrate ermittelt werden.[260]

Besonders eindeutige Konvergenzergebnisse können Barro und Sala-i-Martin (1991, 1992, 1995) auf regionaler Ebene ermitteln. Sie legen in ihren Untersuchungen langfristige Daten für die US-Bundesstaaten von 1880 bis 1988 zugrunde. In diesem Fall ist eine eindeutig inverse Beziehung zwischen den Pro-Kopf-Einkommen und den Pro-Kopf-Wachstumsraten festzustellen.[261] Eine vergleichbare Konvergenz ergibt sich auch für europäische Regionen im Zeitraum 1950 bis 1985, jedoch mit geringerer statistischer Signifikanz.[262]

Doch so deutlich eine Konvergenz der Regionen feststellbar ist, um so unerwarteter ist aus Sicht der neoklassischen Wachstumstheorie die Geschwindigkeit, mit der die regionalen Pro-Kopf-Einkommen konvergieren. Die ermittelten „β-Koeffizienten" sind sehr viel niedriger, als es das Solow-Swan-Modell erwarten läßt. Die empirisch ermittelte Konvergenz erfolgt deutlich langsamer, als theoretisch vorhergesagt. Ähnlich niedrige β-Koeffizienten finden auch Mankiw, Romer und Weil (1992) sowie Barro (1991).[263] Unter der Annahme einer Faktorverzinsung nach den entsprechenden Grenzprodukten ist im „Growth-Accounting" ein Kapitalanteil in der Produktionsfunktion von etwa einem Drittel ermittelt worden.[264] Unter diesen Bedingungen läßt das Solow-Swan-Modell erwarten, daß die Hälfte des Unterschieds zwischen der Ausgangssituation und dem „Steady-State" innerhalb von 17 Jahren abgebaut wird.[265]

In den empirischen Arbeiten von Barro und Sala-i-Martin (1991, 1992) sowie Mankiw, Romer und Weil (1992) werden demgegenüber sehr viel geringere „β-Werte" ermittelt. Der „β-Wert" beträgt in den meisten Fällen zwischen 0,015

---

259 Vgl. auch: Barro, Sala-i-Martin (1995): S. 27.

260 Vgl. auch: Gould, Ruffin (1994): S. 30 f und Barro, Sala-i-Martin (1992b): S. 242 f.

261 Vgl.: Barro, Sala-i-Martin (1991): S. 114 f und Barro, Sala-i-Martin (1992b): S. 232 f.

262 Vgl.: Barro, Sala-i-Martin (1991): S. 144 f.

263 Kritisiert werden diese Ansätze von den Haan (1995), da sie lediglich den Kapitaleinsatz, aber nicht die Kapitalproduktivität berücksichtigen.

264 Vgl. beispielsweise: Maddison (1987). Dieser ermittelt eine Kapitalquote von 0,350. Vgl. auch Maddison (1982) oder Jorgenson, Gollop, Fraumeni (1987).

265 Vgl.: Mankiw, Romer, Weil (1992): S. 433. In einem Beispiel mit plausiblen Annahmen für die USA ermitteln Barro, Sala-i-Martin (1995, S. 38) bei einer Kapitalquote von 33 % einen „β-Wert" von 0,056, der damit zu einer Halbwertzeit zwischen Ausgangssituation und „Steady-State" von 12,5 Jahren führt. Der „β-Koeffizient" besagt, daß 5,6 % des Unterschieds zwischen der aktuellen Situation und dem „Steady-State" in einem Jahr abgebaut werden.

und 0,025.[266] Das bedeutet, innerhalb eines Jahres werden lediglich etwa zwei Prozent der Lücke zum „Steady-State" geschlossen.[267] Unter diesen Umständen dauert es etwa 35 Jahre, bis der halbe Weg zum „Steady-State" beschritten ist, bzw. 70 Jahre bis drei Viertel des Unterschieds zum langfristigen Gleichgewicht überwunden sind.[268] Eine derart lange Anpassungsphase impliziert auch einen deutlich höheren Kapitalanteil in der Produktionsfunktion, als er im „Growth-Accounting" ermittelt wird. Angesichts eines „β-Wertes" von 0,02 muß der Kapitalanteil etwa α=0,75 bis α=0,8 betragen,[269] was mit dem engen Kapital begriff des Solow-Modells nicht mehr vereinbar ist.

Die empirisch ermittelten hohen Kapitalquoten lassen sich nur mit einem umfassenden Kapitalbegriff erklären, wie er in endogenen Wachstumsmodellen Verwendung findet. Endogene Modelle, wie beispielsweise das Rebelo-Modell, gehen von $\beta = 0$ und einem Kapitalanteil von $\alpha = 1$ aus. Hier besteht dann eine Situation, in der kein Anpassungsprozeß stattfindet.[270] Die genannten empirischen Arbeiten bieten damit ebenfalls keine Bestätigung der endogenen Wachstumstheorie, da offensichtlich eine Konvergenz zum „Steady-State" beobachtbar ist, auch wenn, wie bereits beschrieben, diese Anpassung wesentlich langsamer ist, als das neoklassische Wachstumsmodell erwarten läßt. Gundlach (1993), der in seinen empirischen Arbeiten ähnliche Ergebnisse erhält, zieht daraus den Schluß: „The time-series evidence based on the newly introduced concept of cointegration analysis seems to support the new models. However, these results are based on a very restrictive econometric framework. Less restrictive model specifications and estimation techniques used in this paper produce results that are more favorable for the traditional model. [...] Hence, attempts to empirically discriminate between alternative growth models seem to lead to dead ends."[271]

Einen Hinweis auf die endogene Wachstumstheorie bieten die Konvergenzuntersuchungen von Wolf (1994b), in denen das Ausmaß der Konvergenz nach Sektoren aufgegliedert ist. Die ermittelte Konvergenz ist vorwiegend auf das hohe Maß von Konvergenz im primären und tertiären Sektor zurückzuführen.

---

266 Vgl.: Barro, Sala-i-Martin (1991): S. 115, Barro, Sala-i-Martin (1992b): S. 232 f, und Mankiw, Romer, Weil (1992): S. 429. Letztere nennen den Parameter für die Konvergenzgeschwindigkeit λ. Dieser Wert beträgt bei Mankiw, Romer, Weil (1992) für alle 98 Länder λ=0,0142 und für die OECD-Länder λ=0,0206.

267 Lediglich Knight, Loayza, Villanueva (1993) ermitteln in einer Erweiterung des Ansatzes von Mankiw, Romer, Weil (1992) sehr viel größere Anpassungsgeschwindigkeiten von β=0,0626 bzw. β=0,0631. Vgl.: Knight, Loayza, Villanueva (1993): S. 529.

268 Diese Halbwertzeit berechnet sich mit T=ln(2)/b, worin T die Anzahl von Jahren ist. Vgl.: Knight, Loayza, Villanueva (1993): S. 529.

269 Vgl.: Barro, Sala-i-Martin (1995): S. 38.

270 Vgl.: King, Rebelo (1993): S. 918.

271 Gundlach (1993): S. 116.

Im produzierenden Sektor, dort, wo positive externe Effekte entstehen können, ist keine ausgeprägte Konvergenz erkennbar.[272]

Liegt im neoklassischen Wachstumsmodell ein sehr langer Anpassungsprozeß vor, so bieten sich vielfältige Ansatzpunkte für politische Einflußnahmen auf die Wachstumsrate. Empirisch ist nicht exakt abzugrenzen, ob eine veränderte Wachstumsraten auf eine dauerhafte Verschiebung des Wachstumspfades im Sinne der endogenen Wachstumstheorie zurückzuführen ist oder lediglich eine Veränderung des Wachstums innerhalb des Anpassungsprozesses darstellt. Wachstumsmodelle mit einer Kapitalquote von etwa 80 % kommen deshalb endogenen Modellen sehr nahe.

3.6.2.3 Querschnittsanalysen zur Ermittlung der Wachstumswirkung unterschiedlicher Einflußfaktoren

Im folgenden werden nun solche empirischen Arbeiten betrachtet, die mit Hilfe von Querschnittsanalysen den Einfluß wachstumsbestimmender Faktoren wie Politikvariablen, Verzerrungen oder Humankapitalausstattungen auf die Wachstumsrate analysieren.

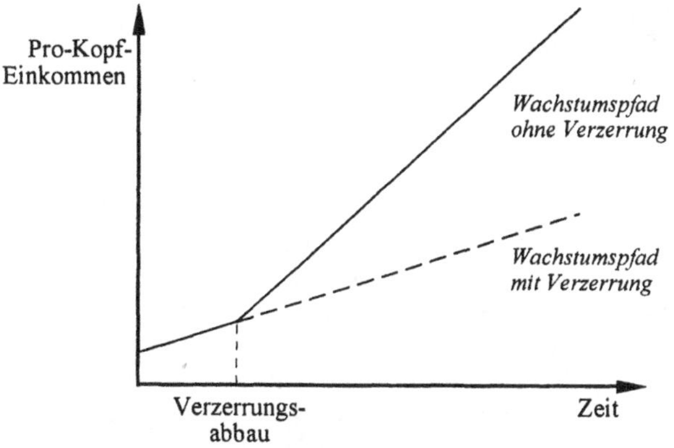

Abbildung 3-9: ***Dauerhafte Wachstumswirkung eines Verzerrungsabbaus in einem endogenen Wachstumsmodell.***
Quelle: Eigene Darstellung.

272 Vgl.: Wolf (1994b): S. 755 f.

Gemäß der endogenen Wachstumstheorie ist als Konsequenz eines wachstumsförderndernden Politikeingriffs, der im Abbau inländischer Preisverzerrungen bestehen kann, eine dauerhaft höhere Wachstumsrate zu erwarten. Dieser Fall wird in Abbildung 3-9 verdeutlicht. Im Solow-Swan-Modell ist, wie in Abbildung 3-10 dargestellt, hingegen nur ein zwischenzeitiger Wachstumseinfluß aus einem Politikeingriff zu erwarten.

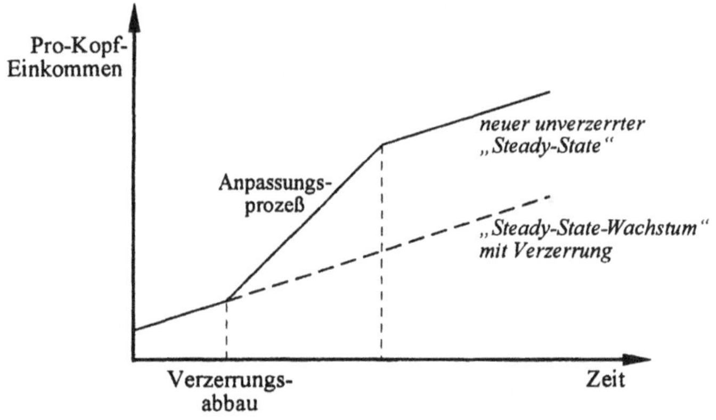

Abbildung 3-10: ***Vorübergehende Wachstumswirkung eines Verzerrungsabbaus im neoklassischen Wachstumsmodell.***
Quelle: Eigene Darstellung.

Lediglich im Anpassungsprozesses ergibt sich, einen Anstieg der Wachstumsrate, über den exogen gegebenen „Steady-State"-Wachstumspfad hinaus. Wie jedoch die empirischen Arbeiten zur Konvergenzhypothese zeigen, ist dieser Anpassungsprozeß sehr langwierig, und innerhalb des Anpassungsprozesses sind die Auswirkungen der verschiedenen Einflußfaktoren auf das Wachstum in neoklassischen und endogenen Wachstumsmodellen identisch. Werden nun in Querschnittsanalysen die Wachstumseinflüsse bestimmter Politikmaßnahmen ermittelt, so ist dieses weder ein Beweis für noch gegen die endogene Wachstumstheorie, da die beobachtbaren Zeiträume zumeist viel kürzer sind als die ermittelten Anpassungsprozesse. Die endogene Wachstumstheorie gibt jedoch aus der Theorie heraus vielfältige Hinweise auf mögliche wachstumsbestimmende Einflußfaktoren, deren Wirkung in Querschnittsanalysen getestet wird.

Mit der Entwicklung der endogenen Wachstumstheorie haben die Querschnittsanalysen wachsende Bedeutung erlangt. Sie sind geeignet, die entscheidenden Hypothesen neuer Wachstumsmodelle empirisch zu untersuchen, denen zufolge verschiedene Politikmaßnahmen das Wirtschaftswachstum beeinflussen. Diese Art empirischer Analyse des Wachstumsprozesses entstand aber nicht erst mit der endogenen Theorie, sondern diente schon vorher zur Analyse verschiedener Wachstumseinflüsse auf den Anpassungsprozeß im neoklassischen Modell. Ein wichtiger Aspekt war die Fiskalpolitik, deren Wachstumswirkung beispielsweise in den Studien von Krzyzaniak (1967), Sato (1967), Eaton (1981) und Chamley (1986) modelliert wurde. Mitte der 80er Jahre bildete die Untersuchung von Kormendi und Meguire (1985) den Ausgangspunkt für verschiedene Arbeiten, die den Einfluß politikbestimmter makroökonomischer Variablen auf das Wachstum in „Cross-Country"-Analysen zum Gegenstand hatten. Grier und Tullock (1989) oder Koester und Kormendi (1989), die in diesem Zusammenhang zu nennen sind, beziehen sich allerdings schon ausdrücklich auf die Hypothesen der ersten endogenen Wachstumsmodelle.

Der von Agarwala (1983) untersuchte Wachstumseinfluß von Preisverzerrungen kann ebenfalls als ein Vorläufer der jüngsten empirischen Literatur zur neuen Wachstumstheorie betrachtet werden. Agarwala (1983) sowie Balassa (1978, 1985, 1987) haben bereits in den 80er Jahren untersucht, inwiefern Wachstumsunterschiede auf vornehmlich im Außenhandel erfolgte, politisch induzierte Markteingriffe zurückzuführen sind. Auch in den Weltentwicklungsberichten von 1983 und 1991 wird dieser Zusammenhang aufgegriffen.[273]

Die „Cross-Country"-Studie von Barro (1991) bildet den Ausgangspunkt breit angelegter Querschnittsanalysen, die durch die endogene Wachstumstheorie motiviert sind. Diese Arbeit von Barro (1991) versucht, die theoretischen Implikationen der Modelle von Lucas (1988), Rebelo (1991) und Romer (1990) mit Hilfe eines sehr breiten Datensatzes von 98 Ländern[274] empirisch zu bestätigen.[275] Auf dieselben Daten stützen sich auch die später ähnlich breit angelegten Querschnittsanalysen von Mankiw, Romer und Weil (1992), Levine und Renelt (1992) oder Knight, Loayza und Villanueva (1993).[276]

Die Querschnittsanalysen ermitteln eine wachstumsstimulierende Rolle der Investition in Humankapital. Sehr deutliche Wachstumsimpulse können auch für offene Außenhandelsregime ermittelt werden. Weniger deutlich sind zumeist die negativen Wachstumswirkungen verzerrender Markteingriffe oder investitionshemmender Steuersysteme. „Cross-Country"-Analysen geben Hinweise auf die Relevanz der aus der endogenen Wachstumstheorie gewonnenen Hypothesen, ohne allerdings die Frage nach dem richtigen Wachstumsmodell abschließend beantworten zu können. Bislang ist die empirische Literatur zur endogenen

---

273 Vgl.: Weltbank (1983): S. 70 f, und Weltbank (1991): S. 115-121.

274 Diese Studien basieren auf dem Datensatz von Summers und Heston (1988), der in diesem Fall von Barro und Wolf (1989) ergänzt wurde. Vgl.: Barro (1991): S. 414.

275 Vgl.: Barro (1991): S. 408. In Barro, Sala-i-Martin (1995): Kap. 12 wird diese Analyse noch aktualisiert und erweitert.

276 Letztere verwenden die aktualisierten Daten aus Summers und Heston (1991).

Wachstumstheorie für eindeutige Antworten zur Bedeutung der neuen Modelle nicht ausreichend.[277] Die Zahl der Analysen wächst derzeit allerdings rasch an.

Ein entscheidendes Problem dieser Art von Querschnittsanalysen ergibt sich aus der geringen Beständigkeit von Wachstumsraten. Während die Politikvariablen zumeist über längere Zeiträume konstant bleiben, unterliegen die Wachstumsraten oft größeren Schwankungen.[278] Dieses Problem besteht indes unabhängig von der zugrunde gelegten Wachstumstheorie.

Der Einfluß unterschiedlicher Politiken auf die Wachstumsrate ergibt sich bereits aus der einfachen Gegenüberstellung wichtiger Kennzahlen für Länder mit hohen Wachstumsraten („Fastgrowers") und solchen mit niedrigen Wachstumsraten („Slowgrowers") in Tabelle 3-1.

Cross-Country Durchschnitte: 1960-89 in Prozent	**Fastgrowers**	**Slowgrowers**
Anteil der Investitionen am BIP	27	17
Bevölkerungsanteil mit Sekundarschulabschluß	27	7
Bevölkerungsanteil mit Primarschulabschluß	90	52
Anteil des Staatsverbrauchs am BIP	8	12
Inflationsrate	8,4	16,5
Abweichung des Schwarzmarktwechselkurses	4,6	75,0
Anteil der Exporte am BIP	44	29

Tabelle 3-1: ***Durchschnitte wichtiger Variablen in Ländern mit über- und unterdurchschnittlichen Wachstumsraten.***
Quelle: Bearbeitet nach Easterly, King, Levine, Rebelo (1991): S. 3.

3.6.3 Empirische Überprüfung der Bedeutung von politisch induzierten Verzerrungen für das Wirtschaftswachstum

3.6.3.1 Verzerrungen im Außenhandel

Die Zusammenhänge zwischen den Offenheitsgraden und den Wachstumsraten von Volkswirtschaften wurden bereits seit Ende der 70er Jahre in empirischen Studien untersucht. Deren Wurzeln lagen zumeist in der Entwicklungs- und Außenwirtschaftstheorie. Auf diese Arbeiten konnten sich diejenigen Autoren stützen, deren Hauptaugenmerk auf eine empirische Überprüfung der neuen

277 Vgl.: Pack (1994): S. 69. Dieser Aufsatz bietet einen kritischen Überblick jüngster empirischer Arbeiten zur neuen Wachstumstheorie.

278 Vgl.: Easterly, Kremer, Pritchett, Summers (1993): S. 463.

Entwicklungen in der Wachstumstheorie gerichtet war. Einen Überblick über die Vielzahl der Untersuchungen bietet die Tabelle 3-2:

Studie	**Datenbasis**	**Messung der Außenhandelsorientierung**	**Ergebnis**
Michaely (1977)	41 Länder 1950–73	Wachstum des Exportanteiles am BIP	Wachstum des BIP positiv beeinflußt
Balassa (1978)	10 Länder 1956–73	Exportwachstum	Wachstum des BIP positiv beeinflußt
Nishimizu, Robinson (1984)	4 Länder 1955–78	Exportwachstum und Importsubstitution	Export fördert Wachstum
Ram (1985)	73 Länder 1960–77	Reales Exportwachstum	Wachstum des BIP positiv beeinflußt
Darratt (1987)	4 Länder 1955–82	Reales Exp.-Wachstum und verzögertes reales Exportwachstum	Wachstumswirkung des Exports nur in einem von vier Fällen
Heitger (1987)	47 Länder 1950–80	Effektive Protektionsrate im produzierenden Sektor	Protektionsabbau wirkt positiv auf Wachstum des BIP
Syrquin Chenery (1989)	108 Länder 1960–82	Abweichung des realen Exportanteils vom theoretisch erwarteten	Wachstum des BIP positiv beeinflußt
Geroski (1989)	1 Land 1976–79	Veränderung der Importanteile	Kein eindeutiges Ergebnis
Lopez (1990)	35 Länder 1975–85	Handelsliberalisierungsindex	Handelsliberalisierung beeinflußt BIP-Wachstum positiv
Tybout (1990)	4 Länder 1976–88	Importsubstitution	Importsubstitution senkt Produktivität
Nishimizu, Page (1991)	17 Länder 1950–80	Exportwachstum und Importbeschränkung	Exporte haben positiven Wachstumseinfluß, keine eindeutigen Resultate für Importschranken
Dollar (1992)	95 Länder 1960–85	Relative Preise handelbarer Güter	Protektionsabbau steigert Pro-Kopf-BIP

Studie	Datenbasis	Messung der Außenhandelsorientierung	Ergebnis
Salvatore, Hatcher (1991)	26 Länder 1963–85	Reales Exportwachstum	Wachstum des BIP positiv beeinflußt
Bhalla, Lau (1991)	60 Länder 1960–87	Preise handelbarer Güter, verglichen mit Weltmarktpreisen	Handelsliberalisierung beeinflußt BIP-Wachstum positiv
Barro (1991)	98 Länder 1960–65	Preise inländischer Investitionsgüter in Relation zu Weltmarktpreisen	Handelsliberalisierung wirkt positiv auf Pro-Kopf-BIP-Wachstum
Harrison (1991)	19 bzw. 60 Länder 1960–87	Verschiedene Handelsliberalisierungsindizes und Handelsanteile	Handelsliberalisierung und höhere Handelsanteile beeinflussen BIP-Wachstum positiv
Edwards (1992)	30 Länder 1970–82	Index der Außenhandelsintervention	Positiver Einfluß der Handelsliberalisierung auf BIP-Wachstum
Levine, Renelt (1992)	119 Länder 1960–89	Wachstum des Exportanteils	Wachstum des BIP positiv beeinflußt
Greenaway, Sapsford (1993)	104 Länder 1960–90	Wachstum des Exportanteils am BIP	Wachstum des BIP positiv beeinflußt
Knight, Loayza, Villanueva (1993)	98 Länder 1960–85	Importzölle auf Zwischenprodukte und Kapitalgüter	Offener Außenhandel hat positiven Einfluß auf BIP-Wachstum
Lee (1983)	81 Länder 1960–85	Importzölle auf Zwischenprodukte und Kapitalgüter	Zölle haben signifikant negativen Einfluß auf BIP-Wachstum
Sengupta, España (1994)	5 Länder 1960–87	Exportwachstum	Positiver externer Effekt der Exporte auf andere Sektoren
Greenaway, Sapsford (1994)	19 Länder mehrere Perioden	Reales Exportwachstum vor und nach Liberalisierung	Kein eindeutiges Ergebnis für das BIP-Wachstum

Tabelle 3-2: ***Auswahl empirischer Arbeiten, die die Bedeutung eines offenen Außenhandels für das Wirtschaftswachstum untersuchen.***
Quellen: Harrison (1991), Greenaway, Sapsford (1994) und eigene Zusammenstellung.

Die Studien unterscheiden sich stark nach den verwendeten Daten, der ökonometrischen Methode und der Messung des Offenheitsgrades von Volkswirtschaften. In vielen Fällen wird eine Korrelation zwischen dem Exportwachstum und dem Wirtschaftswachstum hergestellt. Aber das Handelsvolumen kann nur ein unzureichender Indikator für die Handelspolitik sein.[279] Andere Arbeiten setzen deshalb Abweichungen zwischen Inlands- und Weltmarktpreisen oder effektive Protektionsraten zur Messung des Offenheitsgrades ein.[280]

Insbesondere Querschnittsanalysen ermitteln eine hohe Erklärungskraft der Exporte für das Wirtschaftswachstum. Die Ergebnisse der Zeitreihenanalysen sind in diesem Zusammenhang nicht eindeutig.[281] In einem bedeutenden Teil der empirischen Arbeiten gehen der Offenheitsgrad oder das Exportwachstum neben weiteren Variablen als eine wachstumsbestimmende Determinante ein.[282] Als sehr robuste Erklärungsgrößen haben sich Exportindikatoren in einer Sensitivitätsanalyse erwiesen. Bei dieser Analysemethode wird die Aussagekraft der erklärenden Variablen in Abhängigkeit von einer Variation der übrigen wachstumsbestimmenden Größen untersucht.[283]

3.6.3.2 Fiskalpolitische Einflußfaktoren der Wachstumsrate

In Modellen der neuen Wachstumstheorie hat der Staat sehr unterschiedliche Einflußmöglichkeiten auf die Rate des Wirtschaftswachstums. Dabei wird hier von möglichen Eingriffen in die private Forschung und Entwicklung, wie sie aus den F&E-Modellen resultiert, bereits abgesehen. Negative Wachstumswirkungen der staatlichen Einkommensbesteuerung läßt das Rebelo-Modell erwarten, weil die Steuererhebung die Sparquote und damit das Investitionsniveau senkt. Bei Rebelo führt die Einkommensbesteuerung zu einer dauerhaft niedrigeren Wachstumsrate des Bruttoinlandsprodukts.[284] Auch in der neoklassischen Wachstumstheorie senken höhere Einkommensteuern die Verzinsung privater Investitionen und führen damit über eine geringere Sparneigung zu niedrigeren Wachstumsraten im Anpassungsprozeß.[285]

---

279 Vgl.: Harrison (1991): S. 4.

280 Beispiele sind: Bhalla, Lau (1991), Barro (1991) oder Krueger, Tuncer (1982).

281 Jung, Marshall (1985) und Darratt (1987) können beispielsweise diesen Zusammenhang nicht eindeutig bestätigen. Dieses erklärt sich auch durch die hohe Variabilität der Wachstumsraten, wie sie Easterly, Kremer, Pritchett, Summers (1993) ermittelten.

282 So beispielsweise in Balassa (1978, 1985), Tyler (1981), Kavoussi (1984), Moschos (1989), Salvatore, Hatcher (1991): Vgl.: Greenaway, Sapsford (1993). Dieses gilt auch für die Arbeiten von Barro (1991) und anderen.

283 Levine, Renelt (1992): S. 953 f.

284 Vgl. hierzu auch: Jones, Manuelli, Rossi (1993). Ebenso: Easterly, Rebelo (1993b): S. 434 und dort aufgeführte Literaturhinweise.

285 Vgl.: King, Rebelo (1993): S. 911 ff.

Andererseits wird im Barro-Modell zur Wachstumswirkung öffentlicher Ausgaben endogenes Wachstum durch externe Effekte staatlicher Investitionen erzeugt, die in die private Produktionsfunktion eingehen. Die Einkommensteuer übt in diesem Modell zwar einen negativen Einfluß auf die Wachstumsrate des Bruttoinlandsprodukts aus, doch wird dieser Effekt durch die positiven Wachstumswirkungen der damit finanzierten staatlichen Investitionen überkompensiert. Über die wachstumshemmende Bedeutung der Steuerbelastung und des Staatskonsums gibt es mittlerweile relativ viele Untersuchungen, während bezüglich staatlicher Investitionen nur wenige Belege vorliegen.

Eine breit angelegte Untersuchung des Zusammenhangs zwischen fiskalpolitischen Maßnahmen und dem Wirtschaftswachstum haben Easterly und Rebelo (1993b) vorgenommen. Es werden sowohl steuerliche Einflußfaktoren als auch die Wirkungen staatlicher Investitionen anhand von zwei Datensätzen analysiert. Den Schwerpunkt bilden Querschnittsanalysen auf Basis eines Datensatzes von 128 Ländern für den Zeitraum 1970 bis 1988. Darüber hinaus werden für 28 Länder auch langfristige historische Daten (1870 bis 1988) für gepoolte Querschnitts-Zeitreihen-Regressionen verwendet. In diesen Analysen werden die Annahmen der endogenen Wachstumstheorie zugrunde gelegt. So kommen in der Basis-Regressionsgerade physisches Kapital, gemessen als Pro-Kopf-Bruttoinlandsprodukt, und Humankapital in Form von Variablen für die Schulbildung als State-Variablen zum Einsatz. Außerdem gehen Indikatoren für die politische Stabilität in diese Basisregression ein.[286]

Verschiedene Steuersätze und Indikatoren der steuerlichen Belastung werden in diese Basisregression eingefügt. Es ist zwar eine negative Korrelation der Steuerbelastung mit dem Wachstum des Pro-Kopf-Bruttoinlandsprodukts festzustellen, doch sind diese Resultate statistisch nicht signifikant. Noch schlechter fallen die Ergebnisse aus, wenn mehrere fiskalpolitische Größen in die Regressionsgleichung eingehen.[287] Auch ist es schwierig, steuerliche Einflüsse von Konvergenzeffekten zu trennen. Die Untersuchungen bestätigen vielmehr Wagners Gesetz[288] des Anstiegs der Staatsquote mit zunehmendem Pro-Kopf-Einkommen.[289] Wenn nun die Pro-Kopf-Einkommen konvergieren, wie es das neoklassische Wachstumsmodell vorhersagt, müssen reichere Länder geringere Wachstumsraten aufweisen. Die abnehmenden Wachstumsraten sind bei zunehmendem Pro-Kopf-Einkommen die Folge der sinkenden Kapitalverzinsung.

---

286 Dieses sind hier: politische Morde je Mio. Einwohner, Revolutionen und Umsturzversuche sowie Kriegsopfer pro Kopf. Die Autoren folgen damit u.a. Barro (1991). Vgl.: Easterly, Rebelo (1993b): S. 424.

287 Vgl.: Easterly, Rebelo (1993b): S. 425 ff.

288 Vgl.: Easterly, Rebelo (1993b): S. 427 und 437.

289 Vgl. zu empirischen Studien über Wagners Gesetz: Borcherding (1985) und die dort angegebene Literatur. Dieser zitiert auch Arbeiten, die dieses Gesetz nicht bestätigen.

Es ist in den empirischen Ergebnissen jedoch nicht zu unterscheiden, ob diese aufgrund der höheren Kapitalquote oder als Resultat der wachsenden Einkommensteuer zurückgehen.

Easterly und Rebelo kommen deshalb zu einer pessimistischen Beurteilung der Relevanz steuerlicher Einflußfaktoren für das Wirtschaftswachstum: „The evidence that tax rates matter for growth is disturbingly fragile. This empirical fragility contrasts sharply with the robustness of the theoretical predictions: most growth models predict that income and investment taxes are detrimental to growth. Our results on the dependence of both growth and tax policy on initial income help explain why it is difficult to isolate the effects of tax policy on growth."[290]

Ein ähnliches Ergebnis wie Easterly und Rebelo (1993) erhält auch Plosser (1993). Zwar ergibt dessen Regression für die OECD-Staaten einen negativen Zusammenhang zwischen Steuerquote und Pro-Kopf-Wachstumsrate, doch schwächt sich dieser Effekt sehr stark ab, wenn die unterschiedlichen Einkommensniveaus der einzelnen Länder herausgerechnet werden.[291] Auch Koester und Kormendi (1989) erhalten keine signifikant negative Beziehung zwischen Steuerrate und Wirtschaftswachstum, wenn sie das Einkommensniveau mit berücksichtigen.

Aufgrund der in Querschnittsanalysen häufig schlechten Datenlage verwenden viele Autoren einen relativ groben Ansatz zur Messung der Steuerbelastung des formalen Sektors. Sie ziehen den Anteil des Staatskonsums am Bruttoinlandsprodukt als Indikator heran. Zahlreiche Arbeiten, wie beispielsweise Landau (1986), Grier, Tullock (1989), Edwards (1989), Barro (1989, 1991), Murphy, Shleifer, Vishny (1991), Easterly (1993) und Barro, Sala-i-Martin (1995), erhalten auf diese Weise negative Korrelationen zwischen dem Staatsanteil und der Wachstumsrate. Zu vergleichbaren Ergebnissen kamen zuvor ebenso Marsden (1983), Reynolds (1985) sowie Skinner (1987), der für afrikanische Länder einen negativen Zusammenhang zwischen Einkommensteuern und Wirtschaftswachstum konstatiert.

In einer Zeitreihenanalyse für Taiwan, mit jährlichen Daten von 1954 bis 1986, untersuchen Wang und Yip (1992) die Wachstumswirkungen verschiedener Steuern, basierend auf dem Modellrahmen von Lucas (1988). Für einen aggregierten Steuersatz erhalten sie keine signifikanten Ergebnisse, doch durch die Differenzierung nach verschiedenen Steuersätzen ist ein eindeutig negativer Wachstumseinfluß von Steuern auf Kapitalgüter festzustellen.[292]

---

290 Easterly, Rebelo (1993b): S. 442.

291 Vgl.: Plosser (1993); zitiert in Easterly, Rebelo (1993b): S. 425 f.

292 Vgl.: Wang, Yip (1992): S. 327.

Die Sensitivitätsanalyse von Levine und Renelt (1992) für verschiedene Maße staatlicher Tätigkeiten kommt zu dem Schluß, daß lineare Querschnittsregressionen die vielfältigen Wachstumseinflüsse des Staates nicht erfassen können. Die Erhebung von Zöllen oder die Mittelverschwendungen von Regierungsstellen haben nämlich entgegengesetzte Wirkungen im Vergleich zu wachstumsfördernden Investitionen oder Pigousteuern, die die Lücke zwischen privaten und sozialen Grenzkosten schließen. Doch auch in dieser Untersuchung wird ein negativer Wachstumsbeitrag eines steigenden Staatskonsums ermittelt. Indes bleibt dieses Ergebnis nicht signifikant, wenn die übrigen wachstumsrelevanten Faktoren variiert werden.[293]

In der endogenen Wachstumstheorie modelliert Barro (1990) positive externe Effekte öffentlich bereitgestellter Investitionsgüter, die die Produktivität des privat eingesetzten Kapitals und somit die Wachstumsrate erhöhen. Empirisch ist der Zusammenhang zwischen staatlichen Investitionen und dem Wirtschaftswachstum weniger ausgiebig untersucht worden als der Einfluß der gesamten Staatsausgaben. Unabhängig von neueren Entwicklungen der Wachstumstheorie ermittelte Ram (1986) bereits einen wachstumsfördernden Einfluß von staatlichen Ausgaben, den dieser mit externen Effekten erklärte. Sehr umfassend analysierte Aschauer (1989) die Wirkung staatlicher Investitionen auf die Arbeitsproduktivität. Insbesondere für Infrastrukturinvestitionen in den Verkehr sowie in die Energie- und Wasserversorgung ergaben seine Regressionen eindeutig wachstumsentscheidende Resultate.[294] Demgegenüber ermitteln Ford und Poret (1991) für die OECD-Länder keinen eindeutigen Zusammenhang zwischen öffentlichen Investitionen und der Produktivität privater Kapitalgüter. Die Querschnittsanalyse von Barro (1991) nimmt ebenfalls auf öffentliche Investitionen Bezug, jedoch werden darin die investiven Ausgaben des Staates nicht nach deren Verwendung differenziert, wie beispielsweise von Aschauer (1989). Staatliche Investitionen haben in Barros Regression lediglich einen geringen Einfluß auf die Wachstumsrate. Dieser verschwindet sogar vollständig, wenn die gesamte Investitionsquote einer Volkswirtschaft in die Regression einbezogen wird.[295]

Easterly und Rebelo (1993b) erhalten demgegenüber positive Wachstumswirkungen staatlicher Investitionen. Aus Weltbankdaten errechnen die Autoren eine Quote staatlicher Investitionen, die nach der Art öffentlicher Ausgaben differenziert. Die Ausgaben in die Transport- und Kommunikationsinfrastruktur weisen überwiegend eine hohe Korrelation zur Wachstumsrate auf. Diese sind gleichzeitig nur gering mit privaten Investitionen korreliert. Die öffentlichen Infrastrukturinvestitionen führen also nicht zum Anstieg privater Investitionen

---

293 Vgl.: Levine, Renelt (1992): S. 951 f.

294 Vgl.: Aschauer (1989): S.: 193 f.

295 Vgl.: Barro (1991): S.: 431 f.

an sich, sondern erhöhen die Erträge aus privaten Kapitalgütern.[296] Die höhere Produktivität privater Investitionen läßt auf positive externe Effekte öffentlicher Infrastukturmaßnahmen schließen. Auch die gesamten öffentlichen Investitionen sind in der Arbeit von Easterly und Rebelo (1993b) positiv mit der Wachstumsrate korreliert, jedoch nicht so eindeutig wie die Infrastrukturinvestitionen.

3.6.3.3 Markt- und Preisverzerrungen

In der Theorie wirken Verzerrungen der relativen Preisstruktur sowohl wohlfahrts- als auch wachstumsmindernd. Doch während die Abbildung von Preisverzerrungen in theoretischen Modellen keine Probleme bereitet, stellen sie in der empirischen Analyse eine große Herausforderung dar, zu der es keine letztendlich befriedigende Lösung geben kann. Verzerrungen der relativen Preisstruktur sind in der Realität nicht direkt meßbar, weil sich die unverzerrte optimale Preisstruktur der Beobachtung entzieht. Es ist auch nicht einwandfrei zu ermitteln, welche politikinduzierten oder marktmachtbedingten Verzerrungen auf die Preise einwirken. Bei Vorliegen multipler Verzerrungen kann keine Aussage darüber getroffen werden, ob diese sich eventuell teilweise in ihrer Wirkung aufheben. Die empirische Analyse der Wachstumswirkungen von Preisverzerrungen muß deshalb auf verschiedene Indikatoren zurückgreifen, die auf das Ausmaß von Verzerrungen in der Preisstruktur einer Volkswirtschaft schließen lassen. Mit der auf diesem Gebiet zwangsläufig großen Unsicherheit erklärt sich auch die Vielzahl der in der empirischen Analyse verwendeten Indikatoren.

Daten über Kaufkraftparitäten von Industriegütern verwendet Barro (1991) zur Ermittlung eines Indikators für Preisverzerrungen. Dabei werden aus den Kaufkraftparitäten die normalen Beziehungen zum Einkommen und anderen Variablen herausgefiltert, um so die Abweichung der Kaufkraftparität zum Durchschnitt der Stichprobe zu erhalten. Inwiefern die Preise für Investitionen künstlich zu hoch oder zu niedrig ausfallen, kann aus dieser Abweichung geschlossen werden, die damit eine Näherungsgröße für Preisverzerrungen bietet. Für diesen Indikator erhält Barro in der Regression einen schwachen, aber eindeutig negativen Wachstumseinfluß.[297]

Einen von Dollar (1992) gebildeten Indikator für Verzerrungen zwischen inländischen und internationalen Preisen verwenden Levine und Renelt (1992). Sie interpretieren diesen Index als umfassenden Verzerrungsindikator. Die Regression zeigt eine negative Korrelation mit dem Wachstum des Pro-Kopf-

---

296 Vgl.: Easterly, Rebelo (1993b): S. 431 f.
297 Vgl.: Barro (1991): S.: 433 f.

Bruttoinlandsprodukts, die jedoch nicht nicht sehr stark ist.[298] Eine signifikant positive Korrelation besteht zwischen dem Index von Dollar (1992) und dem Schwarzmarktaufschlag von Wechselkursen gegenüber der offiziellen Umtauschrate („Black Market Premium"), der von verschiedenen Autoren als allgemeiner Indikator für Preisverzerrungen herangezogen wird. So können beispielsweise Edwards (1992) und Fischer (1993) ebenfalls eine eindeutig negative Beziehung des Schwarzmarktaufschlags zu verschiedenen Wachstumsmaßen ermitteln.[299] Insgesamt prüft Edwards (1992) sieben verschiedene Verzerrungsindikatoren auf ihre Wachstumswirksamkeit, von denen für das „Black Market Premium" und einen Index der Handelsverzerrung, der auf Agarwala (1993) zurückgeht, die stärksten wachstumsmindernden Einflüsse ermittelt werden. Für die übrigen Maße, wie den Verzerrungsindex von Dollar (1992) oder die von De Long und Summers (1991) ermittelten effektiven Protektionsraten, ergeben sich ebenfalls negative, aber geringere Wachstumwirkungen.[300]

Die Auswirkungen staatlich induzierter Preisverzerrungen auf das Wirtschaftswachstum in 29 Entwicklungsländern untersucht Singh (1992). Zur Messung des Ausmaßes von Preisverzerrungen in verschiedenen Volkswirtschaften wird der aggregierte Verzerrungsindikator des Weltentwicklungsberichtes von 1983[301] verwendet. Dieser basiert wiederum auf Agarwala (1983). Im Verzerrungsindikator sind Maße für verzerrte Wechselkurse, Löhne und Zinsen sowie für Preisverzerrungen der staatlich bereitgestellten Infrastruktur enthalten. Die einzelnen Länder werden entsprechend diesem Indikator als „gering", „mittel" oder „stark" verzerrt eingestuft. Singh läßt nun diesen „Composite Distortion Index" neben anderen erklärenden Variablen in die Regressionsgleichung für die Wachstumsrate einfließen und erhält stark negative Auswirkungen der politisch induzierten Preisverzerrungen auf die Wachstumsrate des Bruttoinlandsprodukts.[302] Das Ergebnis erweist sich auch bei Regressionen mit wechselnden erklärenden Variablen als signifikant.

Die Wachstumswirkungen von Preisverzerrungen stehen im theoretischen Modell und in den empirischen Untersuchungen von Easterly (1993) im Vordergrund. Für die Regression mit der Wachstumsrate verwendet Easterly einen neuen, umfassenden Indikator für das Niveau der Preisverzerrungen in einer Volkswirtschaft. Er ermittelt ein Maß für die Varianz der relativen Preise nach einer Methode von Aitken (1992) unter Verwendung der Daten von Summers und Heston (1988). Diese haben für 151 Güter in 57 Ländern die Güterpreise in

---

298 Vgl.: Levine, Renelt (1992): S. 954 und 956.

299 Vgl.: Edwards (1992): S. 50 f, und Fischer (1993): S. 499. Diese Ergebnisse bestätigt auch die Regression von Easterly (1993): S. 202.

300 Vgl.: Edwards (1992): S. 52.

301 Vgl.: Weltbank (1983).

302 Vgl.: Singh (1992): S. 87 f.

Relation zu Preisen in den USA für das Jahr 1980 ermittelt. Die Varianz der relativen Preise aller Güter eines Landes wird als Verzerrungsindikator interpretiert. Zuvor muß jedoch die Varianz der Preise einzelner Güter über alle Länder herausgerechnet werden, da diese ebenso Preisdifferenzen der nicht-handelbaren Güter aufgrund von Ausstattungsunterschieden widerspiegeln. Dieses wird für alle Güter vorgenommen, weil die Preise der handelbaren Güter zum Teil nicht-handelbare Elemente wie inländische Transportkosten enthalten. Außerdem ist zu beachten, daß in der Theorie ausschließlich Vor- und Zwischenprodukte, die Bestandteil der Produktionsfunktion sind, Bedeutung für das Wirtschaftswachstum haben. Die Regression zur Bestimmung der Wachstumsrate des Bruttoinlandsprodukts in Abhängigkeit von der Varianz relativer Preise wird deshalb getrennt nach Investitions- und Konsumgütern durchgeführt.[303]

Die empirischen Ergebnisse, die Easterly mit diesem Verzerrungsindikator erhält, können die wachstumsmindernde Wirkung von Preisverzerrungen und damit das Modell bestätigen. Eine Verzerrung der Preisrelationen in bezug auf die Weltmarktpreise senkt deutlich die Wachstumsrate des Bruttoinlandsprodukts. Der Durchschnitt der Varianz der logarithmierten Inputpreise in Relation zu den Preisen der USA beträgt für die gesamte Stichprobe 0,241, und die Standardabweichung ist 0,158.[304] Beträgt nun die Varianz der relativen Preise eines Landes 0,399 und weicht damit der Verzerrungsindikator um eine Standardabweichung vom Durchschnitt ab, so führt dieses im Ergebnis zu einer um 1,2 Prozentpunkte geringeren Wachstumsrate.[305] Die getrennte Betrachtung der Varianz relativer Preise von Input- und Konsumgütern führt zu keinen erheblichen Abweichungen. Der von Easterly verwendete Indikator für relative Preisverzerrungen liegt vergleichsweise nahe am theoretischen Modell und bietet deutlichere Ergebnisse als andere Verzerrungsindikatoren, wie zum Beispiel der Schwarzmarktaufschlag bei staatlich kontrollierten Wechselkursen.

Die wachstumshemmende Wirkung von Preisverzerrungen bei Investitionsgütern untersuchen auch De Long und Summers (1993). Politikmaßnahmen, die die Ausrüstungsgüter verteuern, wirken sich negativ auf das Wirtschaftswachstum aus, denn sie senken die Investitionstätigkeit. Zwischen dem Umfang der Ausrüstungsinvestitionen und dem Pro-Kopf-Wachstum des Bruttoinlandsprodukts besteht ein deutlich positiver Zusammenhang.[306] In der Studie wird

---

303 Vgl.: Easterly (1993): S. 199.

304 Vgl.: Easterly (1993): S. 200: „Variance across input categories of log of ratio of input prices to U.S. price (orthogonal component to income), 1980.“

305 Vgl.: Easterly (1993): S. 201.

306 Um einen Prozentpunkt höhere Ausrüstungsinvestitionen erhöhen die Wachstumsrate des Pro-Kopf-BIP um 0,302 Prozentpunkte. Vgl.: De Long, Summers (1993): S. 403.

Jones (1991) mit der Feststellung zitiert, daß eine verzerrte relative Preisstruktur Investitionen verteuert und so zu einer geringeren Wachstumsrate führt.[307]

Eine andere Möglichkeit, Faktorpreisverzerrungen beim Kapitaleinsatz zu erfassen, bietet die Arbeit von King und Levine (1993b), worin nicht die Preisstruktur der Investitionsgüter, sondern die Verzerrung der Kapitalkosten untersucht wird. Eine verzerrende Besteuerung des Finanzsektors erschwert die Finanzintermediation und wirkt deshalb auf zweifache Weise wachstumshemmend. Die Steuern senken einerseits die reale Verzinsung von Einlagen und führen damit zu einer geringeren Ersparnisbildung, und andererseits erhöhen sie die Kreditkosten, was negative Auswirkungen auf die Investitionstätigkeit hat. Wird des weiteren im Finanzsektor nach den Schuldnern differenziert, indem beispielsweise staatliche Betriebe besondere Kreditkonditionen erhalten, führt diese Verzerrung zur Beeinträchtigung der Kapitalallokation und somit zu geringerem Wirtschaftswachstum.

Verzerrungen der Finanzintermediation werden von King und Levine (1993b) anhand von vier Indikatoren empirisch ermittelt.[308] Während die Indikatoren des Ausmaßes der Intermediation („Financial Deepening") und des Anteils der Kreditvergabe zugunsten privater Unternehmen positiv mit der Wachstumsrate korreliert sind, weisen sie aber auch eine starke Korrelation untereinander auf.[309] Eine fortgeschrittene Finanzentwicklung und ein unverzerrtes Finanzsystem haben dieser Untersuchung zufolge einen erheblichen positiven Einfluß auf das Wirtschaftswachstum.

3.6.3.4 Inflation, Haushaltsdefizite und politische Stabilität

Abgesehen von den bislang benannten wachstumsbestimmenden Politikvariablen wie der Außenhandelspolitik, der Fiskalpolitik und den Preisverzerrungen sind auch die Inflationsrate, Haushaltsdefizite des Staates und der Grad politischer Stabilität für das Wirtschaftswachstum bedeutend. Inflation beeinträchtigt das Wachstum auf zwei Weisen: Einerseits wirkt das Niveau der Inflationsrate als Inflationssteuer, die die Investitionen verteuert, und andererseits schafft die Volatilität von Inflationsraten Unsicherheit bezüglich der Verzinsung investierten Kapitals, wodurch ebenfalls mögliche Investitionen unterlassen werden.

Levine und Renelt (1992) finden keinen eindeutigen Einfuß der Inflationsrate bzw. ihrer Schwankung auf das Wachstum des Pro-Kopf-Einkommens oder die

---

307 Vgl.: De Long, Summers (1993): S. 399 und 414.

308 Vgl.: King, Levine (1993b): S. 529.

309 Vgl.: King, Levine (1993b): S. 531.

Investitionsquote.[310] Zwischen dem Inflationsniveau und dem Wirtschaftswachstum ergibt sich auch in der Regression von Grier und Tullock (1989) für die OECD-Länder keine eindeutige Beziehung, doch die Variabilität der Inflationsrate hat eine signifikant negative Wirkung auf die Wachstumsrate.[311] Deutlich negative Korrelationen zwischen der Inflationsrate und dem Wachstum des Bruttoinlandsprodukts bzw. dem Produktivitätswachstum findet Fischer (1993).[312] Diese Ergebnisse bestätigen auch die Arbeiten von Gylfason (1991) und De Gregorio (1993), die ebenfalls einen negativen Zusammenhang zwischen Inflation und Wirtschaftswachstum aufzeigen.

In enger Verbindung mit der Inflationsrate stehen auch die Haushaltsdefizite des Staates, denn sie können zur beschleunigten Preissteigerung beitragen. Außerdem verlangen heutige Defizite zu ihrer Finanzierung zukünftig höhere Steuereinnahmen, wobei sich die Steuererhebung dann negativ auf das Wirtschaftswachstum auswirkt.[313] Hohe Haushaltsdefizite können auch dazu führen, daß Regierungen ihre politische Handlungsfähigkeit verlieren. Diese politischen Risiken können private Investitionen beeinträchtigen und somit zu einem geringeren Wirtschaftswachstum führen.[314] Die empirische Überprüfung des Zusammenhanges zwischen Haushaltssalden des Staates und dem Wirtschaftswachstum durch Fischer (1993) zeigt eine deutlich positive Wachstumswirkung stabiler Staatshaushalte.[315]

Verschiedene Autoren haben auch direkte Maße für die politische Stabilität in Querschnittsanalysen aufgenommen, weil politische Unsicherheit und Instabilität annahmegemäß private Investoren abschreckt. Auf diese Weise wird die Ersparnisbildung reduziert, was zwangsläufig negative Auswirkungen auf das Wirtschaftswachstum hat. Bereits Barro (1991) integriert die Anzahl von Revolutionen und Putschversuchen pro Jahr sowie die Zahl der politischen Morde je eine Million Einwohner pro Jahr als Maße der politischen Stabilität in die Wachstumsregressionen.[316] Diese Stabilitätsindikatoren verwenden auch Levine und Renelt (1992), Easterly und Rebelo (1993a) sowie Barro und Sala-i-Martin (1995). Alle hier benannten empirischen Arbeiten weisen eine signifikant negative Korrelation politischer Instabilität mit dem Wirtschaftswachstum auf.

Wie die vielzähligen Regressionsanalysen des Außenhandels, der Fiskalpolitik, der Preisverzerrungen und der weiteren makroökonomischen Größen zeigen, sind die in der endogenen Wachstumstheorie postulierten Wirkungen politik-

---

310 Vgl.: Levine, Renelt (1992): S. 957 f.
311 Vgl.: Grier, Tullock (1989): S. 264 f.
312 Vgl.: Fischer (1993): S. 497 ff.
313 Vgl.: Easterly, Rebelo (1993b): S. 421.
314 Vgl.: Fischer (1993): S. 489.
315 Vgl.: Fischer (1993): S. 498 ff.
316 Vgl.: Barro (1991): S. 432.

induzierter Einflüsse auf das Wirtschaftswachstum auch empirisch nachweisbar. Doch nicht immer sind die Auswirkungen auf die Wachstumsrate in der Realität so deutlich, wie es die theoretischen Modelle erwarten lassen. Dieses kann insbesondere bei der Analyse von Preisverzerrungen an den verwendeten Indikatoren liegen, die das tatsächliche Ausmaß von Verzerrungen nur unzureichend abbilden.

3.7 Überprüfbare Hypothesen der Wachstumstheorie

Im weiteren Verlauf der Arbeit wird die Bedeutung der neuen Wachstumstheorie für den Transformationsprozeß in Mittel- und Osteuropa empirisch überprüft. Zur empirischen Operationalisierung der Wachstumstheorie sind aus den theoretischen Modellen überprüfbare Hypothesen abzuleiten. Diese bilden die Basis für Hypothesentests in der Varianzanalyse und der Regressionsanalyse.

Aus dem Wachstumsmodell in Kapitel 3.5 folgernd, beeinflussen politikinduzierte Einflußfaktoren auf zweierlei Weise das Wirtschaftswachstum. Zum einen können steuerliche Belastungen oder Handelshemmnisse den Anreiz zur Kapitalbildung vermindern, indem durch die politikbedingten Eingriffe die Kapitalverzinsung reduziert wird. Wenn der künftige Ertrag heutiger Investitionen aufgrund fiskalischer Belastungen für die Wirtschaftssubjekte geringer ausfällt als die Zeitpräferenzrate, werden sie den aktuellen Konsum vorziehen. Geringere Investitionen führen damit zu zukünftig geringeren Produktionskapazitäten und infolgedessen zu niedrigeren Wachstumsraten. Zum anderen beeinflussen politisch induzierte Verzerrungen nicht nur die absolute Höhe des investierten Kapitals, sondern auch die Qualität der getätigten Investitionen. Wie in Kapitel 3.5.2.2 aufgezeigt, vermindern verzerrende Steuern bzw. Preisverzerrungen die Effizienz der Faktorallokation. Aus Sicht der Wirtschaftssubjekte können deshalb einzelne Investitionen vorteilhaft erscheinen, die es aus volkswirtschaftlicher Perspektive jedoch nicht sind. Die verminderte Allokationseffizienz belastet ebenfalls das Wachstum des Bruttoinlandsprodukts.

Staatlich erhobene Steuern auf Einkommen und Gewinne oder andere Abgaben, die generell die Produktion belasten, vermindern die Kapitalbildung. Zu diesem Ergebnis kam das Wachstumsmodell in Kapitel 3.5.2.1. Ebenso wirkt auch Inflation, da sie die Geldhaltung wie eine Steuer belastet. Die Finanzierung von Staatshaushalten mittels Zentralbankkrediten, die durch Geldschöpfung finanziert werden, bildet eine in Mittel- und Osteuropa verbreitete Form der Inflationssteuer. Derartig politisch bedingte Belastungen der Kapitalbildung und damit der Investitionstätigkeit reduzieren dem Modell zufolge die Rate, mit dem das Bruttoinlandsprodukt wächst. In einer Regressionsgleichung zur ökonometrischen Schätzung des Wirtschaftswachstums müßten Koeffizienten, die geeignet sind, politisch induzierte Steuerbelastungen abzubilden, negative Vorzeichen tragen. Je höher eine steuerliche Belastung in einem Land ausgewiesen wird, desto geringer ist erwartungsgemäß das Wirtschaftswachstum. Dabei zielt diese theoretisch untermauerte Hypothese ausschließlich auf Einkommensbelastende Steuern ab, die die Investitionstätigkeit einschränken. Von möglichen positiven Wachstumswirkungen staatlicher Investitionen wird abgesehen, da der Staat die erzielten Einnahmen annahmegemäß direkt in Form von Transferleistungen wieder ausschüttet. Es ist anzunehmen, daß in Mittel- und Osteuropa diejenigen Länder eine besonders tiefe und langwierige Anpassungskrise durchlaufen, die durch hohe steuerliche Lasten oder hohe Inflationsraten den Wirtschaftssubjekten zu geringe Investitionsanreize bieten. Dieses sollte sich auch in einer entsprechenden ökonometrischen Regression niederschlagen.

Politische Rahmenbedingungen, die das Investitionsverhalten beeinträchtigen, dürften sich in Mittel- und Osteuropa auf gleiche Weise auswirken. Belastend für die absolute Höhe der Investitionen wäre mangelnde politische Stabilität, die sich in häufigen Regierungswechseln oder in fehlender Zustimmung der Bevölkerung zum politischen System ausdrücken kann. Die Meßbarkeit derartiger „weicher" Einflußfaktoren kann allerdings ein Problem darstellen. Von Bedeutung für die Investitionsneigung sind ebenfalls staatliche Institutionen, die einen stabilen Rechtsrahmen für Unternehmen bereitstellen und die somit Investitionstätigkeit und Wirtschaftswachstum positiv beeinflussen dürften.

Eine wichtige Institution ist in diesem Zusammenhang das Finanzsystem. Dieses kann durch effiziente Finanzintermediation die Höhe der Ersparnisbildung fördern, indem den Anlegern eine attraktive Verzinsung des Kapitals geboten wird. Dazu bedarf es jedoch wichtiger Voraussetzungen in Mittel- und Osteuropa. Zum einen ist durch geeignete Maßnahmen der Zentralbank ein real positives Zinsniveau zu gewährleisten. Den privaten Haushalten müssen Anreize zur Ersparnisbildung geboten werden, wie sie beispielsweise langfristig von einer Umgestaltung des Rentenversicherungssystems ausgehen. Solange in der Planwirtschaft alle finanziellen Risiken staatlich abgesichert waren, bestand wenig Veranlassung für eine private Ersparnisbildung. Des weiteren müssen die Finanzinstitutionen zu einer ertragsorientierten Kreditvergabe kommen. Angesichts bislang staatlicher Kreditlenkung eine schwierige Aufgabe, da sowohl die buchhaltungstechnischen Voraussetzungen wie auch die fachlichen Kompetenzen zur Prüfung der Kreditwürdigkeit von Unternehmen fehlen. Gelingt es einem reformierten Finanzsystem, gleichzeitig das Volumen des ersparten Kapitals zu erhöhen und durch eine kontrolliertere Kreditvergabe für eine effizientere Verwendung des Kapitals zu sorgen, kann das Wirtschaftswachstum zweifach davon profitieren. Es erhöhen sich einerseits die zur Verfügung stehenden Investitionsmittel, und andererseits verbessert sich zugleich die Allokation des Kapitals.

In einer ökonometrischen Regression des Wirtschaftswachstums sollte von einem Einflußfaktor, der die Intermediationsfunktion des Finanzsystems abbildet, ein positiver Wachstumseinfluß ausgehen.

Bedeutsam für das Wirtschaftswachstum dürfte auch das Gewicht der privaten Wirtschaft sein. Im Zuge der Wirtschaftsreformen in Mittel- und Osteuropa wird der Privatitisierung der Staatsunternehmen und der Gründung neuer Privatbetriebe große Bedeutung beigemessen. Die Schaffung privater Betriebe sollte nicht allein zu neuen Investitionen führen, sondern zugleich auch einen effizienteren Einsatz der verfügbaren Mittel gewährleisten. Allein die Möglichkeit zur Gründung von Privatunternehmen könnte in Mittel- und Osteuropa einen Anreiz zur Ersparnisbildung schaffen, wenn Kapital für die Finanzierung notwendiger Investitonen zur Betriebsgründung benötigt wird. Darüber hinaus kann eine effizientere Verwendung des eingesetzten Kapitals erwartet werden, weil Privatunternehmen ausschließlich der Gewinnmaximierung folgen. Staatsunternehmen mußten in der Planwirtschaft stattdessen zahlreiche betriebsfremde staatliche Aufgaben zu Lasten der Unternehmenserträge erfüllen. Erwartungsgemäß führt die neue Eigentumsform privatisierter Unternehmen zudem zu einer verbesserten Unternehmenskontrolle („Corporate Governance“). Indem die Privatisierung auf diese Weise zu einer verbesserten Kapitalallokation beiträgt, wird das Wirtschaftswachstum gefördert. In einem Regressionsmodell zur Bestimmung der Wachstumsrate des Bruttoinlandsprodukts sollte erwartungsgemäß der Koeffizient, der die Bedeutung der Privatwirtschaft mißt, ein positives Vorzeichen tragen.

Beeinträchtigt wird die Effizienz der Kapitalallokation durch staatlich induzierte verzerrende Steuern, die die Faktorpreise in verschiedenen Sektoren einer Volkswirtschaft unterschiedlich belasten. Durch differierende Kapitalkosten in den einzelnen Sektoren einer Volkswirtschaft werden die verfügbaren Investitionsmittel nicht im gesamtwirtschaftlich optimalen Verhältnis eingesetzt. Dadurch reduziert sich im Modell die Wachstumsrate des Pro-Kopf-Einkommens. Belastungen für das Wirtschaftswachstum gehen in diesem Modellrahmen von politisch induzierten Preisverzerrungen aus, die durch Preiskontrollen oder staatliche Investitionslenkung verursacht sein können. Abgesehen von staatlichen Eingriffen könnten Preisverzerrungen auch eine Folge monopolistischer Marktmacht sein. Wird in die Regressionsgleichung zur Bestimmung des Wirtschaftswachstums eine Maßgröße aufgenommen, die geeignet ist, Preisverzerrungen abzubilden, so sollte entsprechend der Modellannahmen deren Koeffizient ein negatives Vorzeichen tragen.

Ähnlich wirken im untersuchten Wachstumsmodell verzerrende Eingriffe in den Außenhandel. Sie verhindern eine gleichgewichtige Preisbildung inländischer und ausländischer Kapitalgüter. Zum Schutz der einheimischen Investitionsgüterindustrie erhobene Importzölle auf die Güter ihrer ausländischen Konkurrenten verschlechtern die Kapitalallokation in den nachgelagerten Industriezweigen, die diese Kapitalgüter einsetzen. Zudem koppelt sich ein Land mit hohen Importschranken vom weltweiten technologischen Fortschritt ab. Mit erschwerten Importen und ohne Wettbewerbsdruck vom Weltmarkt haben die geschützten inländischen Produzenten keine Möglichkeiten und auch keine Veranlassung zur Anpassung ihrer Produkte. In einer Wachstumsregression sollten dem Modell zufolge Koeffizienten von Außenhandelsbeschränkungen, die sich in tarifären oder nicht-tarifären Handelshemmnisen sowie vom Weltmarkt stark differierenden inländischen Preisrelationen oder durch sehr geringe Außenhandelsvolumina ausdrücken, eindeutig negative Vorzeichen tragen.

Unterschiedlich hohe Kosten des Kapitaleinsatzes und damit verbundene Fehlallokationen von Kapital können aus einer einseitigen Belastung von Direktinvestitionen herrühren. Staatliche Eingriffe in die Investitionstätigkeit äußern sich in diesem Fall durch steuerliche Sonderbelastungen oder -begünstigungen von ausländischen Investoren. Hierzu zählt auch die Beschränkung des Eigentums- und Landerwerbs durch Ausländer wie auch ein diskretionärer und unübersichtlicher Rechtsrahmen. Verzerrende Belastungen von Direktinvestoren sollten sich in geringeren Kapitalzuflüssen und damit geringeren Wachstumsraten ausdrücken. In der empirischen Überprüfung ist anzunehmen, daß von höheren ausländischen Kapitalzuflüssen, die auf geringere verzerrende Belastungen von Direktinvestitionen schließen lassen, positive Einflüsse auf das Wachstum der Pro-Kopf-Einkommen ausgehen.

Im weiteren Verlauf der Arbeit werden die genannten Hypothesen anhand der Reformstaaten Mittel- und Osteuropas überprüft. Dazu wird einerseits in Kapitel 4.3.2 eine einfaktorielle Varianzanalyse auf Basis von Indikatoren zu verschiedenen politischen Maßnahmen durchgeführt. Andererseits werden Maßzahlen, die politisch induzierte Verzerrungen und andere Politikmaßnahmen abbilden können, in einer ökonometrischen Querschnittsanalyse analysiert. Diese Querschnittsanalyse wie auch die Varianzanalyse sind geeignet, die Bedeutung von wachstumsbeeinflussenden Politikmaßnahmen auf unterschiedlichen Ebenen zu messen. Indem sich die zwei empirischen Methoden ergänzen, bieten sie eine erweiterte Beurteilung des Untersuchungsgegenstandes. Im Rahmen der empirischen Analysen werden die verfügbaren Datenquellen aufgearbeitet und die angewendeten statistischen Methoden dargestellt. In Kapitel 4.1 wird jedoch zunächst ein Indikatorengerüst zur Erfassung von Preisverzerrungen und Politikfortschritten im Transformationsprozeß entwickelt. Anhand dieses Indikatorenrahmens erfolgt in Kapitel 4.2 eine Beurteilung der Reformprozesse in vierzehn ausgewählten Transformationsstaaten. Zur Bestimmung der Indikatoren müssen die Reformverläufe der einzelnen Staaten in Länderanalysen aufgearbeitet werden.

4 Verzerrungen im Transformationsprozeß in Mittel- und Osteuropa

4.1 Empirische Ermittlung von Verzerrungen in den Reformstaaten Mittel- und Osteuropas

4.1.1 Datenlage und Datenanforderungen

Die Untersuchung der Bedeutung von Politikmaßnahmen für das Wirtschaftswachstum Mittel- und Osteuropas erfordert Kenngrößen aller Transformationsstaaten, die einen direkten Vergleich der Reformpolitiken und staatlichen Eingriffe in das Wirtschaftsgeschehen ermöglichen. Wichtige Maßzahlen sind aus verfügbaren länderübergreifenden und nationalen Statistiken direkt zu verwenden. Aufschluß über den Erfolg von Stabilisierungsmaßnahmen und die Höhe der Inflationssteuer bieten beispielsweise Inflationsraten oder Raten der Geldmengenexpansion. Ebenso lassen die Außenhandelsvolumina und deren Veränderungen auf die Öffnung der Binnenmärkte und damit auf den Abbau von Preisverzerrungen schließen. Aus den Höhen der Staatsquoten und den Anteilen der Haushaltsdefizite am Bruttoinlandsprodukt kann auf die Finanzpolitiken der Regierungen und die Steuerbelastung von Unternehmen geschlossen werden. Die verschiedenen beobachtbaren makroökonomischen Kenngrößen sind jedoch lediglich dazu geeignet, indirekt auf die verfolgte Politik der Regierung zu schließen, ohne daß sie das Ausmaß staatlicher Eingriffe selbst abbilden können.

Makroökonomische Größen, die selbst bereits durch die staatlichen Markt- und Preisverzerrungen sowie geld-, fiskal- und außenhandelspolitische Maßnahmen beeinflußt sind, können nur eingeschränkt zur Erklärung der Wachstumseinflüsse staatlicher Politikmaßnahmen dienen. Politikeingriffe sind nur in Ausnahmefällen direkt zu quantifizieren, wie beispielsweise tarifäre Handelshemmnisse über die Zollsätze oder die Steuerbelastung über Einkommens- und Körperschaftssteuersätze. In der Umbruchsituation in Osteuropa spiegeln diese Besteuerungssätze allerdings keinesfalls das reale Ausmaß von Verzerrungen und staatlichen Eingriffen wider. Nichttarifäre Hemmnisse und Marktverzerrungen, die auf unzureichende Reformen und fehlende Institutionen zurückzuführen sind, können quantitativ nicht direkt gemessen werden. Und selbst die über Besteuerungssätze direkt meßbaren Verzerrungen sind zwischen verschiedenen Ländern nicht direkt vergleichbar.

Zum Vergleich des Ausmaßes von Markt- und Preisverzerrungen sowie der Fortschritte der Reformbemühungen müssen qualitative Unterschiede der Reformpolitiken einzelner Ländern erfaßt werden. Dazu können ordinal skalierte Indikatoren gebildet werden, die als Basis weitergehender empirischer Analysen dienen. Indikatoren bezüglich des Privatisierungsfortschritts, der Markt- und

Preisliberalisierung sowie der institutionellen Umgestaltung werden von der European Bank for Reconstruction and Development seit dem Transition Report 1994 erstellt.[317] Hierzu werden für 25 Länder Osteuropas die Reformfortschritte in einzelnen Politikbereichen nach qualitativen Kriterien in eine fünfstufige Rangordnung eingeteilt. Die einzelnen Ländern erhalten entsprechend der Funktionsfähigkeit der Märkte und dem Vorhandensein marktwirtschaftlicher Institutionen für die betreffenden Jahre Rangordnungspunkte zugewiesen, wobei 1 für geringe bzw. nicht vorhandene Reformen und 4* (entspricht: 5) für Bedingungen steht, wie sie in fortschrittlichen Industrieländern bestehen.

Im Weltentwicklungsbericht 1996 werden aufbauend auf Expertenurteilen und den Arbeiten der European Bank for Reconstruction and Development ebenfalls Indikatoren zur gesamtwirtschaftlichen Liberalisierung gebildet. Für 25 Länder Mittel- und Osteuropas wurde das Ausmaß der Liberalisierung inländischer Märkte, des Außenhandels, des Steuersystems usw. in einer aggregierten Zahl zwischen Null und Zehn, erfaßt.[318]

Eine Klassifizierung von Reformverläufen mittels Indikatoren nimmt auch Barisitz (1995) vor. In dieser Studie werden unterschiedliche Indikatoren der Makrostabilisierung sowie der Liberalisierung auf mikroökonomischer Ebene und der institutionellen Reformen gebildet. Die Erfolge der Transformationsprozesse werden zudem in Indikatoren des marktwirtschaftlichen Aufschwungs abgebildet. Für jeden Indikator bildet Barisitz jeweils vier Rangstufen, denen entsprechend null bis drei Punkte zugerechnet werden. Die Zuordnung von Indikatoren dient in dieser Arbeit zum Vergleich des Reformfortschrittes von elf Staaten in der Region, indem für jedes Land eine Gesamtsumme der erreichten Rangordnungspunkte gebildet wird.[319]

Zum Vergleich staatlicher Eingriffe in die Wirtschaftstätigkeit in über 100 Ländern werden im Report „Economic Freedom of the World" Indikatoren über bedeutende Politikvariablen gebildet. Die abschließende Bewertung der wirtschaftlichen Freiheit in den untersuchten Ländern basiert auf 17 Indikatoren, die zwischen 0 und 10 abgestuft sind. Die Untersuchung der Staatstätigkeit beinhaltet auch einen Indikator für politisch induzierte Preisverzerrungen.[320]

Ein von der oben genannten Indikatorenbildung abweichendes Verfahren wählt der „World Competitiveness Report". Dieser bewertet verschiedene Politikbereiche, die Aussagen über die internationale Wettbewerbsfähigkeit von Staaten zulassen, nicht nach einem festen Punkteraster. Vielmehr wird eine Rangfolge („Ranking") aller betrachteten Staaten bezüglich der wirtschaftlichen

317 Vgl.: EBRD (1994) und EBRD (1995): S. 11.

318 Vgl.: Worldbank (1996): S. 14.

319 Vgl.: Barisitz (1995).

320 Vgl.: Gwartney, Lawson, Block (1996).

Rahmenbedingungen gebildet. Entsprechend der Stellung in der Rangfolge bewertet der Report die Staaten nach den erreichten Rangfolgezahlen. Diese Vorgehensweise zwingt auch dann zur Abstufung, wenn keine oder nur sehr geringe Unterschiede zwischen verschiedenen Staaten bestehen. Selbst wenn sich einzelne Politikbereiche kaum differenzieren lassen, erhalten die einzelnen Länder doch erheblich voneinander abweichende Rangfolgepunkte. Dieses „Ranking"-Verfahren kann deshalb irreführende Ergebnisse liefern.[321]

Die Indikatorenbildung ist für diese Arbeit das geeignete Verfahren, um das Ausmaß von Markt- und Preisverzerrungen sowie weiterer politischer Einflußfaktoren der Preisbildung, abzubilden. Um ein exaktes Bild der Reformprozesse zu erhalten und später eine einfaktorielle Varianzanalyse vornehmen zu können, ist eine vergleichbare Indikatorbildung für jedes einzelne Jahr im Reformprozeß der einzelnen Länder vorzunehmen. Bereits vorhandene Indikatoren des „Transition Reports" der European Bank for Reconstruction and Development bilden die in dieser Arbeit betrachteten Bereiche der Wirtschaftspolitik jedoch nur zu einem geringen Teil ab. Zudem spielen die Reformstaaten Mittel- und Osteuropas im Report „Economic Freedom of the World" lediglich eine untergeordnete Rolle. Deshalb müssen eigene Indikatoren und entsprechende Kriterien der Zuordnung von Rangfolgezahlen entwickelt werden. Diese Rangordnungsgruppen der Indikatoren dienen daraufhin im Rahmen der Analyse der Reformprozesse in den betrachteten Staaten als Basis für die Zuordnung der Indexzahlen.

4.1.2 Indikatoren zur Erfassung von Verzerrungen

Mangels direkt meßbarer Preisverzerrungen müssen für Markteingriffe und andere staatliche Maßnahmen, die die Preisbildung auf Märkten beeinflussen, Indikatoren ermittelt werden. Neun Indikatoren, die auf Verzerrungen hindeuten, werden voneinander abgegrenzt, um später die Bedeutung dieser Politikfelder für das Wirtschaftswachstum zu untersuchen. In einigen Fällen wird die Klassifizierung der Rangordnung an bereits bestehende Indikatoren der European Bank for Reconstruction and Development angelehnt. Im Zuge von Länderanalysen wird in Kapitel 4.2 eine Zuweisung der Indikatoren für den gesamten Zeitraum von 1990 bis 1995 vorgenommen. Die Rangordnung der einzelnen Indikatoren wird im folgenden jeweils in sechs Stufen untergliedert, wobei eine höhere Zahl mit größeren Reformfortschritten einhergeht.

---

321 Vgl.: World Competitiveness Report (1995).

4.1.2.1 Markt- und Preisverzerrungen

Die Markt- und Preispolitik kann einerseits direkt durch die verfolgten Preiskontrollen der Regierung erfaßt werden, wozu die Indikatoren für die Preispolitik und die Lohn- und Zinspolitik dienen sollen. Andererseits haben aber auch die Privatisierung staatlicher Betriebe und die Schaffung bzw. Umgestaltung von Institutionen einen erheblichen Einfluß auf die Güter- und Faktorpreise, weil diese Maßnahmen erst die Voraussetzungen für eine marktgerechte Preisbildung der Unternehmen ermöglichen. Hierzu können Indikatoren über die „große“ und die „kleine“ Privatisierung sowie über die Reform der Wettbewerbspolitik gebildet werden. Die Indikatoren zur Preis- und Wettbewerbspolitik sowie zur Privatisierung lehnen sich zum Teil an die Kategorisierung der European Bank for Reconstruction and Development an.[322]

Index	Rangordnungsgruppen für die Preispolitik
1	Vollständige Preiskontrolle, allenfalls Schwarzmärkte für Grundnahrungsmittel und Güter des täglichen Bedarfs.
2	Weitgehende Preiskontrollen in der Industrie. Preisfreigaben lediglich für einige Waren auf privaten Märkten bei weiterhin bestehenden Preiskontrollen für Grundnahrungsmittel.
3	Preiskontrollen für den überwiegenden Teil der Industrieprodukte. Wohnungsmieten fixiert. Preise für Nahrungsmittel und Konsumgüter weitgehend freigegeben.
4	Vollständige Preisfreigabe für Nahrungsmittel und Industrieprodukte. Preiskontrollen für einige Energieträger und andere Rohstoffe sowie für Wohnungsmieten.
5	Weitgehende Preisfreigaben einschließlich der Energiepreise und der Wohnungsmieten bzw. Anhebung der Preise wichtiger staatlich bereitgestellter Güter, um kostendeckendes Niveau zu erreichen.
6	Funktionierender Preismechanismus bei freier Preisbildung auf allen Märkten.

Tabelle 4-1: ***Rahmen für Indikatoren über die Preispolitik.***

322 Vgl.: EBRD (1995): S. 12 f.

Index	Rangordnungsgruppen für die Lohn- und Zinspolitik
1	Vollständige Kontrolle der Lohn- und Zinsbildung durch staatliche Stellen.
2	Weitgehende Lohnkontrollen in der Industrie. Freie Tarifabschlüsse lediglich in wenigen kleinen Privatunternehmen. Staatliche Vorgaben für Einlagen- und Kreditzinsen der Geschäftsbanken.
3	Strikte staatliche Vorgaben über die Lohnhöhe in Staatsunternehmen und deren Durchsetzung beispielsweise mittels einer Lohnzuwachssteuer. Freie Lohnbildung in privaten Betrieben. Teilweise freie Zinsbildung der Geschäftsbanken, aber geringe Fortschritte der Bankenreform.
4	Staatlicher Einfluß auf Lohnhöhe wird indirekt über Tarifverhandlungen ausgeübt, an denen neben den Gewerkschaften und den Arbeitgebervertretern auch die Regierung beteiligt ist. Grundsätzlich freie Zinsbildung. Notenbank verfügt über Instrumente zur indirekten Beeinflussung der Zinshöhe. Interbankengeldmarkt noch schwach entwickelt.
5	Weitgehend freie Lohnbildung auch in staatlichen Betrieben und Verwaltungen. Freie Zinsbildung auf weitgehend funktionierenden Finanzmärkten.
6	Völlig unabhängige Tarifverhandlungen und gut funktionierende Finanzmärkte.

*Tabelle 4-2: **Rahmen für Indikatoren über die Lohn- und Zinspolitik.***

Index	Rangordnungsgruppen für die Privatisierung kleiner Unternehmen
1	Keine Privatisierung.
2	Kein Privatisierungsprogramm, aber spontane Privatisierung.
3	Privatisierungsprogramm in der Einführung, ein Teil der Unternehmen bereits privatisiert.
4	Umfassendes Privatisierungsprogramm eingeführt, aber Probleme bei der Umsetzung oder mangelnde staatliche Aufsicht. Eventuell auch fehlende Handelbarkeit der Eigentumsrechte.
5	Weitgehend abgeschlossene Privatisierung der kleinen Unternehmen mit handelbaren Eigentumsrechten.
6	Standard von entwickelten Industriestaaten. Kein verbleibender Staatsbesitz von kleinen Betrieben, keine Beschränkungen beim Landerwerb.

*Tabelle 4-3: **Rahmen für Indikatoren zur Privatisierung kleiner Unternehmen.***

Index	Rangordnungsgruppen für die Privatisierung großer Unternehmen
1	Keine Privatisierung.
2	Kein Privatisierungsprogramm, keine Privatisierungsgesetze, aber Privatisierung angestrebt. Faktisch nur spontane Privatisierung.
3	Privatisierungsprogramm in der Einführung. Kommerzialisierung von Unternehmen. Einige Unternehmen bereits liquidiert oder verkauft.
4	Erheblicher Anteil der großen Staatsbetriebe bereits verkauft oder im Privatisierungsprozeß, aber noch erhebliche Probleme bei der Durchsetzung der Unternehmenskontrolle („Corporate Governance").
5	Mehr als die Hälfte der Staatsunternehmen privatisiert. Privatisierungsverfahren hat die Besitzverhältnisse so verändert, daß eine effektive Unternehmenskontrolle der privatisierten Unternehmen möglich ist.
6	Standard von entwickelten Industriestaaten erreicht. Nur ein geringer Anteil der großen Unternehmen ist im Staatsbesitz verblieben. Die Unternehmenskontrolle wird effizient durchgesetzt.

Tabelle 4-4: ***Rahmen für Indikatoren zur Privatisierung großer Unternehmen.***

Index	Rangordnungsgruppen für die Wettbewerbspolitik
1	Kein Wettbewerbsrecht, keine Marktzutrittsmöglichkeiten.
2	Geringer Wettbewerb für Staatsunternehmen. Wettbewerbsrecht noch nicht verabschiedet. Vereinzelter Abbau von Marktzutrittsschranken. Konkursmöglichkeiten gesetzlich nicht verankert.
3	Schaffung wichtiger gesetzlicher Rahmenbedingungen: Wettbewerbs- und Konkursrecht. Bedeutender Abbau von Marktzutrittsschranken.
4	Umfassender Abbau von Marktzutrittsschranken. Aufbau einer wettbewerbsfördernden Behörde (Kartellamt). Beginnende Durchsetzung kartellrechtlicher Bestimmungen zur Verhinderung des Mißbrauchs von Marktmacht. Aufspaltung von Konglomeraten. Konkursrecht ermöglicht das Ausscheiden nicht überlebensfähiger Unternehmen.
5	Umfassende Durchsetzung kartellrechtlicher Bestimmungen zur Verhinderung des Mißbrauchs von Marktmacht, um ein wettbewerbliches Marktumfeld zu schaffen. Erzwungene Marktorientierung von Staatsunternehmen, weil Konkurse nicht überlebensfähiger Betriebe auch durchgesetzt werden.
6	Standard entwickelter Marktwirtschaften erreicht. Effektive Durchsetzung des Wettbewerbsrechts. Wenige Marktzutrittsbeschränkungen.

Tabelle 4-5: ***Rahmen für Indikatoren zur Wettbewerbspolitik.***

4.1.2.2 Eingriffe im Außenhandel

Für preisverzerrende Eingriffe in den Außenhandel werden Indikatoren über den Offenheitsgrad einer Volkswirtschaft und über die Investitionsbedingungen für ausländische Unternehmen voneinander abgegrenzt. Weil ausländische Direktinvestitionen den Wettbewerb auf den inländischen Märkten erhöhen, lassen Investitionsbedingungen und wachsende Direktinvestitionen auch auf den Abbau inländischer Preisverzerrungen schließen.

Index	Rangordnungsgruppen für den Offenheitsgrad des Außenhandels
1	Außenhandel ausschließlich über staatliche Außenhandelsorganisationen.
2	Prinzipiell Außenhandel durch einzelne Unternehmen erlaubt, doch noch sehr weitgehende Import- und Exportkontrollen. Beginnende Liberalisierung der Export- und Importkontrollen. Auch keine volle Leistungsbilanzkonvertibilität bei geringer Transparenz des Wechselkursregimes, gespaltene Wechselkurse.
3	Weitgehender Abbau quantitativer Handelsbeschränkungen. Fast vollständige Leistungsbilanzkonvertibilität bei einheitlichem Wechselkurs.
4	Abbau nahezu aller quantitativen Handelsbeschränkungen. Ausgenommen sind lediglich besonders geschützte Sektoren, wie beispielsweise die Landwirtschaft. Geringe Einflußnahme des Staates auf Exporte und Importe. Zollsätze für wichtige Industrie- und Konsumgüter um etwa 20 %.
5	Keine quantitativen Handelsbeschränkungen, geringe Behinderung des Außenhandels durch Kontrollen, Zollsätze im Durchschnitt deutlich unter 20 %.
6	Sehr weitgehender Abbau von tarifären und nichttarifären Handelshemmnissen.

Tabelle 4-6: ***Rahmen für Indikatoren über den Offenheitsgrad des Außenhandels.***

Index	Rangordnungsgruppen bezüglich der Investitionsbedingungen für Ausländer
1	Keine ausländischen Direktinvestitionen möglich.
2	Direktinvestitionen nur eingeschränkt möglich. Kein alleiniger Erwerb von Unternehmen, sondern lediglich Joint-Ventures möglich. Gesetzliche Regelungen oft sehr unklar, wodurch große Zugangsbeschränkungen für Direktinvestitionen geschaffen werden. Stark beschränkte Gewinnrückführung.
3	Direktinvestitionen möglich, doch noch bestehende Beschränkungen beim Eigentumserwerb, insbesondere von Boden. Auch Gewinnrückführungen können noch eingeschränkt sein. Gesetzliche Regelung unklar und rechtliche Unterstützung nur begrenzt verfügbar.
4	Rechtlicher Rahmen bildet fast keine Beschränkung für ausländische Direktinvestitionen und die Gewinnrückführung. Entweder jedoch mangelnde Transparenz der gesetzlichen Regelungen für Direktinvestitionen oder noch bestehende vereinzelte Beschränkungen der Investitionstätigkeit, indem ausländische Investoren beispielsweise von bedeutenden Sektoren ausgeschlossen bleiben.
5	Klare gesetzliche Regelungen für Direktinvestitionen. Gleichstellung von inländischen und ausländischen Investoren. Nahezu umfassender Eigentumserwerb, auch von Land, für ausländische Direktinvestoren möglich. Gewinne sind uneingeschränkt transferierbar. Lediglich noch geringe Probleme bei der juristischen Umsetzung von Gesetzen, die ausländische Direktinvestitionen betreffen.
6	Gesetzliche Regelungen über Direktinvestitionen erfüllen internationale Standards. Gesetze sind transparent und leicht zugänglich, werden administrativ und juristisch gut umgesetzt. Umfassender Eigentumserwerb, auch von Land, für ausländische Direktinvestoren möglich. Volle Kapitalverkehrsliberalisierung.

Tabelle 4-7: ***Rahmen für Indikatoren zu den Investitionsbedingungen für Ausländer.***

4.1.2.3 Verzerrungen in der Besteuerung

In der neuen Wachstumstheorie werden darüber hinaus auch steuerliche Eingriffe des Staates und staatliche Investitionen in die Infrastruktur als bedeutsam für das Wirtschaftswachstum herausgestellt. Lediglich über die steuerliche Belastung der Unternehmen und die Reform des Steuersystems kann sinnvollerweise ein Indikator gebildet werden. Die Investitionen des Staates wirken über externe Effekte nur sehr langfristig auf die Wachstumsrate, weshalb hier zeitliche Sprünge zu berücksichtigen sind, die sich im beobachtbaren Transformationsprozeß noch nicht abbilden lassen.

Index	Rangordnungsgruppen zur Reform des Steuersystems
1	Staatshaushalt ausschließlich über Unternehmenssteuern finanziert.
2	Steuerreform vorgesehen, eventuell Gesetze über Einkommens- und Mehrwertsteuer eingebracht. Stark differenzierte Steuersätze und unklare Gesetzeslage. Noch keine Reform der Steueradministration. Steuereinnahmen vorwiegend aus Unternehmenssteuern. Erhebliche Diskriminierung der privaten oder der staatlichen Unternehmen.
3	Einkommens-, Körperschafts- und Mehrwertsteuern als Elemente eines marktkonformen Steuersystems sind nur zum Teil eingeführt. Aufbau einer neuen Steuerverwaltung. Aufgrund unklarer Gesetzeslage und fehlender Steueradministration ist differenzierende Besteuerung von Unternehmen möglich. Relativ hohe formale Steuersätze.
4	Einheitliche Besteuerung staatlicher und privater Unternehmen. Die Steuergesetze entsprechen weitgehend den Standards entwickelter Industriestaaten. Spürbare Fortschritte im Aufbau der Steueradministration, aber keine vollständig einheitliche Steuerbelastung möglich. Steuerrecht teilweise noch unklar oder nicht umfassend umgesetzt.
5	Einkommens-, Körperschafts- und Mehrwertsteuer eingeführt und Steuererhebung weitgehend gewährleistet. Keine Diskriminierung zwischen verschiedenen Unternehmen. Mäßig hohe Steuerbelastung.
6	Vollständige Reform des Finanzwesens. Erfüllt Standard entwickelter Industriestaaten. Moderate Steuerhöhe.

Tabelle 4-8: ***Rahmen für Indikatoren über die Reform des Steuersystems.***

4.1.2.4 Allgemeine Rahmenbedingungen

Den Einfluß allgemeiner politischer Rahmenbedingungen erfasst ein Indikator über die politische Stabilität. Dieser kann später in der empirischen Analyse den Einfluß makroökonomischer Determinanten ergänzen.

Index	Rangordnungsbildung für die politische Stabilität
1	Regierung unter Druck und ohne Durchsetzungsgewalt. Revolutionäre Umwälzungen.
2	Neue Regierung nach Wahl, Revolution oder Putsch im Amt. Die Regierung hat keinen starken Rückhalt und muß viel Aufwand zum reinen Machterhalt treiben. Die Gefahr von Putschversuchen gegen die etablierte Regierung ist nicht ausgeschlossen.
3	Gewählte Regierung im Amt, doch keine Reform des Staatsapparates. Widerstrebende Interessen zwischen Präsident und Parlament oder vergleichbare unklare Machtverteilung.
4	Der gewählten Regierung steht noch ein Staatsapparat mit erheblichen Reformdefiziten gegenüber. Häufige Neuwahlen verzögern die Umsetzung politischer Vorhaben.
5	Etablierte gewählte Regierung und weitgehend reformierte Verwaltung. Geringe politische Risiken.
6	Stabile parlamentarische Demokratie.

Tabelle 4-9: ***Rahmen für Indikatoren zur politischen Stabilität.***

Im folgenden Kapitel dienen die Indikatorenraster zur Messung der Reformverläufe in den untersuchten Ländern Mittel- und Osteuropas. Dazu werden die Transformationsprozesse in Länderanalysen untersucht, um eine Zuordnung der Indikatorausprägungen vornehmen zu können.

4.2 Reformverläufe in ausgewählten Ländern Mittel- und Osteuropas

Der im Jahr 1989 beginnende politische Umbruch in den von der Sowjetunion dominierten sozialistischen Staaten erlaubte zahlreichen Ländern die unabhängige Umgestaltung des politischen und wirtschaftlichen Systems. In den Staaten Mitteleuropas legte der friedliche Sturz der sozialistischen Regierungen die Basis für umfassende demokratische und marktwirtschaftliche Reformen. Der Zusammenbruch der alten Ordnung bedeutete in den Vielvölkerstaaten Sowjetunion und Jugoslawien aber auch, daß einzelne ethnische Gruppen nach nationaler Selbstbestimmung strebten. Die Trennung von Tschechen und Slowaken sowie der Austritt der einzelnen Republiken aus der Sowjetunion verliefen glücklicherweise friedlich. Doch der jahrelange Bürgerkrieg im ehemaligen Jugoslawien, der Krieg zwischen Armenien und Aserbaidschan um Naghorny

Karabach und die Bürgerkriege in Tadschikistan, Georgien und Moldawien zeichnen ein deutliches Bild der lange Zeit unterdrückten Spannungen, die heute einen friedlichen Transformationsprozeß verhindern. Mit dem Auseinanderbrechen Jugoslawiens, der Tschechoslowakei und der Sowjetunion ist die Zahl der souveränen Staaten in der Region von acht auf achtundzwanzig angestiegen.[323] Die Analyse der Transformationsprozesse soll hier nur für die Länder Mittel- und Osteuropas erfolgen, in denen kriegerische Auseinandersetzungen keinen maßgeblichen Einfluß auf die Reformpolitik und die wirtschaftliche Entwicklung hatten. Belastungen der Wirtschaft durch Kriegsfolgen würden die Untersuchung der Bestimmungsgründe des Wirtschaftswachstums verfälschen. Aufgrund von militärischen Konflikten werden Armenien, Aserbaidschan, Bosnien-Herzegovina, Georgien, Kroatien, Makedonien, Moldawien und Rest-Jugoslawien nicht berücksichtigt. Kasachstan, Kirgisien, Tadschikistan, Turkmenistan und Usbekistan bleiben ausgeschlossen, weil sie nicht Teil Europas sind. Damit reduziert sich die Zahl der betrachteten Länder auf vierzehn. Die untersuchten Länder werden im folgenden nach Regionen getrennt betrachtet.

4.2.1 Erfolge der eindeutig marktorientierten Reformstrategien in den Visegrad-Staaten

4.2.1.1 Polen: Erfolgreiche Reformen und politische Turbulenzen

Polen verfügt heute, sieben Jahre nach den am „Runden Tisch" im Sommer 1989 eingeleiteten demokratischen Reformen, über eine fest verankerte marktwirtschaftliche und demokratische Wirtschafts- und Gesellschaftsordnung. Doch eine stabile Regierung konnte sich in den vergangenen Jahren nicht etablieren. Mit Wlodzimierz Cimoszewicz trat am 1. Februar 1996 bereits der achte Ministerpräsident seit dem Sturz der kommunistischen Regierung sein Amt an.[324] In der ersten freien Wahl im Oktober 1991 befanden sich weit über 100 Parteien auf dem Stimmzettel, von denen 29 ins Parlament einzogen.[325] Für die im September 1993 fälligen Neuwahlen galt eine Sperrklausel von 5 %, die die Zahl der im Parlament vertretenen Parteien auf sechs reduzierte. Im Bündnis mit der Bauernpartei erlangten die Reformkommunisten die Mehrheit, während die aus der Gewerkschaft Solidarnosc hervorgegangenen konservativen Parteien aufgrund ihrer Zersplitterung zum Teil an der 5%-Hürde scheiterten.[326] Gegen-

---

323 Obwohl völkerrechtlich nicht anerkannt, sind Serbien, Montenegro und Bosnien-Herzegovina dabei jeweils als einzelne Staaten gezählt.

324 Vgl.: PlanEcon (1996a): S. 1.

325 Vgl.: Karczmar (1993): S. 11.

326 Vgl.: Blazyca (1995): S. 37.

über dem instabilen Parlament und den häufig wechselnden Regierungen gewann der langjährige Präsident Walensa eine bedeutende Machtfülle. In den Präsidentschaftswahlen vom Herbst 1995 konnte sich der reformkommunistische Kandidat Aleksander Kwasniewski durchsetzen.

Allen politischen Schwierigkeiten zum Trotz wurde in Polen 1989/90 ein umfassendes Reformprogramm eingeleitet, das die zuvor erheblich verzerrte und von einer Hyperinflation erschütterte Wirtschaft stabilisierte und den Aufbau marktwirtschaftlicher Strukturen einleitete. Das Wirtschaftsprogramm der ersten nicht-kommunistischen Regierung Polens war entscheidend durch den Finanzminister Balcerowicz geprägt. Es wurde am 9. Oktober 1989 vom Ministerrat akzeptiert und hatte die umfassende Einführung eines marktwirtschaftlichen Wirtschaftssystems zum Ziel.[327] Das Programm verband Stabilisierungsmaßnahmen zur Bekämpfung der Hyperinflation mit dem gleichzeitigen Übergang zu marktwirtschaftlichen Prinzipien und wurde als „Schock-Therapie“ bekannt.

Die erste Phase des Reformprogramms bis Ende 1989 war vornehmlich auf die Stabilisierung der Wirtschaft ausgerichtet. Ziel war ein abgebremster Preisanstieg und ein ausgeglichener Staatshaushalt. Das Gesetz zur Lohnindizierung wurde geändert, und ein Subventionsabbau begonnen. Eine restriktive Geldpolitik begleitete diese fiskalischen Maßnahmen.[328] Die grundsätzliche Stabilisierungsphase setzte mit dem Beginn des Systemumbaus am 1. Januar 1990 ein. Weitgehende Preisfreigaben ermöglichten die Einsparung eines großen Teils der Subventionsausgaben, die 1989 noch ein Drittel des Staatshaushalts in Anspruch nahmen.[329] Die Lohnpolitik baute auf eine starke Begrenzung des Nominallohnzuwachses, um auf diese Weise die überschüssige Kaufkraft abzuschöpfen. Die Löhne wurden im Staatssektor derart indiziert, daß sie nur einen Teil der Preissteigerungen ausglichen.[330] Darüber hinausgehende Lohnzuwächse unterlagen einer prohibitiven Besteuerung.[331] Zugleich sollten eine Begrenzung des Geldumlaufs und real positive Zinssätze dem Zloty wieder seine Geldaufbewahrungsfunktion geben und die Allokation von Krediten effizienter gestalten. Der Zloty wurde für Handelsbilanztransaktionen bei einem einheitlichen Kurs von 9500 Zl je 1 US-$ fixiert und intern zu freien Marktkursen konvertibel gemacht.[332] Die Stabilisierungspolitik beschränkte sich nicht allein auf konventionelle Geld- und Fiskalpolitik, sondern führte mit dem Lohnstopp und dem

327 Vgl.: Wirtschaftsprogramm (1989): S. 9-29.
328 Vgl.: Quaisser (1990): S. 12.
329 Vgl.: Kolodko (1991): S. 8.
330 Vgl.: Blazyca (1995): S. 7 f.
331 Vgl.: Blanchard, Layard (1990): S. 23.
332 Vgl.: Quaisser (1994): S. 1.

fixierten konvertiblen Wechselkurs zwei „nominelle Anker" ein.[333] Überschüssige Liquidität wurde durch eine Anpassungsinflation beseitigt.

Parallel zur Stabilisierungspolitik hatte die polnische Regierung den Übergang des Wirtschaftssystems zu einer offenen Marktwirtschaft nach westlichem Vorbild eingeleitet. Die Privatisierung der Staatsunternehmen wurde vorgesehen, und die Gründung neuer privater Betriebe gefördert. Mit liberalisiertem Außenhandel und konvertiblem Zloty sollte der Konkurrenzdruck von außen erhöht werden, um die Staatsmonopole zu einer rationalen Umgestaltung der Produktion zu zwingen.[334] Ein Konkursrecht bot den rechtlichen Rahmen für den möglichen Austritt ineffizienter Staatsbetriebe aus der Produktion.[335] Die Umgestaltung der Staatsfinanzen und des Steuersystems wurde begonnen.[336] Nachdem die Nationalbank bereits im Dezember 1989 die volle Souveränität in der Geldpolitik erhielt, wurde die Neuordnung des Bankensystems auf der Ebene der Geschäftsbanken fortgeführt.[337]

Seit 1991 büßte das Balcerowicz-Programm zwar seine Bedeutung für die polnische Wirtschaftspolitik ein, dennoch legte es die Basis dafür, daß das Land bereits 1992 als erstes in Osteuropa die massive Anpassungsrezession überwinden konnte. Seither gehören die polnischen Wachstumsraten mit zu den höchsten in Europa. Die dynamische Entwicklung des Privatsektors, die aufgrund des schleppenden Privatisierungsprozesses vorwiegend von Unternehmensneugründungen bestimmt wird, trägt entscheidend zum Wirtschaftswachstum bei.[338] Der Lebensstandard der Bevölkerung beginnt sich durch das Wachstum langsam zu bessern. Die Reallöhne stiegen 1994 erstmals seit Beginn der Reformen wieder an, und 1995 war auch ein Rückgang der Arbeitslosigkeit zu beobachten.[339] Der Außenhandel konnte erfolgreich auf westliche Industrieländer ausgerichtet und erheblich ausgedehnt werden. Das 1993 sprunghaft gestiegene Leistungsbilanzdefizit wurde seither vermindert. Die Importüberschüsse sind auf die reale Aufwertung des Zloty und den hohen Investitionsbedarf der polnischen Wirtschaft zurückzuführen.[340] Erfolgreich konnte Polen die Verhandlungen mit dem „Pariser Club" der öffentlichen Gläubiger im April 1991 und mit dem „Londoner Club" der privaten Gläubiger im September 1994 abschließen. Mit beiden Gläubigergruppen wurde eine 50%ige Schuldenreduktion vereinbart. Polen bedient wieder seine immer noch erhebliche Auslandsschuld

333 Vgl.: Lipowski (1991): S. 37 f.
334 Vgl.: Wirtschaftsprogramm (1989): S. 16.
335 Vgl.: Grela (1990): S. 94.
336 Vgl.: Crombrugghe, Lipton (1994): S. 112-120.
337 Vgl.: Grela (1990): S. 94.
338 Vgl.: Blazyca (1995): S. 16 f.
339 Vgl.: Sach (1995): S. 190.
340 Vgl.: Sach (1995): S. 193.

und konnte im Juni 1995 erneut eine erste Auslandsanleihe plazieren. Drängende Probleme der Wirtschaftspolitik bleiben das veraltete, ineffiziente Sozialversicherungssystem und die verschleppte Privatisierung.[341]

Polen	1990	1991	1992	1993	1994	95[S)]
BIP-Veränderung in konstanten Preisen	-11,6	-7,0	2,6	3,8	6,0	7,0
Inflation der Konsumentenpreise im Jahresendvergleich	249,0	60,4	44,3	37,6	29,4	21,6
Saldo des Staatshaushalts in % des BIP	0,7	-7,0	-6,9	-3,4	-2,5	-2,8
Handelsbilanzsaldo (in Mrd. US-$)	2,2	0,1	0,5	-2,3	-0,8	-1,4
Leistungsbilanzsaldo (in Mrd. US-$)	0,7	-2,2	-0,3	-2,3	-1,1	-2,4
Arbeitslosenquote	6,1	11,8	13,6	15,7	16,0	14,9

Tabelle 4-10: ***Statistisches Profil Polen.***
Quelle: European Bank for Reconstruction and Development (1996): S. 40; [S)] Schätzung.

4.2.1.2 Indikatorenbildung zur Reformpolitik in Polen

Für die Jahre 1990 bis 1995 wird an dieser Stelle der Indikatorenrahmen des Kapitels 4.1 auf die Reformpolitik in Polen angewendet. Die Indikatorenvergabe in Tabelle 4-11 stützt sich auf die Analyse der polnischen Situation in unterschiedlichen Quellen. Daneben werden die der Indikatorenbildung zugrunde liegenden wirtschaftspolitischen Ereignisse knapp aufgeführt.

Die umfassende Preisfreigabe zum Jahresbeginn 1990 erfaßte nahezu alle Groß- und Einzelhandelsgüter und löste eine massive Anpassungsinflation aus. Schon vor dem Balcerowicz-Programm erfolgte im Februar 1988 die Preisfreigabe für landwirtschaftliche Güter. Da diese Maßnahme mit einer Lohnindizierung verknüpft war, trug sie entscheidend zur Hyperinflation des Jahres 1989 bei.[342] Die Preise für Fernwärme, Elektrizität, Gas, verschiedene Medikamente, Wohnungsmieten im öffentlichen Wohnungsbau und Alkohol verblieben unter staatlicher Kontrolle. Darüber hinaus traten in den staatlich unterstützten Sektoren Kohlebergbau und Landwirtschaft erhebliche Preisverzerrungen auf. Bis 1994 wurden die industriellen Gaspreise auf kostendeckendes Niveau angeho-

341 Vgl.: Sach (1995): S. 188 f und 191; Blazyca (1995): 13-18.
342 Vgl.: Lipowski (1991): S. 33.

ben, während Haushalte 25 % weniger zahlen. Fernwärme- und Elektrizitätspreise decken lediglich gut die Hälfte der Kosten.[343]

Indikator	**1990**	**1991**	**1992**	**1993**	**1994**	**1995**
Preispolitik	2	4	4	4	5	5
Lohn- und Zinspolitik	3	3	3	3	4	4
Kleine Privatisierung	4	4	5	6	6	6
Große Privatisierung	2	3	3	3	3	3
Wettbewerbspolitik	3	4	4	5	5	5
Offenheitsgrad des Außenhandels	4	5	4	4	5	6
Investitionsbedingungen für Ausländer	3	3	4	4	5	5
Steuersystem	2	3	3	4	5	5
Politische Stabilität	4	4	4	4	4	4

Tabelle 4-11: ***Indikatoren zu Reformen in Polen.***

Für Staatsbetriebe sah das Balcerowicz-Programm seit 1990 eine Beschränkung von Lohnzuwächsen mit Hilfe der prohibitiven Lohnzuwachssteuer „Popiwek“ vor. Dieses war eine der entscheidenden Maßnahmen zur makroökonomischen Stabilisierung. Die vorangegangene Hyperinflation war vorwiegend auf die Indexierung der Löhne und die damit ausgelöste „Lohn-Preis-Spirale“ zurückzuführen. Infolge der restriktiven Lohnpolitik sanken die Reallöhne 1990 um 24 %.[344] Die schrittweise erfolgende Lockerung der Lohnfindung seit 1994 erlaubt heute eine beschränkte Tarifautonomie von Managern und Arbeitnehmervertretern innerhalb von Normen, die unter staatlicher Beteiligung gesetzt werden. Erstmals stiegen die Reallöhne 1994 wieder um 4,2 % an. In privaten Betrieben war die Lohnbildung zu keiner Zeit eingeschränkt. Liberalisiert wurde mit Beginn des Reformprogramms auch der Finanzmarkt. Geschäftsbanken können seither Einlage- und Kreditzinsen frei setzen. Die unabhängige Zentralbank bedient sich üblicher marktkonformer Instrumente in der Zinspolitik.[345]

Trotz erheblicher Verzögerungen der „großen“ Privatisierung verfügt Polen über einen umfassenden und dynamisch wachsenden Privatsektor, in dem 1994 61 % der Beschäftigten 56 % des Bruttoinlandsprodukts erstellten. Dieser hohe

343 Vgl.: EBRD (1995): S. 52.

344 Vgl.: Blazyca (1995): S. 7 f. Dieser offiziell ausgewiesene Reallohnrückgang bedeutet aber keinen ebensolchen Kaufkraftrückgang, weil vor 1990 den Löhnen kein entsprechendes Warenangebot gegenüberstand.

345 Vgl.: EBRD (1995): S. 52.

Anteil ist neben der raschen Privatisierung der kleinen Staatsbetriebe zum überwiegenden Teil auf Neugründungen zurückzuführen.[346] Nachdem schon Anfang 1989 private, vergesellschaftete und genossenschaftliche Wirtschaftsformen gleichgestellt wurden, sind im selben Jahr fast 300.000 neue Privatunternehmen gegründet worden.[347] Im Juni 1995 waren 2,2 Millionen private Unternehmen in Polen registriert.[348]

Demgegenüber wurde die Privatisierung von 8.841 großen Unternehmen, die sich Mitte 1990 in Staatsbesitz befanden, im politischen Entscheidungsprozeß ständig verzögert. Das spät verabschiedete Privatisierungsgesetz vom 13. Juli 1990 sah einerseits die Liquidation von Unternehmen und andererseits die Bildung von Kapitalgesellschaften des Fiskus (Kommerzialisierung) vor, die an private Eigentümer veräußert werden.[349] Die meistgenutzte Privatisierungsmethode war die Liquidierung mit anschließendem Verkauf von Unternehmensteilen. Bis Ende 1993 konnten allerdings erst 25 % der Unternehmen verkauft werden. Ende 1994 waren es nur wenig mehr: 29 %.[350] Zur Beschleunigung des Privatisierungsprozesses entwarf die Regierung Mitte 1991 eine ergänzende Massenprivatisierung. Bis zum Jahresende sollten 400 Unternehmen, die ein Viertel der Industrieproduktion umfassen, kommerzialisiert und auf Investmentfonds verteilt werden. Westliche Manager sollten die Verwaltung dieser etwa 20 neu zu gründenden Fonds übernehmen und die ihnen unterstellten Betriebe restrukturieren. Die polnischen Bürger werden Anteilseigner an diesen Fonds und erhalten handelbare Zertifikate. Dieses Programm wurde mehrfach erheblich verzögert; erst Ende 1994 unterzeichnete der Privatisierungsminister die Gründungsurkunden für 15 nationale Investmentfonds. Mitte 1995 erhielten die Fonds die Anteile der 413 ausgewählten Unternehmen zugeteilt.[351] Das reformierte Privatisierungsgesetz vom Juli 1995 stellte neuerliche Hürden für die Privatisierung der verbliebenen Staatsbetriebe auf. Der Schwerpunkt des Privatisierungsprogrammes verlagerte sich auf Kommerzialisierungen, die nicht zwingend mit einer Privatisierung verbunden sind. Die Vollmachten des Privatisierungsministers hat das Parlament eingeschränkt, und für Unternehmen in strategischen Branchen (Rüstung, Mineralöl, Energie, Telekommunikation, Alkohol, Banken und Versicherungen) soll erneut geprüft werden, ob diese privatisiert werden dürfen.[352]

---

346 Vgl.: Blazyca (1995): S. 16-18.
347 Vgl.: Mroz (1991): S.158.
348 Vgl.: EBRD (1995): S. 52.
349 Vgl.: Gruszecki (1991): S. 143 ff.
350 Vgl.: EBRD (1995): S. 52.
351 Vgl.: Sach (1995): S. 189.
352 Vgl.: Sach (1995): S. 189; EBRD (1995): S. 52.

Wettbewerbsdruck und Zwang zur Restrukturierung erhalten die Staatsunternehmen durch die Außenhandelsöffnung, den Subventionsabbau und die wachsende Kontrolle durch die Banken. Zur Überwachung des Wettbewerbs wurde 1990 mit dem Anti-Monopol-Gesetz auch eine entsprechende Überwachungskommission gebildet. Sie beobachtet alle Unternehmen mit einem Marktanteil von mehr als 80 % in ihrem Sektor, deren Zahl bis 1994 um zwei Drittel auf 70 sank.[353]

Mit Beginn des Reformprogramms von 1990 verschwand auch das Lizenzsystem im Außenhandel. Fast alle quantitativen Handelsbeschränkungen wurden beseitigt und nur zum Teil durch relativ geringe Importzölle ersetzt. Für Leistungsbilanztransaktionen der Inländer wurde der erheblich abgewertete Zloty konvertierbar. Bis Mitte 1991 sanken die Importzölle im Durchschnitt auf 5,5 %, womit sich Polen zu einer sehr offenen Volkswirtschaft wandelte.[354] Doch die 1991 eintretende Leistungsbilanzverschlechterung veranlaßte eine Anhebung der Einfuhrzölle. Sie stiegen bis 1992 schrittweise auf durchschnittlich 18,4 % und wurden zudem 1993 von einer allgemeinen 6 %igen Importsonderabgabe ergänzt. Im Januar wurden Importzölle für Industriegüter auf durchschnittlich 9,3 % und die Importsonderabgabe auf 5 % gesenkt. Quantitative Beschränkungen von Agrarimporten mußten als Ergebnis der GATT-Uruguay-Runde im Mai 1995 in Zölle umgewandelt werden.[355]

Verglichen mit Ungarn und der Tschechischen Republik, war Polen, gemessen am Investitionsvolumen, bislang ein weniger attraktiver Standort für ausländische Investoren. Doch das erfolgreiche Schuldenabkommen mit den im „Londoner Club“ organisierten Geschäftsbanken, die günstigen Wachstumsperspektiven und positive Erfahrungen von Investoren haben in jüngster Zeit zu einem Anstieg der Direktinvestitionen geführt.[356] Bis auf einige Ausnahmen, wie See- und Flughäfen, Rüstungsindustrie, Konsumgütergroßhandel und Rechtsberatung, sind Investitionen in allen Sektoren möglich. Unternehmen können zu 100 % erworben werden, und auch der Erwerb von Grund und Boden ist Ausländern erlaubt. Der Gewinn- und Kapitaltransfer unterliegt keinen staatlichen Beschränkungen, und der Umtausch von Zloty-Gewinnen ist problemlos.[357]

Das Steuersystem wurde schrittweise den marktwirtschaftlichen Erfordernissen angepaßt. Bereits 1989 ersetzte eine für alle Unternehmen einheitliche Körperschaftssteuer von 40 % die bestehenden verschiedenen Produktionssteuern. Persönliche Einkommensteuern mit gestaffelten Tarifen von 20, 30 und 40 % existieren seit 1992 und wurden 1994 auf 21, 33 und 45 % erhöht. 1993

---

353 Vgl.: EBRD (1995): S. 52.

354 Vgl.: Plowiec (1994): S. 7; Fallenbuchl (1994): S. 52; Quaisser (1994): S. 2 f.

355 Vgl.: EBRD (1995): S. 52.

356 Vgl.: Sach (1995): S. 194.

357 Vgl.: FAZ-Informationsdienste (1995): S. 22 f.

kam eine gestaffelte Mehrwertsteuer mit Raten von 22, 7 und 0 % hinzu. Zur Finanzierung der Arbeitslosenversicherung werden die Löhne seit 1990 mit 2 %, bzw. seit 1993 mit 3 % besteuert. Die sonstigen Sozialabgaben stiegen 1992 von 38 % auf 45 % der Lohnsumme.[358]

4.2.1.3 Lehrstück erfolgreicher Transformation in der ehemaligen Tschechoslowakei

Der Reformprozeß in der ehemaligen Tschechoslowakei begann relativ spät, doch gilt er als der erfolgreichste in Mittel- und Osteuropa. Nach der „sanften Revolution" vom November 1989, die die kommunistische Herrschaft in nur wenigen Tagen zu Fall brachte, entbrannte ein Richtungsstreit unter den Ökonomen. Einig waren sich sowohl die „moderaten" Wirtschaftswissenschaftler um den Direktor des Prognose-Instituts der Akademie der Wissenschaften Valtr Komárek wie auch die „radikalen" Marktwirtschaftler um den heutigen Ministerpräsidenten Václav Klaus über das Ziel einer Marktkoordination im mikroökonomischen Bereich und eine marktkonform konzipierte Wirtschaftspolitik auf Makroebene. Dazu gehörten die freie Preisbildung, die Herstellung wettbewerblicher Strukturen, die Deregulierung und der Subventionsabbau, eine liberale Außenwirtschaftspolitik sowie eine restriktive Geld- und Finanzpolitik. Bezogen auf die Außenhandelsliberalisierung und die Durchführung der Privatisierung, plädierten die „Moderaten" für ein graduelles Vorgehen, um mögliche soziale Folgen abzumildern. Doch konnten die Ökonomen um Václav Klaus eine sofortige Liberalisierung des Außenhandels durchsetzen, die noch vor der internen Konvertibilität der Krone und der Freigabe der Preise eine erhebliche Abwertung erforderte. Zudem strebten die liberalen Wirtschaftswissenschaftler eine rasche und sehr weitgehende Privatisierung des Staatseigentums an, von der nur wenige öffentliche Versorgungsunternehmen ausgeschlossen blieben.[359]

Zwischen den Weltkriegen war die Tschechoslowakei ein hochentwickelter und in die Weltwirtschaft integrierter Industriestaat, dessen Pro-Kopf-Einkommen dem von Österreich gleichkam. Das mit der Machtübernahme der Kommunisten 1948 eingeführte zentralisierte planwirtschaftliche System blieb, abgesehen vom kurzen Prager Frühling 1968, bis Ende der 80er Jahre nahezu unangetastet in Kraft.[360] Die Wirtschaft des Landes war zu einem besonders starken Maße in den RGW integriert.[361] Trotz des beginnenden wirtschaftlichen Nieder-

---

[358] Vgl.: EBRD (1995): S. 53.

[359] Vgl.: Kosta (1994): S. 157-161; Dyba, Svejnar (1994): S. 98 f.

[360] Vgl.: Dyba, Svejnar (1994): S. 93-98.

[361] Vgl.: Ufer (1995): S. 1-3.

gangs in den 80er Jahren[362] stellte sich die makroökonomische Situation zu Beginn der Wirtschaftstransformation bedeutend besser dar als in den Nachbarstaaten Polen und Ungarn. Defizite im Staatshaushalt oder zurückgestaute Inflation spielten keine entscheidende Rolle. Ebenfalls war die Auslandsverschuldung mit 15 % des Bruttoinlandsprodukts im Jahr 1990 relativ gering.[363]

Nach der Revolution dauerte es noch über ein Jahr, bis am 1. Januar 1991 ein umfassendes Reformprogramm in Kraft treten konnte. Das Jahr 1990 diente der im Juni gewählten Regierung zur Ausarbeitung des Reformprogramms, das weitgehend durch die Vorstellungen des Finanzministers Václav Klaus geprägt war. Die Vorbereitungsphase diente auch zur Schaffung wichtiger gesetzlicher Rahmenbedingungen, eines zweistufigen Bankensystems, einiger vorgezogener Preisfreigaben und der Neustrukturierung des Staatshaushalts.[364] Private, genossenschaftliche und staatliche Betriebe wurden rechtlich gleichgestellt und Maßnahmen zur Liberalisierung des Außenhandels getroffen.[365]

Das mit der Jahreswende 1990/91 in Kraft getretene umfassende Reformpaket verband die weitreichende Liberalisierung des Wirtschaftslebens mit strikter makroökonomischer Stabilisierung. Diese Politik wies große Ähnlichkeit mit der in Polen ein Jahr zuvor begonnenen „Schock-Therapie" auf. Die wichtigsten Maßnahmen der Regierung bestanden in der Freigabe von rund 85 % der Produzenten- und Konsumentenpreise sowie der Liberalisierung des Außenhandels bei Einführung der inländischen Leistungsbilanzkonvertibilität und der Bindung der erheblich abgewerteten Krone an einen Korb westlicher Währungen.[366] Die begleitende Stabilisierung stützte sich auf einen ausgeglichenen Staatshaushalt, eine administrative Zinserhöhung zur Schaffung positiver Realzinsen und auf die Kontrolle der Lohnentwicklung. Regierung, Arbeitgeber- und Arbeitnehmervertreter vereinbarten für 1991 einen teilweisen Lohnverzicht, der letztlich einen Rückgang der Reallöhne von 10 % bewirkte.[367] Begleitend zur Liberalisierung und Stabilisierung ist bereits im ersten Jahr der Reformen die Privatisierung kleiner Unternehmen mittels öffentlicher Auktionen weit fortgeschritten.

Aufgrund der geringen makroökonomischen Ungleichgewichte und der erfolgreichen Stabilisierung blieb die Inflationsrate sehr gut unter Kontrolle. Nach der Preisfreigabe stiegen die Verbraucherpreise im Januar lediglich um 26 % an, und auch die 53,6 %ige Inflation des gesamten Jahres war noch vergleichsweise gering, wenn auch die angestrebten 30 % übertroffen wurden. Der Rückgang des Bruttoinlandsprodukts um 14 % fiel für die Regierung unerwartet

362 Vgl.: Sujan, Sujanová (1994): S. 17.

363 Vgl.: OECD (1991): S. 12 f.

364 Vgl.: Klett, Riegert (1993): S. 16-18; Dyba, Svejnar (1994): S. 98 f.

365 Vgl.: Prust (1993): S. 52; Kosta (1994): S 166 f.

366 Vgl.: Kosta (1994): S 162 f. Dyba, Svejnar (1994): S. 99 f.

367 Vgl.: Aghevli, Borensztein, Willigen (1992): S. 10 f und 15-17.

hoch aus. Die Arbeitslosigkeit stieg auf 4,1 % im tschechischen Landesteil und auf 11,8 % in der Slowakei an. Darin spiegelt sich unter anderem die zügigere Entwicklung des Privatsektors in Tschechien.[368]

Die eingeleiteten institutionellen Reformmaßnahmen und die Stabilisierungspolitik konnten 1992 erfolgreich fortgesetzt werden. Die restriktive Preis- und Wechselkurspolitik ermöglichte die Lockerung der strikten Lohnkontrollen, woraufhin die Reallöhne wieder um 9 % anstiegen. Während sich der Rückgang der Wirtschaftsleistung abbremste, sank die Arbeitslosenquote im Laufe des Jahres in beiden Landesteilen. Die kleine Privatisierung fand mit dem Jahresende 1992 ihren planmäßigen Abschluß.[369] Die verbliebenen Preisbindungen konnten weitgehend beseitigt werden. Das Steuersystem wurden 1992 umfassend reformiert, um so marktwirtschaftlichen Anforderungen gerecht zu werden. Der Staat verfügte damit über übliche Einnahmequellen wie Körperschaftssteuern, Einkommensteuern, Mehrwertsteuern und einige spezielle Verbrauchsteuern.[370] Schwierigkeiten bereitete bereits zu diesem Zeitpunkt die Reform der Steuerverwaltung, deren Ausgestaltung von Bedeutung für die föderale Politik war.[371]

Die wichtigste Besonderheit des tschechoslowakischen Reformweges war die 1991 beschlossene und 1992 begonnene „große“ Privatisierung. Neben den diversen Formen des Verkaufs von Staatsbetrieben sah dieses Privatisierungsprogramm das Verschenken von Staatseigentum in Form einer Voucher-Privatisierung vor. Dazu erhielten die Bürger Ende 1991 die Möglichkeit des Kaufs von Kuponheften, wovon 8,5 Mio. der 11,5 Mio. berechtigten Tschechen und Slovaken Gebrauch machten. Die Kupons konnten entweder direkt während der fünf vorgesehenen Privatisierungsrunden, deren erste am 18. Mai 1992 begann, in mehreren Auktionsrunden gegen Unternehmensbeteiligungen eingetauscht oder in eigens hierfür gegründete Investmentfonds eingebracht werden. Die Investmentfonds tauschten dann die Kupons in Anteile an verschiedenen Unternehmen ein. Über 70 % der Berechtigten nutzten die letztere Möglichkeit.[372]

Das Streben der slowakischen Regierung unter Vladimir Meciar nach weitgehender staatlicher Unabhängigkeit in den Verhandlungen um eine neue Verfassung im Sommer 1992 führte zur friedlichen Auflösung der Tschechoslowakei zum 31. Dezember 1992. Während tschechische Politiker auf das Fortbestehen der Föderation mit gemeinsamer Außen-, Militär- und Wirtschaftspolitik abzielten, wünschte die slowakische Seite einen lockeren Staatenbund mit eigener Armee, Außenpolitik und Währung bei gleichzeitigem Erhalt der tschechischen

---

368 Vgl.: Dyba, Svejnar (1994): S. 100 und S. 104-113; Aghevli, Borensztein, Willigen (1992): S. 20 f.

369 Vgl.: Klett, Riegert (1993): S. 19 f.

370 Vgl.: Heady, Rajah, Smith (1994): S. 71 f.

371 Vgl.: Heady, Rajah, Smith (1994): S. 76-79.

372 Vgl.: Kosta (1994): S. 168-171.

Transferleistungen zugunsten der unterentwickelten Slowakei. Hierauf mochte sich die tschechische Führung unter Václav Klaus nicht einlassen; sie strebte nun im Einvernehmen mit Vladimir Meciar eine Zwei-Staaten-Lösung an.[373]

4.2.1.4 Slowakische Republik: schwieriger Anpassungsprozeß nach der staatlichen Trennung

Die von Ministerpräsident Vladimir Meciar getragene Politik, die trotz des vorangegangenen Mißtrauensvotums in den Parlamentswahlen vom Herbst 1994 die Bestätigung der Wählermehrheit erhielt, ist stärker gradualistisch ausgerichtet als im tschechischen Nachbarland. Diese Politik führte zu Verzögerungen des Reformprozesses wie beispielsweise die Einstellung der Massenprivatisierung Mitte 1995. Auch eskalierte im August 1995 der lange Zeit schwelende Streit zwischen Meciar und dem Staatspräsidenten Kovacs, der zum Parteiausschluß von Kovacs aus der regierenden nationalen Partei führte.[374] Neben der politischen Instabilität des Regierungsbündnisses und den wachsenden Spannungen mit der bedeutenden ungarischen Minderheit belastet die Regierungspolitik die Wirtschaftsentwicklung durch das relativ hohe Haushaltsdefizit.[375]

Die Industriestruktur der slowakischen Republik ist aufgrund der späten Industrialisierung nach Machtübernahme der Kommunisten im Jahre 1948 zu einem erheblichen Maße durch die Schwer- und Rüstungsindustrie sowie die chemische Industrie geprägt. Diese vorwiegend Halbwaren produzierenden, energieintensiven Industriezweige erschweren die Umorientierung des Außenhandels, führen zur Abhängigkeit von russischen Energielieferungen und belasten den Anpassungsprozeß.[376]

Die wirtschaftliche Lage der Slowakei stellt sich jedoch weitaus günstiger dar, als eine Betrachtung der Regierungspolitik in Bratislava erwarten ließe. Trotz der im Vergleich zu Tschechien größeren Umstellungsprobleme kommt dem Land der sehr erfolgreiche Reformprozeß vor der staatlichen Trennung und die daraus resultierende hohe makroökonomische Stabilität zugute.[377] Die wichtigsten Reformvorhaben wurden genauso planmäßig fortgesetzt wie in Tschechien. Darüber hinaus ist die ererbte Auslandsverschuldung, die 1993 33 % des Bruttoinlandsprodukts umfaßte, vergleichsweise gering.[378]

---

373 Vgl.: Kosta (1994): S. 177-180.

374 Vgl.: Holz (1995a): S. 238 f.

375 Vgl.: Fisher (1994): S. 60 f; Holz (1995b): S. 242.

376 Vgl.: World Bank (1994a): S. 2 f.

377 Vgl.: World Bank (1994a): S. 1.

378 Vgl.: Kosta (1994): S. 181 f; World Bank (1994a): S. 5.

Schwierig stellte sich zunächst die Neuorientierung des Exports auf die Märkte in den OECD-Ländern dar, doch konnte auch dieser Wandel bewältigt werden.[379] Im ersten Jahr der Trennung schnellten die Importe, zumeist von Konsumgütern, in die Höhe, während die Exporte zurückgingen.[380] Diese im Vergleich zu Tschechien entgegengesetzte Entwicklung entstand, weil bei fixiertem Wechselkurs der Krone die Inflation nicht unter Kontrolle gebracht wurde und dadurch die Währung real stark aufwertete. Die Regierung reagierte mit einer Währungsabwertung und einer Sondersteuer auf Importe. Seit 1994 erwirtschaftet das Land hohe Außenhandelsüberschüsse, wobei die Exportwirtschaft zum Wachstumsmotor wird. Mit Beginn des Jahres 1996 kann deshalb auch die 10 %ige Importsonderabgabe wieder schrittweise abgebaut werden.[381]

Nachdem die Wirtschaftsleistung 1993 noch zurückging, konnte das Wachstum von 1994 diesen Rückgang schon wieder kompensieren. Für die kommenden Jahre sind die Wachstumsaussichten recht günstig. Problematisch bleibt allerdings die im Vergleich zu Tschechien hohe Arbeitslosigkeit, die sich bei etwa 15 % stabilisiert hat. Das Defizit des Staatshaushalts ist leicht rückläufig und wird sich voraussichtlich 1995 und 1996 bei rund 4 % des Bruttoinlandsprodukts einpendeln. Damit geht von der Finanzpolitik ein relativ geringer Druck auf die Inflationsrate aus, die auf rund 10 % abgesunken ist.[382]

Slowakische Republik	**1990**	**1991**	**1992**	**1993**	**1994**	**95^S)**
BIP-Veränderung in konstanten Preisen	-0,4^1)	-14,5	-6,4	-4,1	4,8	6,6
Inflation der Konsumentenpreise im Jahresendvergleich	18,4^1)	58,3	9,1	25,1	11,7	7,2
Saldo des Staatshaushalts in % des BIP	0,1^1)	-2,0^1)	-12,8^1)	-7,6	-1,4	0,0
Staatsausgaben in % des BIP	60,1^1)	54,2^1)	63,8^1)	55,7	52,8	53,0
Handelsbilanzsaldo (in Mrd. US-$)	-0,8^1)	-0,4^1)	-0,7^1)	-0,9	0,1	0,1
Leistungsbilanzsaldo (in Mrd. US-$)	-1,1^1)	0,4^1)	0,2^1)	-0,4	0,7	0,3
Arbeitslosenquote	1,5	11,8	10,3	14,4	14,8	13,1

Tabelle 4-12: Statistisches Profil Slowakische Republik.
Quelle: European Bank for Reconstruction and Development (1996): S. 43; 1) Diese Angaben gelten für die Tschechoslowakei; S) Schätzung.

379 Vgl.: Okáli (1994): S. 98; Ufer (1995): S. 15.
380 Vgl.: Ufer (1995): S. 10 f.
381 Vgl.: Holz (1995b): S. 242.
382 Vgl.: Holz (1995b): S. 241 f.

4.2.1.5 Indikatorenbildung zur Reformpolitik in der Slowakischen Republik

Die weitgehende Preisliberalisierung in der Tschechoslowakei vom 1. Januar 1991 erstreckte sich auf 85 % der Preise. Unter staatlicher Kontrolle verblieben lediglich Wohnungsmieten, Energiepreise und Tarife des öffenlichen Verkehrs. Heute sind in der Slowakischen Republik weniger als 10 % der Preise kontrolliert, darunter Tarife der öffentlichen Versorgungsgüter, Öl und einige Chemieprodukte. Für die Slowakische Republik gebildete Indikatoren zur Preispolitik sind in der ersten Zeile der Tabelle 4-13 zusammengestellt. Die den übrigen Indikatoren zugrundeliegende Politik wird nachfolgend erläutert.

Indikator	1990	1991	1992	1993	1994	1995
Preispolitik	1	4	4	4	4	4
Lohn- und Zinspolitik	3	3	4	4	4	5
Kleine Privatisierung	1	4	4	5	6	6
Große Privatisierung	1	2	4	4	4	4
Wettbewerbspolitik	1	3	3	4	5	5
Offenheitsgrad des Außenhandels	1	4	4	5	5	5
Investitionsbedingungen für Ausländer	1	3	3	4	4	4
Steuersystem	1	2	2	4	4	5
Politische Stabilität	3	4	4	4	4	4

Tabelle 4-13: ***Indikatoren zu Reformen in der Slowakischen Republik.***

Zur Bekämpfung der Inflation waren Lohnsteigerungen durch ein Abkommen zwischen Regierung, Arbeitgebern und Gewerkschaften bis Ende 1992 begrenzt. Ende 1994 wurden die letzten verbliebenen Beschränkungen aufgehoben. Die Zinsen der Geschäftsbanken waren schon seit April 1992 von Staatseingriffen befreit. Die Diskontrate der Zentralbank entsprach Mitte 1995 in etwa der Inflationsrate, womit am Markt real positive Kreditzinsen vorlagen.[383]

Mit dem Verkauf von 10.000 Betrieben konnte die „kleine“ Privatisierung noch vor der staatlichen Trennung zum 31. Dezember 1992 planmäßig beendet werden. Für die „große“ Privatisierung mußten die Unternehmen selbst sowie potentielle Investoren oder Investmentfonds Pläne für Privatisierungsprojekte vorlegen. Diese mußten die angestrebte Privatisierungsmethode, vorgesehene

[383] Vgl.: EBRD (1995): S. 57.

Restrukturierungsmaßnahmen und geplante Investitionen aufzeigen. Das Privatisierungsministerium entschied sodann über die Privatisierungsmethode. Die Privatisierung konnte einerseits über die öffentliche Plazierung und Ausschreibung oder durch Direktverkäufe erfolgen, andererseits konnten Unternehmen auf Auktionen im Austausch gegen Voucher übergeben werden.[384]

In der ersten Privatisierungsrunde, die in der Zeit vom Mai 1992 bis Mitte 1993 verlief, gingen in der Slowakischen Republik 750 Unternehmen in Privateigentum über. Etwa die Hälfte der Unternehmensanteile wurden gegen Voucher verteilt. Die zweite Runde der Massenprivatisierung begann erst verspätet Ende 1994 mit der Verteilung von Kupons. Mitte 1995 stellte die Regierung sie vorzeitig ein. Das neue Privatisierungsgesetz sieht in erster Linie den Verkauf von Unternehmen vor, wobei „Management-" und „Employee-buy-outs" im Vordergrund stehen. Die Rechte von Investmentfonds wurden stark eingeschränkt: Deren Stimmrechte auf Aktionärsversammlungen sind derart beschränkt, daß sie keine Kontrolle über das Management ausüben können. Rund zwanzig Unternehmen von staatlichem Interesse und vierzig sogenannte „strategische" Unternehmen bleiben ganz oder zu einem erheblichen Teil in staatlichem Besitz.[385] Der wachsende Privatsektor umfaßte Mitte 1995 rund 40.000 Betriebe.

Die Restrukturierung von Unternehmen liegt bei den privaten Investoren, die durch knappe Kreditvergabe und das neue Konkursgesetz vom Juni 1993 dazu gezwungen sind. 1.100 Konkursverfahren wurden 1995 angestrengt, die bis zur Jahresmitte für 53 Unternehmen in der Liquidation endeten. Das Wettbewerbsgesetz von 1991 erfuhr im Oktober 1993 eine Angleichung an die Rechtsnormen der Europäischen Union.[386]

Im Außenhandel wurden quantitative Beschränkungen bereits 1991 nahezu vollständig beseitigt. Die durchschnittlichen Importzölle betragen in der Slowakischen Republik lediglich 6 %, doch darüber hinaus wird seit März 1994 auf Konsumgüterimporte eine 10 %ige Sonderabgabe erhoben, die ab Januar 1996 auf 7,5 % gesunken ist.[387] Seit Dezember 1994 ist das Land Mitglied der WTO, und das „Europa-Abkommen" mit der EU ist am 1. Februar 1995 vollständig in Kraft getreten. Die volle Leistungsbilanzkonvertibilität der Krone war seit 1991 gesichert, und mit der jüngsten Gesetzesänderung vom 1. Oktober 1995 wurden weitere Schritte in Richtung Zahlungsbilanzkonvertibilität unternommen. Die Slowakische Krone ist fest an einen Währungskorb gekoppelt, der sich zu 60 % aus D-Mark und 40 % aus US-$ zusammensetzt.[388]

---

384 Vgl.: Henzler (1994): S. 97-111.

385 Vgl.: Holz (1995b): S. 239 f; EBRD (1995): S. 57.

386 Vgl.: EBRD (1995): S. 57.

387 Vgl.: Holz (1995b): S. 245.

388 Vgl.: EBRD (1995): S. 57.

Ausländische Direktinvestitionen bleiben trotz verschiedener Steuererleichterungen in der Slowakei bislang gering. Die sprunghafte Wirtschaftspolitik der Regierung Meciar, die schleppende Privatisierung, bürokratische Hemmnisse, Mängel der Infrastruktur und Rechtsunsicherheit sind für die geringe Attraktivität des Standortes verantwortlich.[389] Ausländische Investoren können sich in allen Wirtschaftsbereichen betätigen und slowakische Unternehmen vollständig erwerben. Der Grunderwerb bleibt ihnen aber verwehrt. Auf Gewinne, die frei transferiert werden können, fallen 40 % Körperschaftssteuer an.[390]

Anfang 1993 trat in der Slowakei, ebenso wie in der Tschechischen Republik, eine umfassende Steuerreform in Kraft, die Körperschaftssteuern, Mehrwertsteuern und progressive Einkommensteuern einführte.[391] Im Juli 1995 wurde die Mehrwertsteuer auf 25 % (zuvor 23 %) angehoben. Die Körperschaftssteuer wurde im Januar 1994 auf 40 % (zuvor 45 %) und die Einkommensteuer auf maximal 42 % (zuvor 47 %) gesenkt. Für die Sozialversicherung zahlen Arbeitgeber 38 % und Arbeitnehmer 12 % des Lohnes.[392]

4.2.1.6 Tschechische Republik: liberales Musterland im Transformationsprozeß

Seit der friedlichen Trennung Tschechiens von der Slowakei zur Jahreswende 1992/93 führte die Regierung von Ministerpräsident Václav Klaus die Reformpolitik der Tschechoslowakei konsequent fort. Die in Kapitel 4.2.1.3 skizzierte Politik konnte mit der Eigenstaatlichkeit teilweise noch beschleunigt werden. Dieses betonte zumindest die tschechische Regierung, die sich seither frei von Behinderungen der Föderalregierung sah. Doch folgte die praktizierte Wirtschaftspolitik häufig nicht der liberalen Rhetorik vom „Markt ohne Attribut“, wie Václav Klaus sie prägte. Um den sozialen Rückhalt für die Reformen zu erhalten, waren pragmatische Markteingriffe nicht tabu. Preisanhebungen für Wohnungen, Verkehrstarife und Energie wurden verzögert, Konkursverfahren nicht konsequent bzw. überhaupt nicht durchgeführt und der Strukturwandel in der Schwer- und Rüstungsindustrie gebremst.[393]

Dennoch durchlief die Tschechische Republik in den vergangenen Jahren einen sehr zügigen Strukturwandel, der auch vom erfolgreichen Abschluß der

389 Vgl.: Holz (1995b): S. 243.
390 Vgl.: FAZ-Informationsdienste (1995): S. 22 f.
391 Vgl.: Heady, Rajah, Smith (1994): 72 f.
392 Vgl.: EBRD (1995): S. 58.
393 Vgl.: Kosta (1994): S. 180.

zweiten Privatisierungswelle profitierte.[394] In dieser Runde spielte die Voucher-Privatisierung gegenüber traditionellen Verkaufsverfahren eine geringere Rolle. Seit März 1995 verfügt das Land über den bedeutendsten Privatsektor in Mittel- und Osteuropa, der etwa 70 bis 80 % des BIP erstellt.[395] Wichtiger Stabilitätsanker des Reformprozesses blieb der ausgeglichene Staatshaushalt, der durch den Wegfall von Subventionen zugunsten der Slowakei von bis zu einer Milliarde US-$ zusätzlich begünstigt wurde.[396]

Im Laufe des Jahres 1993 stabilisierte sich die wirtschaftliche Situation, womit ein weiterer Rückgang der Wirtschaftsleistung ausblieb. Getragen vom Privatsektor, wächst die Wirtschaft seit 1994 wieder. Die Wachstumsaussichten für 1995 und 1996 sind mit 4 bzw. 5 % Wachstum weiterhin günstig. Zugleich vollzieht sich ein rascher Wandel zur Dienstleistungsgesellschaft. Noch stagniert die landwirtschaftliche Produktion, deren Anteil am BIP weniger als 10 % beträgt, doch die Industrieproduktion konnte 1995 schon um 8 % zulegen. Der Aufschwung zeigt sich bereits am Arbeitsmarkt mit einer Arbeitslosenquote von 2,8 % Mitte 1995.[397] Diese außergewöhnlich geringe Arbeitslosigkeit ist auf die Besonderheiten der tschechischen Arbeitsmarktpolitik zurückzuführen, die eine aktive Arbeitsmarktpolitik mit sehr geringen Anreizen zur Arbeitslosigkeit verknüpft.[398]

In der Geldpolitik droht die Tschechische Republik zum Opfer des eigenen Erfolges zu werden. Die erfolgreiche Transformation zur Marktwirtschaft mit einem im mittel- und osteuropäischen Vergleich beispiellosen Privatisierungsfortschritt machen das Land zu einem sehr attraktiven Investitionsstandort. Doch die wachsenden Devisenzuflüsse erhöhen die umlaufende Geldmenge und gefährden auf diese Weise die Preisstabilität. Die tschechische Regierung wird möglicherweise gezwungen sein, die volle Zahlungsbilanzkonvertibilität der Krone herzustellen. Weil dieses eine unabweisliche Währungsaufwertung befürchten ließe, die der dynamischen Exportwirtschaft schaden könne, wird dieser Schritt möglichst hinausgezögert. Schon jetzt zeichnen sich wachsende Handelsbilanzdefizite ab, die aber bislang nicht dramatisch sind, weil die Leistungsbilanz ausgeglichen ist. Außerdem dominieren die Importe von Investitionsgütern und Vorprodukten mit je einem Drittel des Importvolumens.[399] Der erfolgreiche tschechische Reformprozeß hat sich auch in den Außenbeziehun-

394 Vgl.: Raiser (1994): S. 7 f.
395 Vgl.: Holz (1995a): S. 266 f.
396 Vgl.: Klett, Riegert (1993): S. 21.
397 Vgl.: Holz (1995a): S. 268.
398 Vgl.: Raiser (1994): S. 12-14.
399 Vgl.: Holz (1995a): S. 270.

gen niedergeschlagen. Am 21. Dezember 1995 erlangte das Land als erstes in Mittel- und Osteuropa die Mitgliedschaft in der OECD.[400]

Tschechische Republik	1990	1991	1992	1993	1994	95[S)]
BIP-Veränderung in konstanten Preisen	-0,4[1)]	-14,2	-6,4	-0,9	2,6	5,2
Inflation der Konsumentenpreise im Jahresendvergleich	18,4[1)]	52,0	12,7	18,2	10,2	7,9
Saldo des Staatshaushalts in % des BIP	0,1[1)]	-2,0[1)]	-3,3[1)]	0,5	1,3	1,0
Staatsausgaben in % des BIP	60,1[1)]	54,2[1)]	52,8[1)]	48,5	49,0	-
Handelsbilanzsaldo (in Mrd. US-$)	-0,8[1)]	-0,4[1)]	-1,0	-0,3	-0,4	-3,8
Leistungsbilanzsaldo (in Mrd. US-$)	-1,1[1)]	0,4[1)]	-0,6	0,1	-0,1	-1,9
Arbeitslosenquote	0,8[1)]	4,1	2,6	3,5	3,2	2,9

Tabelle 4-14: ***Statistisches Profil Tschechische Republik.***
Quelle: European Bank for Reconstruction and Development (1996): S. 30; [1)] Diese Angaben gelten für die Tschechoslowakei, Handels- und Leistungsbilanzdaten schließen Handel mit Slowakei aus; [S)] Schätzung.

4.2.1.7 Indikatorenbildung zur Reformpolitik in der Tschechischen Republik

Nach der umfangreichen Preisliberalisierung der Tschechoslowakei zum 1. Januar 1991, die im selben Jahr von weiteren Preisfreigaben gefolgt war, blieben lediglich 5 % der Preise unter staatlicher Kontrolle. Wohnungsmieten, Energiepreise und Tarife des öffentlichen Verkehrs blieben von der Liberalisierung ausgeschlossen. Im Juli 1995 wurden die staatlich regulierten Wohnungsmieten jedoch um 22-30 % angehoben. Diese zögerliche Preispolitik schlägt sich in der Indikatorbildung nieder, die in Tabelle 4-15 für Tschechien zusammengefaßt ist. Des weiteren werden die Hintergründe der weiteren Indikatoren knapp erläutert, ohne daß im einzelnen auf die Indikatoren verwiesen wird.

Zur Bekämpfung der Inflation waren Lohnsteigerungen durch ein Abkommen zwischen Regierung, Arbeitgebern und Gewerkschaften begrenzt. Obwohl bis Ende 1992 befristet, wurde diese Beschränkung für Unternehmen mit mehr als 25 Beschäftigten weiterhin aufrechterhalten. Erst im Juli 1995 wurden die Lohnkontrollen endgültig beseitigt. Im Vergleich zur Arbeitsmarktpolitik wurden

400 Vgl.: OECD (1996a): S. 10.

die Kapitalmärkte früher liberalisiert. Die Zinsen der Geschäftsbanken waren schon seit April 1992 von allen Beschränkungen befreit.[401]

Indikator	**1990**	**1991**	**1992**	**1993**	**1994**	**1995**
Preispolitik	1	4	4	4	4	5
Lohn- und Zinspolitik	3	3	4	4	4	5
Kleine Privatisierung	1	4	4	5	6	6
Große Privatisierung	1	2	4	4	5	5
Wettbewerbspolitik	1	3	3	4	5	5
Offenheitsgrad des Außenhandels	1	4	4	6	6	6
Investitionsbedingungen für Ausländer	1	3	3	4	5	5
Steuersystem	1	2	2	4	5	5
Politische Stabilität	3	4	4	6	6	6

Tabelle 4-15: ***Indikatoren zu Reformen in der Tschechischen Republik.***

Die Privatisierung kleiner Unternehmen fand noch vor der Trennung von der Slowakei zum 31. Dezember 1992 ihr planmäßiges Ende. Innerhalb von zwei Jahren wurden im tschechischen Landesteil 22.000 Betriebe auf öffentlichen Auktionen verkauft.[402] Die Privatisierung großer Staatsunternehmen erfolgte, wie bereits in Kapitel 4.2.1.3 angedeutet, in zwei Wellen. Die Unternehmen selbst sowie potentielle Investoren, Investmentfonds oder Beratungsunternehmen waren ebenso wie in der Slowakei aufgefordert, den für die Privatisierung zuständigen Ministerien Privatisierungsprojekte vorzulegen, die die beabsichtigte Privatisierungsmethode, vorgesehene Restrukturierungsmaßnahmen und geplante Investitionen enthalten. Im Privatisierungsministerium, bereits vor der Trennung auch im föderalen Finanzministerium, wurde sodann über die Zulassung der konkurrierenden Projekte und über die Privatisierungsmethode befunden. Die Privatisierung konnte einerseits über die öffentliche Plazierung und Ausschreibung oder durch Direktverkäufe erfolgen, andererseits konnten Unternehmen auf Auktionen im Austausch gegen Voucher übergeben werden.[403]

In der ersten Privatisierungsrunde vom Frühsommer 1992 bis Mitte 1993, die in Tschechien 1.900 Unternehmen umfaßte, überwog noch die Voucher-Methode, während in der zweiten Runde mit 2.000 Betrieben der Verkauf vorherrschte. Anteile an den beim Staat verbliebenen Unternehmen werden seither

401 Vgl.: EBRD (1995): S. 40.
402 Vgl.: EBRD (1995): S. 39.
403 Vgl.: Henzler (1994): S. 97-111.

schrittweise verkauft, wobei sich die Regierung vermehrt ausländische Beteiligungen erhofft.[404] Der Privatsektor ist darüber hinaus durch Neugründungen dynamisch gewachsen und umfaßt heute knapp 1,2 Mio. Betriebe, deren Zahl in den letzten zwei Jahren allerdings leicht zurückging.

Die Wettbewerbssituation verbesserte sich durch einen strikten Subventionsabbau und knappe Kreditvergabe, die Liberalisierung von Importen sowie durch Fortschritte bei der Privatisierung und Restrukturierung. Das im April 1993 reformierte Konkursgesetz setzt relativ hohe Hürden, weshalb bislang erst 600 Firmen in Konkurs gingen. Das Problem „schlechter" Kredite wurde zum Teil durch Schuldenerlasse gelöst.[405] Das Wettbewerbsgesetz von 1991 erfuhr im November 1993 eine Verschärfung, wobei es weiter an die Rechtsnormen der Europäischen Union angeglichen wurde. In den 1994 durchgeführten kartellrechtlichen Verfahren wurden relativ hohe Strafen verhängt.[406] Dennoch verfügen die ehemaligen staatlichen Monopolbetriebe noch über erhebliche Marktmacht. Die wichtigste Hürde der Monopolkommission stellt der Mangel an potentiellen Wettbewerbern dar.

Quantitative Beschränkungen des Außenhandels wurden bereits 1991 nahezu vollständig beseitigt. Das tschechische Außenhandelssystem ist mit durchschnittlichen Importzöllen von 5 % und ohne sonstige Hürden weitgehend liberalisiert. Ein 10%iger Importzuschlag auf Konsumgüter wurde zum Jahresbeginn 1993 abgeschafft.[407] Mit der Slowakischen Republik existiert eine Zollunion. Zollpräferenzen gelten gegenüber der EU, der CEFTA und der EFTA.[408] Seit Dezember 1994 ist das Land auch Mitglied der WTO, und das „Europa-Abkommen" mit der EU ist seit dem 1. Februar 1995 vollständig in Kraft. Die volle Leistungsbilanzkonvertibilität der tschechischen Krone war seit 1991 gesichert. Seit der jüngsten Gesetzesänderung vom 1. Oktober 1995 ist auch eine weitgehende Zahlungsbilanzkonvertibilität möglich. Allerdings versucht die Zentralbank, den Kapitalzufluß zu beschränken, indem sie eine Sondersteuer von 0,25 % auf Devisentransaktionen erhebt und den einheimischen Banken keine unbegrenzte Verschuldung im Ausland zugesteht. Devisenzuflüsse sind ein Problem für die Geldwertstabilität, weil die tschechische Krone fest an einen Währungskorb aus D-Mark (65 %) und US-$ (35 %) gekoppelt ist.[409]

Ausländische Investoren sind Inländern weitgehend gleichgestellt. Individuelle Vergünstigungen sind durch lokale Behörden möglich. Ausländer können sich in allen Wirtschaftsbereichen betätigen und tschechische Unternehmen

---

404 Vgl.: Holz (1995a): S. 267; EBRD (1995): S. 39.

405 Vgl.: Raiser (1994): S. 16-20.

406 Vgl.: EBRD (1995): S. 39.

407 Vgl.: Kosta, Neustadt (1994): S. 63.

408 Vgl.: Handl, Konecny (1995): S. 127.

409 Vgl.: EBRD (1995): S. 39 f.

vollständig erwerben. Allerdings dürfen Ausländer kein Land direkt besitzen, jedoch ist dieses Unternehmen tschechischen Rechts möglich, so daß sich über diesen Weg Grund erwerben läßt. Gewinne sind mit einer 41 %igen Körperschaftssteuer belegt und können frei transferiert werden.[410]

Anfang 1993 trat eine umfassende Steuerreform in Kraft, die 45 % Körperschaftssteuer, 23 % bzw. für bestimmte Produkte ermäßigt 5 % Mehrwertsteuern, progressive Einkommensteuern von 15-47 % und verschiedene Verbrauchsteuern vorsah.[411] Anfang 1995 wurde die Mehrwertsteuer auf 22 %, die Körperschaftssteuer auf 41 % und die Einkommensteuer auf maximal 43 % gesenkt. Weitere Steuersenkungen verabschiedete das Parlament mit Wirkung vom 1. Januar 1996. Für die Sozialversicherung zahlen Arbeitgeber 37 % und Arbeitnehmer 13 % des Lohnes.[412]

4.2.1.8 Ungarn: Günstige Ausgangsbedingungen erlaubten „graduellen" Reformprozeß

Die herausragenden Schwierigkeiten mit den seit 1993 sprunghaft angestiegenen Defiziten im Staatshaushalt und in der Leistungsbilanz täuschen leicht über die guten Reformerfolge in Ungarn hinweg. Die Transformation zur Marktwirtschaft ist in Ungarn heute sehr weit fortgeschritten. Dabei konnte das Land bereits 1989 als einziges in Mittel- und Osteuropa auf eine lange Reformtradition zurückblicken, die mit der Einführung des „Neuen Ökonomischen Mechanismus" 1968 begann.[413] Bereits damals wurde das System der Kommandowirtschaft durch eine indirekte Wirtschaftslenkung ersetzt.[414] Schrittweise erfolgte die Anpassung der relativen Preise an Weltmarktpreisrelationen. Die Unternehmen erhielten Mitte 1985/86 durch eine Reform der Eigentumsrechte größere Autonomie. Kleine Privatunternehmen durften seither gegründet werden.[415] Einen bedeutenden Schub erfuhren die Reformen 1988 mit einer umfassenden Steuerreform, in deren Zuge eine dreistufige Mehrwertsteuer sowie eine einheitliche Lohn- und Einkommensteuer eingeführt wurde. Ein neues Körperschaftsgesetz erlaubte die Umwandlung von Unternehmen in Aktiengesellschaften. Mit der Trennung der Notenbank von den Geschäftsbanken entstand ein zweistufiges Bankensystem. Die Liberalisierung des Außenhan-

---

410 Vgl.: Schulz (1993): S. 44 f; FAZ-Informationsdienste (1995): S. 22 f.
411 Vgl.: Heady, Rajah, Smith (1994): S. 72 f.
412 Vgl.: EBRD (1995): S. 40.
413 Vgl.: Dervis, Condon (1994): S. 125.
414 Vgl.: Kornai (1986): S. 1693.
415 Vgl.: Révész (1990): S. 108-120.

dels sorgte für die Überwindung getrennter Inlands- und Auslandspreise.[416] Infolge stabiler makroökonomischer Politik und liberaler Preisbildung gab es keine zurückgestaute Inflation mit einem hohen Geldmengenüberhang wie beispielsweise in Polen.[417] Zu den problematischen Hinterlassenschaften der Ungarischen Sozialistischen Arbeiterpartei, deren Einparteienherrschaft Anfang 1989 endete, gehört jedoch die mehrjährige Stagnation der Wirtschaft, die wachsende Inflation und eine sehr hohe Auslandsverschuldung. Der Schuldendienst für die Auslandsschuld von 21,5 Mrd. US-$ brachte das Land 1990 nahe an eine Liquiditätskrise. Bezogen auf das Bruttoinlandsprodukt und die Hartwährungsexporte, gehörte Ungarn zu den am höchsten verschuldeten Ländern der Welt. Dennoch blieb die internationale Kreditwürdigkeit durch den pünktlichen Schuldendienst erhalten.[418] Insgesamt verfügte Ungarn über sehr günstige Ausgangsbedingungen für die Fortsetzung marktwirtschaftlicher Reformen.

Auf Basis dieser relativ stabilen Ausgangssituation konnte die 1990 gewählte konservative Regierung unter dem Vorsitz von Józef Antall den Reformprozeß fortführen. Eine radikale Liberalisierungs- und Stabilisierungspolitik wie in Polen war nicht notwendig. Vielmehr strebte die Regierung weitere graduelle Reformschritte zur flexibleren und produktiveren Gestaltung der Wirtschaft an. Die wirtschaftpolitischen Ziele bestanden in der Beseitigung der Dominanz der Staatswirtschaft durch Privatisierung und Senkung von Markteintrittsbarrieren, in der Förderung ausländischer Direktinvestitionen und in der Stärkung der Unternehmenskontrolle durch Reform des Konkurs- und Bankenrechts.[419] Gegner dieser Reformpolitik sahen in der weitgehenden Außenhandelsliberalisierung, der umfangreichen Preisfreigabe und den Subventionskürzungen dennoch eine versteckte Schock-Therapie („Hidden Shock Therapy").[420] Dabei begannen wichtige Reformvorhaben wie die Privatisierungspolitik nur sehr schleppend.[421]

Mit dem Aufbau einer unabhängigen Zentralbank, der Konsolidierung des Finanzsystems, der Verabschiedung eines wirksamen Konkursrechtes, der beginnenden Privatisierung und der Etablierung eines bedeutenden Privatsektors konnten wichtige Reformziele der konservativen Regierung erreicht werden.[422] Der dynamisch wachsende Privatsektor, der 1994 mehr als die Hälfte des Bruttoinlandsprodukts erstellte, und die in Ungarn seit 1992 relativ konsequent eingeleiteten Unternehmenskonkurse trugen entscheidend zu einer Härtung der

---

416 Vgl.: Bauer (1991): S. 18 f; Révész (1990): S. 144-151.

417 Vgl.: Oblath (1994): S. 16 f.

418 Vgl.: Dervis, Condon (1994): S. 126-128.

419 Vgl.: Okolicsanyi (1994a): S. 22.

420 Vgl.: Bakos (1994): S. 1192 f.

421 So konnten bis Mitte 1991 lediglich 200 von 9.000 Staatsbetrieben veräußert werden. Vgl.: Bauer (1992): S. 296.

422 Vgl.: Kopits (1994): S. 31.

weichen Budgetrestriktionen bei.[423] Die politische und wirtschaftliche Annäherung an die Europäische Union erzielte mit dem Assoziierungsabkommen von 1994 und dem Beitrittsgesuch wichtige Fortschritte.[424] Infolge der Reorientierung des Außenhandels liefert das Land seit 1993 mehr als die Hälfte seiner Exporte in die Europäische Union,[425] wobei Deutschland der mit Abstand wichtigste Handelspartner ist.[426] Besonders erfolgreich war die Regierung in der Schaffung attraktiver Investitionsbedingungen. Mehr als die Hälfte aller Direktinvestitionen in Mittel- und Osteuropa flossen nach Ungarn.[427]

Die Kehrseiten der ungarischen Wirtschaftspolitik zeigen sich in der weiterhin hohen Inflation, der stark angestiegenen Arbeitslosigkeit und dem massiven Produktionsrückgang. Besonders problematisch sind die seit 1993 auftretenden Defizite im Staatshaushalt und in der Leistungsbilanz.[428] Die Umstrukturierung auf Unternehmensebene führte zu Steuerausfällen, denen keine Reduktion staatlicher Leistungen gegenüberstand. Auf der Ausgabenseite stellt das reformbedürftige Sozialversicherungssystem eine besondere Belastung dar.[429] Die anhaltende Inflation wurde nicht von entsprechenden Währungsabwertungen begleitet, so daß die reale Aufwertung des Forint entscheidend zur Leistungsbilanzverschlechterung beitrug.[430]

Die wichtigste Aufgabe der im Mai 1994 gewählten Koalitionsregierung aus der Sozialistischen Partei und dem Bund der Freien Demokraten, die über 72 % der Sitze im Parlament verfügt, ist die Rückführung der Defizite.[431] Dabei belasten sowohl das hohe Zinsniveau infolge des Haushaltsdefizits als auch gebotene Stabilisierungsmaßnahmen zu dessen Reduzierung die erst seit kurzem wieder wachsende Wirtschaft. Die Stabilitätsorientierung der Regierung des Ministerpräsidenten Gyula Horn kommt deutlich im Austeritätspaket von 1995 zum Ausdruck. Um das Haushaltsdefizit auf 3 % des BIP zu senken, waren Einschnitte in den Sozialausgaben, Stellenkürzungen im öffentlichen Dienst und erhöhte Steuereinnahmen durch einen Importzuschlag sowie die Verbesserung der Steueradministration vorgesehen. Eine schrittweise Abwertung des Forints, ein Importzuschlag von 8 % und die Aufhebung des Umtauschzwangs für Devisenerlöse aus dem Export bildeten Sofortmaßnahmen zur Verminderung des Leistungsbilanzdefizits. Begleitet wurden diese stabilitätspolitischen Maßnahmen von Begrenzungen der Lohnsteigerung in Staatsbetrieben und öffent-

---

423 Vgl.: Kornai (1995): S. 22 f; Buch, Funke, Heinrich, Raiser (1994): S. 123.
424 Vgl.: Inotai (1995): S. 141 f.
425 Vgl.: Körösi (1994): S. 104.
426 Vgl.: Holz (1995c): S. 300.
427 Vgl.: Okolicsanyi (1994a): S. 24.
428 Vgl.: Kornai (1994): S. 9-40.
429 Vgl.: Klett (1995): S. 20.
430 Vgl.: Okolicsanyi (1994a): S. 23 f.
431 Vgl.: Okolicsanyi (1994b): S. 32 f.

lichen Verwaltungen. Administrierte Preise wurden zum 1. Januar 1995 um bis zu 65 % angehoben.

Seit Mai 1995 ist ein neues Privatisierunggesetz in Kraft, das zunächst eine Vereinigung der zwei bislang parallel existierenden Privatsierungsbehörden zu einer staatlichen Privatisierungs- und Vermögensverwaltungs-Gesellschaft (APV Rt.) vorsah. Eine beschleunigte Privatisierung soll den Anteil des Privatsektors am Bruttoinlandsprodukt bis 1997 auf 80 % steigern und mit den Privatisierungserlösen zur Sanierung des Staatshaushalts beitragen.[432] Auf eine Massenprivatisierung wie in Polen oder Tschechien wird Ungarn verzichten.

Eine erfolgreiche Stabilisierung der makroökonomischen Lage muß vorübergehend jedoch mit Reallohneinbußen und geringeren Wachstumsraten erkauft werden. Die strikte Stabilisierungspolitik war 1995 sehr erfolgreich. Das Haushaltsdefizit erreichte mit 134 Mrd. Forint weniger als die Hälfte des Vorjahresniveaus, und das Leistungsbilanzdefizit sank deutlich unter 3 Mrd. US-$. Zu diesen unerwartet guten Ergebnissen haben insbesondere die hohen Privatisierungserlöse von umgerechnet 3,3 Mrd. US-$ beigetragen.[433]

Ungarn	**1990**	**1991**	**1992**	**1993**	**1994**	**95[S)]**
BIP-Veränderung in konstanten Preisen	-3,5	-11,9	-3,0	-0,8	2,9	2,0
Inflation der Konsumentenpreise im Jahresendvergleich	33,4	32,2	21,6	21,1	21,2	28,3
Saldo des Staatshaushalts in % des BIP	0,4	-2,2	-5,5	-6,8	-8,3	-6,8
Staatsausgaben in % des BIP	53,5	54,3	61,6	62,2	62,1	56,1
Handelsbilanzsaldo (in Mrd. US-$)	0,3	0,2	0,0	-3,2	-3,6	-2,4
Leistungsbilanzsaldo (in Mrd. US-$)	0,1	0,3	0,3	-3,5	-3,9	-2,5
Arbeitslosenquote	2,5	8,0	12,7	12,6	10,9	10,4

Tabelle 4-16: ***Statistisches Profil Ungarn.***
Quelle: European Bank for Reconstruction and Development (1996): S. 34; [S)] Schätzung.

4.2.1.9 Indikatorenbildung zur Reformpolitik in Ungarn

Die schrittweise Liberalisierung der Preisbildung begann in Ungarn 1968. Dieses schlägt sich in Tabelle 4-17 schon für 1990 in relativ hohen Indikatorausprägungen der verschiedenen Indikatoren nieder. Umfangreiche Preisfrei-

432 Vgl.: Holz (1995c): S. 296 und S. 298.
433 Vgl.: Plan Econ (1996b): S. 1.

gaben wurden 1988 vorgenommen, womit sich bereits vor den demokratischen Reformen von 1989/90 etwa 80 % der Konsumgüterpreise am Markt bildeten. Seither wurde der Liberalisierungprozeß kontinuierlich fortgesetzt. Die letzten Lebensmittelpreise, die Benzinpreise und ein Teil der Energiepreise erhielten 1992 die Freigabe. Verbliebene staatliche Preiskontrollen für Teile der Energieträger, Wohnungsmieten und sonstige öffentliche Dienstleistungen umfaßten nur noch 7 % des Warenkorbs.[434] Elektrizitäts- und Gaspreise wurden im Januar und September 1995 erheblich angehoben und sollten auch 1996 weiter steigen, damit sie ab 1997 die vollen Bereitstellungskosten decken.[435]

Eingriffe in die Lohnbildung von Staatsunternehmen endeten 1993, doch nachdem die Reallöhne 1994 um etwa 6 % anstiegen, vereinbarte die Regierung mit den Gewerkschaften zur Inflationsbekämpfung für 1995 einen Reallohnrückgang von 5 % im staatlichen Sektor.[436] Staatliche Kontrollen der Einlagen- und Kreditzinsen der Geschäftsbanken wurden im Firmenkundengeschäft 1987 beseitigt. Seit 1991/92 sind auch die Zinskontrollen im Privatkundengeschäft aufgehoben.[437]

Indikator	**1990**	**1991**	**1992**	**1993**	**1994**	**1995**
Preispolitik	3	3	4	4	4	5
Lohn- und Zinspolitik	3	3	4	5	5	4
Kleine Privatisierung	2	3	5	5	6	6
Große Privatisierung	2	2	3	4	4	5
Wettbewerbspolitik	3	4	4	5	5	5
Offenheitsgrad des Außenhandels	3	4	4	4	5	5
Investitionsbedingungen für Ausländer	4	4	5	5	5	5
Steuersystem	4	4	4	4	4	5
Politische Stabilität	4	5	5	5	6	6

Tabelle 4-17: ***Indikatoren zu Reformen in Ungarn.***

Die Privatisierung erfolgt in Ungarn ausschließlich über den Verkauf von Unternehmen. Zunächst wurde 1990 die staatliche Treuhandanstalt (SPA–State Property Agency) gegründet und mit der Verwaltung der Staatsunternehmen betraut. Fehlende gesetzliche Regelungen führten zu einem sehr schleppenden Privatisierungsbeginn. Bis zu den 1992 in Kraft getretenen Privatisierungsgeset-

434 Vgl.: Kornai (1994): S. 24.
435 Vgl.: EBRD (1995): S. 44.
436 Vgl.: Klett (1995): S. 21.
437 Vgl.: EBRD (1995): S. 44.

zen erfolgten vorwiegend spontane Privatisierungen. Zumindest war die beginnende Privatisierung von rund 10.000 kleinen, aus den Staatsunternehmen ausgegliederten Betrieben im Zuge der Vorprivatisierung bis Oktober 1992 recht erfolgreich.[438] Auf dieser Basis konnte die kleine Privatisierung 1994 weitgehend abgeschlossen werden.[439]

Die aktive Privatisierung großer staatlicher Unternehmen durch die SPA begann erst im August 1992. Sie war beauftragt, die verbliebenen 1.848 Staatsbetriebe in Kapitalgesellschaften umzuwandeln. Weitere 189 Unternehmen, die längerfristig in staatlichem Besitz verbleiben sollten, wurden in eine neu gegründete Staatsholding (AV Rt.) eingebracht.[440] Bis April 1995 waren von 902 Unternehmen der SPA mindestens 50 % der Anteile verkauft, und 542 Betriebe befanden sich in der Liquidierung. Auch die Staatsholding veräußerte rund ein Drittel ihrer Vermögenswerte. Das Privatisierungsgesetz vom Mai 1995 vereinigte die zwei Privatisierungsagenturen, reduzierte die Zahl der im Staatsbesitz verbleibenden Betriebe und sah eine Beschleunigung des Privatisierungsprozesses vor.[441] Zahlreiche Neugründungen und die Privatisierung schufen einen Privatsektor, der Mitte 1995 mehr als 60 % des Bruttoinlandsprodukts erstellte.

Der Wettbewerb in der ungarischen Wirtschaft ist auf vielfältige Weise gut gesichert. Neben dem Subventionsabbau, der Außenhandelsöffnung und den Unternehmensneugründungen spielt auch das 1991 geschaffene und 1993 verschärfte Konkursrecht eine wichtige Rolle. Das Gesetz gegen Wettbewerbsbeschränkungen regelt seit 1990 die Arbeit der Anti-Monopol-Behörde, die allein 1994 in über 100 Fällen Geldstrafen verhängte.[442]

Die graduelle Liberalisierung des Außenhandels setzte sich auf Basis der in den 80er Jahren begonnenen Reformen 1989 mit dem Abbau von Lizenzen und Quoten für 40 % der Importgüter fort. Seit 1991 unterliegen weniger als 10 % der Einfuhren derartigen nichttarifären Handelshemmnissen. Im Agrarbereich wurden Anfang Januar 1995 quantitative Handelsbeschränkungen durch Zollanhebungen auf einen Durchschnittssatz von 37 % ersetzt. Mit hohen Importzöllen werden auch andere „sensible“ Produkte, wie beispielsweise Textilien, belegt. Seit dem 20. März 1995 lastet zudem auf nahezu allen Einfuhren eine 8 %ige Importsonderabgabe, die allerdings nur bis Mitte 1997 befristet sein soll. Die Währung ist für Leistungsbilanztransaktionen konvertierbar.[443] Ungarn ist Mitglied der WTO, verfügt über ein Assoziierungsabkommen mit der EU und hat Freihandelsabkommen mit den EFTA- sowie CEFTA-Staaten (Visegrad)

438 Vgl.: Reichl (1995): S. 38.
439 Vgl.: EBRD (1995): S. 44.
440 Vgl.: Reichl (1995): S. 38 f.
441 Vgl.: EBRD (1995): S. 44; Reichl (1995): S. 40 f.
442 Vgl.: EBRD (1995): S. 44.
443 Vgl.: EBRD (1995): S. 44.

und Slowenien geschlossen. Diese Abkommen verpflichten das Land zu weiteren Liberalisierungsschritten.[444]

Mit einer Halbierung der Körperschaftssteuer für reinvestierte Gewinne auf 18 % wurden die günstigen Rahmenbedingungen ausländischer Investoren 1995 weiter verbessert. Direktinvestitionen sind in nahezu allen Sektoren möglich, und ungarische Unternehmen können zu 100 % erworben werden. Zudem kommen Ausländer in den Genuß verschiedener zeitlich befristeter Zoll- und Steuervergünstigungen. Der Grunderwerb durch Ausländer ist zu Geschäftszwecken erlaubt. Der Gewinn- und Kapitaltransfer unterliegt keinen staatlichen Beschränkungen, und der Umtausch von Forint-Gewinnen ist problemlos.[445]

Mit der Einführung von Mehrwertsteuern und persönlichen Einkommensteuern im Jahre 1988 besaß Ungarn bereits frühzeitig ein marktkonformes Steuersystem. Rückgänge aus dem Unternehmenssteueraufkommen wurden durch zunehmende persönliche Steuern und Sozialversicherungsabgaben ersetzt. Jüngste Steuerreformen zielten auf eine Rückführung von Ausnahmeregelungen. Die progressive Einkommensteuer beträgt heute zwischen 25 % und 44 %, die Mehrwertsteuer 12 %, bzw. 25 %, und die Körperschaftssteuer wurde im Januar 1995 von 36 % auf 18 % gesenkt. Stattdessen wird nun für ausgeschüttete Gewinne eine zusätzliche Dividendensteuer von 23 % erhoben. Der Arbeitgeberanteil der Sozialversicherung wurde 1994 von 52,5 % auf 50,5 % und der Arbeitnehmeranteil von 12 % auf 11,5 % gesenkt.[446]

4.2.2 Heterogene Reformverläufe in Südosteuropa

4.2.2.1 Albanien: zügige Privatisierung der Landwirtschaft

Die revolutionären Umwälzungen in Albanien 1991 wurden von heftigen sozialen und politischen Unruhen begleitet. Weltweites Aufsehen erregte die Flucht von 40.000 Albanern nach Italien. Allein 1991 wechselten sich drei Regierungen ab, denn die im März in den ersten freien Wahlen gewählten ehemaligen Kommunisten mußten bereits zwei Monate später nach heftigen Streiks die Demokratische Partei an der Macht beteiligen. Kurz vor Jahresende brach die Koalition auseinander, wobei die Demokratische Partei den schleppenden Reformfortschritt beklagte.[447] Seit 1992 regierte die Demokratischen Partei.

---

444 Vgl.: Inotai (1995): S. 151.

445 Vgl.: FAZ-Informationsdienste (1995): S. 22 f; Holz (1995f): S. 302.

446 Vgl.: EBRD (1995): S. 45.

447 Vgl.: Blejer, Mecagni, Sahay, Hides, Johnston, Nagy, Pepper (1992): S. 53; Lösch (1993b): S. 98.

Das Jahr 1991 war für die ökonomische Transformation zur Marktwirtschaft ein verlorenes Jahr, denn die angestrebten graduellen Reformen der sozialistischen Regierung erschöpften sich in wenigen unkoordinierten und halbherzigen Reformmaßnahmen, deren Folge wachsende makroökonomische Ungleichgewichte und ein massiver Einbruch der Wirtschaftsleistung von über 25 % waren.[448] Ein umfassendes, vom IWF unterstütztes Reformprogramm wird seit dem 1. August 1992 von der derzeitigen Regierung umgesetzt. Erfolge zeigten die Stabilisierungspolitik und die Umgestaltung der Landwirtschaft, die in diesem agrarisch geprägten Land von überragender Bedeutung ist. Etwa 60 % der Bevölkerung lebten von der Landwirtschaft, die seit Ende 1993 zu über 90 % privatisiert ist und hauptsächlich zu den seit 1993 wieder positiven Wachstumsraten beiträgt.[449] Wachsende Probleme ergeben sich aus dem weitgehenden Zusammenbruch der Industrieproduktion,[450] der steigenden Arbeitslosigkeit und den beständigen Außenhandelsdefiziten. Die nahezu fünfzigjährige Isolation dieses ärmsten Landes Europas und die forcierte Industrialisierung unter kommunistischer Herrschaft belasten die heutige Wirtschaftsentwicklung.[451] Auch gerät die Regierung zunehmend unter Druck, nachdem sich einige Abgeordnete von der Demokratischen Partei abgespalten haben.[452]

Albanien	**1990**	**1991**	**1992**	**1993**	**1994**	**95^S)**
BIP-Veränderung in konstanten Preisen	-10,0	-27,7	-9,7	11,0	7,4	6,0
Inflation der Konsumentenpreise im Jahresendvergleich	0,0	104,0	237,0	31,0	15,8	6,0
Saldo des Staatshaushalts in % des BIP	-3,7	-44,0	-22,0	-16,0	-14,0	-13,0
Staatsausgaben in % des BIP	62,1	61,9	47,6	44,6	41,0	-
Handelsbilanzsaldo (in Mio. US-$)	-150	-308	-454	-490	-460	-439
Leistungsbilanzsaldo (in Mio. US-$)	-122	-213	-101	-70	-146	-21
Arbeitslosenquote	7,6	11,7	30,3	22,4	19,5	13,0

Tabelle 4-18: ***Statistisches Profil Albanien.***
Quelle: European Bank for Reconstruction and Development (1996): S. 24; S) Schätzung.

448 Vgl.: Lösch (1993b): S. 101; vgl. auch: Blejer, Mecagni, Sahay, Hides, Johnston, Nagy, Pepper (1992): S. 55 f.

449 Vgl.: EBRD (1995): S. 33.

450 Zwischen 1990 und 1993 sank der Anteil der Industrieproduktion am Bruttoinlandsprodukt von 37 auf 14%. Vgl.: EBRD (1995): S. 187.

451 Vgl.: Holstrom (1993): S. 142-148.

452 Vgl.: Holz (1995d): S. 96.

4.2.2.2 Indikatorenbildung zur Reformpolitik in Albanien

Die Reformen der Demokratischen Partei begannen mit einem sehr strikten Stabilisierungsprogramm zur Bekämpfung der Hyperinflation, zu der es im ersten Halbjahr 1992 gekommen war. Weitgehende Preisfreigaben und Anpassung der verbliebenen kontrollierten Preise auf ein nahezu kostendeckendes Niveau, die Kontrolle der Löhne in staatlichen Unternehmen sowie ein weitgehender Subventionsabbau trugen dazu bei, das Haushaltsdefizit von über 40 % im ersten Halbjahr 1992 auf etwa 10 % im ersten Halbjahr 1993 zu senken. Die Zentralbank war von der Regierung angehalten, eine möglichst restriktive Geldpolitik zu betreiben. Nach einer hohen Anpassungsinflation im August 1992 konnten der Preisauftrieb und der Wechselkurs des Lek zum US-Dollar relativ gut stabilisiert werden.

Nach zwei Phasen der Preisliberalisierung im August 1992 und Februar 1993 unterliegen heute nur noch 25 Güter einer staatlichen Preiskontrolle. Die wichtigsten Kontrollen bestehen noch für die Elektrizitätspreise, die die Bereitstellungskosten nur zu 50-60 % decken. In Tabelle 4-19 schlägt sich diese Liberalisierungspolitik in der Indikatorbildung nieder. Bis 1993 steigen die Indikatorausprägungen für die Preispolitik kontinuierlich an, doch verharrt der Indikatorwert in den Folgejahren bei 4, da die Energiepreiskontrollen nicht beseitigt wurden.

Indikator	1990	1991	1992	1993	1994	1995
Preispolitik	1	2	3	4	4	4
Lohn- und Zinspolitik	1	2	2	2	4	4
Kleine Privatisierung	2	4	4	4	5	5
Große Privatisierung	1	1	2	3	4	4
Wettbewerbspolitik	1	2	2	2	2	3
Offenheitsgrad des Außenhandels	1	2	4	4	4	4
Investitionsbedingungen für Ausländer	1	2	2	3	3	3
Steuersystem	1	2	3	3	3	4
Politische Stabilität	1	1	3	4	4	4

Tabelle 4-19: ***Indikatoren zu Reformen in Albanien.***

Lohnkontrollen wurden in jüngster Zeit aufgehoben, und es besteht ein Abkommen zur Lohnindexierung zwischen der Regierung und den wichtigsten Gewerkschaften. Es gibt einen gesetzlichen Mindestlohn von umgerechnet

32 US-Dollar im Monat. Auch die Zinsen für Einlagen und Kredite sind frei und orientieren sich an den Vorgaben der Zentralbank. Eine entscheidende Rolle für private Unternehmen spielt jedoch der informelle Finanzmarkt, auf dem Zinssätze bis zu 100 % üblich sind.

Die Privatisierung der Landwirtschaft und der kleinen Unternehmen begann in Albanien bereits 1991 und konnte sehr zügig umgesetzt werden. Kleine Unternehmen mit weniger als 15 Angestellten und die landwirtschaftlichen Kooperativen wurden von den Beschäftigten übernommen und waren bis Ende 1993 fast vollständig in privater Hand. Auch die Privatisierung der Staatsfarmen war zu dieser Zeit weitgehend abgeschlossen. Zunächst war das von den Landwirten übernommene Land jedoch nicht handelbar, doch ist diese Beschränkung seit Juli 1995 aufgehoben. Staatliche Wohnungen gingen bis 1995 ebenfalls nahezu vollständig in Privatbesitz über.

Die Privatisierung mittelgroßer Betriebe mit bis zu 300 Beschäftigten wird seit Mitte 1993 von einer Privatisierungsagentur durchgeführt, die bis Ende 1994 bereits 2.775 Unternehmen verkaufte. Die Privatisierung von etwa 1.000 großen staatlichen Unternehmen erfolgt über die Vergabe von Vouchers, die im Juni 1995 an die Bevölkerung verteilt wurden. Seit 1995 arbeiten schätzungsweise 70 % der Beschäftigten in der Privatwirtschaft, die mindestens 60 % des Bruttosozialprodukts bereitstellt. Dieser hohe Anteil ist vornehmlich auf die weitgehend privatisierte Landwirtschaft zurückzuführen, doch auch in den Nicht-Agrarsektoren ist der Anteil der Beschäftigten in der Privatwirtschaft auf 20 % gestiegen.

Die Restrukturierung der großen staatlichen Betriebe kommt nur sehr langsam voran. Ein erheblicher Anteil, der seit 1992 vergebenen Kredite ist notleidend, und die Banken können bislang keine Unternehmenskontrolle leisten. Bereits 1992 wurde ein Konkursrecht geschaffen, doch kam dieses noch nie zur Anwendung. Erst im Februar 1995 hat das Parlament ein Wettbewerbsrecht verabschiedet. Erwartungsgemäß wird dieses keinen unmittelbaren Einfluß zugunsten einer wettbewerblichen Preisbildung in der Industrie entfalten können.

Im Außenhandel sind 1992 nahezu alle quantitativen Beschränkungen gefallen. Die jüngste gesetzliche Regelung vom Mai 1995 sieht für die Importe von Rohmaterialien 7 %, für Konsumgüter 25 % sowie für Luxusgüter 40 % Zoll vor. Für Leistungsbilanztransaktionen ist die Währung weitgehend unbeschränkt konvertierbar, wobei sich der Wechselkurs frei auf dem Interbankenmarkt bildet. Albanien leidet unter massiven Handelsbilanzdefiziten, da nur wenige exportfähige Güter produziert werden. Ausländische Direktinvestitionen sind in nahezu allen Sektoren grundsätzlich möglich, es verbleiben allerdings Beschränkungen beim Erwerb von Land und beim Kapitaltransfer.

Die Finanzierung des Staatshaushaltes erfolgte bis 1990 ausschließlich aus den Zahlungen der Unternehmen. Im Zuge diverser Reformen des Steuersystems seit 1991 sind persönliche Einkommens- sowie Vermögenssteuern und Gewinnsteuern eingeführt worden. Seit 1992 betragen die Abgaben auf Gewinne unverändert 30 %, und die progressive Einkommensteuer weist Sätze zwischen 5 % und 40 % auf. 1995 kam eine 12,5 %ige Mehrwertsteuer hinzu. Für die Sozialversicherung müssen heute 32,5 % der Bruttolöhne abgeführt werden. Die Einnahmen der Regierung sind trotz der neuen Steuern stark zurückgegangen, da von den Unternehmen aufgrund der schlechten Ertragslage nur noch geringe Abgaben geleistet werden.[453]

4.2.2.3 Bulgarien: Politische Instabilität behinderte marktwirtschaftliche Reformen

Zahllose Regierungswechsel in Sofia haben die wirtschaftlichen Reformen in Bulgarien bislang stark behindert. Im Vergleich zu den Visegrad-Staaten bleibt der Umbau der bulgarischen Volkswirtschaft zur Marktwirtschaft noch weit zurück. Seit dem Sturz des kommunistischen Regimes im November 1989 konnte allein das parteiübergreifende „Kabinett der Experten" von Ljuben Berow über einen längeren Zeitraum von 24 Monaten regieren. Jedoch fehlte diesem vornehmlich von den Reformkommunisten gestützten Minderheitskabinett die Macht, um schmerzliche wirtschaftliche Veränderungen herbeizuführen. Seit Dezember 1994 stellte die reformkommunistischen Partei die Regierung.[454]

Im Februar 1991 wurde ein Reformprogramm eingeleitet, das sich an polnischen und tschechoslowakischen Vorbildern orientierte. Die weitgehende Preisfreigabe setzte den aufgestauten Nachfrageüberhang frei, dessen inflationärer Wirkung mit restriktiver Geld-, Fiskal- und Lohnpolitik begegnet wurde. Neben der makroökonomischen Stabilisierung sah das Reformprogramm die schrittweise Einführung marktwirtschaftlicher Institutionen vor.[455] Innerhalb des folgenden Jahres wurden vom Unternehmensrecht bis zum Gesetz über die Zentralbank zahlreiche gesetzliche Grundlagen geschaffen.[456] Fehlende institutionelle Reformen behindern jedoch bislang die Preisstabilisierung.

Einschneidend waren die Reformen im Agrarsektor. Einerseits wurden die Subventionen, die 1990 noch 15 % des Bruttoinlandsprodukts umfaßten, weitgehend gestrichen, und andererseits wurde die Restituierung der vor 1946

---

453 Vgl.: Holstrom (1993): S. 142-148, EBRD (1995): S. 33; Holz (1995d): S. 96-98.

454 Vgl.: Riedel (1995): S. 33 ff; Patschev (1995): S. 102, 112; Müller (1993): S. 36 f.

455 Vgl.: OECD (1992): S. 49 f und S. 12 ff.

456 Vgl.: Dobrinsky, Grosser (1993): S. 6 f.

geltenden Eigentumsverhältnisse beschlossen. Diese Maßnahmen führten zunächst zum Zusammenbruch der Agrarproduktion, denn die anstehende Rückübertragung nahm den Produktionsgenossenschaften die Produktionsanreize. Inzwischen ist eine von Kleinstbetrieben geprägte Agrarstruktur entstanden.[457]

Zusätzlich wird der Transformationsprozeß in Bulgarien durch die hohe Außenverschuldung von etwa 15 Mrd. US-Dollar im Jahre 1994 belastet, die, auf das Bruttoinlandsprodukt bezogen, die höchste in Osteuropa ist. Der Schuldendienst wurde 1990 ausgesetzt, und erst die Umschuldungsverhandlungen von 1994, die mit einem Schuldenerlaß endeten, ebneten den Weg für erneut mögliche Kapitalzuflüsse. Daneben ist in den letzten Jahren die interne Staatsverschuldung sehr stark angewachsen. Die damit verbundenen Zinszahlungen verschlingen etwa ein Drittel der Staatsausgaben.[458]

Infolge der schwierigen Ausgangsbedingungen, der politischen Instabilität sowie der Fehler und Halbherzigkeiten im Reformprozeß mußte Bulgarien vier Jahre in Folge ein negatives Wirtschaftswachstum verkraften. Erst 1994 wurde auf niedrigem Niveau wieder ein schwaches Wachstum von 1,4 % verzeichnet. Auch die Inflationsrate und das Defizit des Staatshaushaltes konnten nicht unter Kontrolle gebracht werden.

Bulgarien	**1990**	**1991**	**1992**	**1993**	**1994**	**95[S)]**
BIP-Veränderung in konstanten Preisen	-9,1	-11,7	-7,3	-2,4	1,4	2,5
Inflation der Konsumentenpreise im Jahresendvergleich	72,5	338,9	79,4	63,9	121,9	33,0
Saldo des Staatshaushalts in % des BIP	-12,8	-14,7	-15,0	-15,7	-6,6	-6,7
Staatsausgaben in % des BIP	65,9	45,6	45,4	50,8	44,7	45,3
Handelsbilanzsaldo (in Mrd. US-$)	-0,8	0,0	-0,2	-0,9	0,2	0,3
Leistungsbilanzsaldo (in Mrd. US-$)	-1,2	-0,8	-1,1	-1,5	-0,1	-0,3
Arbeitslosenquote	1,5	11,5	15,6	16,4	12,8	10,5

Tabelle 4-20: ***Statistisches Profil Bulgarien.***
Quelle: European Bank for Reconstruction and Development (1996): S. 28; [S)]Schätzung.

457 Vgl.: OECD (1992): S. 15; Riedel (1995): S. 49; Minassian (1994): S. 344.
458 Vgl.: OECD (1992): S. 16 f; Dobrinsky (1994): S. 15 f; Patschev (1995): S. 107 f.

4.2.2.4 Indikatorenbildung zur Reformpolitik in Bulgarien

Mit dem Reformprogramm vom Februar 1991 leitete Bulgariens Regierung weitreichende Reformen ein, die jedoch nicht ihre konsequente Fortsetzung fanden. Einzelne Reformmaßnahmen wurden sogar schrittweise wieder zurückgenommen, wie die Preispolitik deutlich vor Augen führt. Diese Reformpolitik spiegelt sich in den Indikatoren, die in Tabelle 4-21 zusammenfassend aufgeführt sind. Sie werden im folgenden knapp erläutert, ohne daß jeweils auf die einzelnen Rangfolgezahlen verwiesen wird.

Indikator	1990	1991	1992	1993	1994	1995
Preispolitik	1	3	4	3	3	3
Lohn- und Zinspolitik	2	3	3	3	3	4
Kleine Privatisierung	1	2	2	4	4	4
Große Privatisierung	1	2	2	3	3	3
Wettbewerbspolitik	1	2	2	2	3	3
Offenheitsgrad des Außenhandels	2	3	4	4	4	4
Investitionsbedingungen für Ausländer	1	3	3	4	4	4
Steuersystem	1	2	3	3	4	4
Politische Stabilität	1	3	3	3	3	4

Tabelle 4-21: ***Indikatoren zu Reformen in Bulgarien.***

Zu Beginn des Transformationsprozesses strebten die politisch Verantwortlichen eine rasche Preisliberalisierung an. Bereits 1992 waren 90 % der Konsumgüterpreise von staatlichen Beschränkungen befreit, lediglich die Preise für Elektrizität, öffentliche Transportunternehmen und ähnliches blieben fixiert. Nach und nach wurden aber Richtpreise für Benzin (1992), weitere Brennstoffe (1993), Tabak und andere Produkte (1994) eingeführt. Mitte 1994 wurden die Nahrungsmittelpreise unter Beobachtung gestellt und mit Beschränkungen für die Gewinnspannen belegt, so daß heute nur noch 54 % der Güterpreise wirklich frei sind. Dazu kommen erhebliche Preisverzerrungen aufgrund der immer noch bestehenden Monopole auf Großhandelsebene. Besonders verzerrt sind die Energiepreise, die trotz jüngster Preisanhebungen im September 1995 zu den niedrigsten in der Welt zählen. Die neue sozialistische Regierung in Bulgarien läßt keine weitere Liberalisierung erwarten.

Zur Inflationsbekämpfung werden seit 1989 Lohnzuwächse in Staatsunternehmen besteuert, wenn sie über ein von der Regierung bestimmtes Niveau hinausgehen. Trilaterale Gespräche zwischen Regierung, Arbeitgebern und Gewerkschaften dienen seit 1991 zur Lohnfindung. Die staatliche Kontrolle der Zinsen wurde ebenfalls 1991 aufgegeben, doch hat die Zentralbank bis Anfang 1995 keine positiven Refinanzierungszinsen durchgesetzt. Die Geschäftsbanken waren nicht zur Restrukturierung ihrer Kredite gezwungen und konnten Spareinlagen zur eigenen Refinanzierung vernachlässigen.

Die Privatisierung kleiner Unternehmen erfolgte zum überwiegenden Teil über die Rückgabe von etwa 20.000 kommunalen Betrieben an die früheren Eigentümer, die im Januar 1993 gesetzlich geregelt wurde. Die im staatlichen Besitz verbliebenen Unternehmen fallen unter die Zuständigkeit einer Privatisierungsagentur, die jedoch bis Mitte 1995 erst einen kleinen Teil der Unternehmen über „Management Buyouts“ veräußern konnte. Der heute tätige Privatsektor wird kaum durch privatisierte, sondern in erster Linie durch fast eine halbe Million neu gegründeter, zumeist sehr kleiner Betriebe geprägt. Von diesen privaten Unternehmen existieren viele allerdings nur auf dem Papier, denn wie die European Bank for Reconstruction and Development berichtet, sind im produzierenden Sektor erst 20 % der registrierten Betriebe wirklich tätig.[459]

Die große Privatisierung verläuft gegen den Widerstand in Ministerien und Unternehmen sehr schleppend. So wurden bis Mitte 1995 erst 63 Unternehmen durch die Privatisierungsagentur verkauft. Der Erwerb von Unternehmen ist für ausländische Investoren zum Teil auch mit „Debt Equity Swaps“ („Brady Bonds“) möglich. Ab Ende 1995 soll eine erste Runde der „Massenprivatisierung“ mit 200 Unternehmen begonnen werden, die zu 70 % mit Hilfe von verschenkten Vouchers erworben werden können.

Doch nicht allein die schleppende Privatisierung, sondern auch die bislang vernachlässigte Bankenreform und die schlechte Bankenaufsicht tragen dazu bei, daß in Bulgarien keine effiziente Unternehmenskontrolle wirksam wird. Verluste der Staatsbetriebe werden anstelle von staatlichen Subventionen durch laufende Kredite der Banken finanziert, die voraussichtlich nicht zurückgezahlt werden können. Zwar wurde im Juli 1994 ein Konkursgesetz verabschiedet, doch wird es bislang kaum angewendet. Die 1991 erfolgte Zerschlagung von 871 Monopolunternehmen in 3.485 staatliche Betriebe hat wenig zur Förderung des Wettbewerbs beigetragen. Es gibt zwar ein Wettbewerbsgesetz, jedoch kein Kartellamt, das über dessen Einhaltung wacht.

Der Außenhandel erfuhr 1991 eine weitgehende Liberalisierung, die 1992 von einem System vereinfachter Importzölle mit nur wenigen Ausnahmeregelungen komplettiert wurde. Der bulgarische Lev ist seit 1991 bei schwankenden Wechselkursen intern konvertibel. Einige Produkte sind mittlerweile mit erheblichen Exportzöllen und quantitativen Exportbeschränkungen belegt worden, um auf

---

459 Vgl.: EBRD (1995): S. 37.

diese Weise die Inlandspreise niedrig zu halten und die neue restriktive Preispolitik zu unterstützen. Im Juli 1994 sind insbesondere die Exportzölle für Getreide und Ölsaaten stark angestiegen.[460]

Direktinvestitionen sind mittels Anteil- oder Aktienerwerb bis zu 100 % ohne Genehmigungen möglich, wobei für Militärgüter, Banken, Versicherungen und Rohstoffe Ausnahmeregelungen bestehen. Steuerpräferenzen für ausländische Investitionen bestehen nicht mehr, denn es gilt heute ein einheitlicher Körperschaftssteuersatz von 40 %. Der Gewinn- und Kapitaltransfer ist frei. Ausländer können jedoch keinen Boden erwerben.[461]

Die Reform des Steuersystems wurde bereits frühzeitig mit dem Beginn des Reformprogramms eingeleitet, so daß heute die progressive persönliche Einkommensteuer zwischen 20 und 50 % sowie die Körperschaftssteuer von 40 % bzw. 50 % für Banken die wichtigsten Einnahmequellen des Staates bilden. Seit April 1994 wird auch eine 18 %ige Mehrwertsteuer erhoben. Die anfänglich erheblichen Steuerausfälle weisen auf die Schwierigkeiten beim Aufbau einer lückenlosen Steueradministration hin. So konnten 1993 trotz hoher Defizite nur 80 % der geplanten Ausgaben getätigt werden, was vornehmlich zu Lasten staatlicher Investitionen ging.[462] Daneben stellt in Bulgarien auch die Sozialversicherung ein erhebliches Problem dar, weil einerseits deren Finanzierung durch Arbeitnehmerbeiträge schwach ist und andererseits die Zahl der Rentner durch Frühverrentung stark anstieg.[463]

4.2.2.5 Rumänien: wirtschaftliche Erholung trotz schleppender Reformen

Während im Laufe der 80er Jahre einige osteuropäische Länder bereits mit Reformen ihrer Wirtschaftssysteme experimentierten, blieb die Wirtschaft Rumäniens unter der Diktatur von Nicolae Ceausescu extrem zentralisiert und hermetisch vom Ausland abgeschottet. Die forcierte Rückzahlung der in den 70er Jahren aufgelaufenen Auslandsschulden, die 1989 abgeschlossen war, hat dem Land extreme Lasten aufgebürdet. Der Kapitalstock veraltete zusehends, das Pro-Kopf-Einkommen stagnierte seit 1984, bevor es seit 1988 zu schrumpfen begann.[464]

---

[460] Vgl.: EBRD (1995): S. 37.

[461] Vgl.: Riedel (1995): S. 44 f; Patschev (1995): S. 106 f.

[462] Vgl.: Dobrinsky (1994): S. 16 f.

[463] Vgl.: Panov (1995): S. 85 f: EBRD (1995): S. 37 f.

[464] Vgl.: Van Frausum, Gehmann, Gross (1994): S. 736, Hunya (1993): S. 36.

Aus dieser Situation heraus suchte die Regierung der „Nationalen Rettung" nach der gewaltsamen Revolution vom Dezember 1989 einen graduellen Übergang zur Marktwirtschaft, der mit hoher Geschwindigkeit umgesetzt werden sollte.[465] Die Regierungspolitik verfolgte seit Sommer 1990 ein wenig realistisches Reformprogramm, in dem der Übergang zur Marktwirtschaft innerhalb von zwei Jahren vorgesehen war. Auf eine sofortige Preisliberalisierung und Maßnahmen zur makroökonomischen Stabilisierung wurde indes verzichtet. Statt dessen stiegen die Löhne um 28 % bei gleichzeitig drastischer Kürzung der Arbeitszeit. Die Verbesserung der Lebensbedingungen insgesamt begleiteten wachsende makroökonomische Ungleichgewichte, eine erheblich zurückgehende Arbeitsproduktivität, hohe Außenhandelsdefizite und ein beschleunigter Rückgang der Industrieproduktion.[466]

Ende 1990 mußte der Reformprozeß beschleunigt werden. Im Zentrum der Politik standen die Preisliberalisierung für zahlreiche landwirtschaftliche und industrielle Güter sowie die Einschränkung von Subventionen.[467] Zudem wurde die Privatisierung der Staatsbetriebe mit der Gründung der Nationalen Privatisierungsagentur eingeleitet.[468] Der IWF gab 1991 seine Unterstützung für ein Stabilisierungsprogramm, das eine erhöhte Haushaltsdisziplin, restriktivere Geldpolitik, Lohnzuwachsbeschränkungen, weitere Preisfreigaben, den Abbau von Handelsrestriktionen und eine begrenzte Konvertibilität der nationalen Währung vorsah.[469] Die reformorientierte Regierung von Petre Roman wurde Ende 1991 gestürzt. Seit den Neuwahlen vom Mai 1992 regiert der formell unabhängige Premierminister Nicolae Vacaroiu, der einer Koalition von Reformkommunisten, orthodoxen Kommunisten und Nationalisten vorsteht.[470] Entgegen den Befürchtungen der Opposition hat diese Regierung den graduellen Reformweg fortgesetzt, der im Regierungsprogramm vom März 1993 niedergelegt ist. Darin ist eine umfassende Umgestaltung der Wirtschaft vorgesehen.[471] Wichtige erste Maßnahmen waren die Abschaffung der Preissubventionen und die Einführung der Mehrwertsteuer im Sommer 1993.[472]

Die Anpassungskrise der rumänischen Wirtschaft konnte bereits 1993 mit einem geringen Wachstum überwunden werden. Jedoch stockten die Industriebetriebe ihre Lagerbestände mit Hilfe von Zentralbankkrediten erheblich auf. 1994 konnte sich die Wirtschaftslage weiter verbessern. Die wichtigsten Grün-

465 Vgl.: Sîrbu (1995): S. 478.
466 Vgl.: Gabanyi, Hunya (1994): S. 95-97.
467 Vgl.: Gabanyi, Hunya (1994): S. 97.
468 Vgl.: Hishow (1994): S. 307.
469 Vgl.: Sîrbu (1995): S. 480-488.
470 Vgl.: Hishow (1994): S. 306.
471 Vgl.: Government of Romania (1993).
472 Vgl.: Van Frausum, Gehmann, Gross (1994): S. 737.

de waren die zahlreichen Neugründungen privater Betriebe, der Zufluß von Auslandskapital, die Privatisierung der Landwirtschaft, die Handelsliberalisierung und der wachsende Anpassungsdruck für staatliche Betriebe durch die Streichung von Subventionen.[473] Unterstützt wird die positive Entwicklung auch durch den vermehrten Zufluß ausländischer Direktinvestitionen, die 1994 mit 627 Mio. US-Dollar etwa das Dreifache des Vorjahresvolumens umfaßten. Als wichtigstes Herkunftsland der Investitionen hat Südkorea Deutschland mit dem Großprojekt Daewoo/S.C. Automobile S.A., Craiova abgelöst, in das in den folgenden Jahren rund 1 Mrd. US-Dollar investiert werden sollen. Behindert wird die Wirtschaftsentwicklung des Landes durch die unzureichende Umsetzung von Reformmaßnahmen, den hohen Monopolisierungsgrad der Wirtschaft, den schleppenden Privatisierungsprozeß sowie die reformfeindlichen, bürokratischen und korruptionsanfälligen Verwaltungen.[474] Insgesamt können Rumänien angesichts der schwierigen Ausgangslage vergleichsweise gute Reformerfolge beschieden werden, die sich in der Überwindung der Transformationskrise widerspiegeln.

Rumänien	**1990**	**1991**	**1992**	**1993**	**1994**	**95[S)]**
BIP-Veränderung in konstanten Preisen	-5,6	-12,9	-8,8	1,3	3,9	6,9
Inflation der Konsumentenpreise im Jahresendvergleich	37,7	222,8	199,2	295,5	61,7	27,8
Saldo des Staatshaushalts in % des BIP	1,2	0,6	-4,6	-0,1	-1,0	-2,8
Staatsausgaben in % des BIP	39,3	38,7	42,2	33,7	32,4	36,3
Handelsbilanzsaldo (in Mrd. US-$)	-1,8	-1,3	-1,5	-1,2	0,4	-1,2
Leistungsbilanzsaldo (in Mrd. US-$)	-1,8	-1,3	-1,5	-1,2	-0,4	-1,3
Arbeitslosenquote	-	3,0	8,1	10,2	11,0	8,9

Tabelle 4-22: ***Statistisches Profil Rumänien.***
Quelle: European Bank for Reconstruction and Development (1996): S. 41; [S)]Schätzung.

473 Vgl.: Jordan (1995a): S. 206; Gabanyi, Hunya (1994): S. 105 f.

474 Vgl.: OECD (1993): S. 81 f; Van Frausum, Gehmann, Gross (1994): S. 738-743; Jordan (1995a): S. 207. Die Privatisierung erscheint in diesem Land nicht als unverzichtbare Voraussetzung für eine erfolgreiche Restrukturierung von Industrieunternehmen; vgl.: Hülsbömer (1995a): S. 69-74.

4.2.2.6 Indikatorenbildung zur Reformpolitik in Rumänien

Der zögerliche Beginn von Wirtschaftsreformen in Rumänien spiegelt sich in den Ausprägungen der Indikatoren in Tabelle 4-23 wider. Exemplarisch zeigt sich dieses bereits in der Preispolitik. Nachdem die Reformen ohne jede Preisliberalisierung begannen, mußte im November 1990 etwa die Hälfte der Konsumgüterpreise freigegeben werden. Die zweite Liberalisierungsphase folgte im Sommer 1993. Konsumgütersubventionen und Beschränkungen von Gewinnmargen wurden beseitigt. Lediglich die Preise für Rohöl und andere Energieträger verblieben unter staatlicher Kontrolle.[475]

Nachdem zu Beginn des Reformprozesses die Reallöhne stark anstiegen, mußte die Regierung 1991 eine Lohnzuwachsbegrenzung in das Stabilisierungsprogramm integrieren. Anfangs waren individuelle Löhne Gegenstand einer Zuwachsbesteuerung. Doch weil diese Praxis eine Veränderung der verzerrten Lohnstruktur verhinderte, nahmen die Finanzbehörden seit 1992 die gesamte Lohnsumme von Unternehmen als Bemessungsgrundlage der Lohnzuwachssteuer.[476] Im Juli 1995 trafen Regierung, Arbeitgebervertreter und Gewerkschaften ein Abkommen über Minimallöhne, deren Höhe alle sechs Monate angepaßt werden soll. Die Kreditzinsen können Geschäftsbanken frei von staatlichen Vorgaben festlegen. Die Restrukturierung des Bankensystems schreitet voran, nachdem uneinbringliche Altforderungen der Banken bereits 1991 vom Staat aufgekauft wurden.[477]

Indikator	**1990**	**1991**	**1992**	**1993**	**1994**	**1995**
Preispolitik	1	2	2	3	4	4
Lohn- und Zinspolitik	2	3	3	3	3	4
Kleine Privatisierung	2	3	4	4	4	4
Große Privatisierung	1	2	2	2	2	3
Wettbewerbspolitik	1	1	2	2	2	2
Offenheitsgrad des Außenhandels	2	3	3	4	4	4
Investitionsbedingungen für Ausländer	1	2	2	3	3	3
Steuersystem	2	2	2	3	4	4
Politische Stabilität	2	2	3	4	4	4

Tabelle 4-23: ***Indikatoren zu Reformen in Rumänien.***

475 Vgl.: Sîrbu (1995): S. 491-493; EBRD (1995): S. 54.
476 Vgl.: OECD (1993): S. 73 f; Sîrbu (1995): S. 487 f.
477 Vgl.: EBRD (1995): S. 54.

Etwa die Hälfte der zum Verkauf anstehenden kleinen Betriebe konnte bislang an private Eigentümer übergeben werden. Größere Bedeutung kommt der Neugründung von privaten Kleinunternehmen zu. Die Zahl aller registrierten Unternehmen stieg bis Mitte 1995 auf 457.703, was gegenüber 1993 einen Zuwachs von rund 50 % bedeutet. Bis 1994 stieg der Anteil des Privatsektors auf 35 % am BIP und 51 % an der Beschäftigung. Maßgeblichen Anteil haben die privatisierten Betriebe an der Agrarproduktion. Private Höfe bewirtschaften heute über 80 % der landwirtschaftlichen Nutzfläche.[478] Allerdings sind die neuen Betriebe mit 0,5 bzw. 0,25 Hektar sehr klein.[479]

Die Privatisierung großer staatlicher Industriebetriebe begann sehr schleppend. Im August 1993 wurde das erste Privatisierungsprogramm eingestellt, nachdem lediglich 22 Betriebe veräußert werden konnten.[480] Im März 1995 wurde ein neues Privatisierungsgesetz verabschiedet, das in erster Linie eine Voucher-Privatisierung von fast 4.000 der über 6.000 staatlichen Unternehmen vorsieht. Bis zu 60 % der Anteile eines Unternehmens sollten bis April 1996 gegen Privatisierungsgutscheine verschenkt werden. Die übrigen Anteile werden verkauft. Die Unternehmenspreise bilden sich jedoch nicht über Auktionen am Markt, sondern basieren auf teilweise unrealistischen Buchwerten.[481]

Die schlechte Wettbewerbssituation wird in Rumänien allenfalls durch zunehmende ausländische Konkurrenz und die Einstellung marktverzerrender staatlicher Subventionen verbessert. Ein Konkursgesetz, von dem die großen Staatsbetriebe ausgenommen sind, ist erst seit August 1995 in Kraft. Eine Wettbewerbsgesetzgebung fehlt bislang völlig.[482]

Das Staatsmonopol im Außenhandel fiel mit Beginn des Jahres 1990. Bedeutende Schritte zur Liberalisierung des Außenhandels, die quantitative Beschränkungen des Außenhandels weitgehend beseitigten, wurden 1991 und 1992 unternommen. Exporte werden heute nicht mehr beschränkt und Importe mit durchschnittlich 30 % verzollt. Der anfangs starke Exportrückgang war vorwiegend auf inländische Produktionseinbrüche zurückzuführen.[483] 1995 wurde 30 % des Außenhandels durch private Außenhandelsfirmen abgewickelt. Aufgrund der Reorientierung des Außenhandels flossen 1994 schon 45 % des Exports in die Europäische Union, mit der ein Europaabkommen geschlossen wurde.[484]

---

478 Vgl.: Gabanyi, Hunya (1994): S. 105 f; EBRD (1995): S. 53 f.

479 Vgl.: Hishow (1994): S. 312.

480 Vgl.: Hishow (1994): S. 307.

481 Vgl.: EBRD (1995): S. 53.

482 Vgl.: EBRD (1995): S. 54.

483 Vgl.: Sîrbu (1995): S. 489 f.

484 Vgl.: Jordan (1995a): S. 209.

Ausländische Direktinvestitionen sind inländischen Investitionen gleichgestellt, und es ist bis auf wenige Ausnahmen keine Genehmigung erforderlich. Bis 1995 wurden Investoren zudem mit Steuervergünstigungen gesondert gefördert. Grunderwerb ist für Ausländer nicht möglich. Devisengewinne können frei transferiert werden, während der Umtausch von Gewinnen in nationaler Währung beschränkt ist. Seit Januar 1995 werden Unternehmensgewinne von Ausländern wie Inländern einheitlich mit 38 % versteuert.[485]

Angesichts der fehlenden Erfahrung mit einem marktorientierten Steuersystem wurde die Steuergesetzgebung zwischen 1990 und 1994 häufig verändert. 1991 lösten Gewinn- und Lohnsteuern die ursprünglichen Unternehmenssteuern ab. Mitte 1993 kam es zur Einführung einer 18 %igen Mehrwertsteuer, die 1995 für Nahrungsmittel halbiert wurde. Eine allgemeine progressive Einkommensteuer von 5 bis 60 % ersetzt seit 1994 die Lohnsteuer. Die Körperschaftssteuer ist seit 1995 mit einem Satz von 38 % vereinheitlicht. Die Sozialversicherung wird seit 1994 durch Arbeitgeberbeiträge von 32,5 % und Arbeitnehmerbeiträge von 1 % der Lohnsumme finanziert.[486]

4.2.2.7 Slowenien: rasche Annäherung an Westeuropa ohne radikale Reformen

Mit den Visegrad-Staaten gehört Slowenien zu den aussichtsreichsten Reformstaaten in Mittel- und Osteuropa. Schon innerhalb des früheren Jugoslawiens verfügte das Land über eine vergleichsweise sehr leistungsfähige und stark diversifizierte Volkswirtschaft. Trotz des Bevölkerungsanteils von nur 8 % stellte dieser Landesteil etwa 16 % des Bruttoinlandsprodukts und 26 % der Exporte.[487] Über die industrielle Tradition hinaus kommt Slowenien der hohe Bildungsstand der Bevölkerung und die günstige geographische Lage in der Nähe zu Westeuropa zugute. Das Pro-Kopf-Einkommen der zwei Millionen Einwohner erreicht mit über 6.000 US-$ im Jahr[488] nahezu das Niveau von Griechenland und Portugal. Dieses im regionalen Vergleich weit überdurchschnittliche Wohlstandsniveau verschaffte Slowenien auch den Beinamen der „Schweiz" Osteuropas.[489]

Der schrittweise Austritt aus dem jugoslawischen Staatsverband begann im Zuge der Verfassungsänderung vom Oktober 1989 und endete am 15. Januar

485 Vgl.: FAZ-Informationsdienste (1995): S. 22 f; Jordan (1995a): S. 211 f.
486 Vgl.: Sîrbu (1995): S. 482 f. EBRD (1995): S. 54.
487 Vgl.: Zizmond (1994a): S. 3.
488 Vgl.: Zizmond (1994b): S. 4.
489 Vgl.: Vranic, Herrmann (1994): S. 137.

1992 mit der völkerrechtlichen Anerkennung durch die Europäische Union. Auf wirtschaftlichem Gebiet erlosch die Existenz Jugoslawiens faktisch schon 1990, als keine Bundessteuern mehr erhoben wurden und die einzelnen Teilrepubliken begannen, eigene Wirtschaftssysteme aufzubauen. Es gab keine zentrale Geldschöpfung, und der innerjugoslawische Handel wurde mit Zöllen belegt. Die formelle Unabhängigkeitserklärung vom 25. Juni 1991 löste den Einmarsch der serbisch dominierten jugoslawischen Volksarmee aus, deren Niederlage drei Monate später am 8. Oktober zur Unabhängigkeit Sloweniens führte.[490]

Ein vergleichbar radikales Reformprogramm wie in Polen oder in der Tschechoslowakei wurde in Slowenien nicht durchgeführt. Es war weder politisch durchsetzbar, noch wäre es dringend geboten gewesen. Wichtige Reformelemente wie die Preisliberalisierung, die Dezentralisierung wirtschaftlicher Entscheidungen oder die Außenhandelsöffnung bestanden 1991 bereits weitgehend. So wurde die Wirtschaftsplanung schon in den 50er Jahren und die Preisbindung in den 60er Jahren weitgehend beseitigt.[491] Das wichtigste Ziel der Wirtschaftspolitik nach Erlangung der Unabhängigkeit war die makroökonomische Stabilisierung. Jugoslawien hatte während der gesamten 80er Jahre mit hoher Inflation zu kämpfen, die 1989 in einer Hyperinflation mit einer durchschnittlichen Rate von 1.306 % mündete.[492] Die Stabilisierungsbemühungen der jugoslawischen Föderalregierung von 1990 scheiterten trotz anfänglicher Erfolge. Mit Hilfe einer strikten Geld- und Finanzpolitik konnte die slowenische Regierung ab Oktober 1991 die monatliche Inflationsrate von 21,5 % auf 1,4 % im August 1992 senken.[493] Hohe Leistungsbilanzüberschüsse ermöglichten 1992 den Aufbau von Devisenreserven, die die inländische Leistungsbilanzkonvertibilität der im Oktober 1991 neu eingeführten Währung Tolar absicherten. Das Ausmaß der restriktiven Geldpolitik verdeutlicht der Rückgang der Geldmenge M1 bis Juni 1992 auf real nur gut 60 % des Niveaus vom Oktober 1991.[494] Der Staatshaushalt schloß von 1991 bis 1993 mit zum Teil erheblichen Überschüssen. Dazu haben auch die Überschüsse der Krankenversicherung beigetragen.[495]

Notwendige strukturelle Reformen fielen der Regierung des liberaldemokratischen Ministerpräsidenten Janez Drnovsek sehr viel schwerer. Dieser steht einer vornehmlich links ausgerichteten „Koalition des historischen Kompromisses" von Liberaldemokraten, Christdemokraten, Sozialdemokraten der Erneuerung (Reformkommunisten) und Grünen vor. Doch sind inzwischen alle wich-

---

490 Vgl.: Mencinger (1994): S. 27 f.
491 Vgl.: Mencinger (1994): S. 26 f.
492 Vgl.: EBRD (1995): S. 207.
493 Vgl.: Zizmond (1994b): S. 8 f.
494 Vgl.: Zizmond (1994a): S. 8 f.
495 Vgl.: Zizmond (1994b): S. 16 f.

tigen Reformmaßnahmen wie die Steuerreform, die Privatisierung oder die Bankensanierung auf den Weg gebracht worden.[496]

Slowenien war zwar nie vollständig in die jugoslawische Wirtschaft integriert, doch der Wegfall der Märkte in den übrigen Teilrepubliken bewirkte einen Nachfrageeinbruch von 24 % der Gesamtnachfrage für Slowenien.[497] Der Außenhandel konnte sich in den letzten Jahren sehr erfolgreich auf Westeuropa umorientieren. Überwiegend werden Enderzeugnisse des Maschinen- und Fahrzeugbaus sowie der elektrotechnischen Industrie und der Textilindustrie exportiert. Die Wirtschaftsstruktur wird vom Dienstleistungssektor dominiert, der 56 % zum BIP beiträgt, während der Anteil des Agrarsektors lediglich 5 % ausmacht.[498] Der Wirtschaftseinbruch begann in Slowenien nicht erst 1991, sondern bereits 1987.[499] Der seither schleichende Niedergang beschleunigte sich mit der Unabhängigkeit, was hauptsächlich auf den Krieg im ehemaligen Jugoslawien und die strikte Austeritätspolitik zurückzuführen ist.[500] Seit 1993 können erneut positive Wachstumsraten verzeichnet werden. Problematisch bleibt die Arbeitslosigkeit, die sich erst langsam von ihrem Höhepunkt bei knapp 15 % entfernt. Günstig wird sich für Slowenien die fortschreitende Annäherung an Westeuropa auswirken. Im Juli 1995 wurde ein Europa-Abkommen mit der EU und ein Freihandelsabkommen mit der EFTA geschlossen. Gleichzeitig erlangte das Land die Vollmitgliedschaft in der WTO.[501]

Slowenien	**1990**	**1991**	**1992**	**1993**	**1994**	**95[S)]**
BIP-Veränderung in konstanten Preisen	-4,7	-8,1	-5,4	1,3	5,5	5,1
Inflation der Konsumentenpreise im Jahresendvergleich	105,0	247,1	92,9	22,9	18,3	8,6
Saldo des Staatshaushalts in % des BIP	-0,3	2,6	0,3	0,3	-0,2	-0,9
Staatsausgaben in % des BIP	49,6	41,1	46,2	46,8	47,3	46,6
Handelsbilanzsaldo (in Mrd. US-$)[1)]	-0,61	-0,26	0,80	-0,15	-0,18	-0,50
Leistungsbilanzsaldo (in Mrd. US-$)[1)]	0,53	0,13	0,93	0,15	0,46	0,05
Arbeitslosenquote	4,7	8,2	11,6	14,4	14,4	13,8

Tabelle 4-24: ***Statistisches Profil Slowenien.***
Quelle: European Bank for Reconstruction and Development (1996): S. 44; [1)]Angaben für 1990 und 1991 ohne Handel mit Ex-Jugoslawien; [S)] Schätzung.

496 Vgl.: Preußer (1995): S. 253 f.
497 Vgl.: Mencinger (1994): S. 28.
498 Vgl.: Preußer (1995): S. 254-257.
499 Vgl.: Strasek (1994): S. 177.
500 Vgl.: Vranic, Herrmann (1994): S. 132 f.
501 Vgl.: Preußer (1995): S. 252 und 254 f.

4.2.2.8 Indikatorenbildung zur Reformpolitik in Slowenien

Mitte 1994 waren die Preisfreigaben weitgehend abgeschlossen, wobei auch vor 1991 schon viele Preise frei am Markt gebildet wurden. Lediglich einige öffentliche Versorgungstarife und die Energiepreise blieben unter staatlicher Kontrolle. Die Elektrizitätspreise decken seit der Anpassung im Frühjahr 1995 den größten Teil der Kosten, und die Gaspreise befinden sich nahe dem Niveau der Europäischen Union. In Tabelle 4-25 weist der Indikator zur Preipolitik dementsprechend schon frühzeitig relativ hohe Ausprägungen auf. Nachfolgend wird die Einstufung der übrigen Indikatoren ebenfalls knapp erläutert.

Indikator	**1990**	**1991**	**1992**	**1993**	**1994**	**1995**
Preispolitik	3	3	4	4	5	5
Lohn- und Zinspolitik	3	3	3	3	3	4
Kleine Privatisierung	5	5	5	5	6	6
Große Privatisierung	1	1	2	3	3	4
Wettbewerbspolitik	2	2	2	3	4	4
Offenheitsgrad des Außenhandels	3	3	3	4	5	5
Investitionsbedingungen für Ausländer	2	2	3	3	4	4
Steuersystem	2	2	3	3	4	4
Politische Stabilität	2	2	4	5	5	5

*Tabelle 4-25: **Indikatoren zu Reformen in Slowenien.***

Im Zuge der Inflationsbekämpfung versuchte die Regierung, Lohnzuwächse zu begrenzen. Im ersten Halbjahr 1992 konnte zunächst ein massiver Rückgang der Reallöhne erzielt werden, doch seither stiegen die Einkommen aufgrund des unzureichenden Lohnfindungsmechanismus der selbstverwalteten Betriebe sehr stark an. Seit April 1994 erhebt Slowenien eine Sondersteuer von 50 % auf Lohnzuwächse, die über ein bestimmtes Niveau hinausgehen. Mit den Gewerkschaften schloß die Regierung im Mai 1995 ein Lohnabkommen über Mindest- und Maximallöhne, das eine Indizierung der Einkommen unterhalb der Inflationsrate regelt. Einlagen- und Kreditzinsen der Geschäftsbanken können frei gebildet werden, wobei die restriktive Geldpolitik der Notenbank sehr hohe Realzinsen zur Folge hat.[502]

Der Einzelhandel und kleine Dienstleistungsunternehmen waren bereits in Ex-Jugoslawien nahezu vollständig in privater Hand. In den vergangenen zwei

---

502 Vgl.: EBRD (1995): S. 58.

Jahren ist dieser Privatsektor sehr dynamisch gewachsen. 1995 gab es 56.000 kleine Privatbetriebe, die rund 90.000 Arbeitnehmer beschäftigten. Das waren etwa 40 % mehr als 1993. Privatunternehmen erstellen gut ein Drittel des Bruttoinlandsprodukts.[503]

Die Privatisierung großer vergesellschafteter Unternehmen wird durch ein Gesetz vom Dezember 1992 geregelt. Dieses Gesetz sieht alle bekannten Privatisierungsverfahren einschließlich der Massenprivatisierung über Kupons vor. Bis Ende 1994 mußten die zur Privatisierung vorgesehenen 1.549 Unternehmen Eröffnungsbilanzen und Privatisierungspläne bei der staatlichen Privatisierungsagentur vorlegen. Von den Unternehmensanteilen erhalten der Restitutions- und der Pensionsfond je 10 %; an den Entwicklungsfond gehen 20 %. Letzterer verkauft die Aktien an zu gründende Investmentfonds, die ihrerseits Anteile an die Bürger gegen Kupons (Eigentümerzertifikate) abgeben. 20 % des Kapitals können die Beschäftigten gegen Eigentümerzertifikate erwerben. Der mit 40 % größte Teil der Aktien soll zu vergünstigten Konditionen an Unternehmensangehörige („Internal-buy-out") oder auf Auktionen und in Ausschreibungen verkauft werden. Banken und Versicherungen sowie öffentliche Versorgungsunternehmen bleiben von der Privatisierung ausgeschlossen.[504] Bis Mitte 1995 waren zwar erst 215 Unternehmen vollständig privatisiert, dennoch sollte der Prozeß 1996 abgeschlossen sein.[505]

Ein Konkursgesetz bestand bereits seit 1989. In den letzten Jahren sind zahlreiche große Staatsunternehmen in kleinere Betriebseinheiten aufgegliedert worden. Über den Wettbwerb wacht seit Sommer 1994 ein „Büro zum Schutz des Wettbewerbs".

Der Außenhandel spielt im kleinen Slowenien eine entscheidende Rolle. Importe sind seit Ende 1994 zu 98 % von quantitativen Beschränkungen befreit. Importzölle betragen für die meisten Güter zwischen 5 % und 30 %.[506] Weitere Liberalisierungsschritte sollen folgen. Slowenien ist seit 1995 Mitglied der WTO und hat Freihandelsabkommen mit der EU und der EFTA geschlossen. In Kürze wird das Land auch Mitglied der CEFTA, des Freihandelsabkommens der Visegrad-Staaten, sein. Importzölle sollen beispielsweise gegenüber der EFTA bis zum Jahr 2001 vollständig beseitigt sein.[507] Die im Oktober 1991 neu eingeführte Landeswährung Tolar besaß von Beginn an die Leistungsbilanzkonvertibilität für Inländer. Seit Mitte 1992 sind die verschiedenen Devisenmärkte vereint, so daß nun ein einheitlicher Wechselkurs besteht. Dieser war zu keiner Zeit fixiert, da der Zentralbank die Devisenreserven gefehlt hätten, einen festen Kurs

503 Vgl.: EBRD (1995): S. 58.

504 Vgl.: Buhl, Storf (1994): S. 26 f; Mencinger (1994): S. 29 f.

505 Vgl.: EBRD (1995): S. 58.

506 Vgl.: FAZ-Informationsdienste (1995): S. 26.

507 Vgl.: Preußer (1995): S. 252 f.

zu verteidigen.[508] Seit Anfang 1995 ist die Zinspolitik der Zentralbank jedoch strikt an der der deutschen Bundesbank ausgerichtet. Hohe Realzinsen und wirtschaftliche Stabilität führten zu wachsenden Kapitalzuflüssen, die die reale Aufwertung des Tolar noch verstärkten und damit Exporte erschwerten. Um diese Kapitalzuflüsse zu reduzieren, müssen bei kurz- und mittelfristigen Kreditaufnahmen von Unternehmen im Ausland 40 % der Kreditsumme zinsfrei bei der Zentralbank hinterlegt werden.[509]

Unternehmen im Besitz von Ausländern sind slowenischen Unternehmen grundsätzlich gleichgestellt, jedoch gibt es Beschränkungen von Direktinvestitionen in den Bereichen Luft- und Schienenverkehr, Fernmeldewesen, Versicherungen, Banken sowie Massenmedien. Gewinne werden mit 25 % Körperschaftssteuer belegt und sind frei transferierbar.[510] Der Rechtsrahmen und die Infrastruktur werden von Investoren als ausreichend eingeschätzt. Negativ wirken jedoch der beschränkte Grunderwerb für Ausländer und die Vorschrift, daß der Direktor oder Prokurist eines Unternehmens Slowene sein muß.[511]

In den Jahren von 1990 bis 1993 wurde das Steuersystem grundsätzlich reformiert, um es marktwirtschaftlichen Bedingungen anzupassen. Die Körperschaftssteuer beträgt 30 % und soll rückwirkend auf 25 % gesenkt werden.[512] Mit Sätzen zwischen 17 % und 50 % werden private Einkommen besteuert. Die bislang erhobene Verkaufssteuer von 20 % bzw. ermäßigt 5 % wurde zum 1. Januar 1996 zu einer Mehrwertsteuer in gleicher Höhe umgestaltet.[513] Das Sozialversicherungssystem wurde 1992 zunächst teilweise reformiert. Arbeitgeber zahlen 22,9 % und Arbeitnehmer 22,4 % der Bruttolöhne in die Sozialversicherung ein.[514]

4.2.3 Eindeutige Westorientierung der baltischen Staaten

4.2.3.1 Estland: Reformprozeß basiert auf strikter Stabilisierung

Die außergewöhnlich erfolgreiche Stabilisierungspolitik und die sehr solide Fiskalpolitik hat Estland im Ausland einen großen Vertrauensvorschuß verschafft. So zieht dieser mit 1,6 Millionen Einwohnern kleinste baltische Staat

508 Vgl.: Zizmond (1994a): S. 10; Träumer (1994): S. 31 f.
509 Vgl.: Preußer (1995): S. 256; EBRD (1995): S. 58
510 Vgl.: FAZ-Informationsdienste (1995): S. 22 f.
511 Vgl.: Vranic, Herrmann (1994): S. 136.
512 Diese Angaben beziehen sich auf die FAZ-Informationsdienste (1995): S. 22 f. Die EBRD gibt eine Körperschaftssteuer von 20 % an. Vgl.: EBRD (1995): S. 59.
513 Vgl.: FAZ-Informationsdienste (1995): S. 22 f.
514 Vgl.: EBRD (1995): S. 59.

heute die in Osteuropa pro Kopf höchsten Direktinvestitionen nach Ungarn und der Tschechischen Republik an. Und zudem verbessern sich aufgrund der sehr raschen Reformerfolge die Beziehungen zur Europäischen Union zusehends, so daß vermutlich in naher Zukunft der politische Status der Visegrad-Staaten erreicht werden kann. Auch Estland wird seit den Wahlen am 5. März 1995 von einer Mitte-Links-Koalition regiert. Gebessert haben sich die Spannungen mit der russischen Minderheit im Land, die ungefähr 30 % der Bevölkerung stellt, was natürlich auch auf die außenpolitischen Beziehungen zu Moskau abfärbt.[515]

Das Ausscheiden Estlands aus der Sowjetunion erfolgte schrittweise und nicht ganz problemlos bis zur Unabhängigkeit im August 1991.[516] Die wirtschaftliche Reformpolitik lief deshalb auch nicht nach einem bestimmten Reformplan wie in vielen mitteleuropäischen Reformstaaten ab, die zu einem bestimmten Stichtag weitgehende Preisfreigaben vornahmen und gleichzeitig versuchten, die Währung zu stabilisieren. Bereits Ende 1989 wurde ein erstes Preisgesetz erlassen, mit dem die Preiskontrollen für zahlreiche Konsumgüter aufgehoben wurden. Für andere Produkte erfolgten administrative Preiserhöhungen. Im Oktober 1990 und Anfang 1991 kam es zu weiteren Preisanhebungen bei Nahrungsmitteln und für öffentliche Tarife, die den Abbau von Subventionen ermöglichten.[517]

Doch konnte die estnische Regierung keine eigenen Maßnahmen zur Bekämpfung des Preisauftriebs treffen, da die Geldpolitik in den Händen der Zentralbank in Moskau lag. Diese hat 1991 die Rubelmenge zur Finanzierung des russischen Staatshaushaltes und der Unternehmen erheblich ausgedehnt, was auch Estland nicht unberührt lassen konnte. Darum führte die Regierung am 20. Juni 1992 eine Währungsumstellung durch.[518] Die neue estnische Krone wurde mit einem Wechselkurs von 8:1 fest an die D-Mark gekoppelt und einem „Currency Board" unterstellt. Dieses kann keine eigenständige Geldpolitik betreiben, sondern muß allein absichern, daß die Zentralbankgeldmenge immer durch Gold- und Devisenreserven gedeckt ist. Geldmengenausdehnungen sind ausschließlich durch Kapitalzuflüsse möglich.[519] Mit dieser Zentralbankstruktur konnte der Wechselkurs bislang konstant gehalten werden.[520] Die estnischen Währungsreserven (1994/95 etwa 450 Mio. US-Dollar) überschreiten regelmäßig die Bruttoauslandsverschuldung, die 1995 rund 350 Mio. US-Dollar betrug.

---

515 Vgl.: Schumacher (1995): S. 116-123.

516 Vgl.: Hansson (1992): S. 1 f.

517 Vgl.: Purju (1991): S. 108 f; Bolz, Lenzner (1993): S. 66 f.

518 Vgl.: Schrader (1994): S. 18-26.

519 Vgl.: Schrader (1994): S. 19 f.

520 Die Krone galt nach Einschätzung des IWF bei diesem Wechselkurs 1994 sogar als unterbewertet. Vgl.: Burger, Lenzner (1994): S. 26.

Unterstützt wird die strikte Stabilisierungspolitik durch die Finanzpolitik, weil die estnische Verfassung einen ausgeglichenen Haushalt vorschreibt.[521]

Estland	1990	1991	1992	1993	1994	95[S)]
BIP-Veränderung in konstanten Preisen	-8,1	-11,0	-14,2	-6,7	-3,2	4,0
Inflation der Konsumentenpreise im Jahresendvergleich	-	303,8	953,5	35,6	42,0	29,0
Saldo des Staatshaushalts in % des BIP	2,9	4,6	0,5	-1,4	0,0	0,3
Staatsausgaben in % des BIP	32,8	31,8	31,0	33,9	34,0	40,0
Handelsbilanzsaldo (in Mio. US-$)	-250	561	-90	-145	-361	-650
Leistungsbilanzsaldo (in Mio. US-$)	-	570	36	23	-171	-200
Arbeitslosenquote	-	-	0,9	2,1	1,8	1,8

Tabelle 4-26: ***Statistisches Profil Estland.***
Quelle: European Bank for Reconstruction and Development (1996): S. 31; [S)] Schätzung.

4.2.3.2 Indikatorenbildung zur Reformpolitik in Estland

Obwohl die Wirtschaftstransformationen in Estland erst ab 1992 umfassend in eigener Regie durchgeführt werden konnten, sind sie heute bereits sehr weit fortgeschritten. In Tabelle 4-27 schlagen sich diese kurzfristigen Reformerfolge entsprechend in sprunghaft steigenden Indikatorausprägungen nieder. Die Liberalisierung einiger Preise begann, wie oben dargestellt, in Estland bereits frühzeitig. Ende 1992 waren abgesehen vom Wohnungsmarkt und den staatlichen Energiemonopolen alle Preiskontrollen abgeschafft.

Die Lohnfindung in den Betrieben wurde 1990 von direkten staatlichen Vorgaben befreit, doch beschränkt die Regierung in den staatlichen Betrieben weiterhin die Lohnzuwächse, um auf diese Weise die Stabilisierungspolitik zu unterstützen. Die Zentralbank greift nicht direkt in die Zinspolitik der Geschäftsbanken ein. Deren Kreditzinssätze spiegeln in etwa die Inflationsrate wider, während Einlagenzinsen etwa 10-15 % darunter liegen.[522]

Die Privatisierung schreitet rasch voran, was insbesondere an der Industrieproduktion deutlich wird, die im ersten Halbjahr 1995 schon zur Hälfte in Privatunternehmen erfolgte. Die Privatisierung kleiner Handels- und Dienstleistungsunternehmen wurde 1991 gesetzlich geregelt und ist seit Mitte 1995

521 Vgl.: Schumacher (1995): S. 119 f.
522 Vgl.: EBRD (1995): S. 41.

weitgehend abgeschlossen. Daneben sind seit 1992 etwa 10.000 bis 12.000 private Unternehmen jährlich neu gegründet worden. Auch Wohnungen werden seit Mitte 1993 privatisiert. Zum Erwerb von Wohnungen und Boden erhielt die Bevölkerung Ende 1993 Privatisierungsgutscheine (Vouchers). Die Privatisierung großer Staatsunternehmen erfolgte als Direktprivatisierung nach dem Modell der deutschen Treuhandanstalt, wobei nicht zwischen inländischen und ausländischen Investoren diskriminiert wurde. Investoren wurden entscheidend an ihren Investitionszusagen und nicht primär am Kaufpreis gemessen. 1993 und 1994 konnten 258 der rund 300 überlebensfähigen Betriebe mit einem Erlös von 1,6 Mio. EEK verkauft werden. Zur Beschleunigung der Privatisierung können seit Ende 1994 auch etwa 20 % der Unternehmensanteile gegen Vouchers erworben werden.[523]

Indikator	**1990**	**1991**	**1992**	**1993**	**1994**	**1995**
Preispolitik	2	2	2	4	4	4
Lohn- und Zinspolitik	1	3	3	3	3	3
Kleine Privatisierung	1	1	4	5	5	6
Große Privatisierung	1	1	3	4	5	5
Wettbewerbspolitik	1	2	3	4	5	5
Offenheitsgrad des Außenhandels	1	3	4	4	6	6
Investitionsbedingungen für Ausländer	1	2	2	4	5	5
Steuersystem	1	3	3	5	6	6
Politische Stabilität	2	2	3	4	4	5

Tabelle 4-27: ***Indikatoren zu Reformen in Estland.***

Seit Juni 1993 gibt es in Estland ein Wettbewerbsgesetz. Umgesetzt wird dieser Rechtsrahmen von einer Kartellbehörde, die über entsprechende Befugnisse verfügt. Ein Konkursgesetz, das den Marktaustritt regelt, besteht seit September 1992. Dieses wird im Vergleich zu anderen Ländern Osteuropas sehr restriktiv angewendet.[524] Der stärkste Wettbewerbsdruck wird in Estland aber durch ausländische Konkurrenz und den aufstrebenden Privatsektor geschaffen.

Im Außenhandel sind Anfang 1994 nahezu alle Beschränkungen gefallen. Quantitative Beschränkungen sind vollständig beseitigt, und der einzig nennenswerte Zoll in Höhe von 10 % wird auf den Import von Wasser- und Straßenfahrzeugen erhoben. Exporte unterliegen keinen Beschränkungen, sofern es sich nicht um Kunstwerke oder Antiquitäten handelt (100 % Exportzoll). Seit dem

523 Vgl.: World Bank (1993a): S. 36-40; EBRD (1995): S. 41; Schumacher (1995): S. 117.
524 Vgl.: EBRD (1995): S. 41.

1. Januar 1995 ist ein Freihandelsabkommen mit der Europäischen Union in Kraft getreten.[525]

Auch für ausländische Direktinvestitionen herrschen günstige Voraussetzungen, da nicht nur die Bedingungen für den Gewinntransfer und die Besteuerung geregelt sind, sondern ausländische Investoren auch beim Grunderwerb, sofern dieser zur Produktionsstätte gehört, mit Inländern gleichgestellt sind. Darüber hinaus wird die Markttransparenz für Ausländer durch eine Investitionsförderungsagentur erhöht.[526]

Die Steuerbelastung ist in Estland gering und besonders transparent. Es gibt seit der Steuerreform vom Dezember 1993 keine Steuerprogression und keine Ausnahmeregelungen, sondern nur einen einheitlichen Einkommens- und Körperschaftssteuersatz von 26 % und eine Mehrwertsteuer von 18 % auf alle Waren.[527] Seither ist der Anteil der Steuereinnahmen am Bruttoinlandsprodukt rückläufig. Im Zuge dessen erwartet die Regierung eine vermehrte Investitionstätigkeit.[528] Dieses Kalkül scheint aufzugehen, denn 1994 wies Estland nur einen Staatsverbrauch von 17 % des BIP, aber eine Investitionsquote von 25 % des BIP auf.[529] 1991 erreichte der Staatsanteil noch 40 % des BIP.[530] Darüber hinaus zahlen Arbeitgeber 33 % des Lohnes in die Sozialversicherung ein.

4.2.3.3 Lettland: Bankenkrise belastet neu etabliertes Finanzzentrum

Die wirtschaftlichen Reformen in Lettland waren zunächst, wie in den übrigen baltischen Staaten, vom schrittweisen Austritt aus der Sowjetunion geprägt. Seit dem Referendum für ein unabhängiges und demokratisches Lettland im März 1991 vergingen noch zwei Jahre bis zur Einführung der eigenen Währung, dem Lat, im März 1993. Da viele Reformmaßnahmen wie die Preisfreigabe, die Steuerreform oder die Liberalisierung des Außenhandels bereits zuvor erfolgten, stellte die Währungsumstellung und damit eine eigene restriktive Geldpolitik in Lettland nicht den Ausgangspunkt der Reformen dar. Zu den wichtigsten Sofortmaßnahmen gehörten die Übernahme der sowjetischen All-Unions-Betriebe durch lettische Behörden und die Reform des Steuersystems. Neben der Schaf-

---

525 Vgl.: Burger, Lenzner (1994): S. 33; World Bank (1993a): S. 24 f.

526 Vgl.: Schumacher (1995): S. 122.

527 Zuvor lagen die Einkommens- und Körperschaftssteuersätze bei maximal 50 %, während Joint-ventures vollständig von Abgaben befreit waren. Vgl.: Bolz, Lenzner (1993): S. 75.

528 Vgl.: Burger, Lenzner (1994): S. 28 f.

529 Vgl.: Schumacher (1995): S. 117.

530 Vgl.: Bolz, Lenzner (1993): S. 74.

fung einer neuen Steuerstruktur wurden auch zahlreiche Subventionen abgebaut, womit Preissteigerungen für zahlreiche Güter verbunden waren.[531] Im Vorgriff auf die angekündigte Währungsreform wurde bereits am 7. Mai 1992 der lettische Rubel als Parallel- und später Ersatzwährung zum russischen Rubel eingeführt.[532] Der neue heute gültige Lat ist fest an den Ecu gekoppelt und bildet ebenso wie die estnische Krone eine sehr stabile Währung, die durch hohe Devisenbestände gedeckt wird.[533]

Die lettische Wirtschaft war sehr stark in die sowjetische Wirtschaft integriert und verfügt über eine Industrie, die weitgehend von russischen Rohstoffen und Vorleistungen abhängig ist. Während sich die Industrie im Niedergang befindet, entwickelten sich Handel und Dienstleistungen jüngst zu den wichtigsten Wirtschaftszweigen, die bereits mehr als die Hälfte des Bruttoinlandsprodukts erstellen. Gerade in den letzten Jahren konnte sich Lettland als wichtiges Finanzzentrum im Ostseeraum etablieren, was unter anderem durch einen starken Devisenzustrom aus den GUS-Ländern begünstigt wurde.[534]

Das rasante Wachstum der Geschäftsbanken begann im Mai 1992 mit der Verabschiedung einer sehr liberalen Bankengesetzgebung. Ende 1994 waren rund 50 Banken in Riga tätig, deren Mehrzahl jedoch über eine sehr geringe Bilanzsumme verfügte.[535] Schon 1994 begann durch wachsende Mindestreserveanforderungen ein Konzentrationsprozeß in diesem Sektor, der sich seit dem Ausbruch einer Bankenkrise im Sommer 1995 beschleunigt. Die Bankenkrise wurde durch den Zusammenbruch der größten Bank Lettlands, der Baltija Banka, ausgelöst, die Sparguthaben von 500.000 der 2,5 Mio. Einwohner verwaltet. Die Bankenkrise hat nicht nur zu einem erheblichen Vertrauensverlust im In- und Ausland geführt, sondern auch der Volkswirtschaft einen erheblichen Teil der monetären Liquidität entzogen.[536]

Das zweite beherrschende Thema war in Lettland 1995 die Neuwahl des Parlamentes im Herbst, aus der die moskautreuen Kommunisten im Verbund mit dem deutschen Rechtsradikalen Joachim Siegerist knapp als Sieger hervorgingen. Doch konnten, weder diese Koalition noch das Bündnis der ehemaligen Regierungspartei „Lettischer Weg“ mit konservativ-nationalen Gruppierungen eine Regierung stellen. Ende 1995 beauftragte der Staatspräsident deshalb den parteiunabhängigen Geschäftsmann Skele mit der Regierungsbildung.

531 Vgl.: World Bank (1993b): S. 10 f und S. 37 f; Polkowski (1993): S. 52-58.
532 Vgl.: Polkowski (1993): S. 58.
533 Vgl.: Paeglis (1994): S. 45 f.
534 Vgl.: Holz (1995e): S. 155 f; Paeglis (1994): S. 41-43.
535 Vgl.: Paeglis (1994): S. 41 f.
536 Vgl.: Holz (1995e): S. 154, 156.

Trotz der erheblichen politischen Schwierigkeiten kann auch die lettische Wirtschaft seit 1994 wieder positives Wachstum erzielen. Auch die Inflationsrate ist mit gut 20 % im osteuropäischen Vergleich recht gering. Die offene Arbeitslosigkeit von 6,2 % der Beschäftigten Mitte 1995 ist auch ein Zeichen für die sich fortsetzende Restrukturierung der Unternehmen.[537]

Lettland	**1990**	**1991**	**1992**	**1993**	**1994**	**95^S)**
BIP-Veränderung in konst. Preisen	2,9	-8,3	-35,0	-15,0	2,0	0,9
Inflation der Konsumentenpreise im Jahresendvergleich	-	262,4	958,0	35,0	26,1	23,0
Saldo des Staatshaushalts in % des BIP	2,0	6,0	-0,8	0,6	-4,2	-4,5
Staatsausgaben in % des BIP	44,0	31,0	28,2	34,8	38,0	40,0
Handelsbilanzsaldo (in Mio. US-$)	-	-	-215	-160	-378	-367
Leistungsbilanzsaldo (in Mio. US-$)	-	-	25	151	-86	-158
Arbeitslosenquote	0,0	0,1	2,1	5,3	6,5	6,0

Tabelle 4-28: ***Statistisches Profil Lettland.***
Quelle: European Bank for Reconstruction and Development (1996): S. 37; S) Schätzung.

4.2.3.4 Indikatorenbildung zur Reformpolitik in Lettland

Nachfolgend werden die einzelnen Reformbereiche knapp erläutert, die der Indikatorenbildung in Tabelle 4-29 zugrunde liegen. In Lettland wurden die Preise bis Ende 1990 zu 95 % von staatlichen Stellen festgesetzt. Im Laufe des Jahres 1991 gab es dann eine Umstellung des Preissetzungsmechanismus, der mit Preiserhöhungen verbunden war. Die Preise für die wichtigsten Nahrungsmittel und Konsumgüter wurden im Januar 1992 freigegeben. Nur Preise für Wohnungen, Energie, Transport und öffentlichen Verkehr blieben unter staatlicher Kontrolle. Mit wachsender Gefahr einer Hyperinflation entschied sich die Regierung im August desselben Jahres, zahlreiche Preiskontrollen wieder einzuführen.[538] Seit 1993 bestehen diese staatlichen Eingriffe jedoch nicht mehr. Die Preise für Wohnungen, Fernwärme und öffentlichen Verkehr werden durch die Kommunen festgelegt. Die einzig bedeutende Preiskontrolle bezieht sich auf die Elektrizität, deren Preise bislang nur 60 % der Kosten decken. Die Strompreise sollen in den kommenden Jahren schrittweise an die Kosten angepaßt werden.

537 Vgl.: Holz (1995e): S. 156 f.
538 Vgl.: Polkowski (1993): S. 52-54.

Indikator	1990	1991	1992	1993	1994	1995
Preispolitik	1	2	2	4	4	4
Lohn- und Zinspolitik	1	2	5	5	5	5
Kleine Privatisierung	1	1	3	4	5	5
Große Privatisierung	1	1	2	2	3	3
Wettbewerbspolitik	1	3	3	4	4	4
Offenheitsgrad des Außenhandels	1	3	4	4	5	5
Investitionsbedingungen für Ausländer	1	2	2	4	4	4
Steuersystem	1	3	3	4	4	4
Politische Stabilität	2	2	3	4	4	3

Tabelle 4-29: ***Indikatoren zu Reformen in Lettland.***

Das Lohnniveau wird von den Unternehmensleitungen weitgehend unabhängig, ohne stärkere Einflußnahme der Regierung, bestimmt. Zinsen können sich seit 1992 frei am Markt bilden. Die Marktzinsen sind bislang geringer als die Inflationsrate. Erhebliche Unterschiede von 15-20 % bestehen zwischen Einlagen- und Kreditzinsen.[539]

Der Privatsektor soll nach offiziellen Angaben 1994 rund 58 % des Bruttoinlandsprodukts gestellt haben. Besondere Fortschritte sind nicht allein bei der Privatisierung von Geschäften und kleinen Unternehmen zu verzeichnen, die nahezu abgeschlossen ist. Auch konnten schon mehr als die Hälfte der landwirtschaftlichen Nutzfläche und etwa 40 % des kommunalen Wohnungsbestandes an private Eigentümer übertragen werden. Die Anfang 1994 verteilten Voucher können sowohl für den Kauf von Land und Wohnungen wie auch für den Erwerb von Anteilen an Staatsunternehmen verwendet werden.

Weniger erfolgreich war bislang die Privatisierung von 1.600 großen Staatsunternehmen, die im Februar 1994 mit einem Privatisierungsgesetz eingeleitet wurde und nach ursprünglichen Planungen bis 1996 zu drei Vierteln abgeschlossen sein sollte. Doch die für 1994 geplanten 300 Übergaben konnten nicht realisiert werden. Die Privatisierung erfolgt einerseits über den Direktverkauf durch eine Privatisierungsagentur, an dem sich gleichberechtigt auch ausländische Investoren beteiligen können, und andererseits über Privatisierungsgutscheine, die die Bevölkerung 1994 erhalten hat. Anfang 1995 begann die Arbeit der Privatisierungsagentur mit der internationalen Ausschreibung von 45 Unternehmen. Bis Ende 1995 sollten rund 200 Staatsbetriebe, die etwa 10-20 % der Industrieproduktion erstellen, verkauft sein.[540]

[539] Vgl.: EBRD (1995): S. 49.

[540] Vgl.: EBRD (1995): S. 49; Holz (1993e): S. 156.

Den Marktaustritt von Unternehmen regelt seit 1991 ein Konkursgesetz, das bislang jedoch selten zur Anwendung kam. Zur Förderung des Wettbewerbs wurde 1991 zudem ein Anti-Monopolgesetz verabschiedet, dessen Einhaltung seit 1993 von einer Anti-Monopolkommission überwacht wird. Entscheidend für den Wettbewerb ist der Konkurrenzdruck durch die freie Verfügbarkeit importierter Güter.

Der lettische Außenhandel ist zwar weniger liberal als der estnische, doch sind auch hier die staatlichen Eingriffe gering. Die Regierung beseitigte sämtliche quantitativen Handelsbeschränkungen ebenso wie die Exportzölle. Für den Import von Fertigwaren wird ein einheitlicher Zoll von 15 % erhoben. Erhebliche Handelsbeschränkungen herrschen zum Schutz des Agrarsektors mit Zollsätzen, die zum Teil über 50 % des Warenwertes ausmachen. Die lettische Währung stellt keine Behinderung des Außenhandels dar, denn sie ist für Leistungs- und Zahlungsbilanztransaktionen voll konvertibel, was in Osteuropa außergewöhnlich ist.[541]

Ausländische Direktinvestitionen sind mit lettischen Unternehmen gleichgestellt, jedoch gibt es Investitionsbeschränkungen in einzelnen Sektoren. Seit dem 1. April 1995 können auch Investoren aus Ländern, mit denen Lettland ein Investitionsschutzabkommen geschlossen hat, zu einem Betrieb gehörige Grundstücke erwerben. Gewinne werden mit 25 % Körperschaftssteuer belegt und sind frei transferierbar. Unternehmen, die vor dem 31. März 1995 gegründet wurden, sind für einige Jahre von der Steuer befreit.[542]

Umfassende Steuerreformen wurden zunächst 1991 vorgenommen, um das sowjetische Steuersystem marktgerecht umzugestalten. Die dabei eingeführten Steuerregeln enthielten neben Einkommens-, Gewinn- und Umsatzsteuern zahlreiche Sondersteuern.[543] Seit 1993 ist dieses Steuersystem teilweise vereinfacht worden, so daß heute die progressive Einkommensteuer bis maximal 35 %, die Körperschaftssteuer von 25 % und die Mehrwertsteuer von 18 % die wichtigsten Staatseinnahmen bilden. Für die Sozialversicherung müssen die Arbeitgeber 37 % der Lohnsumme und die Arbeitnehmer 15 % des Lohnes abführen.[544]

4.2.3.5 Litauen: Reformschlußlicht im Baltikum

Die wirtschaftliche Ausgangslage und der Prozeß der Abspaltung von Moskau weisen in Litauen große Ähnlichkeiten zu den zwei anderen baltischen

541 Vgl.: EBRD (1995): S. 49.

542 Vgl.: FAZ-Informationsdienste (1995): S. 24 f.

543 Vgl.: World Bank (1993b): S. 10 ff.; Polkowski (1993): S. 54-57.

544 Vgl.: EBRD (1995): S. 49.

Republiken auf. Auch das mit knapp 3,8 Mio. Einwohnern, die zu 80 % Litauer sind, bevölkerungsreichste Land des Baltikums war weitgehend in die sowjetische Wirtschaft integriert und, da es über keine eigenen Rohstoffe verfügt, stark von russischen Energielieferungen abhängig. Umfassende Schritte zur Transformation des Wirtschaftssystems konnten erst nach Erlangung der vollen Souveränität 1991 eingeleitet werden. Dieses geschah im Sommer 1992 mittels eines vom IWF gestützten Stabilisierungs- und Reformprogramms.[545]

Die Reformen litten jedoch unter der Schwierigkeit, eine eigene Geldpolitik betreiben zu können, da der Rubel weiterhin die gültige Währung blieb. Zur Liquiditätssicherung wurden bereits im Mai 1992 sogenannte Talons als Parallelwährung zum Rubel eingeführt. Diese sind erst durch die Einführung des Litas am 25. Juni 1993 ersetzt worden. Im Vergleich zur estnischen oder lettischen Währung verlor die litauische Währung zunächst stark an Wert, bis sie in einem „Currency Board Agreement" mit dem IWF am 1. April 1994 zum Kurs von 4:1 fest an den US-$ gekoppelt wurde.[546] Dieser Kurs konnte trotz der im Jahr 1995 aufkommenden Abwertungserwartungen bislang gehalten werden.[547]

Die wirtschaftlichen Reformen verliefen in Litauen sehr viel zögerlicher als in den nördlichen Nachbarländern. Ein langsamerer Übergang zur Marktwirtschaft und die Betonung sozialer Komponenten waren wichtige Wahlversprechen, die den ehemaligen Kommunisten mit ihrem Parteiführer Algirdas Brazauskas in den ersten freien Wahlen nach Erlangung der Unabhängigkeit im Herbst 1992 den Wahlsieg ermöglichten.[548] In dieser Wahl äußerte sich auch die Unzufriedenheit über die zuvor durchgeführte Privatisierung von rund der Hälfte der landwirtschaftlichen Nutzfläche, die vorwiegend an unerfahrene Städter erfolgte.[549] Die mangelnde Qualifikation der neuen Landwirte, fehlendes Startkapital und staatlich kontrollierte Nahrungsmittelpreise, die keine Deckung der Produktionskosten erlaubten, haben zu einem erheblichen Einbruch in der landwirtschaftlichen Produktion geführt.[550] Nachdem sie für zwei Jahre ausgesetzt waren, hat die litauische Regierung 1995 erneut Agrarsubventionen in Aussicht gestellt.[551]

Aufgrund der schleppenden Privatisierung waren in Litauen bis Ende 1994 wertmäßig erst etwa die Hälfte der Staatsunternehmen privatisiert. Darin spiegelt sich im wesentlichen die weitgehend erfolgte Privatisierung kleiner Unternehmen und der Landwirtschaft. Doch trotz der teilweise zögerlichen Reformen konnte nach erheblichen Einbrüchen der Produktion in 1992 und 1993 für 1994

545 Vgl.: Odling-Smee, u.a. (1994): S. 1-7.
546 Vgl.: Odling-Smee, u.a. (1994): S. 1.
547 Vgl.: Holz (1995f): S. 169.
548 Vgl.: Holz (1993): S. 102 f.
549 Vgl.: Pissulla (1993): S. 46.
550 Vgl.: Lösch (1994): S. 32 f.
551 Vgl.: Holz (1995f): S. 166 f.

wieder ein leichtes Wirtschaftswachstum verzeichnet werden, das 1995 noch etwas kräftiger ausfiel. Auch die Inflationsrate ist 1994 nach zwei Jahren der Hyperinflation stark gesunken. Ein wichtiger inflationsbremsender Faktor ist die schwache Kapitalausstattung der staatlichen Unternehmen, deren Produktionskapazitäten teilweise zu weniger als 50 % ausgelastet sind und die deshalb nur wenige Investitionsgüter importieren können.[552] Dieses wird aber das zukünftige Wachstum beeinträchtigen. Der Außenhandel hat 1994 stark zugenommen, wobei der Handel mit Rußland heute nur noch ein Drittel des litauischen Außenhandelsvolumens ausmacht.[553]

Litauen	1990	1991	1992	1993	1994	95[S)]
BIP-Veränderung in konst. Preisen[1)]	-5,0	-13,1	-37,7	-24,2	1,7	3,0
Inflation der Konsumentenpreise im Jahresendvergleich[1)]	-	345,0	1.175	188,7	45,0	36,0
Saldo des Staatshaushalts in % des BIP[1)]	-4,5	-5,0	-0,5	-2,4	-1,5	-2,6
Staatsausgaben in % des BIP[1)]	49,2	38,9	37,8	27,9	26,5	25,0
Handelsbilanzsaldo (in Mio. US-$)[2)]	-	-	84	150	-450	-600
Leistungsbilanzsaldo (in Mio. US-$)[2)]	-	-	183	210	-380	-470
Arbeitslosenquote[1)]	-	0,3	1,0	2,5	4,2	6,6

Tabelle 4-30: ***Statistisches Profil Litauen.***
Quelle: 1)European Bank for Reconstruction and Development (1996): S. 38; 2) FAZ Informationsdienste (1995): S. 175; [S)] Schätzung.

4.2.3.6 Indikatorenbildung zur Reformpolitik in Litauen

So wie die marktwirtschaftlichen Reformen in Litauen insgesamt recht schleppend vorangingen, erfolgte auch die Liberalisierung der Preise später als in den beiden anderen baltischen Staaten. In nennenswertem Umfang wurden die Preise erst im letzten Quartal des Jahres 1991 freigegeben, und erst im Januar 1992 hob die Regierung auch die Kontrolle der meisten Lebensmittel- und Konsumgüterpreise auf. Weitgehende Preiskontrollen blieben nicht allein für Wohnungsmieten, Energiepreise und andere staatliche Angebote erhalten. Kontrolliert wurden auch landwirtschaftliche Beschaffungspreise, um die Einkommen der Landwirte zu verbessern und die Preise für Grundnahrungsmittel

552 Vgl.: Holz (1995f): S. 168.
553 Vgl.: Holz (1995f): S. 171.

niedrig zu halten.[554] Viele Preise wurden seither schrittweise angehoben, wie auch die Heizkosten 1994 und 1995. Weit unter den Herstellungskosten bleiben weiterhin die Elektrizitätspreise.[555] Die zögerliche Preisfreigabe drückt sich auch in den Indikatorausprägungen der Tabelle 4-31 aus.

Seit 1993 ist auch die Lohnfindung und das Zinsniveau der Geschäftsbanken frei von staatlichen Eingriffen. Bis dahin waren Lohnzuwächse beschränkt, um die Inflationsbekämpfung der Regierung zu unterstützen.[556]

Indikator	**1990**	**1991**	**1992**	**1993**	**1994**	**1995**
Preispolitik	1	2	3	3	4	4
Lohn- und Zinspolitik	1	3	3	5	5	5
Kleine Privatisierung	1	1	3	4	5	5
Große Privatisierung	1	1	3	3	3	4
Wettbewerbspolitik	1	1	2	3	3	3
Offenheitsgrad des Außenhandels	1	3	3	4	5	5
Investitionsbedingungen für Ausländer	1	2	2	4	4	4
Steuersystem	2	2	3	3	4	4
Politische Stabilität	2	2	3	4	4	4

Tabelle 4-31: ***Indikatoren zu Reformen in Litauen.***

Der Privatsektor erstellt in Litauen schätzungsweise 55 % des Bruttoinlandsprodukts. Dieses ist auf die bis 1995 weitgehend abgeschlossene Privatisierung der Landwirtschaft und den Verkauf von 2.318 der auf dem Auktionsweg angebotenen 2.660 kleinen Unternehmen zurückzuführen. Die Privatisierung großer Staatsunternehmen basiert auf den gleichen Gesetzen wie die kleine Privatisierung. Ursprünglich war eine ausschließliche Voucher-Privatisierung vorgesehen, bei der die Beschäftigten und das Management der Betriebe bevorzugt behandelt werden sollten. Die erste Phase der Voucher-Privatisierung umfaßte 6.700 Unternehmen, von denen bis Ende Juni 1995 84 % an private Aktionäre übertragen waren.[557]

Den Marktaustritt von Unternehmen regelt seit September 1992 ein Konkursrecht, das bislang jedoch erst in sehr wenigen Fällen angewandt wurde. Die Wettbewerbssituation wird durch neu gegründete private Unternehmen verbessert, die aber zumeist sehr klein sind und schlechten Zugang zu externer Kredit-

554 Vgl.: Pissulla (1993): S. 46 f; World Bank (1993c): S. 27 f.
555 Vgl.: EBRD (1995): S. 50.
556 Vgl.: World Bank (1993c): S. 32 f.
557 Vgl.: EBRD (1995): S. 50; Bussche-Hünnefeld (1995): S. 63.

finanzierung haben. Zur Überwachung großer Monopole wurde eine Agentur für Preise und Wettbewerb gebildet. Noch fehlt dieser allerdings die Macht zur Zerschlagung von Monopolen.[558]

Im Außenhandel sind alle quantitativen Beschränkungen gefallen, und auch die Zölle wurden zwischen 1990 und 1991 weitgehend abgebaut. Zwischenzeitig führte die Regierung Anfang November 1992 einen Zoll von 10 % auf alle Im- und Exporte sowie weitere Sondersteuern für Exporte in die GUS-Länder ein.[559] Diese Regelungen wurden später teilweise wieder abgebaut. Mit der zum 1. März 1995 erfolgten Anpassung an das mit der Europäischen Union geschlossene Europaabkommen wurden zahlreiche Importzölle gesenkt und einige Einfuhrkontingente im Agrarbereich erhöht.[560]

Ausländische Direktinvestitionen sind genehmigungspflichtig und unterliegen einer Körperschaftssteuer von 29 %. Für Investitionen, die bis Ende 1995 erfolgten, waren mehrjährige Steuernachlässe möglich. Die Gewinne können uneingeschränkt transferiert werden, doch ein Grundstückserwerb ist nicht möglich.[561] Auch bei der Privatisierung waren ausländische Investoren benachteiligt.

Seit 1990 wurde das Steuersystem schrittweise marktwirtschaftlichen Anforderungen angepaßt, wobei anfangs viele unterschiedliche Steuersätze und Ausnahmeregelungen das Bild beherrschten. Die Ende 1991 erstmals eingeführte Mehrwertsteuer betrug nach einigen Änderungen 1995 18 %, und die Einkommensteuer war progressiv gestaffelt bis zu einem Satz von 33 %.[562] Ausnahmeregelungen und Schwierigkeiten mit der Steueradministration haben anfangs zu erheblichen Steuerausfällen geführt, aber auch diese Probleme konnten in jüngster Zeit veringert werden.

4.2.4 Unzureichende Reformen in der GUS verschärfen den wirtschaftlichen Niedergang

4.2.4.1 Rußland: erfolgreiche Privatisierung und Bankenreform trotz verzögerter Stabilisierung

Trotz des Zusammenbruchs der Sowjetunion im Dezember 1991 bleibt die Rußländische Föderation mit 150 Mio. Einwohnern und über 100 Ethnien der dominierende Vielvölkerstaat Osteuropas. Mit 77 % der Fläche der ehemaligen

---

558 Vgl.: EBRD (1995): S. 50.
559 Vgl.: Pissulla (1993): S. 56 f.
560 Vgl.: Holz (1995f): S. 173.
561 Vgl.: FAZ-Informationsdienste (1995): S. 24 f.
562 Vgl.: World Bank (1993c): S. 39-44.

UdSSR blieb Rußland der größte Staat der Erde, der über umfangreiche Rohstoffvorkommen verfügt.[563] Dem stehen gewaltige Umweltbelastungen gegenüber, die den rücksichtslosen Fördermethoden und mangelnden Erneuerungsinvestitionen beim Rohstoffabbau zuzuschreiben sind. Aber auch die verarbeitende Industrie, die Landwirtschaft, das Militär und die Kommunen tragen jeweils auf ihre Weise zu den weltweit größten Umweltproblemen bei.[564]

Land	**BSP (PPP-US-$ pro Kopf)[1)]**	**Bevölkerung (in Mio.)**	**BSP (Mio. PPP-US-$)[2)]**	**BIP (in Mrd. LW)[3)]**	**Kurs LW je US-$ (Ø)**	**BIP (in Mio. US-$)[4)]**
Rußland	5.240	148,3	777.092	162.300	930	174.516
Ukraine	4.030	52,1	209.963	153.490[5)]	4.755[5)]	32.280
Weißrußland	6.360	10,4	66.144	12.983[5)]	476[5)]	27.275
Kasachstan	3.770	16,9	63.713	16.410[5)]	930	17.645
Usbekistan	2.580	22,0	56.760	4.428	930	4.761
Aserbaidschan	2.230	7,4	16.502	-	-	-
Turkmenistan	3.950[6)]	3,9	15.405	11	2	5.500
Moldawien	3.210	4,3	13.803	2,1	1,4	1.522
Kirgisien	2.420	4,4	10.648	5,7	6,1	938
Tadschikistan	1.430	5,7	8.151	631	930	678
Armenien	2.080	3,7	7.696	780	930	839
Georgien	1.410	5,4	7.614	-	-	-

Tabelle 4-32: ***Vergleich des Bruttoinlandsprodukts der GUS-Staaten.***
Quelle: European Bank for Reconstruction and Development (1995), FAZ-Informationsdienste (1995) und eigene Berechnungen.
1) Bruttosozialprodukt je Einwohner nach Kaufkraftparitätswechselkurs im Jahr 1993; Schätzungen der Weltbank aus: World Bank Atlas 1995.
2) Bruttosozialprodukt nach Kaufkraftparitätswechselkurs im Jahr 1993; Pro-Kopf-Angaben der Weltbank hochgerechnet.
3) Bruttoinlandsprodukt in Landeswährung: Armenien, Kasachstan (bis 1993), Rußland, Tadschikistan und Usbekistan: Rubel; Aserbaidschan und Turkmenistan: Manat; Georgien: Kupons, Kirgistan: Som, Moldowa: Lei, Ukraine: Karbowanez (seit November 1992); Weißrußland: weißrussischer Rubel (seit August 1993).
4) Bruttoinlandsprodukt in US-$ für 1993, umgerechnet nach durchschnittlichem Wechselkurs dieses Jahres.
5) FAZ-Informationsdienste (1995).
6) Bruttoinlandsprodukt je Einwohner für 1992 aus: Worldbank 1994.

563 Vgl.: Gummich, Fanous (1992): S. 82-92.
564 Vgl.: DIW, IWH, IfW (1992a): S. 36-38.

In den letzten Jahren ist Rußland die treibende Kraft der Reintegration von zwölf unabhängigen Unionsrepubliken im Rahmen der Gemeinschaft Unabhängiger Staaten (GUS), die heute mit Ausnahme der baltischen Staaten die gesamte ehemalige Sowjetunion umfaßt. Um das bedeutende Gewicht Rußlands innerhalb der GUS zu verdeutlichen, sind in Tabelle 4-32 die von der Weltbank nach Kaufkraftparitäten (PPP) für 1993 errechneten Pro-Kopf-Bruttosozialprodukte auf ein hypothetisches PPP-Bruttosozialprodukt der einzelnen Republiken hochgerechnet.[565]

Innerhalb Rußlands haben die 21 Republiken und 68 weiteren territorialen Untergliederungen (Regionen, autonome Kreise, Gebiete) im Zuge des Reformprozesses wachsende Bedeutung erlangt. Gerade die Verantwortung für die Wirtschaftspolitik und den institutionellen Umbau der Wirtschaft wird zunehmend auf die Regionen verlagert, was zu sehr unterschiedlichen Reformgeschwindigkeiten und einem zunehmenden Einkommensgefälle führt. Stark industrialisierte Regionen im Westen Rußlands haben unter dem dramatischen Wirtschaftseinbruch besonders stark zu leiden, während besonders rohstoffreiche Regionen auf den Export ihrer Produkte ausweichen können.

Die sowjetische Wirtschaft basierte seit den 30er Jahren auf vorwiegend extensivem Wachstum, d. h., höhere Produktion wurde durch den vermehrten Einsatz von Kapital und Arbeit erzielt und war weniger eine Folge von Produktivitätszuwächsen. Im ersten Jahrzehnt nach dem zweiten Weltkrieg erzielte das Sowjetsystem auf diese Weise gute Erfolge mit Wachstumsraten über 6 %, doch schon seit den 60er Jahren zeigen sich die Schwächen des Systems. Die eintretende Wachstumsverlangsamung trotz hoher Investitions- und Arbeitseinsatzquoten spiegelt die abnehmenden Grenzerträge der Faktoren wider. Die Wachstumsraten verringerten sich bis in die 80er Jahre hinein stetig.[566] Gründe für das mangelnde Produktivitätswachstum im sowjetischen Wirtschaftssystem bestehen zu einem erheblichen Maße in der mangelnden Reaktionsmöglichkeit der Wirtschaftssubjekte auf sich verändernde externe Bedingungen,[567] d. h. auf sich damit ändernde Knappheitspreisrelationen. Gorbatschov trat 1985 an, erneutes Wachstum in der nahezu stagnierenden russischen Wirtschaft zu erzielen, doch verfehlten dessen vereinzelte und unzusammenhängende Reformen ihr Ziel.[568] Im Jahr 1990 begann die sowjetische Wirtschaft mit -4 % zu schrumpfen, und dieser Prozeß hat sich nach Auflösung der UdSSR in Rußland

565 Dieses bietet eine bessere Vergleichbarkeit als ein in US-$ errechnetes BIP, da der Rubel in den vergangenen Jahren real sehr stark aufwertete. In US-$ ausgedrückt, hat sich beispielsweise das russische BIP von 1992 bis 1994 fast verdreifacht, während es in Rubel um nahezu ein Drittel schrumpfte. Vgl.: FAZ-Informationsdienste: S. 235.

566 Vgl.: Fischer (1994): S. 228-230.

567 Vgl.: Fischer (1994): S. 231.

568 Vgl.: Fischer (1994): S. 233-236.

verstärkt. Das russische Bruttoinlandsprodukt ist nach offiziellen Statistiken bis 1995 auf 49 % des Niveaus von 1989 zusammengeschrumpft.

Die Perestroikapolitik einer „sozialistischen Marktwirtschaft“ war spätestens mit dem Putsch im August 1991 beendet. Im November 1991 verkündete Präsident Jelzin eine neue marktwirtschaftliche Reformpolitik, die mit der Verabschiedung zahlreicher neuer Gesetze und Erlasse begann. Hierzu gehörten bereits Privatisierungs-, Wettbewerbs-, Unternehmens-, Steuer-, Investitions- und Pensionsgesetze, die, zumindest auf dem Papier, innerhalb kurzer Zeit einen neuen rechtlichen Rahmen nach westlichem Vorbild schufen. Problematisch war der häufige Gebrauch von Erlassen, die kurzfristig geändert werden konnten und eine große Rechtsunsicherheit und -unübersichtlichkeit schufen.[569] Der damit einhergehende Verlust zentralstaatlicher Steuerungsmöglichkeiten und die bis 1993 anhaltende politische Krise in Moskau lähmten die Reformpolitik weitgehend. Hierdurch konnten sich die Regionen ein hohes Maß wirtschaftspolitischer Entscheidungskompetenz aneignen.[570]

Die wichtigste und langfristig auch beständigste Maßnahme der Reformen war die Anfang 1992 erfolgte Preisliberalisierung. In deren erster Phase blieben zahlreiche Konsumgüter- und Vorleistungspreise fixiert, woraufhin zunächst viele Güter nicht auf den Märkten angeboten wurden. Zwei weitere Preisfreigaben folgten im März und September desselben Jahres, die zunächst die zuvor kontrollierten Konsumgüter und im letzten Schritt auch die Energiepreise betrafen. Letztere blieben jedoch durch eine progressive Besteuerung der Erlöse, die über einen bestimmten Betrag je Tonne hinausgingen, auch weiterhin unter staatlicher Kontrolle.[571] Dergleichen neue indirekte Eingriffe wurden zwar für verschiedene Güter geschaffen, dennoch war die Liberalisierung angesichts der Ausgangssituation sehr umfangreich und hatte weitreichende Anpassungen der relativen Preise und der Struktur der Industrieproduktion zur Folge. Während die Preise für Energieträger relativ stark anstiegen, erzielten konsumnahe Industriebetriebe geringere Preiszuwächse.[572]

Die Freigabe der Preise führte in Rußland zunächst zu einer massiven Anpassungsinflation von 345 % allein im Januar 1992,[573] die auf eine zuvor erheblich verzerrte Preisstruktur schließen läßt. Mangels einer gleichzeitig begonnenen konsistenten Stabilitätspolitik verharrte die Inflationsrate während des gesamten Jahres auf ihrem hohen Niveau. Rußland geriet an den Rand einer Hyperinflation mit einem Preisniveau, das zum Jahresende um 2.500% angestiegen war. Diese

569 Vgl.: DIW, IWH, IfW (1992a): S. 9 f.
570 Vgl.: DIW, IWH, IfW (1993a): S. 17, 28 f.
571 Vgl.: Dabrowski (1994): S. 26 f.
572 Vgl.: Ahrens (1993): S. 301 f.
573 Vgl.: DIW, IWH, IfW (1992a): S. 13.

inflationäre Entwicklung setzte sich leicht abgeschwächt auch 1993 fort.[574] Die Gründe dieser massiven Destabilisierung liegen zum einen Teil bei der Finanzpolitik, die im Konflikt zwischen Regierung und Parlament nicht zur Einschränkung der umfassenden Subventionen fähig war und die das größtenteils zentralbankfinanzierte Haushaltsdefizit nicht unter Kontrolle brachte.[575] Doch den sehr viel bedeutenderen preistreibenden Einfluß hatte die russische Zentralbank. Sie übernahm mit umfangreichen zinsgünstigen Krediten zugunsten des Agrarsektors, der Industrie, der nördlichen Regionen und zur Förderung des Exports in die übrigen GUS-Republiken „quasi-fiskalische" Aufgaben.[576] Auf diese Weise wurden außerhalb des ausgewiesenen Staatshaushalts erhebliche Subventionen vergeben und die Festigung der weichen Budgetschranken somit verhindert. Die Destabilisierung ist auch eine Folge der mangelnden Anpassungsbereitschaft und -fähigkeit der Unternehmen, insbesondere in der Investitionsgüterindustrie. Anstatt mit Anpassungen in der Produktionsmenge und -struktur reagierten die Betriebe zumeist allein mit Preisanhebungen. Daraus entstanden bei unveränderten Lieferbeziehungen erhebliche zwischenbetriebliche Zahlungsrückstände. Die Zentralbank hoffte, in dieser Situation die Zahlungskrise der Unternehmen durch eine umfangreiche Kreditvergabe lösen zu können, da die Inflationsrisiken als weniger bedeutend eingeschätzt wurden.[577]

Neben der Preisliberalisierung sind die Privatisierung und die Entwicklung des Finanzsystems die sichtbarsten Felder des voranschreitenden Reformprozesses. Das Bankgewerbe hat sich im Jahr 1992 mit zahlreichen privaten Neugründungen sehr stürmisch entwickelt. Doch seit 1994 bestehende neue Mindestreserveanforderungen sowie die Stärkung der Aufsichtsfunktion der Zentralbank und zunehmender Wettbewerb lassen in naher Zukunft eine Fusionswelle und Konsolidierungsphase erwarten. Bedeutend ist die Wandlung der Zentralbank, die seit September 1993 die Vergabe „weicher" Kredite an die Wirtschaft eingestellt hat und sich nun auf ihre Zentralbankfunktion konzentriert.[578] Dieses bedeutet seither auch die Unterstützung der Stabilisierungspolitik durch eine restriktive Geldpolitik. Erfolgreich war die Durchsetzung positiver Realzinsen, während die Kreditvergabe an die Regierung 1994 allerdings unvermindert fortgesetzt wurde.[579]

Die Privatisierung konnte ungeachtet der politischen Auseinandersetzungen 1993 wesentlich beschleunigt werden.[580] Die erforderlichen gesetzlichen

---

574 Vgl.: DIW, IWH, IfW (1994a): S. 6 f.
575 Vgl.: Fedorov (1995): S. 11f; DIW, IWH, IfW (1993b): S. 9 f.
576 Vgl.: Easterly, Cunha (1994): S. 444-449; Delpla, Wyplosz (1995): S. 21-27.
577 Vgl.: Gavrilenkov (1994a): S. 46; Gavrilenkov (1994b): S. 74 f.
578 Vgl.: Beyreuther (1994): S. 32-34.
579 Vgl.: DIW, IWH, IfW (1995a): S. 7-9.
580 Vgl.: Dabrowski (1994): S. 30 f.

Grundlagen bestanden bereits seit 1992, demselben Jahr, in dem bereits ein Drittel der kleinen Unternehmen und ein beträchtlicher Teil der mittelgroßen Unternehmen in Privateigentum überführt wurden.[581] Den Schwerpunkt der Privatisierungspolitik bildete die 1993 durchgeführte Voucher-Privatisierung großer und mittelgroßer Betriebe, während gleichzeitig schon 70 % der kleinen Unternehmen den Besitzer wechselten. Die Voucher-Auktionen dieses Jahres betrafen etwa die Hälfte der großen und mittelgroßen Unternehmen, die zu 75 % in die Hände der dort beschäftigten und bevorzugten Arbeitnehmer übergingen. Dieses konnte zwar die öffentliche Zustimmung zu den Privatisierungen erhöhen, doch blieben die Unternehmensleitungen zunächst personell unverändert. Die bedeutende Position der Arbeitnehmer und fehlende neue Eigentümer bewirkten eine Verzögerung der dringend notwendigen Restrukturierung der ehemaligen Staatsbetriebe. Nach Auslaufen der Voucher-Privatisierung im Sommer 1994 ist die Regierung nun bemüht, strategische Investoren, wie beispielsweise Privatisierungsfonds, zu stärken. Diese sollen einen wichtigen Beitrag zur Restrukturierung der Betriebe leisten. Investitionsbeschränkungen verblieben in den von der Regierung als strategisch erachteten Sektoren Energie, Rohstoffe und Rüstungsindustrie, in denen sich der Staat die Kontrollmehrheit vorbehält.[582] Seit 1995 verlagert sich die Priorität der Privatisierungspolitik hin zur Einnahmeerzielung, um den angespannten Staatshaushalt zu entlasten. Nicht die Höhe der Investitionszusagen, sondern allein die Höhe des Kaufpreises ist von Belang.[583] Sehr dynamisch entwickelten sich in den letzten Jahren die Neugründungen von kleinen Unternehmen, die mit durchschnittlich 14 Beschäftigten in Rußland relativ groß sind. Neugegründete Unternehmen sind zu je 30 % in der Industrie und der Bauwirtschaft tätig. Der Hauptanteil konzentriert sich nicht, wie in den meisten Transformationsstaaten, allein auf den Handel und das Gaststättengewerbe. In der Landwirtschaft haben Privatbetriebe bislang nur eine sehr untergeordnete Bedeutung. 1994 gab es schon fast eine Million Kleinunternehmen, die 15 % der Arbeitnehmer beschäftigten. Regional sind die Privatisierungen und Unternehmensneugründungen in Rußland sehr unterschiedlich ausgeprägt.[584]

Der große Anteil der neuen Privatwirtschaft, die umwälzenden Reformen des Finanzsektors, die gesicherte Konvertibilität des Rubels und auch die weitgehend freien Preise sind wichtige Erfolge der russischen Wirtschaftsreformen, die den Transformationsprozeß trotz politischer Risiken als unumkehrbar scheinen lassen. Den Reformpolitikern wurde häufig zum Vorwurf gemacht, sie verfolgten eine „Schock-Therapie" nach polnischem Vorbild. Einen derart

581 Vgl.: DIW, IWH, IfW (1993b): S. 17.
582 Vgl.: DIW, IWH, IfW (1994b): S. 41-44; Keller, Siehl (1994): S. 25-29.
583 Vgl.: Hülsbömer (1995b): S. 227; DIW, IWH, IfW (1995a): S. 11.
584 Vgl.: DIW, IWH, IfW (1994b): S. 45 f.

umfassenden Reformansatz hat es in Rußland jedoch nie gegeben, vielmehr litten die Reformen aufgrund der starken politischen Widerstände an einer wenig konsistenten Transformationspolitik. Weithin beklagt wird heute die verbreitete Korruption der Behörden und die zunehmende Kriminalisierung des Wirtschaftslebens. Ungelöste politische Konflikte, regionale Auseinandersetzungen und das schwindende Vertrauen in die politische Klasse belasten die Investitionstätigkeit und damit das Wirtschaftswachtum.[585] In diesem Zusammenhang steht auch die bedeutende Kapitalflucht der letzten Jahre.[586] Dennoch kann für 1997 ein Ende des Schrumpfungsprozesses der russischen Wirtschaft erwartet werden.

Rußland	**1990**	**1991**	**1992**	**1993**	**1994**	**95[S)]**
BIP-Veränderung in konstanten Preisen	-4,0[1)]	-13,0	-14,5	-8,7	-12,6	-4,0
Inflation der Konsumentenpreise im Jahresendvergleich	5,6[2)]	143,9	2.318	841,0	203,0	131,0
Saldo des Staatshaushalts in % des BIP	-	-31,0	-18,8	-7,6	-9,9	-4,0
Handelsbilanzsaldo (in Mrd. US-$)[3)]	-	8,1	4,4	9,5	11,9	19,0
Leistungsbilanzsaldo (in Mrd. US-$)[3)]	-	3,5	-5,7	2,1	0,6	9,0
Arbeitslosenquote	0,0	0,1	0,8	1,1	2,1	3,5

*Tabelle 4-33: **Statistisches Profil Rußland.***
Quelle: European Bank for Reconstruction and Development (1996): S. 42; [1)] reales Nettomaterialprodukt; [2)] Jahresdurchschnitt; [3)] ohne Handel mit GUS-Staaten; [S)] Schätzung.

4.2.4.2 Indikatorenbildung zur Reformpolitik in Rußland

Beginnend mit dem Indikator zur Preispolitik, werden die Hintergründe der in Tabelle 4-34 aufgeführten Indikatorausprägungen im folgenden knapp erläutert. Die Freigabe der Großhandels- und Verbraucherpreise war das zentrale Element der unter Ministerpräsident Gaidar eingeleiteten Wirtschaftsreformen. Es war zugleich der erfolgreichste Teil der Reformen in dessen kurzer Amtszeit. Doch während die Preise einerseits weitgehend freigegeben waren, schuf sich der Staat neue Instrumente der Preiskontrolle über bestimmte Steuern und Zölle, sowie durch Begrenzungen der Gewinnmargen in den Monopolunternehmen. Die zumeist lokal angewendeten Preiskontrollen erstreckten sich Ende 1994 auf ein Drittel aller Güter. Per Dekret sind im März 1995 alle verbliebenen Preis-

585 Vgl.: Delpla, Wyplosz (1995): S. 19 f.
586 Vgl.: Hülsbömer (1995b): S. 224.

kontrollen aufgehoben worden, wobei Ausnahmen für „natürliche“ staatliche Monopole gelten, die noch 16-17% der Preise umfassen.[587]

Indikator	1990	1991	1992	1993	1994	1995
Preispolitik	1	1	3	2	2	3
Lohn- und Zinspolitik	1	1	3	3	3	3
Kleine Privatisierung	1	1	3	3	4	4
Große Privatisierung	1	1	2	3	3	4
Wettbewerbspolitik	1	2	3	3	3	3
Offenheitsgrad des Außenhandels	1	1	2	2	3	3
Investitionsbedingungen für Ausländer	1	1	2	2	2	3
Steuersystem	1	2	2	2	3	3
Politische Stabilität	1	1	3	2	4	4

*Tabelle 4-34: **Indikatoren zu Reformen in Rußland.***

Zur Begrenzung von Lohnzuwächsen erfolgt in Rußland eine Besteuerung der Lohnsumme, wenn die Löhne in einem Unternehmen im Durchschnitt das Sechsfache des offiziellen Minimallohnes übersteigen. Die Lohnzuwachsbesteuerung wird nicht nur auf Staatsunternehmen, sondern auch auf private Unternehmen angewendet. Weiter fortgeschritten ist die Liberalisierung der Kapitalmärkte. Die Kredit- und Einlagenzinsen der Geschäftsbanken können frei gebildet werden, und seit Oktober 1993 konnte die Zentralbank überwiegend positive Realzinsen durchsetzen.[588]

Die Privatisierung hat sich in Rußland, wie oben beschrieben, unerwartet rasch fortentwickelt. Ende 1994 produzierten 51 % der Beschäftigten 62 % des Bruttoinlandsprodukts außerhalb des Staatssektors.[589] Bis Mitte 1995 sind im Rahmen der „kleinen“ Privatisierung 100.000 Betriebe mit weniger als 200 Beschäftigten an neue Eigentümer übertragen worden. Darüber hinaus sind mehr als eine Million neuer Kleinbetriebe vorwiegend im Dienstleistungssektor, aber auch in der Industrie und der Bauwirtschaft tätig. Behindert wird die aufstrebende Privatwirtschaft durch Schwierigkeiten bei der Unternehmensregistrierung, den begrenzten Zugang zu Krediten, den Mangel an geeigneten Geschäftsräumen und Werkstätten, eine unklare, häufig veränderte Besteuerung und zunehmende Schutzgelderpressungen. Auch die „große“ Privatisierung

587 Vgl.: Dabrowski (1994): S. 26 f; EBRD (1995): S. 55.

588 Vgl.: EBRD (1995): S. 56.

589 Dem reinen Privatsektor ist schätzungsweise die Hälfte des Bruttoinlandsprodukts zuzurechnen.

verlief mit Hilfe vom Voucher-Auktionen sehr zügig, wobei die von Arbeitnehmern und Managern dominierte Eigentumsstruktur der anstehenden Restrukturierung im Wege steht. Bis Mitte 1994 waren über 15.000 große Unternehmen privatisiert, die zusammen 80 % der Industriearbeiter beschäftigen. Die seither anstehende zweite Privatisierungsphase, in der Unternehmensanteile direkt verkauft werden, konnte aufgrund politischer Auseinandersetzungen zwischen Regierung und Parlament erst mit großer Verspätung im September 1995 beginnen. Sie ist noch nicht sehr weit fortgeschritten. Besonders schleppend verläuft die Privatisierung der Landwirtschaft, in der bislang erst rund 7 % des Landes von 279.000 privaten Landwirten bewirtschaftet wird. Für die Beschäftigten der hochsubventionierten kollektiven Landwirtschaft bestehen keine Anreize, private Betriebe zu gründen. Sie haben erhebliche Schwierigkeiten beim Landerwerb, beim Einkauf der Vorprodukte sowie beim Absatz ihrer Produkte. Darüber hinaus erhalten sie keinen Zugang zu verbilligten Krediten oder Subventionen.[590]

Mit der Intensivierung der Stabilisierungspolitik und der Reduzierung staatlicher Zuwendungen an die Unternehmen von 31,6 % des BIP in 1992 auf weniger als 5 % des BIP in 1994 konnten die weichen Budgetrestriktionen erheblich vermindert werden. Erst unter diesen Gegebenheiten erhalten ein Konkursrecht vom März 1993 und das Wettbewerbsgesetz des Jahres 1991 faktische Bedeutung. Abgeschlossene Konkursverfahren sind bislang zwar nicht bekannt, doch rund 1.400 Unternehmen standen 1995 im Register einer „Föderalen-Insolvenz-Agentur", die für die Liquidierung dieser Unternehmen zuständig ist. Neben den unzureichenden Konkursmöglichkeiten mangelt es in Rußland ebenfalls an der konsequenten Umsetzung wettbewerbspolitischer Eingriffe gegen die Vormacht der ehemaligen Staatsmonopole. Bisherige Maßnahmen blieben bedeutungslos, doch besteht nun eine „Anti-Monopol-Agentur", in deren Register etwa 2.000 Monopolbetriebe mit mehr als 35 % Marktanteil in ihren Sektoren eingetragen sind. Die Agentur hat das Recht, Privatisierungen von Monopolen zu verweigern. Ansonsten beschränkt sich die Wettbewerbspolitik auf eine Kontrolle von Preisen und Gewinnspannen.[591]

Der Außenhandel erfuhr seit 1992 eine schrittweise Liberalisierung, die jedoch noch weiter ausgebaut werden muß. Seither erhielten die Unternehmen das grundsätzliche Recht, eigene Außenhandelstransaktionen vorzunehmen und dazu auch die Möglichkeit, Devisen zu einem einheitlichen Marktkurs zu handeln. Der Außenhandel blieb allerdings durch Quotenregelungen für zahlreiche Güter, hohe Im- und Exportzölle, den teilweisen Zwangsumtausch von Devisen aus Exporterlösen und inländische Politikmaßnahmen (Referenzpreise, Qualitätsvorgaben) stark eingeschränkt.[592] Eine wichtige Rolle spielen im russischen

590 Vgl.: EBRD (1995): S. 55.
591 Vgl.: EBRD (1995): S. 55.
592 Vgl.: Dabrowski (1994): S. 28 f.

Außenhandel Vermittlungsagenturen, die aus dem ehemaligen Außenhandelsministerium ausgegliedert sind.[593]

Die Importzölle befanden sich 1992 und 1993 auf relativ niedrigem Niveau, doch wurden sie ab Juli 1994 für einzelne Warengruppen deutlich erhöht, so daß der durchschnittliche Einfuhrzoll Mitte 1995 bei 12,7 % lag.[594] Bis zu 20 %ige Zölle auf Nahrungsmittel tragen nicht zur Lösung der Probleme in der Landwirtschaft bei, während sie die ärmere Bevölkerung besonders hart treffen. Negativ für künftiges Wirtschaftswachstum können auch die hohen Importzölle für Werkzeugmaschinen und andere Investitionsgüter sein, da die eigene Investitionsgüterindustrie aufgrund fehlender Zulieferungen erhebliche Produktionsausfälle verzeichnet und die Einfuhrbeschränkungen die Investitionskrise der Unternehmen noch verstärkt.[595]

Der stark beschränkte Export ist mit einer erheblichen Reduzierung der Exportquoten in den vergangenen zwei Jahren deutlich liberalisiert worden. Um den Weg für ein IWF-Beistandsabkommen zu ebnen, sind im Mai 1995 die Sondervergünstigungen für einzelne Betriebe, Regionen und Institutionen weggefallen. Spezialexporteure, insbesondere im Erdölexport, haben ihren privilegierten Zugang zu den Pipelines verloren. Exportzölle sollten bis Ende 1995 weitgehend beseitigt sein.[596] In den vergangenen Jahren hat Rußland erhebliche Außenhandelsüberschüsse realisiert, wobei die Erdöl- und Erdgasexporte zunehmendes Gewicht erlangten. Bei den Importen überwiegen die Konsumgüter.[597]

Direktinvestitionen spielen in Rußland bislang nur eine untergeordnete Rolle, da die Investitionsbedingungen von Ausländern relativ ungünstig beurteilt werden. Hohe Steuerbelastungen, politische Unsicherheit, hohe Mieten für Büro- und Gewerbeflächen, eine wachsende Kriminalität und die Korruption in Behörden wirken abschreckend.[598] 1993 waren nur 0,2 % der Beschäftigten in Betrieben mit ausländischer Beteiligung angestellt. Vom Privatisierungsprozeß blieben ausländische Investoren bis 1994 ausgeschlossen. Prinzipiell ist heute der 100 %ige Erwerb von Unternehmen und dem dazugehörigen Boden erlaubt, doch ist die Rechtslage noch sehr unklar. Weitere Probleme schafft die Unübersichtlichkeit des Steuersystems.[599]

Eine weitreichende marktorientierte Reform des Steuersystems fand 1991 und 1992 statt. Seither gab es allerdings zahlreiche diskretionäre Eingriffe in das

---

593 Vgl.: Pankov (1994): S. 416 f.
594 Vgl.: Hülsbömer (1995b): S. 224 f; EBRD (1995): S. 55.
595 Vgl.: Pankov (1994): S. 418.
596 Vgl.: Hülsbömer (1995b): S. 224 f; EBRD (1995): S. 55.
597 Vgl.: DIW, IWH, IfW (1995a): S. 9 f, 19; Hülsbömer (1995b): S. 224.
598 Vgl.: Pankov (1994): S. 421 f.
599 Vgl.: FAZ-Informationsdienste (1995): S. 24 f.

Steuersystem, die unter Vernachlässigung der Steuersystematik zu häufig wechselnden Steuersätzen und Ausnahmeregelungen führten. Ferner bestehen noch zahlreiche Auseinandersetzungen und Unklarheiten über die Verteilung von Steuereinnahmen auf die lokale, regionale und zentrale Ebene. Die wichtigsten Steuern waren 1995 die Gewinnsteuer von 35 %, die Mehrwertsteuer von 21,5 % und die progressive Einkommensteuer von 12 bis 30 %. Für verschiedene Sozialversicherungsfonds werden 40 % der Lohnsumme erhoben. Die Steuereinnahmen sind in den letzten Jahren stark rückläufig, da einerseits die Gewinne der großen Unternehmen erheblich einbrachen und sich andererseits ein bedeutender Teil des Wirtschaftslebens im informellen Sektor abspielt.[600]

4.2.4.3 Ukraine: Reformen im zweiten Anlauf

Unmittelbar nach dem Scheitern des Putschversuches im August 1991 in Moskau erklärte sich die Ukraine für selbständig. Der neu entstandene Staat war mit 52 Millionen Einwohnern und einer Frankreich übertreffenden Flächenausdehnung der größte unter den neuen Staaten auf Europas Landkarte. Im Dezember 1991 gehörte die Ukraine zu den Gründungsmitgliedern der Gemeinschaft Unabhängiger Staaten (GUS). Mit der Unabhängigkeit waren Hoffnungen auf eine rasche Verbesserung der wirtschaftlichen Situation verbunden, zumal das Pro-Kopf-Einkommen zu den höchsten in der ehemaligen Sowjetunion zählte (vgl. Tabelle 4-32). Doch der rasante wirtschaftliche Niedergang, der das Bruttoinlandsprodukt in den letzten Jahren auf 40-50 % seines Wertes von 1989 fallen ließ, machte derartige Hoffnungen zunichte. Der Wirtschaftseinbruch hat viele Gründe. Dazu gehört eine völlig veraltete Schwerindustrie, die äußerst energieintensiv produziert und die mit einem Anteil von 60 bis 70 % die Industrie dominiert.[601] Die Schwerindustrie war besonders stark in sowjetische Wirtschaftsverflechtungen integriert. Noch heute ist sie auf billige Öl- und Gaslieferungen aus Rußland angewiesen. Die Erhöhung der Energiepreise durch Umstellung des Handels auf Weltmarktpreise nach 1991 hat den eingesetzten Kapitalstock nahezu vollständig entwertet.

Entscheidend für den Zusammenbruch der Wirtschaft war aber eine zögerliche und widersprüchliche Politik der Regierung Krawtschuk, die das Land zu einem der Reformschlußlichter in Osteuropa machte. Anstelle auf die proklamierten marktwirtschaftlichen Reformen konzentrierte sich die Regierungspolitik auf eine zentrale Wirtschaftslenkung.[602] Massive Subventionen zugunsten

600 Vgl.: EBRD (1995): S. 56.
601 Vgl.: Odling-Smee, Hole, u.a. (1993): S. 7.
602 Vgl.: Sekarev (1995): S. 42 f.

der Industrie, des Bergbaus und der Landwirtschaft verursachten ein Haushaltsdefizit von 36 % des Bruttoinlandsprodukts. Dieses wurde durch Zentralbankkredite finanziert. Die Inflation erreichte 1993 über 10.000 %.[603] Seit Mitte 1994 regiert Leonid Kutschma, unter dessen Präsidentschaft Maßnahmen zur Einführung einer sozialen Marktwirtschaft reaktiviert wurden. Die Privatisierungspläne erfuhren eine Wiederbelebung, die Wechselkursspaltung wurde aufgehoben, Preise und Außenhandel wieder liberalisiert, Steuern reformiert und der Staatshaushalt saniert. Mit Rußland konnte 1995 ein Umschuldungsabkommen für offene Öl- und Gasrechnungen und mit dem IWF ein Beistandsabkommen getroffen werden.[604]

Bereits Ende 1991 und Anfang 1992 haben sich Parlament und Regierung grundsätzlich für den Übergang zu einer sozialen Marktwirtschaft entschieden und mit Gesetzen zur Steuerreform, Privatisierung und Preisfreigabe erste Maßnahmen eingeleitet. Schon früh wurden Schritte zur Einführung einer eigenen Währung unternommen. Seit Anfang 1992 löste die Kuponwährung Karbowanez andere vorübergehende Kupons und den Rubel schrittweise ab. Geplant war bereits für Ende 1992 der vollständige Übergang zur eigenen Währung mit dem Namen Griwna.[605]

Die ukrainische Reformpolitik der Anfangsjahre ermangelte einer notwendigen makroökonomischen Stabilisierung. Weder das Parlament noch Präsident Krawtschuk oder Ministerpräsident Kutschma waren bereit oder in der Lage, die Subventionen zugunsten der Schwerindustrie und der Landwirtschaft einzuschränken und damit das Haushaltsdefizit zu begrenzen. Auch vergab die Zentralbank selbst umfangreiche Kredite direkt an Unternehmen zu stark vergünstigten Konditionen. In den Jahren 1992 und 1993 folgten daraus eine ausufernde Hyperinflation, erhebliche Einbrüche in der Produktion und eine hohe versteckte Arbeitslosigkeit, die trotz offizieller Vollbeschäftigung schätzungsweise über 25 % betrug.[606] Das Scheitern der Wirtschaftsreformen, das zum Teil auch aus den nicht geklärten Kompetenzabgrenzungen zwischen Parlament und Regierung folgte, bewirkte im September 1993 den Rücktritt der Regierung unter Ministerpräsident Kutschma.

Zum Nachfolger ernannte Präsident Krawtschuk einen ehemaligen Kohlefunktionär. Es wurden zahlreiche Dekrete erlassen, die eine faktische Rückkehr zur Kommandowirtschaft bedeuteten. Preiskontrollen über Groß- und Einzelhandelspreise, Begrenzungen der Gewinnspannen der Unternehmen und das System der Staatsaufträge wurden erneut eingeführt. Die Valuta-Auktionen, auf denen der Kurs des Karbowanez ermittelt wurde, mußten schließen. Es gab

603 Vgl.: Deutsche Bank Research (1995): S. 22 f.

604 Vgl.: Klöwer (1995): S. 284.

605 Vgl.: Reymann (1992): S. 27-33.

606 Vgl.: Deutsche Bank Research (1995): S. 21.

fortan zahlreiche staatlich fixierte Wechselkurse, wobei Devisengeschäfte nur noch für ausdrücklich von der Regierung genehmigte Außenhandelstransaktionen erlaubt waren.[607] Es kam auch zur Einstellung der begonnenen Privatisierung. Die Industrieproduktion schrumpfte 1994 beschleunigt um 35 %.[608]

Angesichts dieser Ausgangsbedingungen waren die ersten demokratischen Parlamentswahlen im April und die Präsidentschaftswahl im Juli 1994 ein großer Erfolg. Kutschma konnte sich nicht nur in der Präsidentschaftswahl durchsetzen, sondern auch das Dauerpatt zwischen Präsident und Parlament aufgrund der fehlenden Verfassung vorläufig beenden, indem er dem Parlament Sondervollmachten abtrotzte. Der neue Ministerpräsident Martschuk ist zwar der ehemalige Leiter des ukrainischen KGB, doch gilt er als Reformer.[609] Die neue Regierung machte die Wiederaufnahme der marktwirtschaftlichen Reformen zu ihrer Hauptaufgabe und begann mit einer erneuten Liberalisierung des Wirtschaftslebens, die nun auch von einer makroökonomischen Stabilisierungspolitik begleitet war. Auch die Privatisierung wurde forciert.[610] Sobald der Wert des Karbowanez stabilisiert ist, wird diese Währung durch die Griwna abgelöst.

Ukraine	**1990**	**1991**	**1992**	**1993**	**1994**	**95**[S)]
BIP-Veränderung in konstanten Preisen	-3,0	-12,0	-17,0	-17,0	-23,0	-12,0
Inflation der Konsumentenpreise im Jahresendvergleich	-	161,0	2.000	10155	401,0	180,0
Saldo des Staatshaushalts in % des BIP	-2,6	-14,1	-30,4	-10,6	-8,6	-4,1
Staatsausgaben in % des BIP	31,4	41,0	71,9	54,3	52,9	45,4
Handelsbilanzsaldo (in Mrd. US-$)	-12,7	-3,4	-0,6	-2,5	-2,3	-1,9
Leistungsbilanzsaldo (in Mrd. US-$)	-	-2,9	-0,6	-0,8	-1,4	-1,3
Arbeitslosenquote	0,0	0,0	0,3	0,4	0,4	0,6

*Tabelle 4-35: **Statistisches Profil Ukraine.***
Quelle: European Bank for Reconstruction and Development (1996): S. 47; [S)] Schätzung.

4.2.4.4 Indikatorenbildung zur Reformpolitik in der Ukraine

Dem Druck der Preisfreigabe in Rußland zum 1. Januar 1992 mußte sich auch die Ukraine beugen, da die berechtigte Befürchtung herrschte, russische

607 Vgl.: Clement, Knogler, Sekarev (1993): S. 2 f.
608 Vgl.: Deutsche Bank Research (1995): S. 21.
609 Vgl.: Klöwer (1995): S. 282 f.
610 Vgl.: Deutsche Bank Research (1995): S. 12, 24-32.

Händler würden andernfalls die subventionierten urkrainischen Waren aufkaufen. Von der teilweise bestehenden Preisliberalisierung blieben jedoch zahlreiche Güter ausgeschlossen. So durfte beispielsweise der Preis einiger Lebensmittel nur auf das Dreifache ihres ursprünglichen Preises steigen.[611] Auch die Preise für Rohstoffe, Energieträger, öffentlichen Verkehr u. a. wurden lediglich erhöht, aber nicht freigegeben. Einige Preissubventionen für Energieträger erfuhren im Laufe des Jahres eine Senkung oder die völlige Abschaffung. Weitere bedeutsame Preisanhebungen folgten im Dezember 1992.[612]

Mit der Rückkehr zur staatlichen Kontrolle der Groß- und Einzelhandelspreise im November 1992 erlitt die Preisliberalisierung ihren schwersten Rückschlag. Preissteigerungen waren trotz zunehmender Geldmengenexpansion nur noch aufgrund staatlich genehmigter Energiepreissteigerungen möglich.[613] Erneute umfassende Preisreformen wurden im Oktober sowie Dezember 1994 eingeleitet und im Februar und Juli 1995 ergänzt. Am Ende waren die Preiskontrollen und Begrenzungen der Gewinnmargen weitgehend aufgehoben; allein die Preise für Brot, Wohnen, öffentliche Versorgung mit Wasser und Energie sowie für den öffentlichen Nahverkehr blieben kontrolliert. Die Öl- und Gaspreise für Produzenten werden weiterhin staatlich festgelegt, doch haben diese bereits Ende 1994 83 % des Weltmarktpreises erreicht. Seit März 1995 orientiert sich der Gaspreis am deutschen Niveau.[614] Die Ausprägungen der Indikatoren, die basierend auf der zugrundeliegenden Politik ermittelt wurden, finden sich in Tabelle 4-36. Aufgrund der sehr schleppenden Reformen weist die Ukraine vergleichsweise geringe Werte auf.

Zwischen Regierung und Gewerkschaften wird in der Ukraine ein sehr starres Tarifsystem ausgehandelt, das die exakte Entlohnung für jede Tätigkeit regelt. Für 1994 wurde der Lohnzuwachs auf 80 % der Inflationsrate indexiert. Diese stabilitätspolitische Maßnahme hat das Parlament im jedoch April 1995 ausgesetzt. Auch die Zinsen der Geschäftsbanken verblieben bislang weitgehend unter staatlicher Kontrolle. Ein bedeutender Teil der Unternehmenskredite wird als staatlich gelenkter Kredit zu besonders günstigen Konditionen vergeben.[615]

Der Privatsektor spielt in der Ukraine bislang nur eine untergeordnete Rolle. Nach Schätzungen der European Bank for Reconstruction and Development tragen private Betriebe, die sich vorwiegend im informellen Sektor befinden, erst 35 % zum Bruttoinlandsprodukt bei. Bislang hat das Parlament die Privatisierung stark verzögert und erst Anfang 1995 die zuvor verhängte Sperrung der Privatisierung wieder aufgehoben. Die Zahlen über die privatisierten und die zur

---

611 Vgl.: Reymann (1992): S. 27 f.

612 Vgl.: Odling-Smee, Hole, u. a. (1993): S. 16 f.

613 Vgl.: Clement, Knogler, Sekarev (1993): S. 3.

614 Vgl.: EBRD (1995): S. 62.

615 Vgl.: EBRD (1995): S. 62.

Privatisierung vorgesehenen Unternehmen sind sehr widersprüchlich, doch wird deutlich, daß bis Ende 1994 nur etwa 10 % der kleinen Unternehmen mit weniger als 200 Mitarbeitern privatisiert waren. Nur ein Drittel dieser Betriebe wechselte wirklich den Besitzer, die Mehrzahl gelangte in den Besitz der Belegschaften, die eine Restrukturierung der Betriebe verzögerten. Für 1995 hat die Regierung ehrgeizige Privatisierungspläne vorgelegt, doch von etwa 10.000 vorgesehenen Unternehmensverkäufen konnten im ersten Halbjahr nur wenig mehr als 2.000 wirklich durchgeführt werden.[616] In der Landwirtschaft verläuft die Privatisierung noch schleppender. Seit 1994 ist zwar grundsätzlicher Landbesitz möglich, aber bislang werden erst 2 % der Nutzfläche durch etwa 33.000 private Landwirte bewirtschaftet.

Indikator	**1990**	**1991**	**1992**	**1993**	**1994**	**1995**
Preispolitik	1	1	3	2	2	3
Lohn- und Zinspolitik	1	1	2	2	2	2
Kleine Privatisierung	1	1	2	2	2	3
Große Privatisierung	1	1	2	2	2	3
Wettbewerbspolitik	1	1	3	3	3	3
Offenheitsgrad des Außenhandels	1	1	3	2	2	3
Investitionsbedingungen für Ausländer	1	2	2	2	2	3
Steuersystem	1	1	2	2	2	3
Politische Stabilität	1	3	3	3	3	3

Tabelle 4-36: ***Indikatoren zu Reformen in der Ukraine.***

Die „große" Privatisierung hatte das Parlament 1994 ebenfalls zeitweilig gesperrt. Bis dahin war nur ein sehr geringer Teil der Betriebe entstaatlicht. Die neuen Eigentümer stellten zumeist die Belegschaften. Das Parlament hat zwar Ende 1994 das Privatisierungsverbot wieder aufgehoben, dieses jedoch zugleich durch eine Liste von über 6.000 „strategischen Unternehmen" ersetzt, die weiterhin von der Privatisierung ausgeschlossen bleiben. Per Präsidialerlaß wird seit Sommer 1995 erneut der Versuch unternommen, die Privatisierung zu beschleunigen. Hierzu hat die Regierung neue Voucher für eine weitere Massenprivatisierung ausgegeben. Etwa 8.000 Unternehmen sind für die Privatisierung vorgesehenen.[617]

616 Vgl.: Klöwer (1995): S. 285, EBRD (1995): S. 61, Deutsche Bank Research (1995): S. 28f.
617 Vgl.: Klöwer (1995): S. 285, Deutsche Bank Research (1995): S. 28 f, EBRD (1995): S. 61.

Die ukrainische Wirtschaft ist extrem monopolisiert, und ein Präsidentenerlaß vom Januar 1995 fördert zudem die Bildung großer Finanz- und Industriekonglomerate. Das bestehende Anti-Monopolgesetz und die dazugehörige Überwachungskommission haben nur geringe faktische Bedeutung für das Handeln der Unternehmen. Auch das Konkursgesetz kam bislang kaum zur Anwendung, da die Staatsbetriebe einen leichten Zugang zu Krediten haben. Herausragend war im Frühjahr 1995 die Schließung von 15 Kohlegruben und die eintägige Unterbrechung von Gaslieferungen für Unternehmen mit besonders hohen Zahlungsrückständen.[618]

Eine Anfang 1992 begonnene Außenwirtschaftsliberalisierung ist 1993 weitgehend eingefroren worden. Insbesondere der Export war durch Quoten und Zölle stark beschränkt. Dazu kam ein Wechselkurssystem mit vielen unterschiedlichen staatlich fixierten Kursen. Die Unternehmen mußten 50 % ihrer Exporterlöse zu einem sehr schlechten Wechselkurs an die Staatsbank abführen. Die Folge war eine massive Kapitalflucht, indem die Unternehmen die Exporterlöse im Ausland anlegten. Die Regierung begann daraufhin, den Außenhandel über Staatsaufträge weiter zu zentralisieren.[619] Erst seit Herbst 1994 erfuhr der Außenhandel in mehreren Schritten eine deutliche Liberalisierung. Die Ausfuhrquoten und -zölle sind nahezu vollständig beseitigt und gelten nur noch für Getreide. Auch der Import kann weitgehend unbeschränkt vorgenommen werden. Die neuen Importzölle betragen zwischen 10 % und 20 %, wobei quantitative Beschränkungen abgeschafft sind. Die wichtigste Maßnahme war die Wiederzulassung des Interbankenmarktes für Devisen, auf dem ein einheitlicher Wechselkurs frei bestimmt wird.[620]

Ausländische Direktinvestitionen sind in der Ukraine prinzipiell möglich, doch die wirtschaftlichen Verhältnisse wie auch die Rahmenbedingungen schrecken potentielle Investoren bislang ab. Bei der Privatisierung waren Ausländer 1994 noch erheblich benachteiligt. Unternehmensanteile konnten gekauft werden, doch wurde zu ihrer Bezahlung ein Sonderkurs von 420 Karbowanez je US-Dollar angewendet,[621] während ansonsten der Wechselkurs bei 63.224 Karbowanez je US-Dollar lag.[622] Seit 1995 wird die Beteiligung von ausländischen Investoren am Privatisierungsprozeß gefördert. Unternehmen können vollständig erworben werden, wobei jedoch noch vielfältige Beschränkungen vorliegen. Grundeigentum ist für Ausländer verboten. Die Körperschaftssteuer beträgt 30 % und die Mehrwertsteuer 20 %. Gewinne ausländischer Gesellschaften

618 Vgl.: EBRD (1995): S. 62.

619 Vgl.: Clement, Knogler, Sekarev (1993): S. 66-72.

620 Vgl.: EBRD (1995): S. 62.

621 Vgl.: Deutsche Bank Research (1995): S. 31.

622 Vgl.: EBRD (1995): S. 210.

sind zwar frei transferierbar, doch werden sie mit einer 15 %igen Dividendensteuer belastet.[623]

Im Januar 1995 wurde auch das Steuersystem erneut reformiert. Die Besteuerung des Umsatzes wurde durch eine Gewinnsteuer von 35 % bzw. 45 % für Handelsunternehmen ersetzt. Weiterhin gelten die Mehrwertsteuer von 20 % und eine progressive Einkommensteuer, die zwischen 10 und 50 % gestaffelt ist. Für den Sozialversicherungsfond und den Tschernobyl-Fonds zahlen die Staatsunternehmen weitere 49 % der Lohnsumme.[624]

4.2.4.5 Weißrußland: verschleppte Reformen im einstigen Musterland der Sowjetunion

Die wirtschaftliche Ausgangslage, lange verschleppte Reformen und wachsende makroökonomische Instabilität weisen in Weißrußland große Ähnlichkeit mit der Lage des Nachbarn Ukraine auf. Trotz der bereits im August 1991, direkt nach dem Putsch in Moskau, erfolgten Unabhängigkeitserklärung blieb in Minsk politisch alles beim alten. Der neue alte Ministerpräsident Kebitsch regierte mit demselben Parlament weiter wie zuvor.[625] In der Zwischenzeit hat sich auch in Weißrußland ein Präsidialsystem etabliert. Neuer Präsident ist seit Juli 1994 Alexander Lukaschenko, der mit dem Versprechen einer verstärkten Integration mit Rußland die Wahl gewann. Lukaschenko, dem seit Mai 1995 nur noch ein sehr schwaches Parlament gegenübersteht, regiert zunehmend autokratisch. Das von Altkommunisten dominierte Parlament besteht auch nach einem zweiten Wahlgang nur aus 120 der vorgesehenen 260 Abgeordneten, weil in den meisten Wahlkreisen nicht die vorgeschriebene Mindestwahlbeteiligung von 50 % zustande kam. Die zersplitterte Opposition ist bedeutungslos und die Situation des Parlaments bezeichnend für die wachsende politische Apathie. Die Regierung läßt auch weiterhin nur schleppende Reformen erwarten.[626]

Die Wirtschaft des Landes wird von einer sehr energieintensiven Industrie geprägt, die ausschließlich auf Öl- und Gaslieferungen aus Rußland angewiesen ist, da Weißrußland über keine nennenswerten Rohstoffvorkommen verfügt. Weil die Industrialisierung erst spät, d. h. in den 50er Jahren einsetzte, sind die Industrieanlagen im GUS-Vergleich relativ modern. Zu Zeiten der Sowjet-Herrschaft hat diese Industrie stets die neuesten Technologien umgesetzt. Der damalige Vorteil einer hochentwickelten Rüstungsindustrie, die 1992 noch 60 %

---

623 Vgl.: Klöwer (1995): S. 288.

624 Vgl.: EBRD (1995): S. 62.

625 Vgl.: Deutsche Bank Research (1994): S. 10.

626 Vgl.: Jordan (1995b): S. 322-324, DIW, IWH, IfW (1995c): S. 17.

der Industrieproduktion ausmachte, erweist sich heute als besonderes Problem. Zum Bruttoinlandsprodukt tragen die Industrie mit 45 % und die Landwirtschaft mit gut 28 % als wichtigste Sektoren bei. Dienstleistungen spielen noch keine bedeutende Rolle. Auch die Landwirtschaft ist im GUS-Vergleich relativ leistungsfähig, doch hat sie unter den Folgen der Reaktorkatastrophe von Tschernobyl zu leiden, weil etwa die Hälfte Weißrußlands mäßig oder stark verstrahlt ist. Auf den stark verstrahlten Flächen, die 18 % der Landesfläche umfassen, ist keine Landwirtschaft mehr möglich, und auf den übrigen Gebieten wird sie eingeschränkt fortgesetzt.[627]

Die Wirtschaftspolitik Weißrußlands war seit der Unabhängigkeit bestrebt, den Rückgang der Produktion zu begrenzen. Dieses glaubte die Regierung, trotz des angekündigten Fernziels Marktwirtschaft, durch Erhalt weitgehend zentraler Kontrolle der Wirtschaftsbeziehungen zu erreichen.[628] Der ungewollten staatlichen Eigenständigkeit stand die Regierung ohne eigene Reformvorstellungen gegenüber. Der Übergang zur Marktwirtschaft sollte, wenn schon notwendig, auf graduellem Wege erfolgen, indem die Planwirtschaft durch einige Marktelemente ergänzt wird.[629] Die wichtigsten wirtschaftspolitischen Maßnahmen waren Anfang 1992 die Freigabe von etwa 80 % der Güterpreise und die Einführung eines neuen Steuersystems.[630] Die Liberalisierung erfolgte gezwungenermaßen als Reaktion auf die russische Preisfreigabe.[631] Ebenso wie in der Ukraine wurde auf eine gleichzeitige makroökonomische Stabilisierung verzichtet. In der Erwartung, einen sinkenden Lebensstandard der Bevölkerung vermeiden zu können, wurden weiterhin hohe Subventionen an die Betriebe gezahlt. Diese stammten nur zum Teil aus dem zentralen Staatshaushalt, dessen Defizit die Zentralbank finanzierte. Daneben gab die Zentralbank in großem Umfang subventionierte Kredite mit hohen negativen Zinssätzen direkt an die Staatsunternehmen.[632] Die Folge der unkontrollierten Geldmengenausdehnung war eine Hyperinflation von 1992 bis 1994. Seit 1993 wurde eine Währungsunion mit Rußland angestrebt, die dort jedoch auf Widerstand angesichts der wachsenden Inflation in Weißrußland stieß. Die weißrussische Regierung hat dieses Projekt deshalb 1994 wieder aufgegeben.[633]

Institutionelle Reformen wurden schleppend oder gar nicht begonnen. Ein Privatisierungsprogramm wurde im Sommer 1993 verabschiedet, in dem eine

---

627 Vgl.: Deutsche Bank Research (1994): S. 13f; Potantsev (1993): S. 1-6.

628 Vgl.: Lücke (1993): S. 54 f.

629 Vgl.: DIW, IWH, IfW (1992b): S. 16.

630 Vgl.: Odling-Smee, Spencer, u.a. (1993): S. 5 f und 10-13.

631 Vgl.: DIW, IWH, IfW (1992b): S. 5.

632 Kredite wurden 1993 mit weniger als 50 % p. a. verzinst, bei einer gleichzeitigen Inflation von knapp 2.000 %. Vgl.: DIW, IWH, IfW (1993c): S. 350.

633 Vgl.: Lücke (1993): S. 62 f; DIW, IWH, IfW (1994d): S. 12 f.

langgestreckte stufenweise Privatisierung von zwei Dritteln des Staatsvermögens vorgesehen war. Es waren Privatisierungsschecks vorgesehen, mit deren Hilfe die Belegschaften ihre Betriebe und Wohnungsinhaber ihre Wohnungen erwerben konnten.[634] Doch noch bevor nennenswerte Privatisierungen beginnen konnten, wurde das Programm im Sommer 1994 bereits wieder ausgesetzt. Nicht einmal 8 % der vorgesehenen Betriebe wurden privatisiert. Und auch für diese bedeutete die Privatisierung zumeist lediglich eine Änderung der Rechtsform, ohne daß sich die Eigentumsstruktur wirklich veränderte.[635]

Nachdem Weißrußland Ende 1991 mit wirtschaftlich und politisch sehr stabilen Verhältnissen in die Unabhängigkeit entlassen wurde, konnte das Produktionsniveau kurzfristig mit den bewährten Mitteln aufrechterhalten werden. Doch die extreme Verschlechterung der Terms-of-Trade nach Umstellung russischer Energieexporte auf Weltmarktpreise machte die Reformdefizite deutlich. Der Rückgang des Bruttoinlandsprodukts verstärkte sich von Jahr zu Jahr, ohne daß die Regierung mit umfassenden Reformen reagierte.[636]

Weißrußland	**1990**	**1991**	**1992**	**1993**	**1994**	**95[S)]**
BIP-Veränderung in konst. Preisen[1)]	-3,0	-1,2	-9,6	-11,6	-20,2	-12,0
Inflation der Konsumentenpreise im Jahresendvergleich[1)]	-	93,0	1.558	1.994	1.957	340,0
Saldo des Staatshaushalts in % des BIP[1)]	-	3,6	-1,6	-8,3	-1,5	-3,0
Staatsausgaben in % des BIP[1)]	-	43,9	45,6	51,9	38,1	40,0
Handelsbilanzsaldo (in Mio. US-$)[2)]	-	-	289[3)]	-158[3)]	54	-455
Arbeitslosenquote[1)]	-	-	0,5	1,5	2,1	2,5

*Tabelle 4-37: **Statistisches Profil Weißrußland.***
Quelle: [1)]European Bank for Reconstruction and Development (1996): S. 27; [2)]FAZ Informationsdienste (1995): S. 331; [3)]Ohne Ex-UdSSR; [S)] Schätzung.

4.2.4.6 Indikatorenbildung zur Reformpolitik in Weißrußland

Entsprechend dem Fortschritt der Reformpolitik, finden sich in Tabelle 4-38 die Indikatorausprägungen zum Verlauf verschiedener Politikelemente. Nachfolgend werden die Hintergründe zu den einzelnen Indikatoren knapp dargestellt.

634 Vgl.: DIW, IWH, IfW (1993d): S. 16-18; DIW, IWH, IfW (1994c): S. 19 f.
635 Vgl.: DIW, IWH, IfW (1995b): S. 9.
636 Vgl.: DIW, IWH, IfW (1995b): S. 9; FAZ-Informationsdienste (1995): S. 331.

Indikator	1990	1991	1992	1993	1994	1995
Preispolitik	1	1	2	2	2	3
Lohn- und Zinspolitik	2	2	2	2	3	3
Kleine Privatisierung	1	1	2	2	2	2
Große Privatisierung	1	1	2	2	2	2
Wettbewerbspolitik	1	3	3	3	4	4
Offenheitsgrad des Außenhandels	1	1	3	2	2	3
Investitionsbedingungen für Ausländer	1	1	3	3	2	3
Steuersystem	1	1	2	2	2	3
Politische Stabilität	3	3	3	3	4	4

Tabelle 4-38: ***Indikatoren zu Reformen in Weißrußland.***

Im Zuge der Preisliberalisierungen in den Nachbarländern folgte auch Weißrußland Anfang 1992 mit einer Freigabe der Produzentenpreise. Doch gleichzeitig schuf die Regierung zahlreiche neue Instrumente, wie die Begrenzung von Gewinnmargen oder „Preisempfehlungen“ für Lebensmittelpreise, die eine effektive staatliche Preiskontrolle aufrechterhielten. Energieimporte wurden zu Sonderkonditionen an bevorzugte Unternehmen abgegeben. Doch trotz weitgehender Preiskontrollen sind in diesem Jahr zahlreiche Preise erheblich angestiegen.[637] Im November 1994 hob die Regierung die Gewinnmargenbeschränkung auf, und auch die Agrarpreise mußten auf Druck des IWF liberalisiert werden. Energiepreise, Wohnungsmieten und andere öffentlich angebotene Güter bleiben weiterhin unter staatlicher Kontrolle.

Die Löhne im Staatssektor wurden durch eine Lohnzuwachsbesteuerung beschränkt, und auch die Zinsen befanden sich bis Oktober 1994 unter staatlicher Kontrolle. Diese Kontrolle wurde teilweise aufgehoben. Nun gibt die Regierung ersatzweise Empfehlungen an die staatlichen Banken darüber, welche Unternehmen, insbesondere im Agrarsektor, verbilligte Kredite erhalten sollen.[638]

Der Privatsektor hat bislang mit einem Anteil von 15 % am Bruttoinlandsprodukt und 6,6 % der Beschäftigten lediglich untergeordnete Bedeutung. Weniger als 10 % der vorgesehenen kleinen Betriebe oder Betriebsteile aus kommunalem Eigentum sind bis August 1995 an private Eigentümer übergegangen. Eine wirkliche Privatisierung großer Unternehmen fand noch gar nicht statt. Seit Ende 1994 ist die Voucher-Privatisierung wieder aufgenommen worden, doch hatten im ersten Quartal 1995 nur 40 % der Bevölkerung Voucher beantragt. Die Lizenzen der ersten 38 Investmentfonds wurden von der Regierung zu

637 Vgl.: Odling-Smee, Spencer, u. a. (1993): S. 5 f.
638 Vgl.: EBRD(1995): S. 36.

Jahresbeginn ausgesetzt und erst im August 1995 erneut erteilt, nachdem das Ergebnis der ersten Voucher-Auktion anulliert wurde.[639] Die angekündigte Beschleunigung der Privatisierung, an der sich dann auch Ausländer beteiligen können, ist unter diesen Bedingungen wenig vielversprechend.

Die Restrukturierung von Staatsbetrieben hat bislang keine Bedeutung, und obwohl das Wirtschaftsministerium rund 600 Unternehmen als bankrott eingestuft hat, ist das 1992 verabschiedete Konkursgesetz noch nicht zur Anwendung gekommen. Über die Wettbewerbssituation wacht seit 1991 eine Anti-Monopol-Kommission, deren Tätigkeit mit der Aufspaltung monopolitischer Handelskonglomerate 1994 und 1995 an Bedeutung gewonnen hat. Diese Kommission legt auch Gewinnmargen für Industrieunternehmen fest, die über eine marktbeherrschende Stellung verfügen.[640]

Der Außenhandel war bislang durch Lizensierung, Quotierung, Zwangsumtausch von Devisen und die Besteuerung der Exporte stark eingeschränkt. Im Mai 1994 sind die Zolltarife den russischen Zöllen mit Durchschnittssätzen von 15–20 % angeglichen worden. Seit Januar 1995 ist ein Zollabkommen mit Rußland in Kraft. Einige Güter sind seit 1994 von der Lizensierung und Quotierung befreit, und auch die Sondersteuer auf Exporterlöse außerhalb der GUS von 15 % wurde abgeschafft. Ausgeweitet hat die Regierung den Zwangsumtausch von 50 % der Exporterlöse zu einem offiziell fixierten Kurs auch auf den GUS-Handel. Für Unternehmen mit ausländischer Beteiligung gelten teilweise Sonderbestimmungen.[641]

Die formalen Investitionsbedingungen sind für Ausländer günstiger als für einheimische Unternehmen ausgestaltet. Unternehmensgründungen und -beteiligungen sind grundsätzlich möglich, und der Gewinntransfer ist gesichert. Jedoch ist ein Gewinntransfer nur für Devisengewinne möglich. Der Erwerb von Grund und Boden ist nicht erlaubt. Joint-ventures mit einem Auslandsanteil von mehr als 30 % werden zeitweilig von der Körperschaftssteuer befreit und genießen Vorzüge im Außenhandel. Die meisten Investitionen werden von polnischen Unternehmen getätigt, die den Standort zur kostengünstigen Lohnveredelung nutzen.[642]

Die wichtigsten Steuern sind die Mehrwertsteuer, die schrittweise von 28 auf 20 % gesenkt wurde und die 30 %ige Gewinnsteuer der Unternehmen. Beide gemeinsam decken mehr als die Hälfte des Staatshaushaltes. Lohn- und Einkommensteuer blieben bislang bedeutungslos. Wichtige Sondersteuern sind

---

639 Vgl.: DIW, IWH, IfW (1995b): S. 9; EBRD (1995): S. 36.

640 Vgl.: EBRD (1995): S. 36.

641 Vgl.: Jordan (1995b): S. 328.

642 Vgl.: FAZ-Informationsdienste (1995): S. 24 f; Jordan (1995b): S. 327 f; Deutsche Bank Research (1994): S. 28 f.

die „Tschernobyl-Steuer“ von 12 % der Lohnsumme, die Immobiliensteuer und eine Steuer auf Devisenbesitz. Für die Sozialversicherung führen die Unternehmen 35 % der Löhne ab. Die Steuererhebung funktioniert vergleichsweise gut, weil sich die Unternehmen noch nahezu vollständig in Staatsbesitz befinden.[643]

Im kommenden Kapitel dienen die in den Länderanalysen ermittelten Indikatorausprägungen als Basis für eine einfaktorielle Varianzanalyse. Diese empirische Methode dient neben einer ökonometrischen Regression zur Untersuchung des Wachstumseinflusses wirtschaftspolitischer Maßnahmen. Im Zentrum des Interesses steht dabei der Abbau von Preisverzerrungen. Deshalb sind die Indikatoren zur Preispolitik wie auch zur Lohn- und Zinspolitik und zur Außenhandelspolitik von besonderer Bedeutung.

4.3 Empirische Analyse des Wachstumseinflusses unterschiedlicher Politikelemente im Transformationsprozeß

4.3.1 Daten, Methoden und eingesetzte Software

Die Implikationen der wachstumstheoretischen Literatur werden im folgenden empirisch für die Länder Mittel- und Osteuropas untersucht. Zur Überprüfung gelangen die Hypothesen über die Bedeutung preisverzerrender Markteingriffe, wie sie im Kapitel 3.7 aus den Modellen der neuen Wachstumstheorie abgeleitet wurden. Besonderes Augenmerk wird auf die Bedeutung unterschiedlicher verfolgter Reformpolitiken für das Wirtschaftswachstum in den vierzehn betrachteten Ländern gelegt. Die empirische Analyse bietet damit Hinweise auf die Relevanz von Liberalisierungs- und Politikmaßnahmen, wie die Stabilisierungspolitik, den Abbau von Preisverzerrungen, die Privatisierung und die Außenhandelsöffnung, für die Entwicklung der Reformstaaten.

Eine direkte Überprüfung der Wachstumswirkung von Politikergebnissen ist mit Hilfe der Indikatoren möglich, die in den Länderanalysen entwickelt wurden. Diese Indikatoren bilden die Fortschritte bestimmter Politikelemente im Reformprozeß unmittelbar ab und bieten somit die empirische Operationalisierung von Reformelementen, die ansonsten allein deskriptiv erfaßbar sind. Fortschritte in den unterschiedlichen Politikbereichen sprechen für einen Abbau von Preisverzerrungen in der Wirtschaftstransformation. Die Verdichtung des komplexen Transformationsprozesses in diesen Maßzahlen erlaubt einen statistischen Vergleich der Situation zu verschiedenen Zeitpunkten in den betrachteten Ländern. Die Indikatoren, die zur Erklärung des Wirtschaftswachstums als unabhängige

643 Vgl.: Deutsche Bank Research (1994): S. 19 f; EBRD (1995): S. 36; Odling-Smee, Spencer, u. a. (1993): S. 10 f.

Variablen in die empirische Analyse eingehen, sind dabei lediglich ordinal skaliert, während die abhängige Variable „Wirtschaftswachstum" metrisch skaliert ist. Zur Analyse statistischer Ergebnisse kann angesichts dieser Datenlage allein mit einer einfaktoriellen Varianzanalyse gearbeitet werden.[644] Sie gibt Aufschluß über die Auswirkung einer mehrfach abgestuften unabhängigen Variablen auf eine abhängige Variable.[645] Die Länderanalysen erfassen Indikatoren zu neun Reformbereichen, deren Bedeutung für das Wirtschaftswachstum unter Anwendung dieses Verfahrens geprüft wird.

Die Bedeutung von Preisverzerrungen für den Transformationsprozeß in Mittel- und Osteuropa untersucht zudem eine ökonometrische Regression. Die Schätzung der Implikationen neuerer Wachstumsmodelle ist unter Verwendung makroökonomischer Daten möglich, deren metrische Skalierung nicht die Anwendung multipler Regressionen beschränkt. Zur Untersuchung des Erklärungsgehaltes neuer wachstumstheoretischer Modelle gehen neben dem physischen Kapitalstock und der Humankapitalausstattung auch Maßzahlen für Politikvariablen in die Regressionsgleichungen ein.

Die notwendigen Politikvariablen können aus verfügbaren makroökonomischen Daten ermittelt werden. Beispielsweise drückt sich eine erfolgreiche Stabilisierungspolitik in geringeren Inflationsraten aus. Zudem können die wirtschaftspolitischen Ursachen der Inflation anhand des Geldmengenwachstums und des Defizits der Staatshaushalte aus makroökonomischen Daten heraus ermittelt werden. Ebenso ist die Öffnung des Außenhandels analysierbar, da sie sich im Handelsvolumen niederschlägt. Für die Länder Mittel- und Osteuropas ist es sinnvoll, auf derart hoch aggregierte Zahlen zurückzugreifen, weil der Offenheitsgrad der Volkswirtschaften von vielen verschiedenen tarifären und nicht-tarifären Handelshemmnissen abhängt, die über Ländergrenzen hinweg nur schwer vergleichbar sind. Detailliert werden die verwendeten Politikvariablen in Kapitel 4.3.3 dargestellt.

Die volkswirtschaftliche Gesamtrechnung mußte im Transformationsprozeß von der Ermittlung des Nettomaterialprodukts auf die Erfassung des Sozialproduktes umgestellt werden. Die Umstellung der Statistik und die Erfassung von Daten auf der Unternehmensebene stellt die einzelnen Länder in der Umbruchsituation der letzten Jahre vor erhebliche Probleme. Verläßliche und umfassende Statistiken sind deshalb nicht für alle Reformstaaten verfügbar.[646] Besondere Probleme bereitet auch die Beurteilung der Zuverlässigkeit nationaler Statistiken, da zumeist weder die Erfassungsmethode noch die Datenquellen ausreichend dokumentiert sind. Um das Problem der Datenbeurteilung im Rahmen dieser

644 Vgl.: Backhaus, Erichson, Plinke, Weiber (1994): S. XVII.
645 Vgl.: Bortz (1993): S. 225 f.
646 Vgl.: Economic Commission for Europe (1995): S. 87, Worldbank (1996): S. 19.

Arbeit zu mindern, werden ausschließlich solche Daten verwendet, die durch international anerkannte Organisationen veröffentlicht wurden. Die wichtigsten Quellen sind die „Europäische Bank für Wiederaufbau und Entwicklung" in London, die „Organisation für wirtschaftliche Zusammenarbeit und Entwicklung" in Paris, die „Economic Commission for Europe" der „Vereinten Nationen" in Genf, „PlanEcon" in Washington und das „Wiener Institut für Internationale Wirtschaftsvergleiche".[647]

Für einzelne Transformationsstaaten unterscheiden sich die Angaben dieser anerkannten Institutionen zum Teil erheblich, was auf die unterschiedliche Interpretation und Korrektur der unzureichenden nationalen Statistiken zurückzuführen ist. Die Wirtschaftsleistung der Länder wurde vor Beginn der Wirtschaftsreformen tendenziell zu hoch ausgewiesen, während die Daten seither die Produktion und den Verbrauch eher unterschätzen. Dieses ist weniger auf die Umstellung der volkswirtschaftlichen Gesamtrechnung als auf die Probleme der Erfassung neu gegründeter Privatunternehmen und der in allen Reformstaaten bedeutenden Schattenwirtschaft zurückzuführen.[648] Die unzureichende Erfassung der Leistungen von Klein- und Mittelbetrieben führt in allen Ländern zur Unterbewertung des Bruttoinlandsprodukts, das deshalb zum Beispiel in Ungarn Schätzungen zufolge um etwa 25 % zu gering ausgewiesen wird.[649] Auch kann eine Berechnung der Pro-Kopf-Einkommen auf Basis offizieller Wechselkurse wenig über den Lebensstandard in den Reformstaaten aussagen, weil die Währungen zumeist erheblich unterbewertet sind. Dazu ist es sinnvoll, auf Kaufkraftparitäten zurückzugreifen. Relativ zuverlässig sind Daten bezüglich des Außenhandels und der Zahlungsbilanz, während Statistiken, die auf der Unternehmensebene erhoben werden, teilweise mit hohen Unsicherheiten behaftet sind. Angaben über die Investitionstätigkeit können deshalb in verschiedenen Quellen stark voneinander abweichen.

Angesichts des Strukturbruches und der Neuorientierung der volkswirtschaftlichen Gesamtrechnung in den Staaten Mittel- und Osteuropas ist eine Zeitreihenanalyse nicht sinnvoll anwendbar. Die mangelnde Eignung von Zeitreihenanalysen zur Untersuchung der Beziehungen zwischen politikdeterminierten Variablen und dem Wirtschaftswachstum konnte ebenfalls für andere Länder konstatiert werden.[650] Die ökonometrische Analyse dieser Arbeit muß deshalb eine Querschnittsanalyse („Cross Country Study") sein. Die Vergleichbarkeit über Ländergrenzen hinweg ist gerechtfertigt, da die Datenprobleme aufgrund

---

647 Vgl.: EBRD (1995, 1996), OECD (1994, 1996a, b), Economic Commission for Europe (1995), Plan Econ (1995b, 1996c), Wiener Institut für Internationale Wirtschaftsvergleiche (1995).

648 Vgl.: Altmann, Ochmann (1995): S. 17, Worldbank (1996): S. 27.

649 Vgl.: Inotai (1995): S. 146.

650 Vgl.: Easterly, Kremer, Pritchett, Summers (1993): S. 463.

der unzureichenden Statistik in allen Reformstaaten existieren. Es wird angenommen, daß die Meßfehler der verfügbaren Statistiken in den verschiedenen Ländern sehr ähnlich ausgeprägt sind, so daß sie zwar den Zusammenhang zwischen den erklärenden Variablen und dem Wirtschaftswachstum in der Höhe, aber nicht in der Richtung verfälschen können. Im Vergleich zu sehr breit angelegten „Cross Country Studies", wie sie beispielsweise Barro (1991) vorgenommen hat, wird hier ein empirisches Modell für lediglich 14 Länder geschätzt. Doch die Ergebnisse von Grier und Tullock (1989), denen zufolge kein empirisches Modell für alle Länder anwendbar ist, unterstützen die Modellbildung für eine abgegrenzte Ländergruppe.[651]

Für die Regressionsanalyse werden die verfügbaren Daten der betrachteten 14 Reformstaaten Mittel- und Osteuropas über den Zeitraum von 1990 bis 1994 aggregiert, so daß eine Querschnittsanalyse durchgeführt werden kann. Der entscheidende Vorteil dieser Vorgehensweise liegt in der vollständigen Abbildung der gesamten bisherigen Reformverläufe in jeweils einem Datenpunkt. Auf diese Weise verlieren beispielsweise die zeitlichen Abweichungen des Reformbeginns in den verschiedenen Ländern an Bedeutung. Die Bestimmung des Wirtschaftswachstums wird als langfristiger Prozeß modelliert. Zur Überprüfung der Hypothese, der zufolge das Wirtschaftswachstum und damit die Tiefe des Wirtschaftseinbruchs von der verfolgten Reformpolitik abhängt, ist die Aggregation der Daten sinnvoll. Verloren gehen dagegen auf diese Weise Informationen über die schrittweise Liberalisierung der Märkte und die Reduktion von Preisverzerrungen im Verlaufe des Reformprozesses. Eine vergleichbare Untersuchung der Wachstumseinflüsse eines fortschreitenden Verzerrungsabbaus, wie sie in der einfaktoriellen Varianzanalyse vorgenommen wurde, soll hier nicht nachgebildet werden. Vielmehr steht in der multiplen Regression die möglichst modellnahe Abbildung der in der Theorie postulierten langfristigen Wachstumswirkungen im Vordergrund. Eine kürzerfristige Betrachtung auf Jahresbasis wäre nicht geeignet, langfristige Wachstumseinflüsse von Preisverzerrungen abzubilden. Beide empirischen Methoden, die Varianzanalyse und die Regressionsuntersuchung, können sich nicht nur in der Wahl der unabhängigen Variablen, sondern auch in den analysierten Zeiträumen hervorragend ergänzen.

Die empirischen Analysen werden vollständig mit Hilfe der umfassenden Statistiksoftware SPSS 6.1 durchgeführt. Diese erlaubt sowohl die Anwendung der Varianzanalyse wie auch die multiple Regression. Die Datenaufbereitung und Ermittlung von Maßzahlen aus den verfügbaren makroökonomischen Daten erfolgt unter Verwendung der Tabellenkalkulation Excell 5.0.

---

651 Vgl.: Grier, Tullock (1989): S. 274.

4.3.2 Varianzanalyse zur Untersuchung der Bedeutung einzelner Reformelemente für das Wirtschaftswachstum

4.3.2.1 Zur Anwendung der einfaktoriellen Varianzanalyse

Zur Untersuchung des Zusammenhanges zwischen den Indikatoren zur Messung der Reduktion von Verzerrungen in Mittel- und Osteuropa und den resultierenden Reformerfolgen werden Mittelwertverleiche vorgenommen, deren statistische Signifikanz mit Hilfe der Varianzanalyse überprüft wird. Dieses Verfahren bietet den Ersatz zu einer ökonometrischen Regression, die an dieser Stelle nicht möglich ist, da sie metrisch skalierte erklärende Variablen voraussetzt.[652] Weil mit den Indikatoren lediglich ordinal skalierte unabhängige Variablen vorliegen, muß auf die Varianzanalyse zurückgegriffen werden. Diese untersucht den Zusammenhang zwischen der Gruppenzugehörigkeit von einer oder mehreren unabhängigen Variablen und der abhängigen Variablen. Das Verfahren kann keine Aussage über die Wirkungsrichtung treffen, weshalb die Anwendung der Varianzanalyse auf einer theoretisch begründeten Hypothese über den Wirkungszusammenhang zwischen einer unabhängigen und der abhängigen Variablen basieren muß.[653] In dieser Arbeit folgen die testbaren Hypothesen aus den wachstumstheoretischen Überlegungen.

Das naheliegende varianzanalytische Verfahren ist die einfaktorielle Varianzanalyse, in der der Einfluß einer unabhängigen auf eine abhängige Variable geprüft wird. Werden weitere unabhängige Variablen in die Analyse eingeführt, spricht man von mehrfaktoriellen Varianzanalysen.[654] Um die Bedeutung der in den Indikatoren aus Kapitel 4.2. abgebildeten Reformelemente für das Wirtschaftswachstum analysieren zu können, ist lediglich die einfaktorielle Varianzanalyse sinnvoll einsetzbar.[655]

Kernpunkt der Varianzanalyse ist die Betrachtung, ob sich die gruppenspezifischen Mittelwerte der erklärenden Variablen signifikant unterscheiden. In einer ersten Stufe wird ein deskriptiver Vergleich der gruppenspezifischen Mittelwerte vorgenommen. Im zweiten Schritt ist dann zu prüfen, ob die beobachteten Mittelwertdifferenzen statistisch signifikant sind. Hierzu wird ein Vergleich der Varianzen zwischen den Gruppen, als „Variance between Groups“ oder „Treatment“ bezeichnet, und den Varianzen innerhalb der Gruppen, in der Literatur als „Variance within Groups“ oder „Fehler“ bekannt, vorgenommen. Die

---

[652] Eine Ausnahme bildet die Verwendung von Dummy-Variablen.

[653] Vgl.: Backhaus, Erichson, Plinke, Weiber (1994): S. 84.

[654] Vgl.: Backhaus, Erichson, Plinke, Weiber (1994): S. 57 f.

[655] In SPSS wird die einfaktorielle Varianzanalyse als einfaktorielle ANOVA (*AN*alysis *O*f *Va*riance) bezeichnet. Vgl.: Brosius, Brosius (1995): S. 417.

Gesamtabweichung bzw. totale Quadratsumme ist die Summe der quadrierten Gesamtabweichungen aller Beobachtungen:

$$QS_{tot} = \sum_{i=1}^{I} \sum_{m=1}^{M} (x_{im} - \bar{x})^2$$

Gleichung 4-1

Darin dient x_{im} als ein Beobachtungswert mit i zur Kennzeichnung einer Faktorstufe als Ausprägung einer unabhängigen Variablen (i=1, 2, ..., I) und m zur Kennzeichnung des Beobachtungswertes innerhalb einer Faktorstufe (m=1, 2, ..., M). Der Mittelwert der Beobachtungswerte einer Faktorstufe ist mit $\bar{x}_i$ gekennzeichnet und $\bar{x}$ steht für den Gesamtmittelwert aller Beobachtungswerte. Die erklärte Abweichung bzw. das Treatment ist die Summe der quadrierten Abweichungen zwischen den Faktorstufen:

$$QS_{bet} = \sum_{i=1}^{I} M(\bar{x}_i - \bar{x})^2$$

Gleichung 4-2

Die nicht-erklärte Abweichung bzw. der Fehler ist die Summe der quadrierten Abweichungen innerhalb der Faktorstufen. Der Fehlervarianzanteil mißt den Einfluß der „Störvariablen“, der nicht auf die erklärte Abweichung zurückzuführen ist:

$$QS_{wit} = \sum_{i=1}^{I} \sum_{m=1}^{M} (x_{im} - \bar{x}_i)^2$$

Gleichung 4-3

Die Gesamtabweichung setzt sich additiv aus der erklärten Abweichung und der nicht-erklärten Abweichung zusammen.[656] Die Varianzen der Gesamtabweichung und der zwei einzelnen Abweichungen ergeben sich als Quotienten der jeweiligen Quadratsummen und der entsprechenden Freiheitsgraden.

Der Erklärungsgehalt der erklärten Abweichung kann mit Hilfe der Varianzaufklärung ermittelt werden. Dabei wird der Quotient aus QS_{bet} und QS_{tot} gebildet. Diese Kennzahl, die als eta-Quadrat (η^2) bezeichnet wird, gibt an, welcher Anteil der Gesamtstreuung aller Meßwerte auf die erklärende Variable zurückzuführen ist. Diese Varianzaufklärung kann möglicherweise auch zufällig aufgrund der Stichprobenauswahl ermittelt werden. Um dieses auszuschließen, wird der F-Test als Signifikanztest der einfaktoriellen Varianzanalyse durchgeführt. Dieser prüft die Wahrscheinlichkeit (α), mit der sich die Mittelwertunterschiede

656 Vgl.: Backhaus, Erichson, Plinke, Weiber (1994): S. 61 f.

zufällig ergeben haben könnten. Es wird die Nullhypothese aufgestellt, der zufolge die Varianz zwischen den Gruppen der Varianz innerhalb der Gruppen entspricht. Der F-Wert wird als Quotient der Varianz in den Gruppen und der Varianz zwischen den Gruppen ermittelt:

$$F = \frac{\dfrac{\sum_{i=1}^{I} M(\bar{x}_i - \bar{x})^2}{I-1}}{\dfrac{\sum_{i=1}^{I}\sum_{m=1}^{M} (x_{im} - \bar{x}_i)^2}{I \cdot (M-1)}} = \frac{\dfrac{QS_{bet}}{df_{bet}}}{\dfrac{QS_{wit}}{df_{wit}}} = \frac{\hat{\sigma}^2_{bet}}{\hat{\sigma}^2_{wit}}$$

Gleichung 4-4

Ist der errechnete F-Wert größer als der kritische F-Wert zu einer vorgegebenen Irrtumswahrscheinlichkeit (α), so kann die Nullhypothese H_0 verworfen werden. Der kritische F-Wert ergibt sich in Abhängigkeit von der Irrtumswahrscheinlichkeit und der Zahl der Freiheitsgrade in Zähler und Nenner.[657]

Um die Varianzanalyse durchführen zu können, müssen die Gruppen, deren Mittelwerte miteinander verglichen werden sollen, zwei Voraussetzungen erfüllen. Zum einen wird Varianzhomogenität gefordert, d. h., die Varianzen der Gruppen müssen in der Grundgesamtheit identisch sein. Dieses gewährleistet die Annahme, daß sich die nicht-erklärten Abweichungen bis auf zufällige Schwankungen ausgleichen und alle Gruppen gleichermaßen beeinflussen.[658] Die Varianzhomogenität kann mit Hilfe des Levene-Tests überprüft werden.[659] Zum zweiten müssen die Beobachtungswerte durch eine Zufallsstichprobe einer normalverteilten Grundgesamtheit entnommen sein. Das Vorliegen der normalverteilten Stichprobe kann anhand eines Normalverteilungsplots oder mit dem Kolmogorov-Smirnov-Test überprüft werden.[660] Doch auch wenn die Voraussetzungen der Varianzanalyse nicht vollständig gegeben sind, bleibt dieses Analyseverfahren unter Umständen anwendbar. Untersuchungen zufolge reagiert die Varianzanalyse mit wachsenden Stichprobenumfängen sehr robust auf die Verletzung von Voraussetzungen. Mangelnde Varianzhomogenität hat bei relativ gleich großen Stichprobenumfängen keinen erheblichen Einfluß auf den F-Test. Seine Ergebnisse sind erst bei heterogenen Varianzen und ungleichen Stichproben mit sehr kleinen Stichprobenumfängen ($n < 10$) gefährdet. In diesem Fall

---

657 Vgl.: Bortz (1993): S. 226-233; Brosius, Brosius (1995): S. 418-422; Bamberg, Baur (1993): S. 196-198.

658 Vgl.: Backhaus, Erichson, Plinke, Weiber (1994): S. 84 f.

659 Vgl.: Brosius, Brosius (1995): S. 418 und S. 409.

660 Vgl.: Brosius, Brosius (1995): S. 418 und S. 517 f; Backhaus, Erichson, Plinke, Weiber (1994): S. 85.

kann anstelle der Varianzanalyse der Kruskal-Wallis-Test als verteilungsfreies Verfahren durchgeführt werden.[661]

4.3.2.2 Analyse der Wachstumswirkung einzelner Reformelemente unter Verwendung von Indikatoren

Wie bereits zuvor angedeutet, werden im folgenden die in Kapitel 4.2 ermittelten Indikatoren verwendet, um die Bedeutung wichtiger Reformelemente für das Wirtschaftswachstum im Transformationsprozeß zu untersuchen. Dabei soll der hier verfolgte Ansatz das Wirtschaftswachstum nicht umfassend erklären, wie es beispielsweise nur ein vollständiges ökonometrisches Modell könnte, sondern es gilt zunächst lediglich, wichtige Beziehungen zwischen politikdeterminierten Variablen und dem Wirtschaftswachstum aufzuzeigen. Können diese Zusammenhänge nachgewiesen werden, so erhärtet dieses die Annahme, daß die Modelle der neuen bzw. endogenen Wachstumstheorie die Wirtschaftsentwicklung von Volkswirtschaften im Transformationsprozeß erklären können.

In der umfassenden Hintergrundstudie zum Weltentwicklungsbericht 1983 bediente sich Agarwala (1983) ebenfalls deskriptiver Mittelwertvergleiche zur Analyse der Auswirkungen von Preisverzerrungen. Die Erfassung verschiedener Verzerrungen für das Wirtschaftswachstum in Entwicklungsländern erfolgte mit Hilfe von Indikatoren. Die einzelnen Länder wurden entsprechend den Markteingriffen jeweils als hoch, mittel oder gering verzerrt eingestuft. Zur Erfassung verschiedener Verzerrungen wie der Protektion des produzierenden Gewerbes, der Diskriminierung der Landwirtschaft sowie der Verzerrungen von Löhnen, Zinsen, Wechselkursen usw. bediente sich Agarwala makroökonomischer Daten, Protektionsmaßen aus der Literatur und ergänzend auch der Beschreibung von landesspezifischen Situationen als Basis für die Zuordnung der Indikatorstufen. Mit Hilfe der Indikatoren konnte ein Vergleich der gruppenspezifischen Mittelwerte des Wachstums der gesamten Volkswirtschaft und einzelner Sektoren vorgenommen werden.[662] In der Untersuchung ermittelte Agarwala eine eindeutig negative Beziehung zwischen dem Umfang von Preisverzerrungen und dem Wirtschaftswachstum.

Im Rahmen dieser Arbeit werden die in Kapitel 4.2 gebildeten neun verschiedenen Indikatoren zur Reformpolitik jeweils in bezug auf ihre Relevanz für das Wirtschaftswachstum untersucht. Dabei wird nicht nach einzelnen Jahren unterschieden. Jeder Jahreswert wird in jedem Land als unabhängiger Beobachtungswert betrachtet, d. h., für die untersuchten sechs Jahre von 1990 bis

---

661 Vgl.: Bortz (1993): S. 263.

662 Vgl.: Agarwala (1993): S. 10-33.

1995 in vierzehn Ländern ergeben sich 84 Beobachtungspunkte, für die die Beziehung zwischen den Indikatoren und der Wachstumsrate des Bruttoinlandsprodukts in die Analyse eingeht. Die Daten werden mit Hilfe des Kolmogorov-Smirnov-Tests zur Normalverteilungsannahme und des Levene-Tests zur Varianzhomogenität auf ihre Verwendungseignung hin überprüft. Anhand von Box-Plot-Diagrammen haben sich bereits drei Datensätze im Vorfeld in verschiedenen Konstellationen als deutliche Ausreißer erwiesen, weshalb sie in der folgenden Varianzanalyse nicht berücksichtigt werden. Die verwendete Stichprobe verringert sich somit auf 81 Beobachtungspunkte.

Aufgrund der Verknüpfung von Längsschnitt- und Querschnittsdaten bilden die mittleren Wachstumsraten der jeweiligen Indikatorausprägungen im Ergebnis zwei Effekte ab. Einerseits enthalten sie Fortschritte der Reformpolitiken im Zeitablauf, die seit 1992 im Durchschnitt mit wieder ansteigenden Wachstumsraten verknüpft sind. Wie in Abbildung 4-1 deutlich ablesbar ist, werden im Durchschnitt aller Länder im Zeitablauf zunehmende Reformfortschritte in nahezu allen Reformbereichen erzielt, während gleichzeitig die betrachteten Länder im Mittel seit 1992 wieder zunehmende Wachstumsraten des Bruttoinlandsprodukts erzielen. Die linke Skala mißt hier die in den Säulen abgebildeten Mediane wichtiger Indikatoren in den vierzehn Ländern, denen der Mittelwert der Wachstumsraten, gemessen auf der rechten Skala, gegenübergestellt ist. Andererseits bilden die Mittelwertvergleiche zu den Indikatoren die unterschiedlichen Reformpolitiken der einzelnen Länder im Querschnittsvergleich ab. Denn der Zeitrahmen zur Umsetzung der notwendigen Reformen unterschied sich in den einzelnen Ländern zum Teil erheblich. Während beispielsweise Ungarn schon 1990 wichtige Voraussetzungen für funktionierende Güter- und Faktormärkte geschaffen hatte, was sich in hohen Indikatorausprägungen wichtiger Indikatoren widerspiegelte, konnte demgegenüber Weißrußland oder die Ukraine bis 1994 keine nennenswerten Reformerfolge erzielen. Diese Unterschiede kommen in der einfachen Durchschnittsbildung der Abbildung 4-1 nicht zum Ausdruck. Sie prägen aber deutlich die Mittelwerte der Wachstumsraten, die sich für die jeweiligen Indikatorränge ergeben. Es gelingt mit Hilfe dieser Mittelwertvergleiche, die unterschiedlichen Reformstadien und Fortschritte der Liberalisierungspolitiken den resultierenden Wachstumsraten direkt zuzuweisen und somit die Reformprozesse, die in den verschiedenen Ländern zeitlich versetzt abliefen, unmittelbar miteinander zu vergleichen.

Das Ausmaß einer allein länderspezifischen Ausprägung der Beeinflussung des Wirtschaftswachstums durch eine politikdeterminierte Variable könnte auch getrennt vom allgemeinen Reformfortschritt in Mittel- und Osteuropa untersucht werden. Geeignet wäre ein Vergleich der Abweichung der einzelnen landesspezifischen Ausprägungen der Indikatoren vom Median aller Länder mit der Abweichung der einzelnen Wachstumsraten der Länder von der durchschnittlichen Wachstumsrate in Mittel- und Osteuropa.

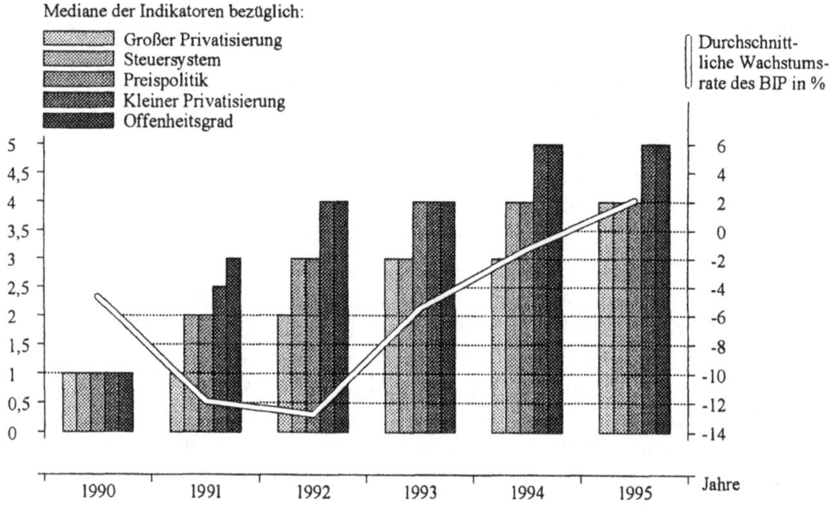

Abbildung 4-1: ***Mediane wichtiger Indikatoren und durchschnittliche Wachstumsraten in Mittel- und Osteuropa***[663].

Die Abbildung 4-1 verdeutlicht zudem die enge Korrelation der Ausprägungen verschiedener Indikatoren im Zeitablauf. Dieses ist kein überraschendes Ergebnis, weil die Einführung wichtiger marktwirtschaftlicher Institutionen und die Liberalisierung bedeutender Wirtschaftsbereiche zur Umsetzung eines konsistenten Reformprogramms möglichst gleichzeitig erfolgen müssen. Obwohl die Indikatoren zu verschiedenen Politikbereichen strenggenommen nicht miteinander vergleichbar sind, spiegelt die Abbildung das Sequencing von Reformen deutlich wider. Während beim Abbau von Beschränkungen im Außenhandel und bei der Privatisierung kleiner Unternehmen sehr frühzeitig deutliche Verbesserungen erzielt wurden, konnten wichtige institutionelle Reformen wie die Privatisierung großer Staatsbetriebe erst mit zeitlicher Verzögerung vorangetrieben werden.

663 Die ungewichteten Mittelwerte der Wachstumsraten der betrachteten Länder Mittel- und Osteuropas lauten:

Jahr	1990	1991	1992	1993	1994	1995
Mittelwert des Wirtschaftswachstums	-4,7	-11,9	-12,8	-5,5	-1,3	2,1

4.3.2.3 Die Ergebnisse der einfaktoriellen Varianzanalyse

Die überwiegende Zahl der Indikatoren zur Reformpolitik weist deutliche Verknüpfungen zum Wirtschaftswachstum in Osteuropa auf. Sehr klar kommt dieses bereits gleich im Indikator für den Abbau von Preisverzerrungen zum Ausdruck. Der Tiefpunkt des Wirtschaftswachstums wird in den Reformstaaten durch beginnende, aber partielle und unzureichende Preisliberalisierungen geprägt. Diese durch den Rangordnungswert 2 gekennzeichnete Ausprägung des Indikators zur Preispolitik korrespondiert im Mittel mit einer Wachstumsrate des Bruttoinlandsprodukts von -14,2 %. Wie in Tabelle 4-39 und Abbildung 4-2 deutlich wird, führen zunehmende Liberalisierungserfolge zu kontinuierlich höheren Mittelwerten des Wirtschaftswachstums. Die Gruppe mit dem Rangordnungswert 5, die für den weitgehenden Abbau von staatlichen Preiskontrollen und anderen Eingriffen in die Preisbildung auf den Gütermärkten steht, weist bereits einen hohen Mittelwert des Wachstums von 4,8 % auf. Dieses hohe Wachstum in den fortschrittlichsten Transformationsstaaten wird allerdings erst in den letzten Jahren, ausgehend von einem niedrigen Niveau nach der anfänglichen Schrumpfungsphase, erzielt. Deutlich ist die Tendenz der wirtschaftlichen Erholung, die parallel zur Liberalisierung der Gütermärkte voranschreitet. Die vergleichsweise hohe durchschnittliche Wachstumsrate der ersten Rangordnungsgruppe erklärt sich damit, daß in diesem Stadium vor der Entscheidung zur marktwirtschaftlichen Reform staatliche Wirtschaftspläne den Güteraustausch bestimmten und eine freie Preisbildung in diesem System bedeutungslos war. Die noch relativ stabile Lage, die der Umbruchssituation des Transformationsprozesses vorausging, war aber ebenfalls schon durch den Rückgang der Wirtschaftsleistung geprägt.

Indikator zur Preispolitik	**1**	**2**	**3**	**4**	**5**
Mittelwert des Wirtschaftswachstums	-4,9	-14,2	-6,7	-0,6	4,8
Anzahl der Fälle	13	16	15	31	6
Mittelwert der Inflationsrate	27,2	868,4	422,3	48,0	22,4
Anzahl der Fälle	13	17	17	31	6

Tabelle 4-39: ***Mittelwertvergleich zur Preispolitik.***

Für den Indikator zur Preispolitik wird außerdem die Beziehung zum Mittelwert der Inflationsraten im jeweiligen Stadium des Transformationsprozesses untersucht. In Abbildung 4-2 ist die durchschnittliche Inflationsrate der einzelnen Gruppen rechts auf einer logarithmierten Skala abgetragen. Deutlich ist die spiegelbildliche Entwicklung zum durchschnittlichen Wirtschaftswachstum in Abhängigkeit von der Preispolitik zu erkennen. Während vor der Preisfreigabe die Preise relativ stabil waren, schnellte die Inflation mit den ersten Liberalisierungsschritten auf durchschnittlich 868,4 %. Mit dem fortgesetzten Abbau von Preisverzerrungen und der zunehmenden Funktionsfähigkeit der Gütermärkte reduzierte sich der Preisauftrieb wieder auf einen Mittelwert von 22,4 %.

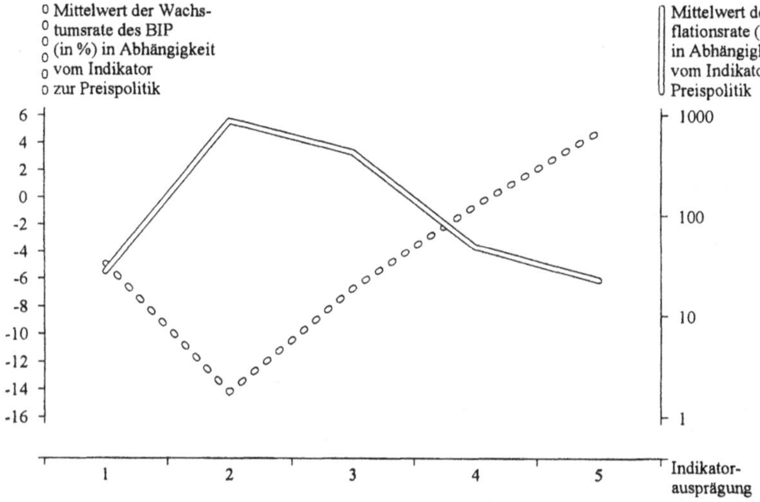

Abbildung 4-2: ***Mittelwerte des Wirtschaftswachstums und der Inflationsrate in Abhängigkeit vom Indikator zur Preispolitik.***

Die Ergebnisse des Mittelwertvergleichs bezüglich des Indikators zur Preispolitik erwiesen sich in der Überprüfung mit Hilfe der einfaktoriellen Varianzanalyse als statistisch signifikant. Wie Tabelle 4-40 zeigt, ist der F-Wert mit 18,1 so groß, daß auf vier Stellen hinter dem Komma keine Wahrscheinlichkeit mehr ermittelt werden kann, mit der die Nullhypothese irrtümlicherweise abgelehnt würde. Die Nullhypothese, nach der sich die Mittelwerte der Wachstumsraten der einzelnen Gruppen nur zufällig unterscheiden, kann also eindeutig verworfen werden. Der Erklärungsgehalt des Indikators zur Preispolitik, gemessen durch ein η^2 von 0,49, läßt den Schluß zu, daß ein Zusammenhang zwischen der verfolgten Preispolitik und dem Wirtschaftswachstum besteht. 49 % der Gesamtstreuung aller Meßwerte kann auf die erklärende Variable, d. h. auf den Indikator zu Preispolitik, zurückgeführt werden.

Der Kolmogorov-Smirnov-Test zur Überprüfung der Normalverteilungsannahme erzielte zufriedenstellende Ergebnisse, die die Anwendung der Varianzanalyse rechtfertigten. Demgegenüber blieben die Resultate des Levene-Tests zur Varianzhomogenität unbefriedigend. Doch werden dadurch die dargestellten Ergebnisse nicht beeinträchtigt. Da die F-Werte, wie im letzten Kapitel angedeutet, sehr robust auf Verletzungen der Varianzhomogenität reagieren, kann das Resultat des Levene-Tests den eindeutig signifikanten F-Wert kaum erschüttern. Zur Absicherung dieser Annahme ist zudem für die Beziehung zwischen dem Indikator zur Preispolitik und der Wachstumsrate des Bruttoinlandsprodukts der Kruskal-Wallis-Test vorgenommen worden. Jener wird nicht durch die mangelnde Varianzhomogenität beeinflußt. Mit Hilfe dieses verteilungsfreien Verfahrens konnte ein vergleichbares Ergebnis signifikant ermittelt werden.

Quelle der Variation	Quadrat-summe	Freiheits-grade	Varianz	F-Wert	Signi-fikanz
Erklärte Abweichung	2.570,7	4	642,7	18,1	0,0000
Nicht-erklärte Abweichung	2.703,7	76	35,6		
Gesamte Abweichung	5.274,4	80			

Tabelle 4-40: ***Varianzanalyse zu Preispolitik und Wachstumsrate.***

Auch für den Zusammenhang zwischen dem Indikator zur Preispolitik und den durchschnittlichen Inflationsraten bestätigt ein F-Wert von 7,46, dessen Wahrscheinlichkeit der fehlerhaften Ablehnung der Nullhypothese ebenfalls nicht mehr ermittelt werden kann, die Signifikanz der gewonnenen Ergebnisse. Der Erklärungsgehalt der Preispolitik für die Variation der Inflationsraten erzielt einen Wert für η^2 von 0,27.

Die Gegenüberstellung der Mediane verschiedener Indikatoren mit den durchschnittlichen Wachstumsraten aller untersuchten Länder in den einzelnen Jahren zeigte in Abbildung 4-1 seit 1992 einen parallelen Anstieg der Reformindikatoren und der Wachstumsraten. Es scheint deshalb möglich, daß diese Entwicklung im Zeitablauf alle Länder gleichermaßen betrifft. In diesem Fall würden die oben erzielten Ergebnisse einen Teil ihrer Aussagekraft einbüßen, weil sie dann keine unterschiedlichen Effekte verschiedener Reformkonzeptionen der einzelnen Länder mehr widerspiegelten. Sie zeigten dann lediglich den Wachstumseinfluß fortschreitender Liberalisierungserfolge im Zeitablauf. Um die Bedeutung der länderspezifischen Effekte im obigen Ergebnis herauszuarbeiten, wurde ein weiterer Mittelwertvergleich vorgenommen. Herausgerechnet sind darin die Zunahmen der Wachstumsraten und der Indikatorausprägungen im Zeitablauf.

In Tabelle 4-41 bilden die in den jeweiligen Jahren auftretenden Abweichungen der Indikatorausprägungen zur Preispolitik in den einzelnen Ländern vom Median aller Länder die kategoriale Variable. Damit erhalten Länder mit überdurchschnittlichen Reformerfolgen in einem Jahr positive Werte zugewiesen, während gleichzeitig im allgemeinen Reformprozeß in Osteuropa relativ zurückliegende Länder durch negative Werte gekennzeichnet sind. Diese Abweichungen vom Median des Indikators zur Reformpolitik werden der Differenz der jeweiligen Wachstumsraten zur durchschnittlichen Wachstumsrate aller Länder eines Jahres gegenübergestellt.

Abweichung vom Median	**-2**	**-1**	**0**	**1**	**2**
Mittlere Abweichung von der durchschnittlichen Wachstumsrate	-14,0	-0,9	1,3	2,6	0,1
Anzahl der Fälle	6	13	41	16	5

Tabelle 4-41: ***Mittelwertvergleich zur Abweichung vom Median des Indikators zur Preispolitik.***

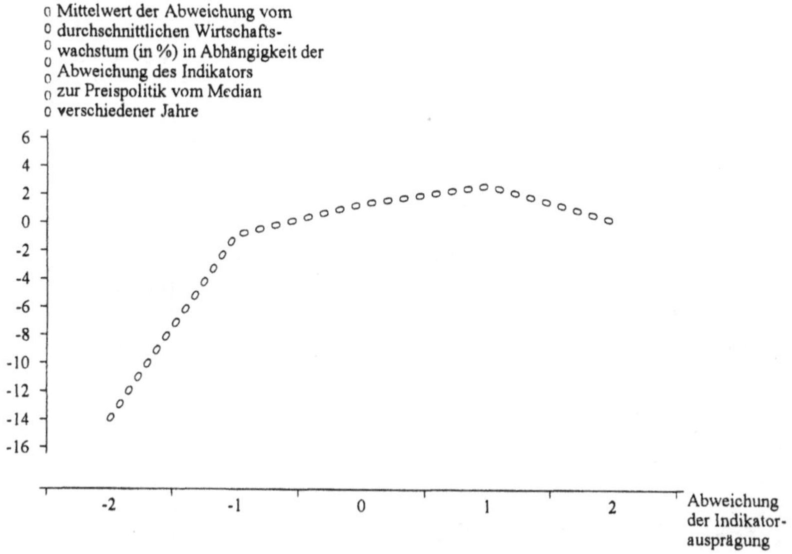

Abbildung 4-3: ***Mittelwert der Abweichung von der durchschnittlichen Wachstumsrate eines Jahres in Abhängigkeit von der Abweichung vom Median des Indikators zur Preispolitik.***

Würde demzufolge ausschließlich die gleichmäßige Zunahme der Wachstumsraten und der Reformfortschritte im Zeitablauf von Bedeutung sein, so würden sich die Mittelwerte in Tabelle 4-41 und Abbildung 4-3 lediglich zufällig und unbedeutend von Null unterscheiden. Die Ergebnisse des Mittelwertvergleichs lassen dieser Interpretation jedoch keinen Raum. Vielmehr zeigt sich deutlich eine erhebliche negative Abweichung der Wachstumsraten in solchen

Ländern, in denen die Preisliberalisierung verzögert wird. Umgekehrt weisen alle Länder, die dem allgemeinen Reformtrend voraus sind, deutlich höhere Wachstumsraten als der Durchschnitt aller Transformationsstaaten auf. Diese Ergebnisse sind statistisch signifikant. Aufgrund des ermittelten F-Wertes von 12,07 wird die Wahrscheinlichkeit einer irrtümlichen Ablehnung der Nullhypothese von SPSS mit 0,0000 angegeben. Der Erklärungsgehalt dieser Gruppenbildung ist relativ hoch und führt zu einem η^2-Wert von 0,39.

Neben dem Indikator zur Preispolitik deuten die Indikatoren zur Lohn- und Zinspolitik, zur Privatisierung und zur Wettbewerbspolitik ebenfalls auf die Existenz von Markt- und Preisverzerrungen hin. Der Einfluß dieser Politikbereiche auf die Güterpreisbildung ist jedoch eher indirekt. Die Beziehung dieser Indikatoren zum Wirtschaftswachstum wird in Abbildung 4-4 und Abbildung 4-5 dargestellt. Der Zusammenhang zwischen den Indikatoren zur Privatisierungspolitik und dem Wachstum des Bruttoinlandsprodukts ist ähnlich deutlich ausgeprägt wie vergleichsweise beim Indikator zur Preispolitik. Wie detailliert in Tabelle 4-43 und Tabelle 4-44 zum Ausdruck kommt, sind die durchschnittlichen Wachstumsraten bereits bei vergleichsweise geringen Indikatorausprägungen zur großen Privatisierung relativ hoch. Zudem befinden sich bei diesem Indikator besonders viele Beobachtungspunkte in den unteren zwei Gruppen. Beide Beobachtungen sind auf den späten Beginn beachtenswerter Privatisierungserfolge in allen Ländern zurückzuführen.

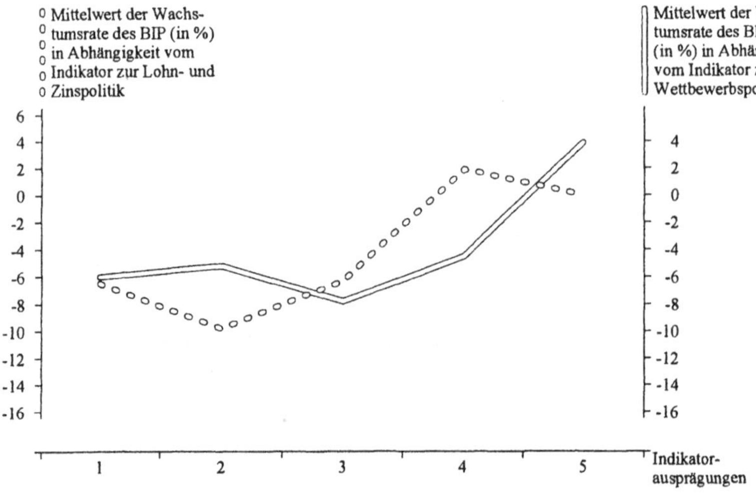

Abbildung 4-4: ***Mittelwerte des Wirtschaftswachstums in Abhängigkeit von den Indikatoren zur Lohn- und Zinspolitik sowie zur Wettbewerbspolitik.***

Indikator zur Lohn- und Zinspolitik	1	2	3	4	5
Mittelwert des Wirtschaftswachstums	-6,5	-9,8	-6,3	1,9	0,0
Anzahl der Fälle	8	14	35	16	8

Tabelle 4-42: ***Mittelwertvergleich zur Lohn- und Zinspolitik.***

Eindeutig ist die Tendenz des zunehmenden Wirtschaftswachstums mit fortschreitender Privatisierung. Der Erklärungsgehalt des Indikators zur kleinen Privatisierung ist mit einem η^2-Wert von 0,46 etwas höher als der des Indikators zur großen Privatisierung mit dem η^2-Wert von 0,43. Die Varianzanalyse ergibt jeweils hochsignifikante F-Werte, deren Gültigkeit auch durch weitere statistische Tests bezüglich der Verwendbarkeit der Daten erhärtet wird.

Indikator zur kleinen Privatisierung	1	2	3	4	5	6
Mittelwert des Wirtschaftswachstums	-5,9	-12,3	-12,2	-6,7	-0,1	4,4
Anzahl der Fälle	15	12	5	20	17	12

Tabelle 4-43: ***Mittelwertvergleich zur kleinen Privatisierung.***

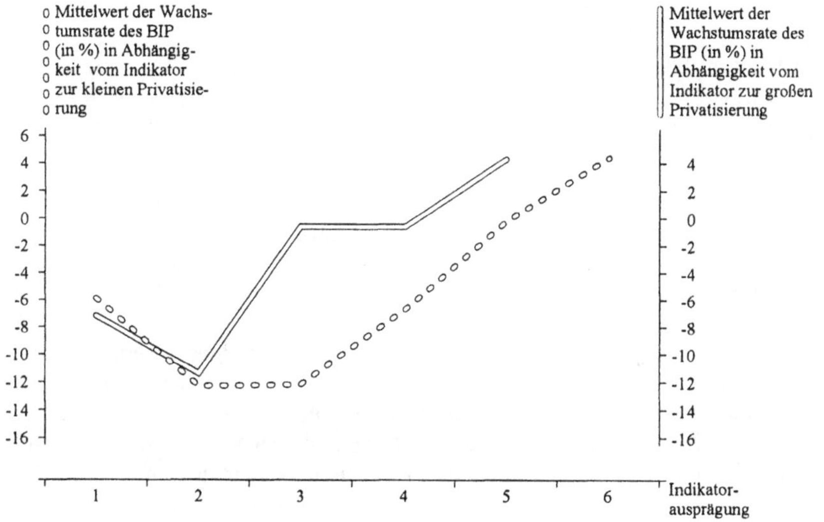

Abbildung 4-5: ***Mittelwerte des Wirtschaftswachstums in Abhängigkeit von den Indikatoren zur kleinen und großen Privatisierung.***

Indikator zur großen Privatisierung	1	2	3	4	5
Mittelwert des Wirtschaftswachstums	-7,2	-11,4	-0,6	0,6	4,3
Anzahl der Fälle	20	22	20	14	5

Tabelle 4-44: ***Mittelwertvergleich zur großen Privatisierung.***

Die Lohn- und Zinspolitik sowie die Wettbewerbspolitik haben der Untersuchung zufolge geringere Bedeutung für das Wirtschaftswachstum. Die Zusammenhänge zwischen den Indikatorausprägungen und den durchschnittlichen Wachstumsraten sind in Tabelle 4-42 und Tabelle 4-45 nicht eindeutig, obwohl auch zu diesen Indikatoren in Abbildung 4-4 eine leichte Tendenz steigender Wachstumsraten mit zunehmenden Reformerfolgen erkennbar ist. Die ermittelten Werte des F-Tests lauten 6,53 mit einer Signifikanz von 0,0001 für den Indikator zur Lohn- und Zinspolitik und 5,34 mit einer Signifikanz von 0,008 für den Indikator zur Wettbewerbspolitik. Der Erklärungsgehalt dieser Politikbereiche für das Wirtschaftswachstum ist vergleichsweise schwach ausgeprägt. Denn obwohl auch diese Testergebnisse statistisch signifikant sind, weisen sie im Vergleich zu anderen Indikatoren nur relativ geringe η^2-Werte von 0,26 bzw. 0,22 auf.

Indikator zur Wettbewerbspolitik	1	2	3	4	5
Mittelwert des Wirtschaftswachstums	-6,0	-5,2	-7,8	-4,5	3,9
Anzahl der Fälle	14	16	25	14	12

Tabelle 4-45: ***Mittelwertvergleich zur Wettbewerbspolitik.***

Vor dem Hintergrund der Transformationsprozesse in Osteuropa ist der schwache Erklärungsgehalt zur Lohn- und Zinspolitik leicht zu erklären. Liberalisierungen der Lohnpolitik wurden im Rahmen besonders konsequenter Reformprogramme möglichst unterdrückt. Um den inflationären Druck zu hoher Reallöhne zu nehmen, wurde das Lohnniveau in Staatsbetrieben, die vor Abschluß einer erfolgreichen Restrukturierung weichen Budgetrestriktionen unterlagen, vorübergehend durch Lohnzuwachsbesteuerungen fixiert. Diese restriktive Politik leistete in vielen Fällen einen wichtigen Beitrag zur makroökonomischen Stabilisierung und damit zum Wirtschaftswachstum. Erst nach erfolgreicher Implementierung umfassender Reformen begannen Länder wie Polen oder Tschechien die Restriktionen schrittweise zu lockern. Eine relativ liberale Lohnpolitik weisen zum Teil demgegenüber solche Länder auf, deren marktwirtschaftliche Reformen nicht sehr weit fortgeschritten sind. Staatlich subventionierte Betriebe besitzen in diesen Fällen eine große Freiheit bezüglich ihrer Lohnpolitik, die sie unabhängig von Produktivitätszuwächsen zu Lohnsteigerungen nutzten.

Der Indikator zur Wettbewerbspolitik ist vermutlich wenig aussagekräftig, weil er lediglich die Implementierung formaler wettbewerbspolitischer Maßnahmen mißt. Doch führt die Verabschiedung von wettbewerbsfördernden Gesetzen und die Gründung von Monopolkommissionen nicht selbstverständlich zu einer zunehmenden Wettbewerbsintensität. Hierfür sind die Öffnung des Außenhandels und die Gründung neuer privater Unternehmen faktisch von größerer Bedeutung. Die diesbezüglichen Indikatoren stehen wiederum in eindeutiger Beziehung zum Wirtschaftswachstum.

Indikator zum Offenheitsgrad	**1**	**2**	**3**	**4**	**5**	**6**
Mittelwert des Wirtschaftswachstums	-5,1	-17,2	-9,2	-3,0	2,3	3,9
Anzahl der Fälle	13	8	17	24	13	6
Außenhandelsanteil am BIP (Mittel)	26,3	12,6	49,4	64,7	75,3	95,0
Anzahl der Fälle	7	5	10	18	8	3

Tabelle 4-46: ***Mittelwertvergleich zum Offenheitsgrad des Außenhandels.***

Der Indikator zum Offenheitsgrad einer Volkswirtschaft kann von allen hier gebildeten Indikatoren die Variation der Wachstumsraten am besten erklären. Der η^2-Wert zum Mittelwertvergleich in Tabelle 4-46 gibt den Erklärungsgehalt des Indikators zur Liberalisierung des Außenhandels mit 52 % an. Auch der F-Test erzielt mit 15,97 einen so hohen Wert, daß die Wahrscheinlichkeit einer fehlerhaften Ablehnung der Nullhypothese auf vier Stellen hinter dem Komma nicht mehr ermittelt werden kann. Deutlich ist in Abbildung 4-6 die Tendenz der kräftig steigenden durchschnittlichen Wachstumsraten mit zunehmender Außenhandelsöffnung zu erkennen.

Zudem wurde in einem weiteren Mittelwertvergleich untersucht, ob der politisch gewährte Freiraum durch den Abbau von Handelsbeschränkungen auch tatsächlich genutzt wird. Um zu überprüfen, ob tatsächlich politisch bestimmte Handelsschranken den Warenaustausch einschränken, wurde der Einfluß des Indikators zum Offenheitsgrad des Außenhandels dem Anteil des Außenhandelsvolumens am Bruttoinlandsprodukt (in %) gegenübergestellt. Tabelle 4-46 und Abbildung 4-6 zeigen deutlich, daß die politisch gewährte Möglichkeit eines liberalen Außenhandels unmittelbar in eine stärkere internationale Handelsverflechtung umgesetzt wird. Ein geringer Außenhandelsanteil am Bruttoinlandsprodukt in einigen Ländern ist also nicht allein auf fehlende marktfähige Exportgüter oder die Entfernung bedeutender Absatzmärkte, sondern ganz entscheidend auf Eingriffe der jeweiligen Regierungen zurückzuführen. Die Signifikanz dieser Ergebnisse bestätigt der F-Test. Der Erklärungsgehalt des Indikators für die Schwankung der Mittelwerte des Außenhandelsanteils am BIP ist mit 51 % ebenfalls relativ hoch.

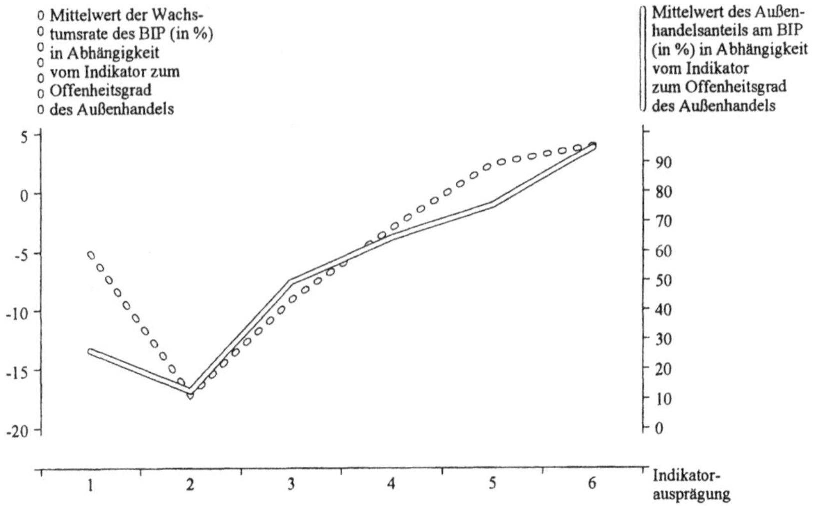

Abbildung 4-6: ***Mittelwerte des Wirtschaftswachstums und des Außenhandelsanteils am BIP (in %) in Abhängigkeit vom Indikator zum Offenheitsgrad des Außenhandels.***

Besondere Bedeutung für die wirtschaftliche Entwicklung kommt ausländischen Direktinvestitionen in den Transformationsstaaten zu, da sie nicht nur dringend benötigtes Kapital, sondern ebenso betriebswirtschaftliches und technisches Know-how in die Länder transferieren. Darüber hinaus können Direktinvestitionen zu einer tieferen Integration der Empfängerstaaten in die Weltwirtschaft beitragen. Im Zuge der wirtschaftlichen Transformation haben die meisten Länder Mittel- und Osteuropas dem Zufluß von ausländischen Direktinvestitionen eine große Bedeutung beigemessen. Diese ist jedoch vielfach nicht in eine liberale Ansiedlungspolitik umgesetzt worden, wenn die Angst vor einer Überfremdung und dem „Ausverkauf des Landes" überwog. Beschränkungen beim Transfer von Unternehmensgewinnen, bei der Beteiligung an der Privatisierung und beim Erwerb von Grund und Boden stellen neben einer unklaren Rechtslage die wichtigsten Hürden für potentielle Investoren dar.

Nicht allein staatlich gesetzte Investitionsbedingungen bestimmen den Zufluß ausländischer Direktinvestitionen, doch steigen diese mit einer zunehmend liberaleren Ansiedlungspolitik sehr kräftig an. Deutlich zeigt sich dieses Ergebnis in Tabelle 4-47 und in Abbildung 4-7, worin die Mittelwerte der ausländischen Direktinvestitionen in Abhängigkeit von der Ausprägung des Indikators zu den Investitionsbedingungen abgetragen sind. Weil Angaben zu den Direktinvestitionen im Jahre 1995 fehlen, liegt für dieses Merkmal eine geringere Zahl beobachtbarer Fälle vor. Dabei wurde gerade in diesem Jahr die Verbesserung der Investitionsbedingungen in vielen Ländern wirksam. Könnten Zahlen für 1995 berücksichtigt werden, so würden die durchschnittlichen Direktinvestitionen deutlich höher ausfallen.

Indikator zu den Investitionsbedingungen für Ausländer	**1**	**2**	**3**	**4**	**5**
Mittelwert des Wirtschaftswachstums	-4,7	-14,2	-4,2	0,1	3,0
Anzahl der Fälle	13	18	22	18	10
Durchschnittliche Direktinvestitionen pro Kopf (in US-$)	0,66	6,11	22,27	40,61	121,80
Anzahl der Fälle	12	20	16	14	6

Tabelle 4-47: ***Mittelwertvergleich zu den Investitionsbedingungen für Ausländer.***

Zwischen den Investitionsbedingungen für Ausländer und dem Wachstum des Bruttoinlandsprodukts besteht ebenfalls eine eindeutige Beziehung. Der niedrigste Mittelwert des Wirtschaftswachstums korrespondiert auch im Falle dieses Indikators mit der Rangordnungszahl Zwei, derzufolge zwar die grundsätzliche Möglichkeit von Direktinvestitionen besteht, diese jedoch aufgrund unklarer und restriktiver Rahmenbedingungen kaum genutzt wird. Die Bedeutung einer liberalen Investitionsgesetzgebung für das Wirtschaftswachstum erklärt sich nicht allein aus der tatsächlichen Höhe des von Ausländern investierten Kapitals. Dieses kann die inländische Ersparnisbildung nur unzureichend ergänzen. Direktinvestitionen, die neben dem Kapital ebenfalls Know-how transferieren, schaffen im Sinne der neuen Wachstumstheorie Spill-over-Effekte. Derartige externe Effekte erhöhen die Kapitalproduktivität und können bedeutendere Wachstumswirkungen haben, als allein auf die Höhe der investierten Mittel zurückzuführen wäre. Des weiteren können Investitionsgesetze, die Ausländer nicht benachteiligen, allgemein auf liberale und unverzerrte Investitionsbedingungen hinweisen, die sich in dieser deutlichen Beziehung zum Wirtschaftswachstum widerspiegeln.

Der Einfluß des Indikators zu den Investitionsbedingungen ist sowohl für die Höhe der Direktinvestitionen wie für das Wirtschaftswachstum statistisch signifikant. Der F-Test ergibt für die Beziehung zum Wirtschaftswachstum einen Wert von 18,86 und für das Verhältnis zu den Investitionen sogar den Wert 19,59. Unter Berücksichtigung der Freiheitsgrade muß damit in beiden Fällen die Nullhypothese mit nahezu 100 %iger Wahrscheinlichkeit (Signifikanz: 0,0000) abgelehnt werden. Die Variation der Beobachtungswerte kann der Indikator in beiden Fällen etwa zur Hälfte erklären. Für den Mittelwert des Wirtschaftswachstums beträgt der η^2-Wert 0,5, und für die Beziehung zur Höhe der Direktinvestitionen fällt der η^2-Wert mit 0,55 noch aussagekräftiger aus.

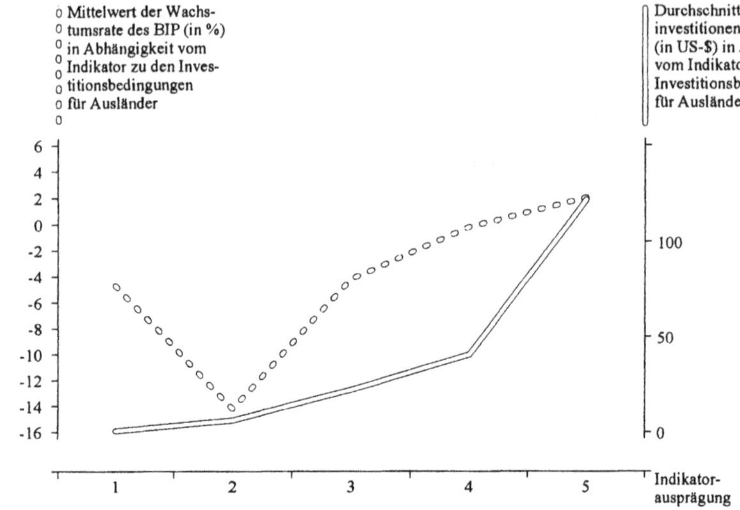

Abbildung 4-7: ***Mittelwerte des Wirtschaftswachstums und der durchschnittlichen Direktinvestitionen pro Kopf in Abhängigkeit vom Indikator zu den Investitionsbedingungen für Ausländer.***

Für die Untersuchung des Wirtschaftswachstums in Abhängigkeit vom Indikator zur Steuerpolitik wurden die Rangordnungsgruppen fünf und sechs zusammengefaßt. Dieses erhöht die Validität des Ergebnisses, da andernfalls die Gruppe sechs lediglich durch zwei Fälle bestimmt wäre. Die Beziehung dieses Indikators zum durchschnittlichen Wirtschaftswachstum zeigt in Tabelle 4-48 und Abbildung 4-8 ein ähnliches Bild wie die Mittelwertvergleiche zur Preispolitik oder zu den Investitionsbedingungen. Der Indikator zur Steuerpolitik erklärt hier 51 % der Gesamtvariation des Wirtschaftswachstums und erzielt damit einen relativ hohen η^2-Wert. Der F-Test ermittelt mit einem Wert von 19,75 eine eindeutige statistische Signifikanz dieses Mittelwertvergleichs.

Indikator zur Steuerpolitik	**1**	**2**	**3**	**4**	**5+6**
Mittelwert des Wirtschaftswachstums	-4,4	-12,9	-4,4	0,5	3,4
Anzahl der Fälle	11	23	17	21	9

Tabelle 4-48: ***Mittelwertvergleich zur Steuerpolitik.***

Die Beeinflussung des Wirtschaftswachstums durch das Ausmaß der gegebenen politischen Stabilität folgt in Tabelle 4-49 und Abbildung 4-8 zwar dem vermuteten Trend des durchschnittlich steigenden Wachstums mit der zunehmenden institutionellen Etablierung der demokratisch gewählten Exekutive. Allerdings ist der Verlauf der durchschnittlichen Wachstumsraten nicht eindeutig. Dieses bringt ebenfalls der geringe η^2-Wert von 0,26 zum Ausdruck. Weitere Probleme bereitet die Varianzanalyse für die Aussagekraft dieses Indikators. Der vergleichsweise niedrige F-Wert von 5,35 läßt eine ungerechtfertigte Ablehnung der Nullhypothese mit einer Wahrscheinlichkeit von 0,03 % zu.

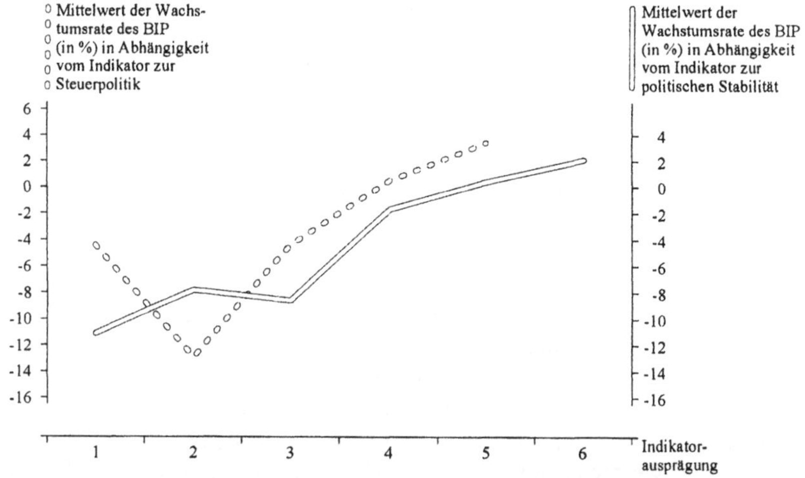

Abbildung 4-8: ***Mittelwerte des Wirtschaftswachstums in Abhängigkeit von den Indikatoren zur Steuerpolitik und zur politischen Stabilität.***

Indikator zur politischen Stabilität	**1**	**2**	**3**	**4**	**5**	**6**
Mittelwert des Wirtschaftswachstums	-11,1	-7,8	-8,6	-1,7	0,4	2,1
Anzahl der Fälle	6	11	22	30	7	5

Tabelle 4-49: ***Mittelwertvergleich zur politischen Stabilität.***

4.3.2.4 Die Bewertung der Untersuchungsergebnisse

In dem in Kapitel 3.5 entwickelten Wachstumsmodell, das die Bedeutung politikinduzierter Verzerrungen für das Wirtschaftswachstum aufzeigt, ist nicht das aktuelle Entwicklungsniveau, sondern allein die verfolgte Politik entscheidend für die Wachstumsrate. Basierend auf den Annahmen dieses Modells, kann der Entwicklungsstand der betrachteten Volkswirtschaften, der sich im Pro-

Kopf-Einkommen ausdrückt, vernachlässigt werden. Eine Konvergenz der Wachstumsraten ist innerhalb der kleinen Gruppe der hier untersuchten mittel- und osteuropäischen Länder nicht zu beobachten. Im Gegenteil dazu sind es vielmehr die relativ wohlhabenderen mitteleuropäischen Länder, die sich durch eine rasche wirtschaftliche Erholung und vergleichsweise hohe Wachstumsraten des Bruttoinlandsprodukts auszeichnen. Damit sind die Vorhersagen der neoklassischen Wachstumstheorie in Mittel- und Osteuropa bislang nicht beobachtbar. Deutlich ist jedoch die Beeinflussung des Wirtschaftswachstums durch die Umsetzung der Reformpolitik. Diejenigen Staaten, die eine rasche und weitgehende Liberalisierung der Märkte vornahmen und die auch die institutionelle Umgestaltung zur Marktwirtschaft konsequent durchführten, konnten die Transformationskrise frühzeitig überwinden. Demgegenüber sind solche Reformstrategien gescheitert, die einen zeitlich gestreckten Übergang zur Marktwirtschaft anstrebten. Das Verzögern wichtiger Liberalisierungsschritte und die Durchsetzung von Preisstabilität hat in einigen Ländern zu einer besonders tiefen und andauernden Rezession geführt.

Mittelwertvergleiche und die darauf basierende Varianzanalyse ermöglichen keine umfassende Erklärung des Wirtschaftswachstums. Dieses Ziel verfolgte die Analyse auch nicht. Vielmehr konnte allein eine bedeutende Abhängigkeit des Wirtschaftswachstums von jeweils einzelnen Politikdeterminanten ermittelt werden. Im Rahmen der Varianzanalyse konnte nicht die Wachstumswirksamkeit der gesamten Einflußfaktoren untersucht werden. Somit blieben Wechselwirkungen, die zwischen den verschiedenen Politikvariablen bestehen, außerhalb der Betrachtung. Dennoch lassen sich bereits hieraus eindeutige Politikempfehlungen herleiten. Der kurzfristige Abbau von Preisverzerrungen und Handelshemmnissen, umfangreiche Liberalisierungen der Güter- und eingeschränkt auch der Faktormärkte sowie günstige Bedingungen für die rasche Entwicklung der Privatwirtschaft trugen tendenziell dazu bei, Tiefe und Dauer der Tranformationskrise zu verringern.

Zudem konnte ein deutlicher Zusammenhang zwischen den Indikatoren zu einzelnen Politikbereichen und deren vermuteten direkten Ausprägungen festgestellt werden. Die Indikatoren zur Preispolitik, zum Außenhandel und zu den Investitionsbedingungen schlugen sich jeweils eindeutig in der resultierenden Inflationsrate, dem Außenhandelsanteil am Bruttoinlandsprodukt und der Höhe ausländischer Direktinvestitionen pro Kopf nieder. Die Verwendbarkeit letzterer meßbarer Größen als Kennzahlen der sie beeinflussenden Politikmaßnahmen im Rahmen der folgenden multiplen Regressionen wird durch diese Ergebnisse erhärtet.

4.3.3 Ökonometrische Analyse der Bestimmungsgründe des Wirtschaftswachstums in Mittel- und Osteuropa

4.3.3.1 Zur Anwendung der multiplen Regression

Ein bedeutendes Verfahren zur Untersuchung von Zusammenhängen zwischen ökonomischen Variablen ist die Regressionsanalyse. Mit ihrer Hilfe wird der Einfluß einer oder mehrerer unabhängiger Variablen auf eine abhängige Variable beschrieben. Dabei kann nicht die Richtung des kausalen Zusammenhangs ermittelt werden. Die Wirkungsrichtung wird in einem theoretischen Modell postuliert. Neben Ursachenanalysen ist die Regressionsanalyse auch für Wirkungsprognosen und Zeitreihenanalysen einsetzbar, die in dieser Arbeit jedoch keine Bedeutung haben. In der linearen Regressionsanalyse wird ein linearer Zusammenhang zwischen den unabhängigen und der abhängigen Variablen unterstellt. Im Unterschied zur Varianzanalyse müssen bei der Regressionsanalyse alle Variablen metrisch skaliert sein. Nominal skalierte unabhängige Variablen können lediglich als Zerlegungen in binäre „Dummy"-Variablen berücksichtigt werden.

Ist die Auswahl der interessierenden abhängigen und unabhängigen Variablen aufgrund des theoretisch modellierten sachlogischen Zusammenhangs getroffen, so kann die Regressionsgleichung einer Stichprobe geschätzt werden:[664]

$$Y = b_0 + b_1 X_1 + b_2 X_2 + ... + b_j X_j + ... + b_J X_J$$

Gleichung 4-5

Darin ist Y die abhängige Variable. X_1 bis X_J bilden die verschiedenen unabhängigen Variablen des Regressionsmodells, und deren Regressionskoeffizienten stellen b_1 bis b_J dar. Als konstantes Glied wird letztlich b_0 bezeichnet.[665] Hier wird also eine lineare Beziehung zwischen den Variablen unterstellt. Ausgehend von dem aus der Stichprobe ermittelten Zusammenhang wird sodann auf die wirklichen Beziehungen in der Grundgesamtheit geschlossen. Die rechnerische Bestimmung der Regressionsgeraden erfolgt mit Hilfe der Methode der kleinsten Quadrate. Dabei gilt es, die quadrierten Abweichungen der einzelnen Beobachtungswerte der abhängigen Variablen (y_k) von dem aufgrund der Regressionsfunktion ermittelten Schätzwert der abhängigen Variablen ($\hat{y}_k$), d. h. die Residuen (e_k), zu minimieren. Mit den Abweichungsquadraten wird die von einer unabhängigen Variablen nicht erklärte Streuung der Beobachtungswerte der abhängigen Variablen bestimmt.[666] Die in der Regressionsgleichung ermittelten

---

664 Vgl.: Johnson, Johnson, Buse (1989): S. 75.

665 Vgl.: Backhaus, Erichson, Plinke, Weiber (1994): S. 6.

666 Vgl.: Johnson, Johnson, Buse (1989): S. 46-51.

Regressionskoeffizienten können in ihrer absoluten Höhe die Beziehung zwischen unabhängigen und abhängigen Variablen nur ungenau bestimmen, da sie auf unterschiedlichen Skalen gemessen werden. Besser mißt der standardisierte Regressionskoeffizient $\hat{b}$ den Einfluß der unabhängigen Variablen:[667]

$$\hat{b}_j = b_j \cdot \frac{\text{Standardabweichung von } X_j}{\text{Standardabweichung von } Y}$$

Gleichung 4-6

Die Aussagekraft einer Regressionsgleichung bemißt sich einerseits am Grad der Anpassung des linearen Zusammenhangs an die Stichprobenwerte und andererseits an der Bedeutung, den dieser Stichprobenzusammenhang für die Grundgesamtheit haben kann. Die „Güte" der Schätzung, d. h. die Qualität der Regressionsgleichung zur Erklärung der Stichprobenwerte, drückt sich im Bestimmtheitsmaß r^2 aus. Das Bestimmtheitsmaß beschreibt die Anpassung der Regressionsgleichung an die Punkteverteilung in der Stichprobe als Anteil der erklärten Abweichung zur Gesamtabweichung. Die Gesamtstreuung setzt sich aus der Summe der erklärten Streuung und der nichterklärten Streuung, den Residuen, zusammen. Damit nimmt das Bestimmtheitsmaß einen Wert zwischen 0 und 1 an, wobei mit $r^2=1$ die gesamte Streuung durch die Regressionsgleichung erklärt wird:

$$r^2 = \frac{\sum_{k=1}^{K} (\hat{y}_k - \bar{y})^2}{\sum_{k=1}^{K} (y_k - \bar{y})^2} = \frac{\text{erklärte Streuung}}{\text{Gesamtstreuung}}$$

Gleichung 4-7

In der multiplen Regressionsanalyse bildet sich die abhängige Variable aus der linearen Verknüpfung von mehreren unabhängigen Variablen. Deshalb bestimmt die Zahl der unabhängigen Variablen und die Größe der Stichprobe auch die Höhe des Bestimmtheitsmaßes. Ein steigendes Bestimmtheitsmaß aufgrund der zunehmenden Anzahl von erklärenden Variablen (J) und Beobachtungswerten (K) verfälscht das „Gütemaß", weshalb das korrigierte Bestimmtsheitsmaß um diese Einflüsse bereinigt wird:[668]

---

667 Diese Variable wird in SPSS als „Beta" ausgewiesen.

668 Vgl.: Backhaus, Erichson, Plinke, Weiber (1994): S. 25; Pindyck, Rubinfeld (1981): S. 79 f.

$$r_{KORR}^2 = r^2 - \frac{J \cdot (1 - r^2)}{K - J - 1}$$

Gleichung 4-8

Ein hohes Bestimmtheitsmaß kann sich jedoch auch aufgrund zufälliger Einflüsse ergeben. Um dieses auszuschließen, wird die Regressionsfunktion mit Hilfe des F-Tests auf ihre statistische Signifikanz hin überprüft. Die Durchführung des F-Tests in der multiplen Regression unterscheidet sich prinzipiell nicht von der Anwendung in der Varianzanalyse. Es wird eine Nullhypothese (H_0) formuliert, der zufolge kein Zusammenhang zwischen den unabhängigen und der abhängigen Variablen besteht. Trifft die Nullhypothese zu, muß die Regressionsfunktion verworfen werden, da diese einen postulierten Zusammenhang nicht erklären kann. Zunächst wird ein empirischer F-Wert ermittelt:

$$F_{emp} = \frac{\frac{r^2}{J}}{\frac{1 - r^2}{K - J - 1}}$$

Gleichung 4-9

Anhand von Tabellen mit vorgegebenen Vertrauenswahrscheinlichkeiten kann sodann im Vergleich zum theoretischen F-Wert abgelesen werden, ob die Nullhypothese verworfen werden kann. Üblicherweise wird eine Vertrauenswahrscheinlichkeit von 95 % zugrunde gelegt. Der Erklärungsgehalt der Regressionsgleichung ist nicht ausreichend bzw. zu sehr durch zufällige Einflüsse bestimmt, wenn die Nullhypothese mit einer größeren Wahrscheinlichkeit als 5 % fälschlicherweise verworfen würde. SPSS gibt die Wahrscheinlichkeit, mit der die Nullhypothese die richtige sein kann, auch direkt als *sig F* aus. Diese Zahl sollte kleiner als 0,05 sein.[669]

Die einzelnen Regressionskoeffizienten werden mit Hilfe der t-Teststatistik überprüft. Hierbei wird für jede einzelne unabhängige Variable eine Nullhypothese überprüft, die annimmt, daß die Variable keinen Einfluß auf die abhängige Variable hat. Durch Vergleich des empirisch ermittelten t-Werts mit dem theoretischen t-Wert kann ebenso wie beim F-Test über Annahme oder Ablehnung der Nullhypothese bestimmt werden. Es wird in der Regel eine Vertrauenswahrscheinlichkeit von 95 % zugrunde gelegt. SPSS erspart die Anwendung einer t-Tabelle, weil es mit „*sig t*" direkt die Vertrauenswahrscheinlichkeit angibt, mit der die Nullhypothese irrtümlich verworfen wird. Die Wahrscheinlichkeit „*sig t*" sollte nicht größer als 0,05 sein, doch auch ein „*sig t*" von 0,1, d. h. der fälsch-

---

669 Vgl.: Johnson, Johnson, Buse (1989): S. 116-129.

liche Verbleib der unabhängigen Variablen in der Regressionsgleichung mit einer Wahrscheinlichkeit von 10 %, kann noch akzeptiert werden.

Die in der Regressionsanalyse ermittelte Schätzgleichung der Stichprobe wird sich mit hoher Wahrscheinlichkeit nicht exakt mit der wahren Regressionsgleichung der Grundgesamtheit decken. Um einschätzen zu können, wie gut die Schätzung der Stichprobe den Zusammenhang der Grundgesamtheit erklären kann, werden die Konfidenzintervalle der einzelnen Regressionskoeffizienten ermittelt. Sie geben die mögliche Abweichung des Betrags eines geschätzten Regressionskoeffizienten der Stichprobe vom Betrag des entsprechenden Regressionskoeffizienten der Grundgesamtheit an. Üblicherweise wird ein 95%-Konfidenzintervall ermittelt.[670]

Die Ergebnisse der Regressionsanalyse können auf signifikante Erklärungen des theoretisch postulierten Zusammenhangs hinweisen, obwohl die Voraussetzungen für die Anwendung der Regressionsanalyse verletzt sind. Voraussetzungen für die Aufstellung von linearen Regressionsgleichungen sind die korrekte Spezifizierung des Modells sowie die Einhaltung der Normalverteilungsannahme und der Linearität. Das Vorliegen letzterer Annahmen kann wie in der Varianzanalyse unter Verwendung geeigneter Verfahren statistisch getestet werden. Mangelnde Linearität kann durch Logarithmierung der Variablen überwunden werden. Schwierig zu ermessen ist die korrekte Formulierung des empirischen Modells. Wenn dieses zu viele erklärende Variablen enthält, führt das zu ineffizienten Schätzern. Problematischer sind jedoch nicht berücksichtigte erklärende Variablen, weil das Modell dann unvollständig ist und die Schätzer der Regressionsfunktion verzerrt und unvollständig bleiben. Die vollständige Verwirklichung der postulierten Vollständigkeit ist allerdings prinzipiell gar nicht möglich, weil sie ein unerreichbar umfassendes theoretisches Wissen voraussetzt.[671]

Liegt eine starke lineare Abhängigkeit zwischen unabhängigen Variablen vor, kann eine erklärende Variable als lineare Funktion der weiteren unabhängigen Variablen der Regressionsgleichung erklärt werden. Liegt eine vollständige lineare Abhängigkeit zwischen den Variablen, d. h. eine vollständige Multikollinearität, vor, ist die Regressionsanalyse nicht durchführbar. Von Multikollinearität wird jedoch auch schon im Zusammenhang mit unvollständiger, aber hoher linearer Abhängigkeit gesprochen. Liegt diese vor, ergeben sich hohe Standardabweichungen der Regressionskoeffizienten, die eine exakte Schätzung der Regressionsgleichung erschweren.[672] Bei Multikollinearität kann die Regressionsgleichung ein hohes Bestimmtheitsmaß aufweisen, obwohl die einzelnen Koeffizienten der Funktion nicht signifikant sind. Zudem können sich in diesem

670 Vgl.: Brosius, Brosius (1995): S. 493.

671 Vgl.: Backhaus, Erichson, Plinke, Weiber (1994): S. 31 f.

672 Vgl.: Gujarati (1988): S. 285 f.

Fall die Regressionskoeffizienten durch das Hinzufügen oder Weglassen von Variablen erheblich verändern.[673] Multikollinearität beeinträchtigt nicht das Bestimmtheitsmaß der gesamten Schätzung, sondern es werden lediglich einzelne Regressionskoeffizienten verzerrt geschätzt. Kein besonderes Problem erwächst aus der Multikollinearität, wenn die einzelnen erklärenden Variablen signifikant sind, d. h. jeweils hohe t-Werte aufweisen.[674] Näherungsweise kann das Vorhandensein von Multikollinearität durch eine Betrachtung der Korrelation zwischen den erklärenden Variablen überprüft werden.[675] Diese Untersuchung kann aufzeigen, welche Variablen aus der Regressionsgleichung zu entfernen sind, um die Schätzung effizienter zu machen.

Eine weitere Verletzung der Modellannahmen der Regressionsanalyse kann auftreten, wenn die Residuen in der Grundgesamtheit nicht mehr unkorreliert sind. Die Autokorrelation tritt jedoch lediglich in Zeitreihenanalysen auf, wenn zwei aufeinanderfolgende Beobachtungen nicht voneinander unabhängig sind. Dann sind die Abweichungen von der Regressionsgraden nicht zufällig, sondern vom vorhergehenden Wert determiniert. Zur Untersuchung des Vorliegens von Autokorrelation wird der Durbin-Watson-Test durchgeführt.[676] Für die Querschnittsanalyse ist die Autokorrelation bedeutungslos.

Dem Regressionsmodell liegt des weiteren die Annahme zugrunde, daß die Residuen der Regressionsfunktion alle dieselbe Varianz aufweisen, d. h. homoskedastisch sind. Wird diese Prämisse verletzt, liegt Heteroskedastizität vor.[677] Heteroskedastizität kann die Schätzung von Konfidenzintervallen verzerren und die Aussagen von Testverfahren wie des F-Tests oder des t-Tests verfälschen. Um die mögliche Heteroskedastizität aufzudecken, können der Bartlett's-Test, der Park-Glejser-Test, der Spearman's-Rank-Correlation-Test oder der Goldfeld-Quandt-Test durchgeführt werden.[678]

4.3.3.2 Regressionsergebnisse unter Berücksichtigung politikinduzierter Variablen

Modelle der neuen Wachstumstheorie stellen die Bedeutung wirtschaftspolitischer Entscheidungen für die Rate des Wirtschaftswachstums heraus. Wie in Kapitel 3.4 und 3.5 aufgezeigt, bieten endogene Wachstumsmodelle theoretisch

673 Vgl.: Backhaus, Erichson, Plinke, Weiber (1994): S. 33.
674 Vgl.: Gujarati (1988): S. 307 f.
675 Vgl.: Pindyck, Rubinfeld (1981): S. 89.
676 Vgl.: Gujarati (1988): S. 353-385; Backhaus, Erichson, Plinke, Weiber (1994): S. 34 f.
677 Vgl.: Gujarati (1988): S. 316 f.
678 Vgl.: Gujarati (1988): S. 325-334; Pindyck, Rubinfeld (1981): S. 146-152.

überzeugende Argumente für die Abweichung von Wachstumsraten zwischen einzelnen Ländern. Nicht allein die bereits erlangte Höhe des Kapitalstocks, gemessen im Bruttoinlandsprodukt pro Kopf, bestimmt die Geschwindigkeit des Wirtschaftswachstums. Von Bedeutung sind in diesen Modellen zudem politische Einflußfaktoren, die die Akkumulation des Kapitals bzw. dessen effiziente Allokation beeinträchtigen. Der Modellrahmen in Kapitel 3.5 demonstriert die Reduzierung des Wirtschaftswachstums in Abhängigkeit von Preisverzerrungen und nach Sektoren differenzierten Steuern. Auch verzerrende Eingriffe in den Außenhandel, in die Kreditvergabe und steuerliche Wirkungen hoher Inflationsraten reduzieren in diesem Modell die Wachstumsrate des Pro-Kopf-Einkommens.

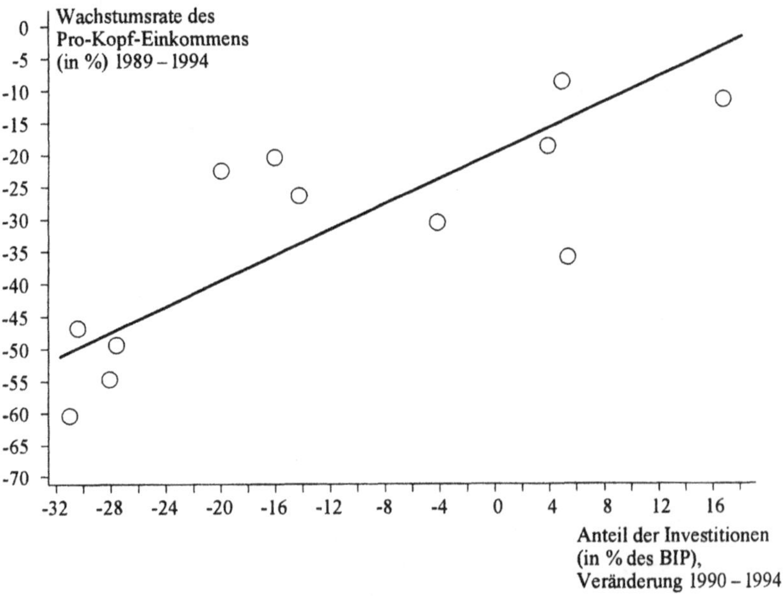

Abbildung 4-9. ***Wachstumsrate der Pro-Kopf-Einkommen in Abhängigkeit von der Investitionstätigkeit.***

Die ersten fünf Jahre wirtschaftlicher Transformation waren in Osteuropa von teilweise hohen negativen Wachstumsraten geprägt. Dabei unterscheiden sich die einzelnen Reformstaaten jedoch erheblich in Tiefe und Dauer der Anpassungskrise. Eine wachstumstheoretische Untersuchung, die diesen Prozessen gerecht werden soll, muß wirtschaftspolitische Einflußfaktoren in die Untersuchung integrieren, da diese die unterschiedlichen Verläufe der Transformationsprozesse aufgrund unterschiedlicher Reformkonzeptionen entscheidend prägten. Ein hoher Anteil der Variation der Wachstumsraten ist durch unterschiedlich tiefe Einbrüche der Investitionstätigkeit zu erklären. Wie in Abbildung 4-9 ersichtlich hat die Investitionstätigkeit, gemessen in der Veränderung der Investitionsquote zwischen 1990 und 1994, maßgeblichen Einfluß auf die Wachstumsrate der Pro-Kopf-Einkommen. Der Zusammenhang weist einen hohen Erklärungsgehalt auf und ist statistisch signifikant.[679] In den neuen Wachstumsmodellen wirken politikinduzierte Einflußfaktoren auf das Niveau der Investitionsmaßnahmen ein. Damit sind diese Modelle gut geeignet, Aufschluß über die Wachstumsdynamik im Transformationsprozeß zu geben.

Die empirische Umsetzung erfolgt in der Literatur grundsätzlich auf zwei verschiedene Weisen. In einem Teil der Quellen, wie z. B. in Mankiw, Romer, Weil (1992), wird eine möglichst direkte Übertragung der theoretischen Modelle in empirische Schätzungen angestrebt. Diese Vorgehensweise ist angesichts der unzureichenden Datenlage für Osteuropa an dieser Stelle nicht durchführbar. Die hier verwendeten empirischen Schätzungen orientieren sich deshalb an Hypothesenschätzungen, wie sie Barro (1991), Edwards (1991), Easterly, Rebelo (1993) oder Fischer (1993) vorgenommen haben.

Für die Regression mit Querschnittsdaten der untersuchten vierzehn Länder wird der gesamte Untersuchungszeitraum von 1990 bis 1994 für jedes Land jeweils in einem Datenpunkt zusammengefaßt. Damit werden die Folgen unterschiedlicher politischer Eingriffe vergleichbar, obwohl sie in den verschiedenen Reformstaaten zumeist nicht zeitgleich erfolgt sind. Eine erfolgreiche Stabilisierungspolitik zeichnet sich beispielsweise erst durch dauerhaft begrenzte Inflationsraten aus. Der für einen Transformationsprozeß bereits relativ lange Zeitraum von fünf Jahren stärkt die Aussagekraft einer wachstumstheoretischen Untersuchung. Der zeitliche Abstand ist für die Anpassung der Wirtschaftssubjekte an die veränderten Rahmenbedingungen ausreichend, so daß sich die Folgen wirtschaftspolitischer Entscheidungen im Wirtschaftswachstum niederschlagen können. Vernachlässigt werden mit diesem Vorgehen allerdings die Folgen sich verändernder Rahmenbedingungen innerhalb des Transformationsprozesses. Es ist jedoch wichtig, einen längeren Untersuchungszeitraum zu wählen, der die teilweise stark schwankenden Wachstumsraten über die langfristige Aggregation ausgleicht.

Das geschätzte Regressionsmodell enthält als Basis des Modells stationäre Variablen zur Höhe des Kapitalstocks in der Ausgangssituation. Die Höhe des physischen Kapitalstocks wird dabei vom Bruttoinlandsprodukt pro Kopf des Jahres 1990 erfaßt. Als Maß des bestehenden Humankapitalstocks können die Schulbesuchsquoten der Primar- und Sekundarstufen oder der Anteil der Uni-

---

679 Das korrigierte Bestimmtheitsmaß der Regressionsgraden lautet r^2_{korr}=0,72. Der F-Wert beträgt 28,852 und ist mit *sigF*=0,0003 signifikant.

versitätsstudenten an der gesamten Bevölkerung verwendet werden. Die Verwendung des Primarschulbesuchs ist allerdings ungeeignet, da die hier vermittelte Grundbildung wenig zur Differenzierung des Humankapitals in den untersuchten Ländern aussagt. Ungeeignet bleibt als Maßgröße des Humankapitals aber auch die Quote der Universitätsstudenten, weil die Qualität der weiterführenden Bildungsformen in den einzelnen Ländern erheblich differiert. Zur Messung des Humankapitalstocks ist deshalb die Quote des Sekundarschulbesuchs am geeignetsten. Die Schulbesuchsquoten sind zwar nur für die Jahre 1993 oder 1994 verfügbar, doch mit hoher Wahrscheinlichkeit ist davon auszugehen, daß diese Quoten im Zeitablauf weitgehend konstant bleiben. Zur Untersuchung der Wachstumswirkung politikinduzierter Variablen werden diese als weitere erklärende Variablen in das Regressionsmodell eingefügt. Im einzelnen werden also Varianten des allgemeinen Modells berechnet:

$$Wachstum1990/94 = a_0 + a_1 \cdot Kapitalstock1990$$
$$+a_2 \cdot Humankapitalstock1990 + a_3 \cdot Politikvariablen1990/94 + u$$

Gleichung 4-10

In Gleichung 4-11 wird zunächst die Basisregression mit der Schulbesuchsquote der Sekundarstufe als Humankapitalmaß aufgestellt. In diesen Modellen bleiben Politikvariablen noch unberücksichtigt.

$$Wachstum90/94 = -88{,}093 \quad -0{,}002\ BIPproKopf90 + 0{,}900\ Sekundarstufe + u$$
$$(-4{,}003)^{*}\ (-0{,}254) \qquad (3{,}354)^{*}$$

Gleichung 4-11

Das Bestimmtheitsmaß dieser Gleichung beträgt r^2=0,69 bzw. korrigiert r^2_{korr}=0,59. In Klammern sind die Ergebnisse der t-Tests abgetragen. Die mit einem Sternchen gekennzeichneten Testergebnisse sind bezüglich des 5 %-Intervalls signifikant. Der F-Test weist zudem eine 2,89 %ige Signifikanz der Gesamtgleichung aus. Das Bruttoinlandsprodukt pro Kopf als Maß des Kapitalstocks in der Ausgangssituation wurde in US-Dollar zu aktuellen Wechselkursen ermittelt.[680] Alternativ kann das Bruttoinlandsprodukt auch mit Kaufkraftparitätswechselkursen in US-Dollar übertragen werden. Geht das auf dieser Basis ermittelte Pro-Kopf-Einkommen in die Regressionsgleichung ein, erhöht sich das Bestimmtheitsmaß auf r^2=0,78 bzw. korrigiert r^2_{korr}=0,71. Die Gleichung lautet nun:

680 In der Regression bleiben die Baltischen Staaten und Weißrußland unberücksichtigt, da für diese Länder keine verläßlichen Angaben zum Pro-Kopf-Einkommen des Jahres 1990 verfügbar sind.

$$Wachstum90/94 = -87{,}057 \quad -0{,}004 \; BIPproKopf90 + 1{,}107 \; Sekundarstufe + u$$
$$(-4{,}832)^{*} \; (-2{,}043)^{**} \qquad\qquad (4{,}610)^{*}$$

Gleichung 4-12

Gegenüber Gleichung 4-11 weist dieses Modell nicht nur in den t-Tests, sondern auch im F-Test eine höhere Signifikanz auf. Zwei Sternchen symbolisieren für den t-Test ein 10 %iges Signifikanzniveau. Im folgenden wird dennoch vorwiegend Gleichung 4-11 als Basisregression verwendet.

Weil die untersuchte Querschnittsanalyse aufgrund der begrenzten Zahl von Ländern über relativ wenige Datenpunkte verfügt, ist damit die maximal mögliche Zahl erklärender Variablen stark eingeschränkt. Es können nicht alle relevanten Politikvariablen gleichzeitig in die Regressionsgleichung eingehen. In den Tabellen 4-50 und 4-51 wurden deshalb zunächst die Politikvariablen jeweils einzeln in die Basisgleichung 4-50 aufgenommen. In diesen Gleichungen wurde das Bruttoinlandsprodukt in der Ausgangssituation 1990 zu Kaufkraftparitäten ermittelt.

Die erste Regression untersucht die Bedeutung der politischen Stabilität für das Wirtschaftswachstum. Als Maß der Stabilität dient die Demokratiezufriedenheit der Bevölkerung. Gemessen wurde diese in Befragungen von jeweils rund 1.000 Personen als Zustimmungsquote (in %) zum herrschenden demokratischen System.[681] Ein hoher Rückhalt der Einwohner eines Landes für eine neue demokratische Regierung erscheint als sehr aufschlußreiches Stabilitätsmaß. Es ist gut geeignet für die Untersuchung von Staaten, die sich auf dem Wege zu demokratischen Industriestaaten befinden. In zahlreichen empirischen Analysen der neuen Wachstumstheorie wird die politische Stabilität in Entwicklungsländern mit Hilfe der Zahl politisch motivierter Morde in Relation zur Einwohnerzahl gemessen.[682] Auch die Zahl politischer Gefangener, bezogen auf die Größe der Bevölkerung, findet Berücksichtigung. Derartige Maßzahlen verfehlen jedoch die politischen Realitäten in der demokratischen Umbruchsphase in Osteuropa nach dem Zusammenbruch der sozialistischen Regierungssysteme.

Die Koeffizienten der Regressionsgleichung 4-13 bestätigen einen eindeutig positiven Einfluß der politischen Stabilität auf das Wirtschaftswachstum. Die jeweils in Klammern genannten Ergebnisse der t-Tests weisen eine hohe Signifikanz auf. Ein Sternchen steht für die Signifikanz des 5 %-Intervalls. Die Berücksichtigung der Demokratiezufriedenheit trägt zudem zu einem sehr hohen korrigierten Bestimmtheitsmaß von 88 % bei. Auch die Gesamtgleichung weist eine durch den F-Test gemessene hohe statistische Signifikanz auf. In den Tabellen 4-52 bis 4-56 geht das Maß der politischen Stabilität zudem jeweils mit

681 Vgl.: Europäische Union (1993).

682 Vgl.: Barro (1991); Easterly, Rebelo (1993b).

weiteren Politikindikatoren in die Bestimmungsgleichung des Wirtschaftswachstums ein. In allen Fällen bestätigt sich der eindeutig positive Einfluß der politischen Stabilität auf das Wirtschaftswachstum. Als erklärende Variable weist die Demokratiezufriedenheit zumeist verhältnismäßig hohe t-Werte auf. Bemerkenswert sind auch die relativ hohen Bestimmtheitsmaße von Gleichungen, in die die Demokratiezufriedenheit als erklärende Variable eingeht.

Regressionsgleichung	**4-13**	**4-14**	**4-15**	**4-16**	**4-17**
Konstante	-93,243 (-7,823)*	-17,847 (-0,338)	-13,666 (-0,338)	-82,664 (-5,222)*	-80,943 (-4,241)*
BIP pro Kopf 1990 (Kaufkraftparitäten)	-0,003 (-2,576)*	-0,003 (-1,560)	-0,003 (-2,329)**	-0,003 (-1,807)	-0,004 (-2,203)**
Sekundarstufe	0,911 (5,375)*	0,440 (0,828)	0,438 (1,103)	0,715 (2,321)**	1,029 (4,060)*
Demokratie-zufriedenheit	0,564 (3,021)*				
Inflation (log.), Konsumentenpreis-anstieg, Jahresende		-2,869 (-1,381)			
Geldmengen-wachstum (log)			-3,4772 (-1,770)		
Anteil der Privatwirtschaft am BIP				0,497 (1,725)	
Direktinvestitionen					0,016 (0,988)
r^2	0,92	0,84	0,91	0,86	0,82
r^2_{korr}	0,88	0,75	0,84	0,78	0,71
F-Wert	19,885	8,870	12,994	10,504	7,451
sig F	0,0033	0,0191	0,0157	0,0134	0,0271

Tabelle 4-50: ***Ergebnisse der ökonometrischen Regressionsanalyse I.***

Politische Stabilität ist bedeutend für den Reformprozeß, weil eine hohe Zustimmung in der Bevölkerung einer Regierung auch das Ergreifen unpopulärer Maßnahmen erlaubt. Vorrangige Stabilitätserfordernisse, die beispielsweise Eingriffe in die Lohnfindung beinhalten, lassen sich nur bei weitgehender politischer Unterstützung der Regierung durchsetzen. Eine längere Phase der politischen Kontinuität wurde deshalb auch von vielen Autoren als notwendige Voraussetzung des erfolgreichen Systemumbaus angesehen. Die Ergebnisse der Regressionsanalyse unterstützen die These, daß die Reformstaaten Osteuropas mit höherer politischer Stabilität und Kontinuität die Transformationskrise tendenziell zügiger zu überwinden vermochten. Die Politik beeinflußt das Wirtschaftswachstum über die Investitionstätigkeit. Ein Umfeld hoher politischer Stabilität erhöht die Planungssicherheit von Investitionen. Deshalb werden die Unternehmen in einem politisch stabilen Umfeld tendenziell mehr investieren und auf diese Weise zu höherem Wirtschaftswachstum beitragen.

Genauso wie die politische Stabilität für ein günstiges Investitionsklima wichtig ist, tragen auch stabile gesamtwirtschaftliche Rahmenbedingungen zur verstärkten Investitionstätigkeit und damit zu höherem Wirtschaftswachstum bei. Um dieses empirisch überprüfen zu können, wird die Inflationsrate als Maß der makroökonomischen Stabilität in die Regressionsanalyse eingeführt. Die Veränderungsrate der Konsumentenpreise, gemessen im Jahresendvergleich, diente hier zur Berechnung der kumulierten Preissteigerung von 1990 bis einschließlich 1994. Die Inflationsrate wurde als logarithmierte Variable in die Regressionsgleichung einbezogen, damit sie mit den ansonsten als erklärende Variablen verwendeten Verhältniszahlen vergleichbar ist.

Die zweite Spalte in Tabelle 4-50 zeigt die Regressionsgleichung des Wirtschaftswachstums, ergänzt um die logarithmierte Inflationsrate als Maßgröße der makroökonomischen Stabilität. Dabei wird das Pro-Kopf-Einkommen im Basisjahr zu Kaufkraftparitätswechselkursen ermittelt. In der ersten Spalte der Tabelle 4-52 ist der gleiche Zusammenhang mit einem Pro-Kopf-Einkommen des Jahres 1990 zu aktuellen Wechselkursen berechnet worden. In beiden Regressionsgleichungen zeigt sich ein sehr starker negativer Einfluß der Inflation auf das Wachstum des Bruttoinlandsprodukts. In den verschiedenen Gleichungen erweisen sich die Koeffizienten der Inflationsrate bei Überprüfung durch den t-Test zwar nicht als statistisch signifikant, doch ergeben sich für die Regressionsgleichungen insgesamt signifikante F-Werte. Im Vergleich zu weiteren untersuchten Politikvariablen ist die Inflationsrate nicht geeignet, die Variation der Wachstumsraten mit einem hohen Bestimmtheitsmaß zu erklären. In Tabelle 4-52 geht diese als Maß makroökonomischer Stabilität zudem gemeinsam mit weiteren politisch determinierten Variablen in verschiedene Bestimmungsgleichungen des Wirtschaftswachstums ein. Der eindeutig negative Einfluß mangelnder makroökonomischer Stabilität für das Wachstum des Bruttoinlandsprodukts bestätigt sich in sämtlichen untersuchten Konstellationen. Die Gleichungen 4-24, 4-26 und 4-27 erzielen zwar nur geringe t-Werte bezüglich der logarithmierten Inflationsrate und auch keine signifikanten F-Werte, doch bestätigen sie in den Vorzeichen die Ergebnisse der übrigen Regressionsgleichungen.

Konnte die politische Stabilität mit der Demokratiezufriedenheit positiv gemessen werden, so steht die Inflationsrate für das Fehlen makroökonomischer Stabilität. Dennoch offenbaren die bisherigen Regressionsergebnisse, daß beide

Stabilitätsvariablen von großer Bedeutung für das Wirtschaftswachstum sind. Ebenso wie die fehlende politische Stabilität hemmt auch mangelnde makroökonomische Stabilität die Investitionstätigkeit der Unternehmen. Wo nur unzureichende Erwartungen über die zukünftige wirtschaftliche Situation gebildet werden können, besteht kein Anreiz für eine langfristige Ersparnisbildung zugunsten von Investitionen. Es bestätigt sich die große Bedeutung der makroökonomischen Stabilisierungspolitik für den Erfolg der Reformmaßnahmen und die Überwindung der Transformationskrise. Erwartungssicherheit, d. h. insbesondere Preisstabilität, ist von entscheidender Bedeutung für künftiges Wirtschaftswachstum in dieser Region. Zudem belastet eine hohe Inflationsrate, wie in Kapitel 3.5 dargestellt, das Wirtschaftswachstum über eine Inflationssteuer. Hohe Inflation reduziert den erwarteten Gewinn von Investitionsprojekten und damit die Investitionstätigkeit.

Regressionsgleichung	**4-18**	**4-19**	**4-20**	**4-21**	**4-22**
Konstante	-84,881 (-4,373)*	-75,866 (-5,100)*	-83,278 (-2,021)	-87,432 (-3,402)*	-126,078 (-3,813)*
BIP pro Kopf 1990 (Kaufkraftparitäten)	-0,004 (-1,974)**	-0,002 (-1,450)	-0,004 (-2,911)**	-0,002 (-1,280)	-0,002 (-0,864)
Sekundarstufe	0,995 (3,148)*	0,895 (4,268)*	0,127 (2,182)	0,991 (4,748)*	1,091 (4,857)*
Außenhandelsvolumen/BIP	0,123 (0,598)				
Produzenten-/Konsumentenpreisänderung		-5,169 (-2,223)*			
Bankforderungen/BIP			0,158 (2,203)		
Staatsquote				0,076 (0,143)	
Spitzensatz der Einkommenssteuer, 1994					0,629 (1,371)
r^2	0,79	0,89	0,89	0,85	0,92
r^2_{korr}	0,67	0,82	0,77	0,74	0,84
F-Wert	6,508	13,499	7,699	7,632	8,832
sig F	0,0353	0,0078	0,0638	0,0394	0,0193

Tabelle 4-51: ***Ergebnisse der ökonometrischen Regressionsanalyse II.***

Regressionsgleichung	4-23	4-24	4-25	4-26	4-27	4-28
Konstante	0,577 (0,008)	-65,914 (-1,026)	-43,481 (-0,407)	78,783 (0,439)	88,842 (0,592)	-63,058 (-0,874)
BIP pro Kopf 1990 (offiz.Wechselkurs)	-0,001 (-0,020)	-0,001 (-0,819)	-0,000 (-0,021)	-0,001 (-0,384)	0,001 (0,648)	0,001 (0,234)
Sekundarstufe	0,087 (0,124)	0,476 (0,846)	0,231 (0,293)	-0,812 (-0,445)	-0,251 (-0,240)	0,371 (0,606)
Inflation (log.), Konsumentenpreis-anstieg, Jahresende	-3,876 (-1,237)	-1,171 (-0,438)	-1,923 (-0,418)	-3,869 (-0,760)	-5,851 (0,592)	-2,980 (-1,116)
Demokratie-zufriedenheit		0,596 (2,177)**				
Anteil der Privatwirt-schaft am BIP			0,396 (0,619)			
Bankforderungen/BIP				0,174 (1,305)		
Staatsquote					-1,005 (-1,217)	
Spitzensatz der Ein-kommensteuer 1994						0,710 (1,769)
r^2	0,77	0,89	0,79	0,76	0,85	0,87
r^2_{korr}	0,62	0,78	0,57	0,28	0,66	0,74
F-Wert	5,427	8,297	3,664	1,575	4,363	6,587
sig F	0,0497	0,322	0,1182	0,4239	0,1281	0,0475

Tabelle 4-52: ***Ergebnisse der ökonometrischen Regressionsanalyse III.***

Die Regierung eines Landes beeinflußt das Ausmaß der Inflation einerseits über die Fiskalpolitik und andererseits durch die Geldpolitik. Insbesondere in einer restriktiven Geldpolitik, die insbesondere keine Zentralbankkredite zur Finanzierung eines Defizits im Staatshaushalt zuläßt, zeigt sich die Stabilitätsorientierung der Regierungspolitik. Die Bedeutung restriktiver Geldpolitik für das Wirtschaftswachstum wird in Bestimmungsgleichungen mit dem Geldmengenwachstum als abhängiger Variablen untersucht. Das kumulierte Geldmengenwachstum der Jahre 1990 bis 1994 wird für die Regression logarithmiert, weil ebenso wie bei der Inflationsrate eine Veränderungsrate vorliegt. Das Ergebnis der Gleichung 4-15 zeigt deutlich den negativen Einfluß des Geldmengenwachstums auf die Wachstumsrate des Bruttoinlandsprodukts. Die Gesamtgleichung weist ein relativ hohes Bestimmtheitsmaß und einen statistisch signifikanten F-Wert auf. Mit dieser Regression wird die Bedeutung makroökonomischer Stabilität für das Wirtschaftswachstum zusätzlich herausgestellt. Der tendenziell negative Einfluß einer Geldpolitik mit unzureichender Stabilitätsorientierung weist auf die herausragende Bedeutung der Regierungspolitik für mangelnde makroökonomische Stabilität hin.

Im Zentrum der Analyse steht die Wirkung von Preisverzerrungen auf die wirtschaftliche Entwicklung. Als Indikator für Preisverzerrungen dient der Betrag der relativen Abweichung der Erzeugerpreissteigerungen von der Inflationsrate der Konsumentenpreise. Erheblich voneinander abweichende Preisentwicklungen können das Ergebnis administrierter Preise auf der Produzentenebene sein. Sehr verbreitet sind in Osteuropa zudem staatliche Festpreise für Energieträger, die teilweise erheblich unter dem Weltmarktpreisniveau liegen. Auch das Vorliegen von Marktmacht bewirkt möglicherweise eine Abweichung von Produzentenpreisentwicklungen zu Konsumentenpreisverläufen. Erheblich unterschiedliche Preisanhebungen für unterschiedliche Produktgruppen sind in gewissem Maße aber auch auf unterschiedliche Anpassungserfordernisse an ein rationales Preisgefüge nach einer Preisliberalisierung zurückzuführen. Der ermittelte Preisverzerrungsindikator mißt in diesem Fall den Umfang von Preisverzerrungen in der Ausgangssituation, damit also vor der Preisliberalisierung. Langfristig deutliche Abweichungen verschiedener Inflationsraten sprechen jedoch für vorgesetzte Preisverzerrungen auch im weiteren Verlauf des Transformationsprozesses. Ein der Arbeit von Easterly (1993) vergleichbares Verzerrungsmaß kann für Osteuropa derzeit nicht gebildet werden. Es mangelt an breit verfügbaren Preisdaten für einzelne Produkte. Zudem würde ein Maß, das sich an den Inlandspreisen eines Referenzlandes orientiert, durch die Umrechnung in eine Referenzwährung wie den US-Dollar erheblich verzerrt werden. Die hohe Differenz zwischen Kaufkraftparitätswechselkursen und aktuellen Wechselkursen offenbart die geringe Zuverlässigkeit von internationalen Vergleichen.

Die Aufnahme der Maßgröße für Preisverzerrungen in die Bestimmungsgleichung des Wirtschaftswachstums ergibt einen deutlichen negativen Einfluß der Verzerrungen auf das Wirtschaftswachstum. In den Gleichungen 4-19 und 4-29 wurde das Verhältnisses der Inflationsraten jeweils einzeln in die Regressionsgleichung integriert. Die Gleichungen unterscheiden sich lediglich im verwendeten Wechselkurs zur Umrechnung des Bruttoinlandsprodukts in der Ausgangssituation. Dieser Umrechnungskurs ist jedoch relativ unwichtig. Die Preisverzerrungen leisten in beiden Fällen einen hohen Beitrag zur Erklärung der Variation der Wachstumsraten in den Transformationsstaaten Osteuropas. Der negative Einfluß des Verzerrungsmaßes bestätigt sich durch signifikante Werte im t-Test. Nicht nur die einzelnen Koeffizienten sind in dieser Gleichung signifikant. Der F-Wert von 13,499 weist auch im Hinblick auf die Gesamtgleichung eine hohe Signifikanz auf. In Tabelle 4-53 werden zusätzlich zum Preisverzerrungsmaß weitere wachstumsbestimmende Einflußfaktoren in die Regressionsgleichungen integriert. Die Koeffizienten des Verzerrungsmaßes bleiben in allen Gleichungen deutlich negativ. Zumeist erhöht sich durch eine zusätzliche erklärende Variable auch das Bestimmtheitsmaß. Der höchste Erklärungsgehalt der Veränderung der Wachstumsraten ergibt sich aus der Kombination des Maßes für Preisverzerrungen mit dem der Finanzintermediation, ausgedrückt als Bankforderungen in Relation zum Bruttoinlandsprodukt. Die resultierende Regressionsgleichung 4-32 weist ein korrigiertes Bestimmtheitsmaß von 0,93 auf.

Regressionsgleichung	**4-29**	**4-30**	**4-31**	**4-32**	**4-33**	**4-34**
Konstante	-77,062 (-4,320)*	-86,850 (-5,162)*	-78,212 (-4,311)*	27,932 (0,984)	-133,695 (-1,950)	-99,594 (-1,208)
BIP pro Kopf 1990 (offiz.Wechselkurs)	-0,000 (-0,194)	-0,001 (-0,840)	0,000 (0,201)	0,000 (0,140)	-0,001 (-0,520)	-0,004 (-1,785)
Sekundarstufe	0,752 (3,431)*	0,690 (3,515)*	0,537 (1,671)	-0,508 (-1,510)	1,937 (1,698)	0,628 (1,428)
Abweichung Produzenten- von Konsumentenpreisänderung	-6,323 (-2,215)**	-2,846 (-0,854)	-5,352 (-1,737)	-8,891 (-5,056)*	-55,282 (-0,939)	-0,819 (-0,224)
Demokratiezufriedenheit		0,481 (1,581)				
Anteil der Privatwirtschaft am BIP			0,353 (0,926)			
Bankforderungen/BIP				0,127 (3,024)**		
Staatsquote, Durchschnitt 1990 bis 1994					-1,115 (-1,077)	
Geldmengenwachstum (log)						0,055 (0,020)
r^2	0,85	0,90	0,87	0,98	0,84	0,93
r^2_{korr}	0,75	0,81	0,75	0,93	0,63	0,83
F-Wert	9,092	9,491	6,8399	21,692	3,927	9,740
sig F	0,0181	0,0255	0,0447	0,0446	0,1451	0,0457

Tabelle 4-53: ***Ergebnisse der ökonometrischen Regressionsanalyse IV.***

Wie in Kapitel 3.5.2 aufgezeigt, wirken Preisverzerrungen auf die Allokationseffizienz von Investitionen ein. Während politische und makroökonomische Instabilitäten sowie Kapitalbesteuerungen die Höhe der Investitionen reduzieren, beeinträchtigen Preisverzerrungen im Modell die effiziente Allokation des für Investitionen bereitgestellten Kapitals. Auf diese Weise wurde ein negativer

Einfluß von Preisverzerrungen auf die Wachstumsrate des Bruttoinlandsprodukts postuliert. Die Ergebnisse der Regressionsanalyse bestätigen diesen Zusammenhang für die Transformationsstaaten Osteuropas.

In der wachstumstheoretischen Literatur werden Verzerrungen im Außenhandel auf unterschiedliche Arten thematisiert. Importbeschränkungen mindern im Modellrahmen des Kapitels 3.5 das Wirtschaftswachstum über die erschwerte Verfügbarkeit von Investitionsgütern. Es kommt zur verzerrten Allokation des investierten Kapitals, wenn aufgrund von Importzöllen oder -quoten nicht die am besten geeigneten Kapitalgüter eingesetzt werden. In anderen Modellen beeinträchtigen staatliche Eingriffe in den Außenhandel die Fähigkeit eines Landes, externe Innovationen zu absorbieren.[683] Wie in Kapitel 3.6.3.1 aufgezeigt, nahm die Untersuchung der Wachstumswirkung von Außenhandelsbeschränkungen auch in der empirischen Literatur breiten Raum ein.

Die vorhandenen Daten sind leider nicht geeignet, Wachstumswirkungen von Verzerrungen im Außenhandel direkt in einer Regressionsanalyse abzubilden. Nominelle oder effektive Protektionsraten, die Auskunft über das gesamte Ausmaß tarifärer und nicht-tarifärer Handelshemmnisse geben, können aufgrund fehlender Preisdaten und aussagekräftiger Wechselkurse nicht ermittelt werden. Auch allein tarifäre Außenhandelsbeschränkungen sind in Form von Zöllen oder effektiven Zolleinnahmen nicht für alle untersuchten Länder erfaßt. Darum kann das Ergebnis aus der einfaktoriellen Varianzanalyse an dieser Stelle nicht nachgebildet werden. Alternativ wird deshalb der aus den bestehenden Handelsregimen resultierende Außenhandel als wachstumserklärende Variable in die Regressionsgleichung eingebracht. Gemessen wird das relative Außenhandelsvolumen als Summe von Exporten und Importen, bezogen auf das Bruttoinlandsprodukt. Dieses Maß ist allerdings mit erheblichen Schwierigkeiten verknüpft, denn das relative Außenhandelsvolumen ist in bedeutendem Maße von der Größe des Landes abhängig. Für kleine Länder ergibt sich zwangsläufig ein sehr viel größerer Außenbeitrag als für große Flächenstaaten. Alternativ könnte darum das Außenhandelsvolumen in Osteuropa in Abhängigkeit von der Landesgröße bestimmt und um diesen Faktor korrigiert werden.

Für sich allein betrachtet, bietet das Außenhandelsvolumen nur einen sehr schwachen Erklärungsbeitrag für die Variation des Wirtschaftswachstums in der betrachteten Region. Wie in Gleichung 4-35 ersichtlich, ist der Einfluß eines höheren Außenhandelsvolumens auf das Wachstum des Bruttoinlandsprodukts zwar schwach positiv, doch ist dieses Ergebnis statistisch nicht signifikant. Die Kombination mit anderen wachstumsbestimmenden Einflußfaktoren ergibt zudem wechselnde Vorzeichen für die Koeffizienten des Außenhandelsvolumens. Relativ gering sind darüber hinaus die Bestimmtheitsmaße dieser Regres-

683 Vgl.: Edwards (1992): S. 34-37.

sionsgleichungen. Dem Außenhandel und daraus abgeleitet dem Offenheitsgrad einer Volkswirtschaft kann auf Basis dieser Untersuchung keine entscheidende Bedeutung für das Wirtschaftswachstum in Osteuropa beigemessen werden. Dieses Ergebnis ist jedoch wenig aussagekräftig, da die verwendete Maßgröße den Offenheitsgrad einer Volkswirtschaft nur sehr begrenzt widerspiegelt. Das durchschnittliche Niveau des Außenhandels der letzten fünf Jahre läßt nur unzureichende Rückschlüsse auf die Rahmenbedingungen zu.

Regressionsgleichung	**4-35**	**4-36**	**4-37**	**4-38**	**4-39**	**4-40**
Konstante	-86,982 (-3,604)*	-95,926 (-6,167)*	-86,058 (-3,749)*	-533,213 (1,648)	-75,606 (-2,117)	-84,313 (-3,073)*
BIP pro Kopf 1990 (offiz.Wechselkurs)	-0,002 (-1,013)	-0,002 (-1,716)	-0,000 (-0,206)	-0,010 (-2,138)	-0,001 (-1,750)	-0,002 (-0,932)
Sekundarstufe	0,826 (2,208)*	0,815 (3,445)*	0,434 (0,911)*	-8,100 (-1,712)	0,889 (2,654)**	0,782 (1,826)
Außenhandels- volumen/BIP	0,079 (0,314)	-0,146 (-0,830)	0,081 (0,339)	2,663 (1,809)	0,002 (0,001)	0,072 (0,260)
Demokratie- zufriedenheit		0,745 (2,919)*				
Anteil der Privatwirt- schaft am BIP			0,580 (1,238)			
Bankforderungen/BIP				0,661 (2,350)		
Staatsquote					-0,285 (-0,442)	
Direktinvestitionen pro Kopf (1990-94)						0,008 (0,378)
r^2	0,70	0,90	0,78	0,88	0,79	0,71
r^2_{korr}	0,52	0,81	0,56	0,64	0,52	0,42
F-Wert	3,872	9,402	3,597	3,745	2,865	
sig F	0,0896	0,260	0,1214	0,2217	0,2069	0,2042

Tabelle 4-54: ***Ergebnisse der ökonometrischen Regressionsanalyse V.***

Alternativ wurde deshalb auch die Steigerungsrate des Außenhandelsvolumens in den vergangenen fünf Jahren auf seine Wachstumsbedeutung hin analysiert. Dem lag die Annahme zugrunde, daß bei konsequenter Reformpolitik mit zügiger Liberalisierung der Außenwirtschaftsbeziehungen der Handel kräftig zulegen müßte. Ein solcher Zuwachs wäre als Maß von der Landesgröße unabhängig und damit weniger verzerrt. Der Anstieg des Außenhandelsvolumens als indirektes Maß für Reformen im Außenhandelssystem konnte jedoch ebenfalls keinen signifikanten Erklärungsbeitrag zur Variation Wachstumsraten des Bruttoinlandsprodukts bieten.

Regressionsgleichung	**4-41**	**4-42**	**4-43**	**4-44**	**4-45**	**4-46**
Konstante	-43,749 (-1,023)	-74,846 (-2,184)**	-8,701 (-0,305)	-19,808 (-0,878)	-29,884 (-1,085)	-48,310 (1,247)
BIP pro Kopf 1990 (offiz.Wechselkurs)	-0,001 (-0,855)	-0,001 (-1,412)	-0,001 (-2,433)	0,000 (0,493)	0,000 (0,341)	-0,000 (-0,107)
Sekundarstufe	0,409 (0,841)	0,526 (1,455)	0,179 (0,554)	0,114 (0,443)	0,274 (0,910)	0,116 (0,225)
Verhältnis von Kaufkraftparität zu offiziellem Wechselkurs	-0,022 (-1,196)	-0,009 (-0,601)	-0,079 (-4,500)*	-0,027 (-2,926)*	-0,026 (-2,385)**	-0,019 (-1,099)
Demokratiezufriedenheit		0,591 (2,288)**				
Bankforderungen/BIP			0,080 (1,574)			
Produzenten-/Konsumentenpreisänderung				-7,142 (-3,918)*		
Staatsquote					-0,100 (-0,271)	
Anteil der Privatwirtschaft am BIP						0,523 (1,247)
r^2	0,76	0,90	0,97	0,95	0,93	0,83
r^2_{korr}	0,62	0,82	0,92	0,90	0,83	0,66
F-Wert	5,317	8,674	17,410	19,275	9,717	4,819
sig F	0,0516	0,0298	0,0551	0,0071	0,0459	0,0785

Tabelle 4-55: ***Ergebnisse der ökonometrischen Regressionsanalyse VI.***

Eine empirische Messung von Verzerrungen im Außenhandel kann des weiteren mit Hilfe der Abweichung von Kaufkraftparitätswechselkursen zu den offiziellen Wechselkursen erfolgen. In dieser Abweichung spiegeln sich sowohl Wechselkursverzerrungen als auch Verzerrungen in der Preisstruktur von handelbaren zu nicht-handelbaren Gütern wider. Eine gemessen an der Kaufkraftparität starke Unterbewertung des Pro-Kopf-Einkommens bei Anwendung des offiziellen Wechselkurses weist auf massive Verzerrung der relativen Preise handelbarer und nicht-handelbarer Güter hin. Der vergleichsweise sehr geringe Preis nicht-handelbarer Güter kann zum einen Ausdruck für Verzerrungen im

Außenhandel und zum anderen aber auch Folge der mangelnden Funktionsfähigkeit des Devisenmarktes sein.

Die Regressionsanalyse, in die das Verhältnis von Kaufkraftparitätswechselkursen zu offiziellen Wechselkursen als erklärende Variable eingeht, weist einen schwach negativen Einfluß der Wechselkursverzerrung auf die Wachstumsrate des Bruttoinlandsprodukts auf. Auch von der Aufnahme weiterer erklärender Variablen des Wirtschaftswachstums bleibt dieser Einflußfaktor im Vorzeichen unberührt. Die Ergebnisse des t-Tests sind in den Regressionsgleichungen der Tabelle 4-55 zum Teil deutlich signifikant. Zudem ergeben die Gleichungen, in denen die Wechselkursverzerrungen als wachstumserklärende Variable enthalten sind, eine vergleichsweise hohe Erklärungsgüte, die sich in hohen Bestimmtheitsmaßen ausdrückt. Die F-Tests weisen jeweils hohe statistische Signifikanzen der Gesamtgleichungen auf. Die Ergebnisse in Tabelle 4-55 lassen deshalb auf zumindest schwache wachstumshemmende Wirkungen der Verzerrungen im Außenhandel und in der Wechselkursbestimmung schließen.

Die Einflußnahme des Staates auf die wirtschaftliche Entwicklung des Landes erfolgt in erheblichem Maße über die Fiskalpolitik. In der neuen Wachstumstheorie ist es in erster Linie das Rebelo-Modell, das die negativen Wirkungen von Einkommensteuern auf das Wirtschaftswachstum herausstellt. Staatlich erhobene Steuern auf das Einkommen stehen nicht mehr für die Ersparnisbildung und damit für private Investitionen zur Verfügung. Die Investitionsquote der gesamten Volkswirtschaft sinkt, wenn staatliche Ausgaben nicht investiv verwendet werden. Dieses Ergebnis wird auch im Wachstumsmodell des Kapitels 3.5 abgebildet.

Eine detaillierte empirische Untersuchung des Einflusses der Fiskalpolitik auf das Wirtschaftswachstum müßte ausschließlich den Einfluß von Einkommens- und Körperschaftssteuern auf das Wirtschaftswachstum untersuchen. Entsprechend detaillierte Regressionen sind für die untersuchten Länder Osteuropas jedoch nicht möglich, da die unzureichenden Zahlen zur Struktur der Staatshaushalte nicht vergleichbar sind. In einer Querschnittsanalyse muß deshalb auf stark aggregierte Kennzahlen zurückgegriffen werden. In den Regressionsgleichungen der Tabelle 4-56 ist deshalb die Staatsquote als Maß des fiskalpolitischen Einflusses des Staates verwendet worden. Diese wird als Anteil aller öffentlichen Ausgaben am Bruttoinlandsprodukt ausgedrückt.

Wie die Regressionen in Tabelle 4-56 zeigen, weisen Länder mit höherer Staatsquote tendenziell schlechtere Wachstumsergebnisse auf. Dieser Zusammenhang ist jedoch nur sehr schwach ausgeprägt und unter Hinzuziehung weiterer wachstumserklärender Variablen im Vorzeichen nicht konstant. In Gleichung 4-49 weist der Koeffizient für die Sparquote ein positives Vorzeichen auf. Der Erklärungsbeitrag der Staatsquote für die Variation der Wachstumsraten ist in allen Regressionsgleichungen durch eine sehr geringe statistische

Signifikanz geprägt. Weder sind die in Klammern aufgeführten Werte der t-Tests signifikant, noch ergeben die F-Werte eine statistische Signifikanz der Gesamtgleichungen im 5%-Intervall. Im Vergleich zu Regressionsgleichungen, in die die Staatsquote nicht als erklärende Variable eingeht, weisen die Ergebnisse in Tabelle 4-56 vergleichsweise geringe Bestimmtheitsmaße auf. Die empirisch ermittelte geringe Bedeutung eines höheren Staatsanteils am Bruttoinlandsprodukt für das Wirtschaftswachstum deckt sich zwar nicht mit den Hypothesen der neuen Wachstumstheorie, doch kann dieses Ergebnis die Theorie auch nicht erschüttern. Weil mit der Höhe der Staatsquote keine Aussage über die Art der Steuererhebung noch über die Verwendung der staatlichen Mittel getroffen werden kann, sind die eigentlich wachstumsbestimmenden Faktoren der Staatstätigkeit mit dieser unzulänglichen Maßgröße nicht erfaßbar. Zur direkteren Abbildung der steuerlichen Belastung von Einkommen ist in den Gleichungen 4-22, 4-50 und 4-55 zudem der Spitzensatz der Einkommensteuer in Jahr 1994 als Maßgröße für die Ausprägung der Fiskalpolitik mit in die Regressionsgleichung aufgenommen worden. Entgegen der wachstumstheoretischen Hypothese ergibt die Regression mit dieser Variablen jedoch einen positiven Zusammenhang zwischen der Höhe der Einkommensteuerbelastung und dem Wirtschaftswachstum. Auch diese Ergebnisse weisen allerdings keine ausreichende statistische Signifikanz aus. Insgesamt konnte damit die Untersuchung des fiskalpolitischen Einflusses auf das Wirtschaftswachstum kein verwertbares Ergebnis liefern. Der ermittelte unzureichende statistische Zusammenhang deckt sich auch mit dem Resultat der Untersuchung zur Wachstumswirkung von Fiskalpolitik, die Easterly und Rebelo 1993 durchführten. Sie folgern: „ The evidence that tax rates matter for growth is disturbingly fragile. This empirical fragility contrasts with the robustness of the theoretical predictions: most growth models predict that income and investment taxes are detrimental to growth.“[684]

Bislang standen mit Preisverzerrungen, Außenhandelsbeschränkungen oder Staatsquoten Einflußfaktoren des Wirtschaftswachstums im Vordergrund, die direkt aus dem in Kapitel 3.5 aufgestellten Wachstumsmodell abgeleitet wurden. Weitere hier untersuchte politikinduzierte Variablen, die das Wirtschaftswachstum bestimmen, können indirekt aus der Wachstumstheorie gefolgert werden. So beeinflussen Preisverzerrungen das Wirtschaftswachstum, weil sie eine effiziente Allokation des Kapitals beeinträchtigen. Bedeutsam für die Kapitalallokation sind jedoch nicht allein Preis- oder Außenhandelsverzerrungen. Auch institutionelle Rahmenbedingungen haben entscheidenden Einfluß auf die Ersparnisbildung und den Einsatz der verfügbaren Investitionsmittel.

---

684 Vgl.: Easterly, Rebelo (1993b): S. 442.

Regressionsgleichung	4-47	4-48	4-49	4-50
Konstante	-75,615 (-2,597)**	-89,462 (-3,044)	24,313 (0,921)	-100,400 (-0,773)
BIP pro Kopf 1990 (offiz. Wechselkurs)	-0,000 (-0,202)	-0,001 (-0,722)	0,000 (0,078)	-0,000 (-0,182)
Sekundarstufe	0,899 (3,871)*	0,749 (3,088)*	-0,532 (-1,448)	0,916 (3,077)*
Staatsquote	-0,284 (-0,538)	-0,048 (-0,091)	0,075 (0,311)	-0,088 (-0,076)
Demokratie-zufriedenheit		0,464 (1,253)		
Bankforderungen/BIP			0,126 (3,185)	
Spitzensatz der Einkommensteuer 1994				0,269 (0,197)
r^2	0,79	0,86	0,92	0,80
r^2_{korr}	0,64	0,68	0,68	0,52
F-Wert	5,093	4,757	3,080	2,912
sig F	0,0749	0,1154	0,4007	0,2033

Tabelle 4-56: ***Ergebnisse der ökonometrischen Regressionsanalyse VII.***

Im Vordergrund standen im Transformationsprozeß Osteuropas die Privatisierung der Unternehmen und der Aufbau eines zweistufigen Finanzsystems. Die Kapitalallokation durch Branchenministerien war, wie in Kapitel 2 aufgezeigt, durch „weiche Budgetrestriktionen" geprägt. Die staatlich vergebenen Investitionsmittel gelangten dadurch nicht in die Verwendungen, die den höchsten Ertrag versprachen. Demgegenüber ist der Kapitaleinsatz in privaten Unternehmen nahezu ausschließlich von der Verzinsung des Kapitaleinsatzes geprägt. Von privaten Unternehmern eingesetztes Kapital verspricht eine verbesserte Allokation des Kapitals. Zudem läßt ein umfangreicher Privatsektor indirekt auch auf geringere Preisverzerrungen schließen, da neue Unternehmen zumeist als kleine und mittlere Betriebe beginnen. Diese verfügen weder über preisverzerrende Marktmacht noch über besondere staatliche Privilegien. Je größer der private Anteil an der gesamten Produktion ist, um so geringer wird tendenziell eine verzerrende staatliche Einflußnahme sein.

Die Bedeutung des Finanzsystems für das Wirtschaftswachstum ergibt sich aus dessen Intermediationsfunktion. Indem das Finanzsystem Risiko-, Losgrößen- und Fristentransformation betreibt, bietet es einerseits einen Anreiz zu höherer Ersparnisbildung und verbessert andererseits über die Unternehmensfinanzierung die Allokation des Kapitals. Messen läßt sich die Intermediationsfunktion als das vom Bankensektor vergebene Kreditvolumen in Relation zum Bruttoinlandsprodukt. Das Ausmaß der inländischen Kreditvergabe des Finanzsektors wird auch als „finanzielle Tiefe“ bezeichnet.

Regressionsgleichung	**4-51**	**4-52**	**4-53**	**4-54**	**4-55**
Konstante	-87,200 (-4,233)*	-92,033 (-6,288)*	-93,802 (-0,787)	-46,895 (-1,709)	-136,957 (-5,853)*
BIP pro Kopf 1990 (offiz.Wechselkurs)	-0,001 (-0,242)	-0,001 (-0,825)	0,001 (0,248)	0,001 (0,740)	0,001 (0,544)
Sekundarstufe	0,511 (1,342)	0,508 (1,895)	0,371 (1,449)	0,432 (1,429)	0,602 (2,324)**
Anteil der Privatwirtschaft am BIP	0,579 (1,362)	0,328 (1,038)	0,987 (1,449)	0,786 (1,879)	0,608 (2,117)**
Demokratiezufriedenheit		0,574 (2,467)			
Direktinvestitionen pro Kopf (1990-94)			-0,022 (-0,787)		
Staatsquote				-0,932 (-1,730)	
Spitzensatz der Einkommensteuer 1994					0,820 (2,643)**
r^2	0,78	0,91	0,81	0,90	0,92
r^2_{korr}	0,64	0,82	0,61	0,78	0,84
F-Wert	5,780	10,265	4,160	7,118	11,272
sig F	0,0442	0,0222	0,0981	0,0694	0,0188

Tabelle 4-57: ***Ergebnisse der ökonometrischen Regressionsanalyse VIII.***

Zur empirischen Analyse der Bedeutung des Privatsektors für das Wirtschaftswachstum werden die Privatisierungserfolge zum Ende des Untersuchungszeitraums als Anteil der Produktion in privaten Betrieben am Bruttoinlandsprodukt im Jahr 1994 gemessen. Diese Maßgröße geht in die Regressionsgleichungen zur Bestimmung des Wirtschaftswachstums in Gleichung 4-16 und in die Gleichungen der Tabelle 4-57 ein. Wie die Regressionen zeigen, leistet ein größerer Anteil des Privatsektors am Bruttoinlandsprodukt einen positiven Beitrag zum Wirtschaftswachstum. Auch die Kombination der erklärenden Variablen des Privatsektors mit weiteren wachstumsbestimmenden Einflußfaktoren kann das positive Vorzeichen dieser Variablen nicht erschüttern. Gemessen an den t-Werten, ist der Anteil des Privatsektors als erklärende

Variable zumeist zwar nicht statistisch signifikant, doch sind die gemessenen t-Werte auch nicht ausgesprochen niedrig. Die Gesamtgleichungen weisen überwiegend sehr signifikante F-Werte auf. Nicht zu vernachlässigen sind außerdem die Bestimmtheitsmaße der Regressionsgleichungen in Tabelle 4-57, die auf einen deutlichen Erklärungsbeitrag des Anteils der Privatwirtschaft für die Variation der Wachstumsraten in Osteuropa hinweisen.

Zur Untersuchung der Bedeutung des Finanzsystems für die Höhe des Wirtschaftswachstums wird das Verhältnis von Bankforderungen zum Bruttoinlandsprodukt als erklärende Variable in die Regressionsgleichungen aufgenommen. Die Verwendung dieser Variablen erfolgt im vollen Bewußtsein der damit behafteten Probleme. Der Umfang aller vom Finanzsystem vergebenen Kredite sagt beispielsweise nichts über die Qualität der Kreditvergabe aus. Gerade das Problem notleidender Kredite behinderte den Transformationsprozeß in einigen Ländern erheblich. Über den Umfang notleidender Kredite liegen aber keine flächendeckenden verläßlichen Zahlen vor, so daß die betrachteten Länder nicht entsprechend differenziert werden können.

Bereits die alleinige Betrachtung der finanziellen Tiefe als wachstumserklärende Variable in Gleichung 4-20 weist einen positiven Beitrag der Finanzintermediation auf. Zusätzlich geht die Maßzahl der finanziellen Tiefe in Kombination mit weiteren Einflußfaktoren des Wirtschaftswachstums in die Regressionsgleichungen 4-26, 4-32, 4-38, 4-43 und 4-49 ein. Das Verhältnis von Bankforderungen zum Bruttoinlandsprodukt trägt in allen Fällen Koeffizienten mit positivem Vorzeichen. Der schwache wachstumsfördernde Beitrag wird zum Teil durch statistisch signifikante t-Werte bestätigt. Problematisch bleibt jedoch das Ergebnis in Gleichung 4-49. Hier ergibt sich zwar ein vergleichsweise hoher t-Wert für den Koeffizienten der Bankforderungen, doch die statistische Signifikanz der gesamten Gleichung bestätigt sich nicht im F-Test. Im großen und ganzen belegt die Regressionsanalyse allerdings die theoretische Hypothese eines positiven Beitrags des Finanzsektors zum Wirtschaftswachstum.

Von einigen Autoren wie beispielsweise Dietz (1991) wurde die Schaffung eines investitionsfreundlichen Klimas für Ausländer besonders herausgestellt.[685] Direktinvestitionen böten neben dem gewünschten Kapitalimport auch die Übertragung neuer Technologien und Managementfähigkeiten und könnten damit entscheidend zur Restrukturierung der Volkswirtschaften in Osteuropa beitragen. Dieser Argumentation folgend, sind ausländische Direktinvestitionen mit positiven externen Effekten verbunden. Ein steigender Kapitalzufluß müßte deshalb über die eigentliche Investitionssumme hinaus positiv zum Wirtschaftswachstum beitragen. Diese Erwartung ließ sich bereits in der einfaktoriellen Varianzanalyse bestätigen. Zur empirischen Untersuchung der Bedeutung

[685] Vgl.: Dietz (1991): S. 362.

von Direktinvestitionen für das Wirtschaftswachstum im Rahmen der ökonometrischen Querschnittsanalyse wurden die kumulierten Direktinvestitionen pro Kopf bis Ende 1994 als erklärende Variable in die Regression aufgenommen. Diese Variable stand jedoch in keinem statistisch signifikanten Zusammenhang zum Wirtschaftswachstum. Wie die Gleichungen 4-40 und 4-53 zeigen, ist der Einfluß der Direktinvestitionen sehr schwach ausgeprägt und auch im Vorzeichen nicht konstant. Den betreffenden Gleichungen mangelt es nicht nur an statistischer Signifikanz, sondern auch an Erklärungskraft. Die Bestimmtheitsmaße fallen bei Aufnahme der erklärenden Variablen für Direktinvestitionen vergleichsweise gering aus. Die geringe Erklärungsgüte von Direktinvestitionen für das Wirtschaftswachstum der letzten fünf Jahre kann jedoch noch nicht zur endgültigen Ablehnung der obigen Hypothese führen. Weil ausländische Direktinvestitionen in den meisten Ländern erst sehr spät einsetzten, ist die diesbezügliche Maßgröße nur eingeschränkt geeignet, das Wirtschaftswachstum seit 1990 zu erklären.

4.3.3.3 Die Bewertung der Ergebnisse der Regressionsanalyse

In der ökonometrischen Querschnittsanalyse ließen sich die Hypothesen des zugrunde gelegten Wachstumsmodells weitgehend bestätigen. Mit der empirischen Untermauerung erhalten die theoretischen Annahmen über den Wachstumseinfluß politikindizierter Preis- und Marktverzerrungen an Gewicht. Die empirischen Ergebnisse bieten darüber hinaus wertvolle Hinweise für die Beurteilung verschiedener in Osteuropa verfolgter Reformansätze. Daraus können einerseits Politikempfehlungen für den Fortgang der Reformen in den untersuchten Staaten abgeleitet werden. Andererseits lassen sich Empfehlungen für solche Länder abgeben, die noch am Beginn eines ökonomischen Transformationsprozesses stehen.

Im Zentrum der Untersuchung stehende Preisverzerrungen sind in der ökonometrischen Querschnittsanalyse nur näherungsweise zu ermitteln. Eine aus Abweichungen von Preisänderungsraten gebildete Maßzahl kann deshalb den Untersuchungsgegenstand nicht direkt abbilden. Ähnlich wie der in Kapitel 4.2 gebildete Indikator zur Preispolitik konnte die Maßzahl der Preisverzerrungen lediglich eine annähernde Bestimmung des Ausmaßes von Preisverzerrungen in einer Volkswirtschaft bieten. Mit dem Fokus auf differenzierte Preisentwicklungen wird unterstellt, daß eine starke Verschiebung der relativen Preise auf entsprechend hohe Preisverzerrungen schließen läßt. Dabei konnte eine deutliche Veränderung des Preisgefüges zumindest teilweise auf die Wirkungen staatlicher Eingriffe in die Preissetzung wie auch auf die Folgen von Marktmacht zurückgeführt werden. Derart gemessene Preisverzerrungen weisen in der ökonometrischen Untersuchung einen deutlich negativen Einfluß auf die Wachstumsrate des Pro-Kopf-Einkommens auf. Dieses Ergebnis deckt sich mit den Resultaten der einfaktoriellen Varianzanalyse, die tendenziell steigende Wachstumsraten im Zuge zunehmender Preisliberalisierungen ergab. Der negative Wachstumseinfluß von Preisverzerrungen, der über eine verschlechterte Kapitalallokation wirkt, kann deshalb für die Reformstaaten Osteuropas als empirisch weitgehend abgesichert gelten.

Direkter meßbar und somit auch eindeutiger zu interpretieren sind die Auswirkungen makroökonomischer und politischer Stabilität. Erwartungssicherheit bietende Rahmenbedingungen fördern das Wirtschaftswachstum vorwiegend über das Ausmaß der Investitionstätigkeit der Wirtschaftssubjekte. Ein Umfeld mangelnder makroökonomischer Stabilität mit hohen und variablen Inflationsraten kann auch die Effizienz von langfristig angelegten Investitionsentscheidungen beeinträchtigen. Sprunghafte Veränderungen der relativen Preise können die Fehlallokation des in einem Investitionsprojekt gebundenen Kapitals bedeuten. Sowohl die Regressionen zur politischen Stabilität wie die Untersuchungen zum makroökonomischen Umfeld weisen auf die herausragende Bedeutung stabiler Rahmenbedingungen für das Wirtschaftswachstum hin. In der Zustimmung zum demokratischen Herrschaftssystem gemessene hohe politische Stabilität wirkt eindeutig positiv auf das Wachstum des Pro-Kopf-Einkommens. Damit ergibt die ökonometrische Analyse ein sehr viel klareres Ergebnis, als die Verwendung des Indikators zur politischen Stabilität in der einfaktoriellen Varianzanalyse anzeigt. Makroökonomische Instabilität, die sich in hohen Inflationsraten und in einem schnellen Geldmengenwachstum niederschlägt, beeinträchtigt die wirtschaftliche Entwicklung. Auch diesen Zusammenhang können die ökonometrischen Regressionen mit einem hohen Bestimmtheitsmaß bestätigen.

Die Fortentwicklung ökonomischer Institutionen trägt indirekt zur Reduktion von Preisverzerrungen bei, weil diese die Effizienz der Preisbildung erhöhen. In der empirischen Analyse wurden die Wachstumswirkungen der Institutionen der Privatwirtschaft und des Finanzsystems überprüft. Die Bedeutung der Privatwirtschaft kann an ihrem Anteil an der Erstellung des Bruttoinlandsprodukt bemessen werden. Zum Ende des Untersuchungszeitraumes hohe Anteile des Privatsektors, denen eine dynamische Entwicklung von Privatisierungen und privaten Neugründungen voran ging, förderten das Wirtschaftswachstum in den untersuchten Ländern. Ein schneller wachsender Privatsektor läßt sowohl auf höhere Investitionen wie auch auf eine effizientere Allokation des Kapitals schließen. Die Regressionsanalyse unterstützt demnach ebenso wie zuvor die Varianzanalyse die Bedeutung der Institution Privatwirtschaft.

Weniger klar ist der Einfluß der Maßgröße für die ökonomische Stellung des Finanzsystems ausgeprägt. Die empirische Analyse kann hierzu mit den verwendeten Daten keine signifikanten Ergebnisse liefern. Dieses muß zu einem erheblichen Teil auf die mangelnde Qualität der verwendeten Maßgröße zurückgeführt werden. Die an den Ausleihungen der staatlichen Banken gemessene „finanzielle Tiefe“ berücksichtigt die aktuelle Situation der Finanzintermediation in den Transformationsstaaten vielfach nicht. Um die Bedeutung des Finanzsystems für die wirtschaftliche Entwicklung eingehender zu untersuchen, müßte aussagekräftigeres statistisches Material erhoben werden. Freilich liegt dieser Aspekt der Reformpolitik nicht im Zentrum des Interesses der vorliegenden Arbeit, weshalb auf eine eingehendere Untersuchung verzichtet werden muß. Die empirischen Ergebnisse unterstützen dennoch die Erwartung eines positiven Wachstumseinflusses einer zunehmenden Finanzintermediation.

Im Hinblick auf den Offenheitsgrad des Außenhandels, der Fiskalpolitik und der ausländischen Direktinvestitionen können die Ergebnisse der empirischen Untersuchung nicht überzeugen. Insbesondere die mangelnde statistische Signifikanz eines zunehmenden Außenhandelsvolumens als Einflußfaktor des Wirtschaftswachstums in der ökonometrischen Regression widerspricht den Ergebnissen der Varianzanalyse. Der in der ökonometrischen Regression ermittelte Einfluß eines offeneren Außenhandels auf das Wachstum des Pro-Kopf-Einkommens ist nur schwach positiv ausgeprägt. Das Handelsvolumen ist als Maß des Offenheitsgrades einer Volkswirtschaft allerdings auch wenig geeignet. Doch weitergehende Regressionen, die das Wachstum des Außenhandels in der untersuchten Periode als unabhängige Variable zugrunde legten, zeigten ebenfalls keinen deutlichen Wachstumseinfluß.

Die Betrachtung der Außenhandelsbedingungen muß auch die Wechselkurssysteme der Reformstaaten berücksichtigen. Einige Staaten behinderten die Exportwirtschaft durch die Zwangsabführung von Devisenerlösen und durch staatlich fixierte differenzierte Wechselkurse massiv. Der Einfluß politischer Behinderungen des Außenhandels durch Wechselkursverzerrungen wurde in der ökonometrischen Regression durch die Abweichung von Kaufkraftparitätswechselkursen zu den offiziellen Wechselkursen gemessen. Diese Wechselkursverzerrungen standen zwar in eindeutig negativem Verhältnis zum Wirtschaftswachstum, doch auch dieser Zusammenhang war nur relativ schwach ausgeprägt.

Bezogen auf den Offenheitsgrad einer Volkswirtschaft, wurde vom Zufluß ausländischer Direktinvestitionen ein deutlicher Wachstumsbeitrag erwartet. Dieser konnte im Betrachtungszeitraum nicht ermittelt werden. Weil Direktinvestitionen in den meisten Reformländern erst seit 1993 in nennenswertem Umfang fließen, ist der gegebene Untersuchungszeitraum zur Entfaltung dieses Wirkungszusammenhangs zu kurz angelegt. Ihren positiven Wachstumsbeitrag können die Investitionen womöglich erst in zukünftigen Jahren entfalten, die außerhalb der untersuchten Zeitspanne liegen. Zumindest als Ausdruck einer liberalen Ansiedlungspolitik hätte sich der Zufluß von ausländischem Kapital jedoch schon früher in den Wachstumsregressionen positiv bemerkbar machen können. Da dieses nicht der Fall ist, steht zu befürchten, daß dieser kurzfristig wirksame Effekt in der langfristigen Aggregation der Daten untergehen wird.

Wenig befriedigend blieben die empirischen Ergebnisse bezüglich der Fiskalpolitik. Obwohl das theoretische Modell von Steuerbelastungen der Kapitalbildung eindeutige negative Wachstumswirkungen erwarten läßt, zeigten die Regressionsgleichungen keinen statistisch signifikanten Zusammenhang zwischen der Staatsquote und dem Wachstum des Pro-Kopf-Einkommens. Auch die Anwendung des direkteren Maßes der Einkommensteuerbelastung in Form des Spitzensatzes der Einkommensteuer erbrachte nicht die erwarteten Resultate. Dieses problematische Ergebnis deckt sich mit vorangegangenen empirischen Untersuchungen. Es bleibt also die lediglich eingeschränkte Eignung der verwendeten Maßgrößen zu berücksichtigen, weil sie das Ausmaß der Belastungen der Kapitalbildung nur unzureichend erfassen können. Die Kapitalbildung für private Investitionen, die im Transformationsprozeß wachsendes Gewicht erlangt, wurde im Zuge des Umbruchs der Steuergesetzgebung und der Steueradministration weniger von der Höhe der formellen Steuersätze als vielmehr vom Ausmaß der steuerlichen Erfassung belastet. Entscheidender als die Höhe der Steuersätze sind im Transformationsprozeß auch inoffizielle Belastungen der Investitionstätigkeit, wie mangelnde Rechtssicherheit, Korruption in genehmigenden Behörden, mangelnder Zugang zu Krediten oder fehlende Geschäftsräume für Betriebsneugründungen. Deshalb kann der tatsächlich realisierte Anteil des Privatsektors am Bruttoinlandsprodukt mehr über die Investitionsbedingungen aussagen, als es eine Untersuchung der Fiskalpolitik zuläßt.

Zur Analyse langfristiger Wachstumswirkungen ist die Aggregation der Daten unumgänglich. Bei einer jährlichen Betrachtung sind die Zeiträume zu kurz, um Anpassungsprozesse der langfristig angelegten Wachstumstheorie zuzulassen. Die kurzen Untersuchungsperioden stellen das größte Problem der einfaktoriellen Varianzanalyse dar. Die dort ermittelten Ergebnisse können aus Sicht der Wachstumstheorie nur mit Vorsicht interpretiert werden und lassen lediglich Tendenzaussagen zu. Die in der ökonometrischen Regression untersuchten Fünfjahreszeiträume sind demgegenüber ausreichend lang, um fundierte Aussagen über die Wachstumseinflüsse des Abbaus von Preisverzerrungen und anderer Reformelemente zuzulassen. Die Aggregation der Daten hat den Vorteil, daß zeitliche Anpassungsprozesse („Lags"), mit denen Politikelemente wachstumswirksam werden, implizit Berücksichtigung finden. Die Vernachlässigung dieser „Lags" zeigte sich in der jährlichen Betrachtung der Varianzanalyse. In einigen Ländern wurden schon in frühen Jahren deutliche Reformerfolge erzielt, die sich jedoch erst in den Folgejahren im Wirtschaftswachstum niederschlugen.

Die Aussagekraft der empirischen Analysen wird aufgrund der unverkennbaren Probleme der Datenlage eingeschränkt. Die Querschnittsanalyse muß bedauerlicherweise mit einer relativ geringen Zahl von Datenpunkten auskommen. Diese Menge wird durch die Anzahl der untersuchten Länder begrenzt. Aufgrund mangelnder Daten können zudem einige Länder nicht in die ökonometrischen Regressionen aufgenommen werden. Hätte beispielsweise Weißrußland in die Untersuchungen integriert werden können, wäre die statistische Signifikanz einiger Aussagen deutlicher ausgefallen, weil in diesem Land wie in der Ukraine ein deutlicher Mangel marktwirtschaftlicher Reformen mit einem besonders starken Niedergang des Bruttoinlandsprodukts einherging. Doch selbst wenn ausreichend Daten verfügbar sind, muß ihre Qualität bei der Interpretation der Ergebnisse Beachtung finden.[686] Erhebliche Abweichungen zwischen verschiedenen Quellen treten insbesondere bei weniger stark aggregierten Daten auf. Besonders schwer läßt sich offensichtlich das aktuelle Niveau der Investitionstätigkeit erfassen, wo besonders hohe Differenzen auftreten. Das auf Unternehmensebene erfaßte Investitionsniveau weist zudem große Lücken bezüglich neu gegründeter Privatunternehmen auf. Auf eine Analyse der Investitionstätigkeit in Abhängigkeit von politisch determinierten Variablen mußte angesichts der schlechten Datenlage verzichtet werden.

In Zukunft werden sich verbesserte empirische Analysen der Wachstumswirkungen von Transformationspolitiken realisieren lassen. Beispielsweise könnte das erreichte Niveau des Abbaus von Preisverzerrungen und der Grad der Liberalisierung des Jahres 1993 oder 1994 zur Grundlage genommen werden, um darauf aufbauend das Wirtschaftswachstum der folgenden fünf bis zehn Jahre zu untersuchen. Die wissenschaftliche Aussagekraft einer solchen Arbeit könnte an statistischer Fundierung hinzugewinnen. In der aktuellen Diskussion bieten die vorliegenden Resultate – trotz der Datenprobleme – wichtige Ansätze zur Beurteilung staatlichen Handels im Transformationsprozeß.

4.4 Wirtschaftspolitische Schlußfolgerungen

Wie die theoretische Analyse der neuen Wachstumstheorie und die darauf aufbauenden empirischen Untersuchungen zeigen, kommt der Politik ein hohes Maß an Verantwortung für das Wachstum der Pro-Kopf-Einkommen zu. Das Wirtschaftswachstum wird indes nicht durch diskretionäre Maßnahmen des Staates, sondern – wie aus den Untersuchungen hervorging – durch die Schaffung liberaler und stabiler Rahmenbedingungen des wirtschaftlichen Handelns am besten gefördert. Solche Bedingungen, die eine verzerrungsfreie effiziente Preisbildung auf den Faktormärkten gewährleisten, erhöhen das Investitionsvolumen der Unternehmen und verbessern die Allokation des eingesetzten Kapitals.

---

686 Vgl.: Economic Commission for Europe (1995): S. 87, Worldbank (1996): S. 19.

Wie die empirischen Analysen anzeigen, konnten im bisherigen Transformationsprozeß der frühzeitige Abbau von Preisverzerrungen sowie die rasche Umsetzung bedeutender Liberalisierungs- und Reformmaßnahmen Dauer und Tiefe des Wachstumseinbruchs der Umbruchsphase vermindern. Damit bestätigt sich der Erfolg von Reformprogrammen, die auf die möglichst gleichzeitige Implementierung sämtlicher Reformelemente setzten. Diesen gelang es, Preisverzerrungen früher zu beseitigen und über die Schaffung von Rahmenbedingungen für eine verbesserte Faktorallokation frühzeitig die Voraussetzungen für steigende Wachstumsraten zu setzen. In der Debatte zur zeitlichen Abfolge der Reformprogramme sprechen die empirischen Ergebnisse für eine solche „Schock-Therapie".

Die wachstumsfördernde Wirkung einer schnellen Umsetzung von Reformen gilt in erster Linie für Maßnahmen, die auf die Investitionstätigkeit und die Faktorallokation Einfluß nehmen. Die Regierungen müssen deshalb besonderes Augenmerk auf die Reduktion von Preisverzerrungen legen. Dazu kann auch die weitgehende Öffnung des Außenhandels und die Schaffung einer konvertierbaren Währung mit geringen Wechselkursverzerrungen beitragen. Den empirischen Untersuchungen zufolge hat die Öffnung der Wirtschaft für ausländische Direktinvestitionen dabei nicht die herausragende Bedeutung, die ihr teilweise beigemessen wird. Entsprechend sollten sich die Reformländer weniger auf Hilfen von außen verlassen. Vielmehr ist die Schaffung günstiger Rahmenbedingungen für inländische Investoren von entscheidender Bedeutung für den Erfolg von Reformmaßnahmen.

Von makroökonomischer und politischer Stabilität gehen wichtige Investitionsanreize aus. Insbesondere für die makroökonomische Stabilität zeigt sich, daß während des Transformationsprozesses eine restriktive Geldpolitik der Zentralbank wichtiger ist als die Begrenzung der Defizite im Staatshaushalt. Letztere zeigten in der ökonometrischen Regression keinen signifikanten Einfluß auf das Wirtschaftswachstum. Aber auch die Beschränkung der Staatsquote scheint nach den Ergebnissen der empirischen Untersuchung nicht von vorrangiger Bedeutung zu sein, obwohl das theoretische Wachstumsmodell diesen Schluß nahelegt. Zu einer Verbesserung der Effizienz der Kapitalallokation ist eine frühzeitige Reform des Finanzsystems wichtig. Dieser Aspekt der Transformationsprozesse konnte jedoch nicht im Vordergrund dieser realwirtschaftlich ausgerichteten Arbeit stehen. Darum lassen sich an dieser Stelle keine detaillierten Aussagen zur Ausgestaltung von Finanzmarktreformen vornehmen.

5 Schlußbetrachtung

Im Zentrum des Transformationsprozesses in Mittel- und Osteuropa steht die Schaffung effizienter Märkte, auf denen Preise ihre steuernde Funktion erlangen. Funktionierende Märkte fördern das Wirtschaftswachstum durch eine verbesserte Faktorallokation, weil damit Preise ihre Informations- und Anreizfunktion erfüllen und somit bessere Investitionsentscheidungen ermöglichen können. Darüber hinaus steigt die Investitionstätigkeit, wo Kapital- und Gütermärkte aufgrund effizienter Preissetzung eine höhere Kapitalverzinsung gewährleisten. Von Preisverzerrungen freie Märkte können sowohl über die verbesserte Faktorallokation wie über die wachsende Sparneigung der Wirtschaftssubjekte das Wirtschaftswachstum fördern.

Die Arbeit identifizierte Bedeutung und Ursachen von Preisverzerrungen in Transformationsprozessen, die vorwiegend in einer unvollständigen Implementierung von Reformelementen begründet sind. Zum Teil sind Verzögerungen im Reformprozeß politisch gewollt, doch oft lassen sich einzelne Politikmaßnahmen und Liberalisierungsschritte auch nicht unmittelbar umsetzen. Dies gilt in erster Linie für institutionelle Reformen, die zur effizienteren Funktion des Preissystems beitragen würden. Im Rahmen der allgemeinen Theorie der Preisverzerrungen konnte die Wirkung von Preisverzerrungen auf die gesamtwirtschaftliche Wohlfahrt aufgezeigt werden. Da diese Theorie keinen Raum für langfristig dynamische Auswirkungen von Preisverzerrungen auf das Wirtschaftswachstum bietet, wurden weiterführend neuere wachstumstheoretische Modelle herangezogen. Ein auf dem Modell von Rebelo (1991) basierender Theoriezweig erlaubte die Analyse langfristiger dynamischer Wirkungen der Ausgestaltung wirtschaftspolitischer Rahmenbedingungen. Im Rahmen der neuen Wachstumstheorie konnte aufgezeigt werden, welche Bedeutung dem Abbau von Preisverzerrungen für das langfristige Wachstum der Pro-Kopf-Einkommen zukommt.

Zur empirischen Ermittlung von Preisverzerrungen im Transformationsprozeß in Mittel- und Osteuropa konnte zum Teil auf anerkannte Statistiken internationaler Organisationen zurückgegriffen werden. Die erfaßten Daten ließen auf nach wie vor bestehende Preisverzerrungen rückschließen. Auch boten sie Auskunft über den möglichen Fortgang der angestrebten Liberalisierungs- und Reformpolitiken. Die Rahmenbedingungen des wirtschaftlichen Handelns waren jedoch nicht vollständig in makroökonomischen Größen zu erfassen. Um die Situation der Marktverhältnisse in den Reformstaaten transparent zu machen, wurden aus Länderanalysen heraus ordinal skalierte Indikatoren zum Reformfortschritt und zum Abbau von Preisverzerrungen in einzelnen Politikbereichen entwickelt. Auf den ermittelten Indikatoren basierend, kamen geeignete statistische Verfahren zum Einsatz, die eine Untersuchung der Wachstumswirkungen der Reformpolitiken der vergangenen fünf Jahren erlaubten.

In den empirischen Analysen konnte der wachstumsfördernde Einfluß eines zügigen Abbaus von Preisverzerrungen nachgewiesen werden. Sowohl die Indikatoren in den einfaktoriellen Varianzanalysen wie auch die Maßzahlen in den ökonometrischen Regressionen belegten diesen Zusammenhang. Dabei bezogen sich die Untersuchungen nicht allein auf den Abbau von Preisverzerrungen, die zu einer Verbesserung der Kapitalallokation führen. Auch andere Liberalisierungs- und Reformschritte, die eine effizientere Funktion von Märkten gewährleisten sollten, wiesen in den empirischen Analysen deutlich positive Auswirkungen auf das Wachstum der Pro-Kopf-Einkommen auf. Vor dem Hintergrund dieser Untersuchungen sollte deshalb für den Fortgang der Reformen in Mittel- und Osteuropa ein zügiges Vorantreiben der Transformationsprozesse empfohlen werden. Die Befreiung der Märkte von verzerrenden Einflußfaktoren und die Schaffung liberaler Investitionsbedingungen dürfte langfristig günstigere Voraussetzungen für die Verbesserung der Lebensverhältnissse in Mittel- und Osteuropa sichern.

7 Literaturverzeichnis

Abramovitz, Moses (1989): Thinking About Growth: And Other Essays on Economic Growth and Welfare; Cambridge University Press, Cambridge u. a.

Agarwala, Ramgopal (1983): Price Distortions and Growth in Developing Countries; World Bank Staff Working Papers, No. 575, World Bank, Washington, D. C.

Aghevli, Bijan B., Eduardo R. **Borensztein**, Tessa A. Van der **Willigen** (1992): Stabilization and Structural Reform in the Czech and Slovak Federal Republic: First Stage; Occasional Paper No. 92, International Monetary Fund, Washington, D. C.

Aghion, Philippe, Peter **Howitt** (1992): A Model of Growth through Creative Destruction; in: Econometrica, Vol. 60, No. 2, S. 323-351.

Ahrens, Joachim (1993): Der russische Systemwandel: Reform und Transformation des (post)sowjetischen Wirtschaftssystems; Peter Lang, Frankfurt, u. a.

Aitken, Brian J. (1992): Measuring Trade Policy Intervention: A Cross-Country Index of Relative Price Dispersion; Policy Research Working Paper No. 838, World Bank, Washington, D. C.

Altmann, Franz-Lothar, Cornelius Ochmann (1995): Mittel- und Osteuropa auf dem Weg in die Europäische Union: Bericht zum Stand der Integrationsfähigkeit; in: Mittel- und Osteuropa auf dem Weg in die Europäische Union: Bericht zum Stand der Integrationsfähigkeit; Bertelsmann Stiftung (Hrsg.), 2. Auflage, Verlag Bertelsmann Stiftung, Gütersloh, 1995; S. 7-29.

Arndt, Sven W. (1971): Domestic Distortions and Trade Policy; in: Oxford Economic Papers, Vol. 23, No. 1, March, S. 32-41.

Arrow, Kenneth J. (1962): The Economic Implications of Learning by Doing; in: Review of Economic Studies, Vol. 29, June, S. 155-173.

Aschauer, David Alan (1989): Is Public Expenditure Productive?; in: Journal of Monetary Economics, Vol. 23, S. 177-200.

Asselain, Jean-Charles (1991): Convertibility and Economic Transformation; in: European Economy – The Path of Reform in Central and Eastern Europe, Special Edition No. 2, Commission of the European Communities (Hrsg.), Brüssel, Luxemburg, S. 215-241.

Atkinson, Anthony B., Joseph E. **Stiglitz** (1980): Lectures on Public Economics; McGraw-Hill, New-York u. a.

Backhaus, Klaus, Bernd **Erichson**, Wulff **Plinke**, Rolf **Weiber** (1994): Multivariate Analysemethoden: Eine anwendungsorientierte Einführung; 7., vollständig überarbeitete Auflage, Springer Verlag, Berlin u. a.

Bakos, Gabor (1994): Hungarian Transition after Three Years; in: Europe-Asia Studies, Vol. 46, No. 7, S. 1189-1214.

Baladi, Hamid (1991): Uncertainty, Domestic Distortions, and the Optimal Tariff; in: Southern Economic Journal, Vol. 58, No. 1, July, S. 87-92.

Balassa, Bela (1978): Exports and Economic Growth: Further Evidence; in: Journal of Development Economics, Vol. 5, June, S. 181-189.

Balassa, Bela (1985): Exports, Policy Choices, and Economic Growth in Developing Countries After the 1973 Oil Price Shock; in: Journal of Development Economics, Vol. 18, S. 23-35.

Balassa, Bela (1987): The Interaction of Domestic Distortions with Development Strategies; DRD Discussion Paper, Report No. 249, Development Research Department, Economics and Research Staff, World Bank, Washington.

Balassa, Bela (1988): The Interaction of Factor and Product Market Distortions in Developing Countries; in: World Development, Vol. 16, No. 4, S. 449-463.

Balcerowicz, Leszek (1994): Economic Transition in Central and Eastern Europe: Comparisons and Lessons; in: The Australian Economic Review, 1st Quarter 1994, S. 47-59.

Bamberg, Günter, Franz **Baur** (1993): Statistik; 8., überarbeitete und erweiterte Auflage, R. Oldenbourg Verlag, München, Wien.

Barisitz, Stephan (1995): Versuch einer Einstufung der mittel- und osteuropäischen Länder nach Kriterien des Reformerfolges 1993/1994; in: Osteuropa Wirtschaft, Jg. 40., Nr. 2, Juni, S. 168-175.

Barro, Robert J. (1989): A Cross-Country Study of Growth, Saving, and Government; NBER Working Paper No. 2855, National Bureau of Economic Research, February, Cambridge, Ma.

Barro, Robert J. (1990): Government Spending in a Simple Model of Endogenous Growth; in: Journal of Political Economy, Vol. 98, No. 5, Part 2, S. S103-S126.

Barro, Robert J. (1991): Economic Growth in a Cross Section of Countries, in: Quarterly Journal of Economics, Vol. 106, No. 2, May; S. 407-443.

Barro, Robert J., Holger C. **Wolf** (1989): Data Appendix for Economic Growth in a Cross Section of Countries; Internet, NBER, November, Cambridge, Ma.

Barro, Robert J., Paul M. **Romer** (1990): Economic Growth; in: NBER-Reporter, National Bureau of Economic Research, S. 1-5.

Barro, Robert J., Xavier **Sala-i-Martin** (1990): Economic Growth and Convergence Across the United States; NBER Working Paper No. 3419, National Bureau of Economic Research, Cambridge, Ma.

Barro, Robert J., Xavier **Sala-i-Martin** (1991): Convergence across States and Regions; in: Brookings Papers on Economic Activity, No. 1, S. 107-182.

Barro, Robert J., Xavier **Sala-i-Martin** (1992a): Public Finance in Models of Economic Growth; in: Review of Economic Studies, Vol. 59, No. 4, S. 645-661.

Barro, Robert J., Xavier **Sala-i-Martin** (1992b): Convergence; in: Journal of Political Economy, Vol. 100, No. 2, S. 223-251.

Barro, Robert J., Xavier **Sala-i-Martin** (1995): Economic Growth; McGraw-Hill, New York, u. a.

Batra, Raveendra N., Francisco R. **Casas** (1971): Factor Market Distortions and the Two-Sector Model of Economic Growth; in: Canadian Journal of Economics, Vol. 4, No. 4, November, S. 524-542.

Batra, Raveendra N. (1973): Nontraded Goods, Factor Market Distortions, and the Gains from Trade; in: American Economic Review, Vol. 63, S. 706-713.

Bauer, Tamás (1991): Ungarn: Wirtschaft und Politik; in: Osteuropa-Perspektiven: Industrie, Politik, Wirtschaft: Polen, Tschechoslowakei, Ungarn, FAZ Informationsdienste und Dresdner Bank AG (Hrsg.), Frankfurt, S. 17-23.

Bauer, Tamás (1992): Building Capitalism in Hungary; in: Horst Siebert (Hrsg.): The Transformation of Socialist Economies, Institut für Weltwirtschaft an der Universität Kiel, Kiel, 1992.

Baumol, William J. (1986): Productivity Growth, Convergence, and Welfare: What the Long-Run Data Show; in: American Economic Review, Vol. 76, No. 5, December, S. 1072-1085.

Bencivenga, Vvalerie R., Bruce D. **Smith** (1991): Financial Intermediation and Endogenous Growth; in: Review of Economic Studies, Vol. 58, S. 195-209.

Bennet, John (1989): The Economic Theory of Central Planning; Basil Blackwell, Oxford.

Bernholz, Peter (1990): Probleme der Währungs- und Budgetpolitik beim Übergang von der zentralgeplanten zur marktwirtschaftlichen Ordnung; in: Kredit und Kapital, Jg. 23, Heft 3, S. 295-317.

Beyreuther, Ursula (1994): Bank und Börsenwesen; in: Osteuropa auf Reformkurs, Heft 12, Rußland, Deutsche Bank Research, Frankfurt a. M., S. 31-39.

Bhagwati, Jagdish N. (1958): Immiserizing Growth: A Geometrical Note; in: Review of Economic Studies, Vol. 25, June, S. 201-205.

Bhagwati, Jagdish N. (1968): Distortion and Immiserizing Growth: A Generalization; in: Review of Economic Studies; Vol. 35, October, S. 481-485.

Bhagwati, Jagdish N. (1971): The Generalized Theory of Distortions and Welfare, in: Bhagwati, Jagdish N., Ronald W. Jones, Robert A. Mundell, Jaroslov Vanek (Hrsg): Trade, Balance of Payments and Growth, Papers in International Economics in Honor of Charles P. Kindleberger, North Holland Publishing Company, Amsterdam, London; S. 69-90.

Bhagwati, Jagdish N., V. K. **Ramaswami** (1963): Domestic Distortions, Tariffs and the Theory of Optimum Subsidy; in: Journal of Political Economy, Vol. 71, No. 1, S. 44-51.

Bhalla, Surgit, Lawrence J. **Lau** (1991): Openess, Technological Progress, and Economic Growth in Developing Countries; Background Paper for World Development Report 1991, World Bank, Washington, D. C.

Blackburn, Keith, Victor T. **Hung** (1993): Endogenous Growth and Trade Liberalization; Ökonomisk Institut, Aarhus Universitet, May, Aarhus.

Blanchard, Oliver, Richard **Layard** (1990): Economic Change in Poland; Discussion Paper No. 432, Centre for Economic Policy Research, London.

Blanchard, Oliver, Rüdiger **Dornbusch**, Paul **Krugman**, Richard **Layard**, Lawrence **Summers** (1991): Reform in Eastern Europe; The MIT Press, Cambridge, Ma., London.

Blazyca, George (1995): Monitoring Economic Transformation; in: George Blazyca, Janusz M. Dabrowski (Hrsg.): Monitoring Economic Transition: The Polish Case, Avebury, Aldershot u.a., S. 6-37.

Blejer, Mario I., Mauro **Mecagni**, Ratna **Sahay**, Richard **Hides**, Barry **Johnston**, Piroska **Nagy**, Roy **Pepper** (1992): Albania: From Isolation towards Reform; IMF Occasional Paper No. 98, International Monetary Fund, Washington.

Bofinger, Peter (1990): The Role of Monetary Policy in the Process of Economic Reform in Eastern Europe; Centre of Economic Policy Research, Discussion Paper No. 457, London.

Bofinger, Peter (1993): Erfahrungen mit Geldpolitik bei Existenz starker mikroökonomischer Verzerrungen; in: Hansjörg Herr, Andreas Westphal (Hrsg.): Transformation in Mittel- und Osteuropa – Makroökonomische Konzepte und Fallstudien, Campus Verlag, Frankfurt a. M., New York, S. 83-108.

Bolz, Klaus; Markus **Lenzner** (1993): Estland, Wirtschaftspotential und Wirtschaftsordnung; HWWA-Report Nr. 114, HWWA-Institut für Wirtschaftsforschung, Hamburg.

Borcherding, Thomas E. (1985): The Causes of Government Expenditure Growth: A Survey of the U. S. Evidence; in: Journal of Public Economics, Vol. 28, 359-382.

Bortz, Jürgen (1993): Statistik für Sozialwissenschaftler; 4., vollständig überarbeitete Auflage, Springer Verlag, Berlin, Heidelberg u. a.

Brosius, Gerhard, Felix **Brosius** (1995): SPSS: Base System und Professional Statistics; 1. Auflage, International Thomson Publishing, Bonn, Albany u. a.

Brunner, Hans J. (1984): Ursachen der Kassenhaltungsinflation in Zentralverwaltungswirtschaften sowjetischen Typs; Peter Lang, Frankfurt a. M., u. a.

Bruno, Michael (1972): Market Distortion and Gradual Reform; in: Review of Economic Studies, Vol. 39, No. 3, July, S. 373-383.

Buch, Claudia M., Norbert **Funke**, Ralph **Heinrich**, Martin **Raiser** (1994): Overcoming Obstacles to Successful Reforms in Economies in Transition; Kieler Studien Nr. 261, Institut für Weltwirtschaft an der Universität Kiel, J. C. B. Mohr (Paul Siebeck), Tübingen.

Buhl, Ingeborg Elisabeth, Otto **Storf** (1994): Privatisierung; in: Osteuropa auf Reformkurs, Heft 11, Slowenien, Projektleitung: Hans W. Müller, Otto Storf, Redaktion: Bernd Klett, Deutsche Bank Research, Frankfurt a. M., S. 26-27.

Burger, Bettina; Markus **Lenzner** (1994): Estland: Die Entwicklung der Wirtschafts- und Sozialpolitik: Studie IV; HWWA-Report Nr. 145, HWWA-Institut für Wirtschaftsforschung, Hamburg.

Burmeister, Edwin, A. Rodney **Dobell** (1970): Mathematical Theories of Economic Growth; London.

Bussche-Hünnefeld, Eberhard Freiherr von dem (1995): Privatisierung; in: Osteuropa-Perspektiven Jahrbuch 1995/96, FAZ Informationsdienste, Manager Magazin, Rödl & Partner (Hrsg.), Frankfurt a. M., S. 61-68.

Calvo, Guillermo A., Jacob A. **Frenkel** (1991): From Centrally Planned to Market Economy – The Road from CPE to PCPE; in: IMF Staff Papers, Vol. 38, No. 2, June, S. 268-299.

Casas, Francisco R. (1972): International Trade and Economic Growth in the Presence of Factor Market Distortions; in: American Economist, Vol. 16, No. 1, S. 112-119.

Cass, David (1965): Optimum Growth in an Aggregative Model of Capital Accumulation; in: Review of Economic Studies, Vol. 32, July, S. 233-240.

Chacholiades, Miltiades (1978): International Trade Theory and Policy; McGraw-Hill Kogakusha, Tokyo u. a.

Chamley, C. (1986): Optimal Taxation of Capital Income in General Equilibrium with Infinite Lives; in: Econometrica, Vol. 54, S. 607-622.

Chang, Yang Ming, Victor **Tremblay** (1991): Oligopsony/Oligopoly Power and Factor Market Performance; in: Managerial and Decision Economics, Vol. 12, No. 5, October, S. 405-409.

Chenery, Hollis (1986): Growth and Transformation; in: Hollis Chenery, Sherman Robinson, Moshe Syrquin (Hrsg.): Industrialization and Growth: A Comparative Study, Published for the World Bank, Oxford University Press, New York u. a., S. 13-36.

Chilosi, Alberto (1990): Poland's Process of Economic Transformation – How Has the West Helped and What Else Should be Done?; in: Reiner Weichhardt (Hrsg.): The Central and Eastern European Economies in the 1990's – Prospects and Constraints, NATO, Brüssel, S. 100-116.

Clement, Hermann, Michael **Knogler**, Aleksej V. **Sekarev** (1993): Die ukrainische Außenwirtschaft vor dem Zusammenbruch? – Stand und Perspektiven der Reform des ukrainischen Außenwirtschaftssystems; Arbeiten aus dem Osteuropa-Institut München, Nr. 166, Dezember 1993, München.

Corbett, Jenny (1990): Grundsatzfragen der Gestaltung von Bank- und Finanzsystemen zur Finanzierung der Wirtschaft; in: Europäische Wirtschaft, Nr. 43 – Wirtschaftsreformen in Polen und Ungarn, Kommission der Europäischen Gemeinschaften (Hrsg.), Brüssel, Luxemburg, S. 225-257.

Corden, Warden M. (1974): Trade Policy and Economic Welfare; 2. Aufl., Clarendon Press, Oxford, 1978.

Crombrugghe, Alain L., David **Lipton** (1994): The Government Budget and the Economic Transformation of Poland; in: Oliver J. Blanchard, Kenneth A. Froot, Jeffrey D. Sachs (Hrsg.): The Transition in Eastern Europe Vol. 2, A NBER Project Report, The University of Chicago Press, Chicago, S. 111-133.

Dabrowski, Marek (1994): Two Years of Economic Reforms in Russia – Main Results; in: Moct - Most, Vol. 4, No. 1, S. 23-50.

Darratt, Ali F. (1987): Are Exports an Engine of Growth? – Another Look at the Evidence; in: Applied Economics, Vol. 19, No. 2, S. 277-283.

De Gregorio, Jose (1993): Inflation Taxation, and Long-Run Growth; in: Journal of Monetary Economics, Vol. 31, S. 271-298.

De Long, Bradford J. (1988): Productivity Growth, Convergence, and Welfare: Comment; in: American Economic Review, Vol. 78, No. 5, S. 1138-1153.

De Long, Bradford J., Lawrence H. **Summers** (1991): Equipment Investment and Economic Growth; in: Quarterly Journal of Economics, Vol. 106, S. 407-444.

De Long, Bradford J., Lawrence H. **Summers** (1993): How Strongly Do Developing Countries Benefit from Equipment Investment?; in: Journal of Monetary Economics, Vol. 32, S. 395-415.

Delpla, Jacques, Charles A. **Wyplosz** (1995): Russia's Transition: Muddling-Through; in: Anders Åslund (Hrsg.): Russian Economic Reform at Risk, Pinter, London, S. 19-52.

Denison, Edward F. (1967): Why Growth Rates Differ – Postwar Experience in Nine Western Countries; The Brookings Institution, Washington, D. C.

Denison, Edward F. (1985): Trends in American Economic Growth, 1929-1982; The Brookings Institution, Washington D. C.

Dervis, Kemal, Timothy J. **Condon** (1994): Hungary – Partial Successes and Remaining Challenges: The Emergence of a „Gradualist" Success Story?; in: Oliver J. Blanchard, Kenneth A. Froot, Jeffrey D. Sachs (Hrsg.): The Transition in Eastern Europe Vol. 1: Country Studies, A NBER Project Report, The University of Chicago Press, Chicago, London, S. 123 - 149.

Deutsche Bank Research (1994): Osteuropa auf Reformkurs: Weißrußland; Heft 10, Projektleitung: Hans W. Müller, Otto Storf, Redaktion: Ursula Beyreuther, Deutsche Bank Research, Frankfurt a. M.

Deutsche Bank Research (1995): Osteuropa auf Reformkurs: Ukraine; Heft 14, Projektleitung: Otto Storf, Redaktion: Ursula Beyreuther, Alexis Loeber, Carsten-Patrick Meier, Hans W. Müller, Deutsche Bank Research, Roland Berger & Partner, Frankfurt a. M.

Dietz, Raimund (1991): Perestroika und Marktwirtschaft – Die Schlüsselrolle westlicher Unternehmen; in: WIIW-Reprint-Serie, Nr. 131, Wiener Institut für Internationale Wirtschaftsvergleiche, Wien.

Diewert, Walter E., Arja H. **Turunen-Red**, Alan D. **Woodland** (1991): Tariff Reform in a Small Open Multi-household Economy with Domestic Distortions and Nontraded Goods; in: International Economic Review, Vol. 32, No. 4, November, S. 937-957.

DIW, IWH, IfW (1992a): Die wirtschaftliche Lage Rußlands und Weißrußlands: Systemtransformation am Scheideweg: Erster Bericht; Kieler Diskussionsbeiträge Nr. 193 /194, Oktober, Institut für Weltwirtschaft, Kiel.

DIW, IWH, IfW (1992b): Die wirtschaftliche Lage Weißrußlands: Vor der Entscheidung für die Marktwirtschaft?; Kieler Diskussionsbeiträge Nr. 196, Dezember, Institut für Weltwirtschaft, Kiel.

DIW, IWH, IfW (1993a): Die wirtschaftliche Lage Rußlands: Systemtransformation auf dem Rückzug?: Zweiter Bericht; Kieler Diskussionsbeiträge Nr. 208/209, Mai, Institut für Weltwirtschaft, Kiel.

DIW, IWH, IfW (1993b): Die wirtschaftliche Lage Rußlands: Monetäre Orientierungslosigkeit und realwirtschaftlicher Aktionismus: Dritter Bericht; Kieler Diskussionsbeiträge Nr. 220/221, Oktober, Institut für Weltwirtschaft, Kiel.

DIW, IWH, IfW (1993c): Die wirtschaftliche Lage Weißrußlands: Konflikt zwischen sozialen Prioritäten und Systemtransformation?: Zweiter Zusatzbericht; Wochenbericht 25/93, Jg. 60, Juni, Deutsches Institut für Wirtschaftsforschung, Berlin.

DIW, IWH, IfW (1993d): Die wirtschaftliche Lage Weißrußlands: Systemtransformation durch Annäherung an Rußland?: Dritter Zusatzbericht; Kieler Diskussionsbeiträge Nr. 222, November, Institut für Weltwirtschaft, Kiel.

DIW, IWH, IfW (1994a): Die wirtschaftliche Lage Rußlands: Beschleunigte Talfahrt durch verschleppte Reformen: Vierter Bericht; Kieler Diskussionsbeiträge Nr. 232, Mai, Institut für Weltwirtschaft, Kiel.

DIW, IWH, IfW (1994b): Die wirtschaftliche Lage Rußlands: Fortsetzung des Strukturwandels ohne hinreichenden Strukturwandel: Fünfter Bericht; Kieler Diskussionsbeiträge Nr. 240/241, November, Institut für Weltwirtschaft, Kiel.

DIW, IWH, IfW (1994c): Die wirtschaftliche Lage Weißrußlands: Krisenbewältigung durch Flucht in die Rubelzone?: Vierter Zusatzbericht; Kieler Diskussionsbeiträge Nr. 234, Juni, Institut für Weltwirtschaft, Kiel.

DIW, IWH, IfW (1994d): Die wirtschaftliche Lage Weißrußlands: Ungenügende Reformen trotz verschärfter Krise: Fünfter Zusatzbericht; Kieler Diskussionsbeiträge Nr. 242, Dezember, Institut für Weltwirtschaft, Kiel.

DIW, IWH, IfW (1995a): Die wirtschaftliche Lage Rußlands: Auslandskredite wenig wirksam: Sechster Bericht; Kieler Diskussionsbeiträge Nr. 253, Juni, Institut für Weltwirtschaft, Kiel.

DIW, IWH, IfW (1995b): Die wirtschaftliche Lage Weißrußlands: Kein Ende des Niedergangs: Sechster Zusatzbericht; Kieler Diskussionsbeiträge Nr. 252, Juni, Institut für Weltwirtschaft, Kiel.

DIW, IWH, IfW (1995c): Die wirtschaftliche Lage Weißrußlands: Fehlende Reformen gefährden geldpolitischen Kurswechsel: Siebter Zusatzbericht; Kieler Diskussionsbeiträge Nr. 260, Oktober, Institut für Weltwirtschaft, Kiel.

Dixit, Avinash K., Joseph E. **Stiglitz** (1977): Monopolistic Competition and Optimum Product Diversity; in: American Economic Review, Vol. 67, No. 3, June, S. 297-308.

Dobrinsky, Rumen N. (1994): Bulgaria in 1993: Transformation in an Impasse, Current Analyses and Country Profiles; The Vienna Institute for Comparative Economic Studies (WIIW), Nr. 9, June, Wien.

Dobrinsky, Rumen N., Ilse **Grosser** (1993): Bulgaria 1993: Country Report and Risk Assessment; in: Country Reports and Risk Assessment: Bulgaria & Romania, Current Analyses and Country Profiles, Vienna Institute for Comparative Economic Studies (WIIW), Nr. 6, Wien.

Dollar, David (1992): Outward-Oriented Developing Economies Really Do Grow More Rapidly – Evidence From 95 LDCs, 1976-85; in: Econimic Development and Cultural Change, Vol. 40, April, S. 523-544.

Domar, Evsey D. (1946): Capital Expansion, Rate of Growth and Employment; in: Econometrica, Vol. 14, S. 137-147.

Dowrick, Steve (1992): A Review of New Theories and Evidence on Economic Growth: Their Implications for Australian Policy; in: Discussion Paper No. 275, October, Centre for Economic Policy Research Discussion Papers, The Australian National University, Canberra.

Dowrick, Steve, Duc-Tho **Nguyen** (1989): OECD Comparative Economic Growth 1950-85: Catch-Up and Convergence; in: American Economic Review, Vol. 79, S. 1010-1030.

Dyba, Karel, Jan **Svejnar** (1994): Stabilization and Transition in Czechoslovakia; in: Oliver J. Blanchard, Kenneth A. Froot, Jeffrey D. Sachs (Hrsg.): The Transition in Eastern Europe, Vol. 1, Country Studies, A NBER Project Report, The University of Chicago Press, Chicago, London, S. 93-118.

Easterly, William R. (1992): How Much Does Policy Affect Growth?; in: Cuadernos de Economia, Vol. 29, No. 87, S. 295-305.

Easterly, William R. (1993): How Much Do Distortions Affect Growth?; in: Journal of Monetary Economics, Vol. 32, No. 2, S. 187-212.

Easterly, William R., Michael **Kremer**, Lant **Pritchett**, Lawrence H. **Summers** (1993): Good Policy or Good Luck? – Country Growth Performance and Temporary Shocks; in: Journal of Monetary Economics, Vol. 32, S. 459-483.

Easterly, William R., Paulo Vieira da **Cunha** (1994): Financing the Storm: Macroeconomic Crisis in Russia; in: The Economics of Transition, Vol. 2, No. 4, S. 443-465.

Easterly, William R., Robert G. **King**, Ross **Levine**, Sergio **Rebelo** (1991): How Do National Policies Affect Long-Run Growth? - A Research Agenda; Policy, Research, and External Affairs Working Papers, No. 794, Country Economics Department, World Bank, Washington D. C.

Easterly, William R., Sergio **Rebelo** (1993a): Marginal Income Tax Rates and Economic Growth in Developing Countries; in: European Economic Review, Vol. 37, S. 409-417.

Easterly, William R., Sergio **Rebelo** (1993b): Fiscal Policy and Economic Growth: An Empirical Investigation; in: Journal of Monetary Economics, Vol. 32, December, S. 417-458.

Easterly, William R., Stanley D. **Fischer** (1995): The Soviet Economic Decline: Historical and Republican Data; Working Paper Series No. 4735, National Bureau of Economic Research, Cambridge, Ma.

Eaton, Jonathan (1981): Fiscal Policy, Inflation and the Accumulation of Risky Capital; in: Review of Economic Studies, Vol. 48, S. 434-445.

EBRD (1994), European Bank for Reconstruction and Development: Transition Report 1994; EBRD, London.

EBRD (1995), European Bank for Reconstruction and Development: Transition Report 1995; EBRD, London.

EBRD (1996), European Bank for Reconstruction and Development: Transition Report Update, April 1996; EBRD, London.

Economic Commission for Europe (1995): Economic Survey of Europe in 1994-1995; Prepared by the Secretariat of the Economic Commission for Europe, Geneva, United Nations, New York, Geneva.

Edwards, Sebastian (1989): Openess, Outward Orientation, Trade Liberalization and Economic Performance in Developing Countries; PPR Working Paper, No 191, World Bank, Washington, D. C.

Edwards, Sebastian (1992): Trade Orientation, Distortions and Growth in Developing Countries; Journal of Development Economics, Vol. 39, S. 31-57.

Ethier, Wilfried J. (1982): National and International Returns to Scale in the Modern Theory of International Trade; in: American Economic Review, Vol. 72, No. 3, June, S. 389-405.

Europäische Union (1993): Central and Eastern Eurobarometer No. 3; Herbst 1992, „Zentralarchiv für empirische Sozialforschung“, ZA-No. 2321.

Fallenbuchl, Zbigniew M. (1994): Foreign Trade in the Process of Transformation in Poland; in: Atlantic Economic Journal, Vol. 22, No. 2, S. 51-60.

FAZ Informationsdienste (1995): Osteuropa-Perspektiven – Jahrbuch 1995/96; FAZ Informationsdienste, Manager Magazin, Rödl & Partner (Hrsg.), Frankfurt a.M.

Feder, Gershon (1983): On Exports and Economic Growth; in: Journal of Development Economics, Vol. 12, S. 59-73.

Fedorov, Boris G. (1995): Macroeconomic Policy and Stabilisation in Russia; in: Anders Åslund (Hrsg.): Russian Economic Reform at Risk, Pinter, London, S. 9-18.

Feldstein, Martin (1974): Tax Incidence in a Growing Economy with Variable Factor Supply; in: Quarterly Journal of Economics, Vol. 88, S. 551-573.

Fischer, Stanley (1993): The Role of Macroeconomic Factors in Growth; in: Journal of Monetary Economics, Vol. 32, S. 485-512.

Fischer, Stanley (1994): Russia and the Soviet Union: Then and Now; in: Oliver J. Blanchard, Kenneth A. Froot, Jeffrey D. Sachs (Hrsg.): The Transition in Eastern Europe, Vol. 1, Country Studies, A NBER Project Report, The University of Chicago Press, Chicago, London.

Fisher, Sharon (1994): The Slovak Economy: Signs of Recovery; in: RFE RL (Radio Free Europe - Radio Liberty) Research Report, Vol 3, No. 33, August, S. 58 - 65.

Flemmig, Jörg, Georg **Götz** (1993): Externalitäten, Nichtkonvexitäten und endogener technischer Fortschritt – Ein Einblick in die Funktionsweise der „neuen" Wachstumstheorie; in: Jahrbuch für Sozialwissenschaft, Vol. 44, S. 203-215.

Ford, Robert, Pierre **Poret** (1991): Infrastructure and Private-Sector Productivity; in: Economic Studies, Vol. 17, S. 63-89.

Fullerton, Don, Yolanda K. **Henderson** (1989): A Disaggregate Equilibrium Model of the Tax Distortions among Assets, Sectors, and Industries; in: International Economic Review, Vol. 30, No. 2, May, S. 391-413.

Gabanyi, Anneli Ute, Gábor **Hunya** (1994): Vom Regimewechsel zur Systemtransformation: Rumänien; Sonderdruck aus: August Pradetto (Hrsg.): Die Rekonstruktion Mitteleuropas: Politik, Wirtschaft und Gesellschaft im Umbruch, Westdeutscher Verlag, Opladen, 1994, WIIW-Reprint Serie, Nr. 155, November, Wiener Institut für Internationale Wirtschaftsvergleiche, Wien.

Gabrisch, Hubert, Kazimierz **Laski** (1990): Transition from the Command to a Market Economy; WIIW-Berichte, No. 163, May, Wiener Institut für Internationale Wirtschaftsvergleiche, Wien.

Gale, Douglas, **Sutherland**, W. R. (1968): Analysis of a One Good Model of Economic Development; in: Dantzig, G.B., Veinott, A.F. (Hrsg.): Mathematics of the Decision Sciences, Part II, American Mathematical Society, Providence, Rhode Island.

Gandhi, Ved P., Dubravko **Mihaljek** (1992): Scope for Reform of Socialist Tax Systems; in: Vito Tanzi (Hrsg.): Fiscal Policies in Economies in Transition, International Monetary Fund, Washington, D. C.

Gavrilenkov, Eugene (1994a): Macroeconomic Crisis and Price Distortions in Russia; in: Review of Economies in Transition, Idäntalouksien Katsauksia, Bank of Finland, Vol. 3, S. 39-58.

Gavrilenkov, Eugene (1994b): Russia: Out of the Post-Soviet Macroeconomic Deadlock through a Labyrinth of Reforms; in: Review of Economies in Transition, Idäntalouksien Katsauksia, Bank of Finland, Vol. 3, S. 59-80.

Geroski, Paul A. (1989): Entry, Innovation and Productivity Growth; in: The Review of Economics and Statistics, S. 572-578.

Gould, David M., Roy J. **Ruffin** (1993): What Determines Economic Growth?; in: Economic Review, Federal Reserve Bank of Dallas, No. 2, S. 25-40.

Government of Romania (1993): The Governing Programme: Strategy for Economic and Social Reform; Government of Romania: Public Information Department (Hrsg.), March, Bucharest.

Greenaway, David, David **Sapsford** (1993): Exports, Growth and Liberalisation: An Evaluation; in: Journal of Policy Modelling, Vol. 15.

Greenaway, David, David **Sapsford** (1994): What Does Liberalisation Do for Exports and Growth?; in: Weltwirtschaftliches Archiv, Band 130, S. 152-174.

Grela, Marek (1990): Polish Economic Reforms: Current Developments, Constraints and Prospects; in: Reiner Weichhardt (Hrsg.): The Central and Eastern European Economies in the 1990's: Prospects and Constraints, NATO, Brüssel, S. 87-99.

Grier, Kevin B., Gordon **Tullock** (1989): An Empirical Analysis of Cross-National Economic Growth, 1951-80; in: Journal of Monetary Economics, Vol. 24, S. 259-276.

Gries, Thomas, Berthold **Wigger**, Claudia **Hentschel** (1994): Endogenous Growth and R&D Models - A Critical Appraisal of Recent Developments; in: Jahrbuch für Nationalökonomie und Statistik, Vol. 213, No. 1, G. Fischer Verlag, Stuttgart, 64-84.

Gros, Daniel, Alfred **Steinherr** (1991): From Centrally-Planned to Market Economies – Issues for the Transition in Central Europe and the Soviet Union; Centre for European Policy Studies, Brassey's Headington Hill Hall, London.

Grossman, Gene M., Elhanan **Helpman** (1989): Product Development and International Trade; in: Journal of Political Economy, Vol. 97, S. 1261-1283.

Grossman, Gene M., Elhanan **Helpman** (1990): Comparative Advantage and Long-run Growth; in: American Economic Review, Vol. 80, S. 796-815.

Grossman, Gene M., Elhanan **Helpman** (1991a): Innovation and Growth in the Global Economy, MIT Press, Cambridge, Ma.

Grossman, Gene M., Elhanan **Helpman** (1991b): Quality Ladders in the Theory of Growth; in: Review of Economic Studies, Vol. 58, S. 43-61.

Grossman, Gene M., Elhanan **Helpman** (1994): Endogenous Innovation in the Theory of Growth; in: Journal of Economic Perspectives, Vol. 8, No. 1, Winter 1994, S. 23-44.

Gruszecki, Tomasz (1991): Privatization in Poland in 1990; in: Communist Economies and Economic Transformation, Vol. 3, No. 2, London, S. 141-153.

Gujarati, Damodar N. (1988): Basic Econometrics; Second Edition, Mc Graw-Hill, New York u. a.

Gummich, Andreas, Alexander **Fanous** (1992): Allgemeine Daten zu den Wirtschaftsregionen und der Wirtschaftsstruktur; in: Osteuropa auf Reformkurs: Heft 1: Rußland; Deutsche Bank Research, Frankfurt a. M., S. 74-92.

Gundlach, Erich (1993): Empirical Evidence for Alternative Growth Models – Time Series Results; in: Weltwirtschaftliches Archiv 129, Nr. 1, S. 103 - 119.

Gupta, Kanhaya (1989): Industrialization and Employment in Developing Countries: A Comparative Study; New York, London, Routledge.

Gwartney, James, Robert **Lawson**, Walter **Block** (1996): Economic Freedom of the World: 1975-1995; Fraser Institute, Vancouver, B. C.

Gylfason, Thorvaldur (1991): Inflation, Growth; and External Debt: A View of the Landscape; in: World Economy, Vol. 14, S. 279-298.

Haan, Wouter J. den (1995): Convergence in Stochastic Growth Models – The Importance of Understanding why Income Levels Differ; in: Journal of Monetary Economics, Vol. 35, S. 65-82.

Handl, Vladimir, Cestmir **Konecny** (1995): Tschechische Republik; in: Bertelsmann Stiftung (Hrsg.): Mittel- und Osteuropa auf dem Weg in die Europäische Union: Bericht zum Stand der Integrationsfähigkeit, 2. Auflage, Verlag Bertelsmann Stiftung, Gütersloh, S. 117-138.

Hansson, Ardo H. (1992): Transforming an Economy While Building a Nation: The Case of Estonia; Working Paper, No. 62, Stockholm Institute of Soviet and East European Economics, Stockholm School of Economics, Stockholm.

Harrison, Ann (1991): Openess and Growth – A Time Series, Cross-Country Analysis for Developing Countries; Policy Research Working Paper, No. WPS 809, November, Background Paper for World Development Report 1991, World Bank, Washington, D. C.

Harrod, Roy F. (1939): An Essay in Dynamic Theory; in: Economic Journal, Vol. 49, S. 14-33.

Hartwig, Karl-Hans (1987): Monetäre Steuerungsprobleme in sozialistischen Planwirtschaften; Schriften zum Vergleich von Wirtschaftsordnungen, Heft 39, Gustav Fischer Verlag, Stuttgart, New York.

Hazari, Bharat R. (1978): The Pure Theory of International Trade and Distortions; Croom Helm, London.

Heady, Christopher J., Najma Rajah, Stephen Smith (1994): Tax Reform and Economic Transition in the Czech Republic; in: Fiscal Studies, Vol. 15, No. 1, S. 64-80.

Heitger, Bernhard (1986): Import Protection and Export Performance – Their Impact on Economic Growth; in: Weltwirtschaftliches Archiv 122, S. 1-19.

Helmers, F. Leslie C. H., Arnold C. **Harberger** (1982): Price Distortions in Market Economies and Critical Comments; Seminar Paper, No. 25, Economic Development Institute, World Bank, Washington, D.C.

Helpman, Elhanan (1991): Endogenous Macroeconomic Growth Theory; in: NBER-Working Paper, No. 3869, NBER, Cambridge, Ma.

Helpman, Elhanan (1992): Endogenous Macroeconomic Growth Theory; in: European Economic Review, Vol. 36, S. 237-267.

Henzler, Jörg (1994): Die Schaffung wettbewerblicher Strukturen im Transformationsprozeß: Eine vergleichende Analyse für die Visegrád-Staaten; Studien des Forschunsinstituts für Wirtschaftspolitik an der Universität Mainz, Nr. 48, FfW Mainz e. V., Mainz.

Hishow, Ognian (1994): Wirtschaftserneuerung in Rumänien: Gradualismus versus Schock; in: Südosteuropa-Mitteilungen, Jg. 34, Nr. 4, S. 305-320.

Höfert, Andreas (1993): Neue Wachstumstheorien: Eine Systematik der Hauptströmungen; in: Diskussionsbeiträge der Volkswirtschaftlichen Abteilung der Hochschule St. Gallen, No. 70.

Holstrom, Leslie (1993): Albania Gets the Shock Treatment; in: Euromoney, September 1993, S. 142-148.

Holz, Dag-Uwe (1993): Litauen; in: FAZ Informationsdienste, Manager Magazin (Hrsg.): Osteuropa-Perspektiven Jahrbuch 1993/94, Frankfurt, S. 101-110.

Holz, Dag-Uwe (1995a): Tschechische Republik; in: FAZ Informationsdienste, Manager Magazin, Rödl & Partner (Hrsg.): Osteuropa-Perspektiven Jahrbuch 1995/96, Frankfurt a. M., S. 265-273.

Holz, Dag-Uwe (1995b): Slowakische Republik; in: FAZ Informationsdienste, Manager Magazin, Rödl & Partner (Hrsg.): Osteuropa-Perspektiven Jahrbuch 1995/96, Frankfurt a. M., S. 237-246.

Holz, Dag-Uwe (1995c): Ungarn; in: FAZ Informationsdienste, Manager Magazin, Rödl & Partner (Hrsg.): Osteuropa-Perspektiven Jahrbuch 1995/96, Frankfurt a. M., S. 293-302.

Holz, Dag-Uwe (1995d): Albanien; in: FAZ Informationsdienste, Manager Magazin, Rödl & Partner (Hrsg.): Osteuropa-Perspektiven Jahrbuch 1995/96, Frankfurt a. M., S. 95-99.

Holz, Dag-Uwe (1995e): Lettland; in: FAZ Informationsdienste, Manager Magazin, Rödl & Partner (Hrsg.): Osteuropa-Perspektiven Jahrbuch 1995/96, Frankfurt a. M., S. 153-162.

Holz, Dag-Uwe (1995f): Litauen; in: FAZ Informationsdienste, Manager Magazin, Rödl & Partner (Hrsg.): Osteuropa-Perspektiven Jahrbuch 1995/96, Frankfurt a. M., S. 165-174.

Holzmann, Robert (1991): Tax Reform in Countries in Transition – Central Policy Issues; Forschungsbericht 9112, August, Ludwig Boltzmann Institut für Ökonomische Analysen Wirtschaftspolitischer Aktivitäten, Wien.

Hülsbömer, André (1995a): Privatisierung und Reformerfolg: eine Gegendarstellung; in: FAZ Informationsdienste, Manager Magazin, Rödl & Partner (Hrsg.): Osteuropa-Perspektiven Jahrbuch 1995/96, Frankfurt a. M., S. 69-74.

Hülsbömer, André (1995b): Rußland; in: FAZ Informationsdienste, Manager Magazin, Rödl & Partner (Hrsg.): Osteuropa-Perspektiven Jahrbuch 1995/96, Frankfurt a. M., S. 219-231.

Hunya, Gábor (1993): Romania 1993: Country Report and Risk Assessment; in: Country Reports and Risk Assessment: Bulgaria & Romania, Current analyses and country profiles, Vienna Institute for Comparative Economic Studies Nr. 6, Wien.

Inada, Ken-Ichi (1963): On a Two-Sector Model of Economic Growth: Comments and a Genalization; in: Review of Economic Studies, Vol. 30, S. 119-127.

Inotai, András (1995): Ungarn; in: Bertelsmann Stiftung (Hrsg.): Mittel- und Osteuropa auf dem Weg in die Europäische Union: Bericht zum Stand der Integrationsfähigkeit, 2. Aufl., Verlag Bertelsmann Stiftung, Gütersloh, S. 139-163.

International Monetary Fund (1991): World Economic Outlook; May, Washington D. C.

Jansen, Paul (1982): Das Inflationsproblem in Zentralverwaltungswirtschaften; Schriften zum Vergleich von Wirtschaftsordnungen, Heft 31, Gustav Fischer Verlag, Stuttgart, New York.

Johnson, Harry G. (1965): Optimal Trade Intervention in the Presence of Domestic Distortions, in: Jagdish N. Bhagwati (Hrsg.): International Trade: Selected Readings, 2. Aufl., MIT Press, Cambridge, Ma., London, 1987, S. 235-263. Erstveröffentlichung in: Richard Caves, Harry G. Johnson, Peter B. Kenen (Hrsg.): Trade, Growth and the Balance of Payments, Rand McNally.

Johnson, Harry G. (1967): The Possibility of Income Losses from Increased Efficiency of Factor Accumulation in the Presence of Tariffs; in: Economic Journal, Vol. 77, March, S. 151-154.

Johnson, Harry G. (1970): A Note on Distortions and the Rate of Growth of an Open Economy, in: Economic Journal, Vol. 80, December; S. 990-992.

Johnson, Aaron C. Jr., Marvin B. **Johnson**, Rueben C. **Buse** (1989): Econometrics – Basic and Applied; Maxwell MacMillan, New York, London.

Jones, Charles (1991): Economic Growth and Producer Durable Prices; unveröffentlicht, M.I.T., Cambridge, Ma.

Jones, Larry E., Rodolfo E. **Manuelli** (1990): A Convex Model of Equilibrium Growth: Theory and Policy Implications; in: Journal of Political Economy, Vol. 98, No. 5, S. 1008-1038.

Jones, Larry E., Rodolfo **Manuelli**, P. E. **Rossi** (1993): Optimal Taxation in Models of Endogenous Growth; in: Journal of Political Economy, Vol. 101.

Jordan, Peter (1995a): Rumänien; in: FAZ Informationsdienste, Manager Magazin, Rödl & Partner (Hrsg.): Osteuropa-Perspektiven Jahrbuch 1995/96, Frankfurt a. M., S. 203-212.

Jordan, Peter (1995b): Weißrußland; in: FAZ Informationsdienste, Manager Magazin, Rödl & Partner (Hrsg.): Osteuropa-Perspektiven Jahrbuch 1995/96, Frankfurt a. M., S. 321-328.

Jorgenson, Dale W., Frank M. **Gollop**, Barbara M. **Fraumeni** (1987): Productivity and U.S. Economic Growth; Cambridge, Harvard University Press.

Judd, Kenneth (1985): Redistributive Taxation in a Simple Foresight Model; in: Journal of Public Economics, Vol. 28, S. 59-83.

Judd, Kenneth (1987): The Welfare Cost of Factor Taxation in a Perfect Foresight Model; in: Journal of Political Economy, Vol. 95, S. 675-709.

Jung, Woo S., Peyton J. **Marshall** (1985): Exports, Growth and Causality in Developing Countries; in: Journal of Development Economics, Vol. 18, S. 1-13.

Just, Richard E., Darrell L. **Hueth**, Andrew **Schmitz** (1982): Applied Welfare Economics and Public Policy; Prentice-Hall, Englewood Cliffs, N.J.

Kaldor, Nicholas (1961): Capital Accumulation and Economic Growth; in: Friedrich A. Lutz und Douglas C. Hague (Hrsg.): The Theory of Capital, New York, St. Martin`s.

Karczmar, Mieczyslaw (1993): Politik; in: Osteuropa auf Reformkurs, Heft 4, Polen, Projektleitung: Otto Storf, Hans W. Müller, Redaktion: Bernd Klett, Deutsche Bank Research, Frankfurt a.M., S. 11-15.

Kaser, Michael, Christopher **Allsopp** (1992): The Assessment: Macroeconomic Transition in Eastern Europe, 1989-91; in: Oxford Review of Economic Policy, Vol. 8, No. 1, S. 1-13.

Kavoussi, Rostam M. (1984): Export Expansion and Economic Growth - Further Empirical Evidence; in: Journal of Development Economics, Vol. 14, S. 241-250.

Keesing, Donald B. (1967): Outward-Looking Policies and Economic Development; in: Economic Journal, Vol. 77, S. 303-320.

Keller, Eugen von, Elke **Siehl** (1994): Privatisierung; in: Osteuropa auf Reformkurs, Heft 12, Rußland, Deutsche Bank Research, Frankfurt, S. 24-31.

Kemp, Murray C., Takashi **Nagishi** (1969): Domestic Distortions, Tariffs, and the Theory of Optimum Subsidy; in: The Journal of Political Economy, Vol. 77, No. 6, S. 1011-1013.

King, Robert G., Ross **Levine** (1992): Financial Intermediation and Economic Development; in: C. Mayer, X. Vives (Hrsg.): Financial Intermediation in the Construction of Europe, Centre for Economic Policy Research, London.

King, Robert G., Ross **Levine** (1993a): Finance and Growth: Schumpeter Might be Right; in: Quarterly Journal of Economics, Vol. 108, S. 717-738.

King, Robert G., Ross **Levine** (1993b): Finance, Entrepreneurship, and Growth; in: Journal of Monetary Economics, Vol. 32, S. 513-542.

King, Robert G., Sergio T. **Rebelo** (1990): Public Policy and Economic Growth: Developing Neoclassical Implications; in: Journal of Political Economy, Vol. 98, No. 5, October, S. S126-S151.

King, Robert G., Sergio T. **Rebelo** (1993): Transitional Dynamics and Economic Growth in the Neoclassical Model; in: American Economic Review, Vol. 83, No. 4; S. 908-931.

Kirschke, Dieter, P. Michael **Schmitz** (1990): Grundlagen der angewandten Wohlfahrtsökonomie; in: Wirtschaftswissenschaftliches Studium, Heft 7, S. 328-333.

Klett, Bernd (1995): Wirtschaft - Vom Einbruch zum Aufschwung; in: Osteuropa auf Reformkurs, Heft 13, Ungarn, Projektleitung: Hans W. Müller, Otto Storf, Redaktion: Bernd Klett, Deutsche Bank Research, Frankfurt, S. 18-23.

Klett, Bernd, Carsten **Riegert** (1993): Wirtschaft - Binnenwirtschaft; in: Osteuropa auf Reformkurs, Heft 8, Tschechische Republik, Projektleitung: Otto Storf, Hans W. Müller, Redaktion: Bernd Klett; Deutsche Bank Research, Frankfurt a. M., S. 16-27.

Klodt, Henning (1992): Theorie der strategische Handelspolitik und neue Wachstumstheorie als Grundlage für eine Industrie- und Technologiepolitik; Kieler Arbeitspapiere, Kiel Working Papers, Nr. 533, Oktober, Institut für Weltwirtschaft an der Iniversität Kiel.

Klöwer, Beate (1995): Ukraine; in: FAZ Informationsdienste, Manager Magazin, Rödl & Partner (Hrsg.): Osteuropa-Perspektiven Jahrbuch 1995/96, Frankfurt a. M., S. 281-288.

Knight, Malcom, Norman **Loayza**, Delano **Villanueva** (1993): Testing the Neoclassical Theory of Economic Growth – A Panel Data Approach; in: IMF Staff Papers, Vol. 40, No. 3, September, S. 512-541.

Koester, Richard, Roger C. **Kormendi** (1989): Taxation, Aggregate Activity and Economic Growth – Cross-Country Evidence on some Supply-Side Hypotheses; in: Economic Inquiry, Vol. 27, July, S. 367-386.

Kolodko, Grzegorz W. (1991): Inflation Stabilization in Poland a Year After; Working Papers No. 17, Institute of Finance, Warschau.

Kolodko, Grzegorz W. (1993): Stabilization, Recession and Growth in a Post-socialist Economy; in: Moct-Most, Vol. 3, No.1, S. 3-35.

Koopmans, Tjalling C. (1965): On the Concept of Optimal Economic Growth; in: The Econometric Approach to Development Planning, North Holland, Amsterdam.

Kopits, George (1994): Midway in the Transition; in: Eastern European Economics, Vol. 32, No. 6, S. 29 - 55.

Kormendi, Roger C., Philip G. **Meguire** (1985): Macroeconomic Determinants of Growth – Cross-Country Evidence; in: Journal of Monetary Economics, Vol. 16, S. 141-163.

Kornai, János (1980): Economics of Shortage, North Holland, Amsterdam.

Kornai, János (1986): The Hungarian Reform Process: Visions, Hopes, and Reality; in: Journal of Economic Literature, Vol. 24, No. 4, S. 1687-1737.

Kornai, János (1990): The Road to a Free Economy – Shifting from a Socialist System: The Example of Hungary; W. W. Norton & Co., New York, London.

Kornai, János (1994): Lasting Growth as the Top Priority – Macroeconomic Tensions and Government Economic Policy in Hungary; Public Finance in Hungary, No. 138, Ministry of Finance, Budapest.

Kornai, János (1995): Eliminating the Shortage Economy: a General Analysis and Examination of the Developments in Hungary; in: The Economics of Transition, Vol. 3, No. 1, S. 13 - 37.

Körösi, István (1994): Neuorientierung und Strukturwandel der ungarischen Außenwirtschaft und die Auswirkungen des Assoziierungsabkommens mit der EU; in: Neuorientierung der Außenwirtschaftsbeziehungen in Ostmitteleuropa, Wirtschafts- und sozialwissenschaftliche Ostmitteleuropa-Studien, Nr. 20, Marburg, S. 99-111.

Kosta, Jiri (1994): Die Transformation des Wirtschaftssystems in der Tschechoslowakei und den beiden Nachfolgestaaten; in: Die Rekonstruktion Ostmitteleuropas, Opladen, S. 157-187.

Kosta, Jiri, Alojz **Neustadt** (1994): Die Außenwirtschaft der Tschechischen Republik: Konzeption, Maßnahmen, Ergebnisse; in: Neuorientierung der Außenwirtschaftsbeziehungen in Ostmitteleuropa, Wirtschafts- und sozialwissenschaftliche Ostmitteleuropa-Studien, Nr. 20, Marburg, S. 59-78.

Kösters, Wim (1994): Neue Wachstumstheorie und neue Aussenhandelstheorie: Frische Argumente für eine staatliche Industriepolitik?; in: Wirtschaftswissenschaftliches Studium, Jg. 23, Heft 3, S. 117 - 122.

Krishna, Kala, Marie **Thursby** (1991): Optimal Policies with Strategic Distortions; in: Journal of International Economics, Vol. 31, No. 3-4, S. 291-308.

Kromphardt, Jürgen (1988): Wachstumstheorie III: postkeynesianische; in: Willi Albers u. a. (Hrsg.): Handwörterbuch der Wirtschaftswissenschaften (HdWW), Band 8, Gustav Fischer, Stuttgart und New York, J. C. B. Mohr (Paul Siebeck), Tübingen, Vandenhoeck & Ruprecht, Göttingen, S. 512-522.

Krueger, Anne O. (1990): Growth, Distortions, and Patterns of Trade Among Many Countries; in: Anne O. Krueger (Hrsg.): Perspectives on Trade and Development, Harvester Wheatsheaf, New York, London u. a., S. 11-48. Erstmals abgedruckt in: Princeton Studies in International Finance, No. 40, February 1977, S. 1-19 und 44-45.

Krueger, Anne O., Baran **Tuncer** (1982): An Empirical Test of the Infant Industry Argument; in: American Economic Review, Vol. 72, No. 5, S. 1142-1152.

Krugman, Paul (1991): Geography and Trade, MIT Press, Cambridge, Ma.

Krugman, Paul (1993): Towards a Counter-Counter Revolution in Development Theory; in: World Bank Economic Review, Proceedings of the Annual World Bank Conference on Development, 1992, S. 15-38.

Krzyzaniak, M. (1967): The Long Run Burden of a General Tax on Profits in a Neo-classical World; in: Public Finance, Vol. 22, S. 472-491.

Kurz, Mordecai (1968): The General Instability of a Class of Competitive Growth Process; in: Review of Economic Studies, Vol 35, April, S. 155-174.

Kuznets, Simon (1966): Modern Economic Growth: Rate, Structure, and Spread; Yale University Press, New Haven and London.

Landau, Daniel (1986): Government and Economic Growth in the Less Developed Countries: An Empirical Study for 1960-80; in: Economic Development and Cultural Change, Vol. 35, S. 35-75.

Lapan, Harvey E. (1976): International Trade, Factor Market Distortions, and the Optimal Dynamic Subsidy; in: The American Economic Review, Vol. 66, No. 3, June; S. 335-346.

Lee, Jong-Wha (1993): International Trade, Distortions, and Long-Run Economic Growth; in: IMF-Staff papers, Vol. 40, No. 2, June, International Monetary Fund, Washington, D. C., S. 299-328.

Levine, Ross (1991): Stock Markets, Growth, and Tax Policy; in: Journal of Finance, Vol. 46, S. 1445-1465.

Levine, Ross, David **Renelt** (1992): A Sensitivity Analysis of Cross-Country Growth Regressions; in: American Economic Review, Vol. 82, No. 4, S. 941-963.

Lewis, William Arthur (1955): The Theory of Economic Growth; Allen & Unwin, London.

Lipowski, Adam (1991): Kampf gegen die Hyperinflation in Polen 1990 - Prämissen und die ersten Ergebnisse neuer monetärer Politik; in: Henryk Bak, Piotr Pysz, Roland Scharff (Hrsg.): Das Balcerowicz-Programm: Konzept, Realisierungsschritte, Zwischenergebnisse, Deutsche Gesellschaft für zeitgeschichtliche Fragen e. V., Erlangen, S. 33-50.

Lipsey, Richard G., Kelvin **Lancester** (1956): The General Theory of Second Best; in: The Review of Economic Studies, Vol. 24, No. 1, S. 11-32.

Lipton, David, Jeffrey **Sachs** (1990): Creating a Market Economy in Eastern Europe: The Case of Poland; in: Brookings Papers on Economic Activity, No. 1/1990, S. 75-147.

Lloyd, Peter J. (1974): A More General Theory of Price Distortions in Open Economies; in: Journal of International Economics, Vol. 4, No. 4, S. 365-386.

Lopez, Ramon (1990): Economic Growth, Capital Accumulation and Trade Policy in LDCs; Trade Policy Devision, Country Economics Department, July, World Bank, Washington, D. C.

Lösch, Dieter (1993a): Der Weg zur Marktwirtschaft – Grundzüge einer Theorie der Transformationspolitik; Veröffentlichung des HWWA-Instituts für Wirtschaftsforschung, Band 4, Nomos Verlagsgesellschaft, Baden-Baden.

Lösch, Dieter (1993b): Aktueller Stand und Perspektiven des Transforrmationsprozesses in Albanien, Bulgarien und Rumänien; in: Wirtschaftsreformen in Mittel- und Osteuropa, Beihefte der Konjunkturpolitik, Heft 40, Tagungsband zur Jahrestagung der Arbeitsgemeinschaft deutscher wirtschaftswissenschaftlicher Forschungsinstitute im Mai 1992 in Bonn, Duncker & Humblot, Berlin.

Lösch, Dieter (1994): Litauen: Ausgewählte Probleme der Wirtschaftspolitik: Studie III; HWWA-Report Nr. 136, HWWA-Institut für Wirtschaftsforschung, Hamburg.

Lucas, Robert E. (1988): On the Mechanics of Development Planning; in: Journal of Monetary Economics, Vol. 22, No. 1 (July), S. 3-42.

Lucas, Robert E. (1990): Supply Side Economics: An Analytical Review; in: Oxford Economic Papers, Vol. 42, April, S. 293-316.

Lücke, Matthias (1993): Policy Options for Economic Transformation in the Republic of Belarus; in: Moct - Most, Vol. 3, No. 3; S. 53-71.

Luckenbach, Helga (1986): Theoretische Grundlagen der Wirtschaftspolitik; Vahlen, München.

Maddison, Angus (1982): Phases of Capitalist Development; Oxford University Press, Oxford.

Maddison, Angus (1987): Growth and Slowdown in Advanced Capitalist Economies: Techniques of Quantitative Assessment; in: Journal of Economic Literature, Vol. 25, June, S. 649-698.

Magee, Stephen P. (1971): Factor Market Distortions, Production, Distribution, and the Pure Theory of International Trade; in: Quarterly Journal of Economics, Vol. 85, No. 4, November; S. 623-643.

Mankiw, N. Gregory, David H. **Romer**, David N. **Weil** (1992): A Contribution to the Empirics of Economic Growth; in: Quarterly Journal of Economics, Vol. 107, No. 2, S. 407-437.

Marsden, Keith (1983): Links between Taxes and Economic Growth: Some Empirical Evidence; World Bank Working Paper, No. 605, World Bank, Washington, D. C.

McMillan, Carl H. (1993): The Role of Foreign Direct Investment in the Transition from Planned to Market Economies; in: Transnational Corporations, Vol. 2, No. 3, December, S. 97-119.

Meade, James E. (1955): Trade and Welfare – The Theory of International Economic Policy; Volume Two, Oxford University Press, London, New York, Toronto.

Meade, James E. (1961): A Neoclassical Theory of Economic Growth; Allan&Unwin, London.

Mencinger, Joze (1994): Der Fall Slowenien: vom Sozialismus zum Kapitalismus, vom Balkan nach Europa?; in: Europäische Rundschau, Vol. 22, No. 1, S. 23-31.

Michaely, Michael (1977): Exports and Growth: An Empirical Investigation; in: Journal of Development Economics, Vol. 4, S. 49-53.

Minassian, Garabed (1994): The Bulgarian Economy in Transition: Is there Anything Wrong with Macroeconomic Policy?; in: Europe-Asia Studies, Vol. 46, Nr. 2, S. 337-351.

Moschos, Demitrios (1989): Export Expansion, Growth and the Level of Economic Development; in: Journal of Development Economics, Vol. 16, S. 99-102.

Mroz, Bogdan (1991): Poland at the Treshold of the Market Economy – Private Sector Gains Momentum; in: Osteuropa Wirtschaft, Nr. 2/1991, S. 154-167.

Müller, Max (1993): Bulgarien; in: FAZ Informationsdienste, Manager Magazin (Hrsg.): Osteuropa-Perspektiven Jahrbuch 1993/94, Frankfurt a. M., S. 36-47.

Murphy, Kevin M., Andrei **Shleifer**, Robert **Vishny** (1991): The Allocation of Talent: Implications for Growth; in: Quarterly Journal of Economics, Vol. 106, S. 503-530.

Nishimizu, Mieko, John M. **Page**, Jr. (1991): Trade Policy, Market Orientation, and Productivity Change in Industry; in: Jaime A. P. De Melo, André Sapir (Hrsg.): Trade Theory and Economic Reform: North, South, and East: Essays in Honor of Béla Balassa; Basil Blackwell, Cambridge, Ma.

Nishimizu, Mieko, Sherman **Robinson** (1984): Trade Policiesand Productivity Change in Semi-Industrialized Countries; in: Journal of Development Economics, Vol. 16, S. 177-206.

Norsworthy, J. R. (1984): Growth Accounting and Productivity Measurement; in: Review of Income and Wealth, Series 30, No. 3, September, S. 309-329.

Nuti, Domenico M. (1990): Interne und internationale Aspekte des monetären Ungleichgewichts in Polen; in: Kommission der Europäischen Gemeinschaften (Hrsg.): Europäische Wirtschaft, Nr. 43 – Wirtschaftsreformen in Polen und Ungarn, Brüssel, Luxemburg, S. 185-200.

Oblath, Gábor (1994): Macroeconomic Developments between 1990 and 1994; in: The Hungarian Quarterly, Vol. 35, No. 134, S. 15-22.

Odling-Smee, John, Adalbert **Knoebl**, Ashok **Lahiri**, Gunnar **Tersman**, Peer **Cornelius**, Wayne **Camard**, Agu **Lellep**, Peter **Doyle**, Stephen **Jen** (1994): Lithuania; in: IMF Economic Reviews, No. 6, August, International Monetary Fund, Washington, D. C.

Odling-Smee, John, Grant **Spencer**, Henri **Lorie**, Karl **Driessen**, Klaus **Enders**, Anastassios **Gagales**, Alexander **Mourmouras**, Doriss **Ross** (1993): Belarus; in: IMF Economic Reviews, No. 11, September, International Monetary Fund, Washington, D. C.

Odling-Smee, John, Peter **Hole**, Hugh **Bredenkamp**, Joshua **Felman**, Erik **Offerdal**, Rolando **Ossowski**, Holger **Schmieding**, Alexander **Sundakov** (1993): Ukraine; in: IMF Economic Reviews, No. 10, September, International Monetary Fund, Washington, D. C.

OECD (1991), Organisation for Economic Co-Operation and Development: Wirtschaftsberichte Tschechische und Slowakische Föderative Republik 1991; Centre for Co-Operation with the European Economies in Transition, Paris.

OECD (1992), Organisation for Economic Co-Operation and Development: Bulgaria: An Economic Assessment; Centre for Co-Operation with the European Economies in Transition, Paris.

OECD (1993), Organisation for Economic Co-Operation and Development: Romania: An Economic Assessment; Centre for Co-Operation with the European Economies in Transition, Paris.

OECD (1994), Organisation for Economic Co-Operation and Development: Short-Term Economic Indicators: Transition Economies 1/1994; Centre for Co-Operation with the Economies in Transition, Paris.

OECD (1996a), Organisation for Economic Co-Operation and Development: Short-Term Economic Indicators: Transition Economies 1/1996; Centre for Co-Operation with the Economies in Transition, Paris.

OECD (1996b), Organisation for Economic Co-Operation and Development: Short-Term Economic Indicators: Transition Economies 2/1996; Centre for Co-Operation with the Economies in Transition, Paris.

Okáli, Ivan (1994): Der Außenhandel der Slowakischen Republik nach Auflösung der CSFR; in: Neuorientierung der Außenwirtschaftsbeziehungen in Ostmitteleuropa, Wirtschafts- und sozialwissenschaftliche Ostmitteleuropa-Studien, Nr. 20, Marburg, S. 93-98.

Okolicsanyi, Karoly (1994a): Macroeconomic Changes in Hungary: 1990-1994; in: RFE-RL (Radio Free Europe-Radio Liberty) Research Report, Vol 3, No. 24, June, S. 21-26.

Okolicsanyi, Karoly (1994b): New Hungarian Government's Economic Plan; in: RFE-RL (Radio Free Europe-Radio Liberty) Research Report, Vol 3, No. 30, July, S. 31-34.

Pack, Howard (1994): Endogenous Growth Theory: Intelectual Appeal and Empirical Shortcomings; in: Journal of Economic Perspectives; Vol. 8, No. 1, Winter, S. 55-72.

Paeglis, Imants (1994): Latvian Fiscal Policy in the First Quarter of 1994; in: RFE-RL (Radio Free Europe-Radio Liberty) Research Report, Vol. 3, No. 31, S. 48-54.

Pagano, Marco (1993): Financial Markets and Growth: An Overview, European Economic Review, Vol. 37, S. 613-622.

Pankov, Vladimir S. (1994): Die Transformation der Außenwirtschaft Russlands; in: Wirtschaft und Gesellschaft, Jg. 20, Heft 3, S. 415 - 430.

Panov, Petar (1995), Hrsg.: Bulgaria 1995 Almanac, Sofia Press Agency, Sofia.

Parskewopoulos, Spiridon (1990): Zur Funktion und Bedeutung des Geldes in Wirtschaftssystemen sowjetischen Typs; in: Wagner, Hans-Jürgen (Hrsg.): Monetäre Steuerung und ihre Probleme in unterschiedlichen Wirtschaftssystemen; Schriften des Vereins für Socialpolitik, Neue Folge Band 191, Duncker&Humblot, S. 15-30.

Patschev, Plamen (1995): Bulgarien; in: FAZ Informationsdienste, Manager Magazin, Rödl & Partner (Hrsg.): Osteuropa-Perspektiven Jahrbuch 1995/96, Frankfurt a. M., S. 102-111.

Peters, Hans-Rudolf (1990): Transformationstheorie und Ordnungspolitik; in: Wirtschaftswissenschaftliches Studium, Heft 8, August, S. 384-389.

Phleps, Edmund S. (1961): The Golden Rule of Accumulation: A Fable for Growthmen; in: American Economic Review, Vol. 51, S. 638-670.

Pindyck, Robert S., Daniel L. **Rubinfeld** (1981): Econometric Models and Economic Forecasts; McGraw-Hill, Auckland u.a.

Pissulla, Petra (1993): Litauen: Wirtschaftspotential und Wirtschaftsordnung; HWWA-Report Nr. 113, HWWA-Institut für Wirtschaftsforschung, Hamburg.

Plan Econ (1995a): Plan Econ Report, Hrsg.: Jan Vanous, Vol. 11, Supplement, 14. Juli, Washington D. C.

Plan Econ (1995b): Plan Econ Report, Hrsg.: Jan Vanous, Vol. 10-11, verschiedene Ausgaben, Washington D. C.

Plan Econ (1996a): Plan Econ Report, Hrsg.: Jan Vanous, Vol. 12, No. 3-4, 7. Februar, Washington D. C.

Plan Econ (1996b): Plan Econ Report, Hrsg.: Jan Vanous, Vol. 11, No. 45-46, 23. Januar, Washington D. C.

Plan Econ (1996c): Plan Econ Report, Hrsg.: Jan Vanous, Vol. 11-12, verschiedene Ausgaben, Washington D. C.

Plosser, Charles I. (1993): The Search for Growth; in: Federal Reserve of Kansas City Symposium Series – Policies for Long Run Growth, Kansas City, Mo., S. 57-86.

Plowiec, Urszula (1994): Polish Foreign Trade Problems in the 1990's; Discussion Paper, No. 59, Foreign Trade Research Institute, Warsaw.

Polkowski, Andreas (1993): Lettland: Wirtschaftspotential und Wirtschaftsordnung; HWWA-Report Nr. 112, HWWA-Institut für Wirtschaftsforschung, Hamburg.

Portes, Richard (1991): Introduction; in: Commission of the European Communities (Hrsg.): European Economy – The Path of Reform in Central and Eastern Europe, Special Edition No. 2, Brüssel, Luxemburg, S. 1-15.

Potantsev, Alexander N. (1993): Economic Reforms in Belarus - Present and Future; Working Paper No. 18, May, Department of Research Cooperation, Economic Research Institute, Economic Planning Agency, Tokyo.

Preußer, Jacqueline (1995): Slowenien; in: FAZ Informationsdienste, Manager Magazin, Rödl & Partner (Hrsg.): Osteuropa-Perspektiven Jahrbuch 1995/96, Frankfurt a. M., S. 251-261.

Prust, Jim (1993): The Czech and Slovak Federal Republic: Government Finances in a Period of Transition; in: Transition to Market, Washington, S. 49 - 64.

Purju, Alari (1991): Inflation and Liberalization of Prices in Estonia: Growth, Measurement, Adjustment; in: Finland, Estonia and Europe: Towards New Commitments, Tutkimusraportti, No. 44, Lappeenrannan Teknillinen Korkeakoulu, Tuotantotalouden Osasto, Lappeenranta, S. 105-115.

Quaisser, Wolfgang (1990): Die Wirtschaftsentwicklung Polens im Jahre 1990 – Schwerpunkt: Marktorientierte Reformen in Polen und die Möglichkeit westlicher Wirtschaftshilfe; Osteuropa-Institut, München.

Quaisser, Wolfgang (1994): Der Außenhandel in der polnischen Transformation zur Marktwirtschaft; in: Neuorientierung der Außenwirtschaftsbeziehungen in Ostmitteleuropa, Wirtschafts- und sozialwissenschaftliche Ostmitteleuropa-Studien, Nr. 20, Marburg, S. 1-24.

Raiser, Martin (1994): Ein tschechisches Wunder? – Zur Rolle politikinduzierter Anreizstrukturen im Transformationsprozeß; Kieler Diskussionsbeiträge, Nr. 233, Institut für Weltwirtschaft an der Universität Kiel, Kiel.

Ram, Rati (1985): Exports and Economic Growth: Some Additional Evidence; in: Economic Development and Cultural Change, Vol. 33, S. 415-425.

Ram, Rati (1986): Government Size and Economic Growth: A New Framework and Some Evidence from Cross-Section and Time-Series Data; in: American Economic Review, Vol. 76, S. 191-203.

Ramser, Hans Jürgen (1990): Industriepolitik und Wachstumstheorie; Diskussionsbeiträge, Nr. 249, Serie 1, Fakultät für Wirtschaftswissenschaften und Statistik, Universität Konstanz, Konstanz.

Ramser, Hans Jürgen (1993): Grundlagen der „neuen" Wachstumstheorie; in: Wirtschaftswissenschaftliches Studium, Heft 3, März, S. 117-123.

Ramsey, Frank (1928): A Mathematical Theory of Saving; in: Economic Journal, Vol. 38, December, S. 543-559.

Rebelo, Sergio (1991): Long-Run Policy Analysis and Long-Run Growth; in: Journal of Political Economy, Vol. 99, No. 3, S. 500-521.

Reichl, Manfred (1995): Privatisierung; in: Osteuropa auf Reformkurs, Heft 13, Ungarn, Projektleitung: Hans W. Müller, Otto Storf, Redaktion: Bernd Klett, Deutsche Bank Research, Frankfurt a. M., S. 37-41.

Révész, Gábor (1990): Perestroika in Eastern Europe: Hungary's Economic Transformation, 1945-1988; Westview Press, Boulder, San Francisco, London.

Reymann, Sybille (1992): Die Ukraine auf dem Weg zur Marktwirtschaft: Ein kurzer Situationsbericht; HWWA-Report, Nr. 101, HWWA-Institut für Wirtschaftsforschung, Hamburg.

Reynolds, Alan (1985): Some International Comparisons of Supply-Side Tax Policy; in: Cato Journal, Vol. 12, Fall, S. 543-569.

Reynolds, Lloyd G. (1983): The Spread of Economic Growth in the Third World: 1850-1980; in: Journal of Economic Literature, Vol. 21, S. 941-980.

Riedel, Sabine (1995): Bulgarien; in: Bertelsmann Stiftung (Hrsg.): Mittel- und Osteuropa auf dem Weg in die Europäische Union, Bericht zum Stand der Integrationsfähigkeit, 2. Auflage, Verlag Bertelsmann Stiftung, Gütersloh, S. 33-53.

Rivera-Batiz, Louis A., Paul M. **Romer** (1991a): International Trade with Endogenous Technological Change; in: European Economic Review, Vol. 35, S. 971-1004.

Rivera-Batiz, Louis A., Paul M. **Romer** (1991b): Economic Integration and Endogenous Growth; in: Quarterly Journal of Economics, Vol. 106, S. 531-555.

Rodrik, Dani (1987): Policy Targeting with Endogenous Distortions: Theory of Optimum Subsidy Revisted; in: Quarterly Journal of Economics, Vol. 102, No. 4, November, S. 903-911.

Romer, Paul M. (1986): Increasing Returns and Long-Run Growth; in: In: Journal of Political Economy, Vol. 94, No. 5, S. 1002-1037.

Romer, Paul M. (1987): Growth Based on Increasing Returns Due to Specialization; in: American Economic Review, Vol. 77, No. 2, S. 56-62.

Romer, Paul M. (1990): Endogenous Technological Change; in: Journal of Political Economy, Vol. 98, No. 5, Part II, S. S71-S102.

Romer, Paul M. (1994): The Origins of Endogenous Growth; in: Journal of Economic Perspectives, Vol. 8, No. 1, Winter 1994, S. 3-22.

Rosati, Dariusz K. (1993): Foreign Trade Liberalization in the Transition to the Market Economy; WIIW-Forschungsberichte, Nr. 193, März, Wiener Institut für Internationale Wirtschaftsvergleiche, Wien.

Rose, Klaus (1991): Grundlagen der Wachstumstheorie: Eine Einführung; 6. Aufl., UTB Vandenhoeck und Ruprecht, Göttingen.

Roubini, Nouriel, Xavier **Sala-i-Martin** (1992): Financial Repression and Economic Growth; in: Journal of Development Economics, Vol. 36, S. 5-30.

Sach, Volker (1995): Polen; in: FAZ Informationsdienste, Manager Magazin, Rödl & Partner (Hrsg.): Osteuropa-Perspektiven Jahrbuch 1995/96, Frankfurt a. M., S. 185-202.

Sachverständigenrat (1990), Sachverständigenrat zur Begutachtung der gesamtwirtschaftlichen Entwicklung: Zur Unterstützung der Wirtschaftsreform in der DDR: Voraussetzungen und Möglichkeiten; in: Aktuelle Beiträge zur Wirtschafts- und Finanzpolitik, Nr. 6/1990, Bonn.

Sala-i-Martin, Xavier (1990a): Lecture Notes on Economic Growth (Part I): Introduction to the Literature and Neoclassical Models; NBER Working Paper No. 3563, National Bureau of Economic Research, Cambridge, Ma.

Sala-i-Martin, Xavier (1990b): Lecture Notes on Economic Growth (Part II): Five Prototype Models of Endogenius Growth; NBER Working Paper No. 3564, National Bureau of Economic Research, Cambridge, Ma.

Salvatore, Dominick, Thomas **Hatcher** (1991): Inward and Outward Oriented Trade Strategies; in: Journal of Development Economics, Vol. 27, S. 7-25.

Sato, Kazuo (1967): Taxation and Neoclassical Growth; in: Public Finance, Vol. 22, S. 346-370.

Schäfer, Wolf (1994): Außenwirtschaft, Industriepolitik und neue Wachstumstheorie; in: Rolf H. Hasse und Wolf Schäfer (Hrsg.): Die Weltwirtschaft vor neuen Herausforderungen – Strategischer Handel, Protektion und Wettbewerb, Vandenhoeck & Ruprecht, Göttingen, S. 5-16.

Schmieding, Holer, Michael J. **Koop** (1991): Privatisierung in Mittel- und Osteuropa: Konzepte für den Hindernislauf zur Marktwirtschaft; in: Kieler Diskussionsbeiträge, Nr. 165, Februar, Institut für Weltwirtschaft, Kiel.

Schmitz, Andrew (1973): Distortions and Product Specialization in International Trade; in: Economic Record, Vol. 49, June; S. 263-269.

Schmitz, P. Michael (1996): Agrarstandort Europa im internationalen Wettbewerb; in: Schriften der Gesellschaft für Wirtschafts- und Sozialwissenschaften des Landbaues e. V., Band 32, Agrarstrukturentwicklung und Agrarpolitik, Münster-Hiltrup, S. 11-23.

Schrader, Klaus (1994): Estland auf dem Weg zur Marktwirtschaft: Eine Zwischenbilanz; Kieler Diskussionsbeiträge, Nr. 226, Februar, Institut für Weltwirtschaft, Kiel.

Schrader, Klaus, Claus-Friedrich **Laaser** (1992): Kompromisse statt Marktwirtschaft – Reformdefizite in der Russischen Föderation, der Ukraine, Weißrußland und den baltischen Staaten; Kieler Diskussionsbeiträge, Nr. 186/187, Juni, Institut für Weltwirtschaft, Kiel.

Schulz, Eberhard (1993): Ausländische Investitionen; in: Osteuropa auf Reformkurs, Heft 8, Tschechische Republik, Projektleitung: Otto Storf, Hans W. Müller, Redaktion: Bernd Klett, Deutsche Bank Research, Frankfurt a. M., S. 43-45.

Schumacher, Torsten (1995): Estland; in: FAZ Informationsdienste, Manager Magazin, Rödl & Partner (Hrsg.): Osteuropa-Perspektiven Jahrbuch 1995/96, Frankfurt a. M., S. 116-123.

Schumpeter, Joseph A. (1934): The Theory of Economic Development; Harvard University Press, Cambridge, Ma.

Segerstrom, Paul S. (1991): Innovation, Immitation, and Economic Growth; in: Journal of Political Economy, Vol. 99, No. 4, August, S. 807-827.

Seiter, Stephan (1994): „Neuere“ Ansätze in der Wachstumstheorie; Diskussionsbeiträge aus dem Institut für Volkswirtschaftslehre, Nr. 103/1994, Universität Hohenheim, Stuttgart.

Sekarev, Aleksej V. (1995): Ukraine: Crisis on the Basis of Vague Economic Policy; in: Problems of Economic Transition, Vol. 37, No. 9, S. 40-56.

Sengupta, Jati K. (1992): Rapid Growth in NICs in Asia: Tests of New Growth Theory for Korea; in: Kyklos, Vol. 44, No. 4, S. 561-579.

Sengupta, Jati K., Juan R. **España** (1994): Exports and Economic Growth in Asian NICs: an Econometric Analysis for Korea; in: Applied Economics, Vol. 26, S. 41-51.

Sheshinski, Eytan (1967): Optimal Accumulation with Learning by Doing; in: Karl Shell (Hrsg.): Essays on the Theory of Optimal Economic Growth; MIT Press, Cambridge, Ma., S. 31-52.

Siebert, Horst (1991): The Transformation of Eastern Europe; Kieler Diskussionsbeiträge, Nr. 163, Januar, Kieler Institut für Weltwirtschaft, Kiel.

Singh, Ram D. (1992): Government-Induced Price Distortions and Growth: Evidence from Twenty-Nine Developing Countries; in: Public Choice, Vol. 73, No. 1, January, S. 83-99.

Sîrbu, Maria-Cristina (1995): Towards a Market Economy: The Romanian Effort; in: East European Quarterly, Vol. 28, No. 4, S. 471-518.

Skinner, Jonathan (1987): Taxation and Output Growth: Evidence from African Countries; NBER Working Paper, No. 2235, National Bureau of Economic Research, Cambridge, Ma.

Solow, Robert M. (1956): A Contribution to the Theory of Economic Growth; in: Quarterly Journal of Economics, Vol. 70, No. 1, S. 65-94.

Solow, Robert M. (1957): Technical Change and the Aggregate Production Function; in: Review of Economics and Statistics, Vol. 39, S. 312-320.

Solow, Robert M. (1991): New Directions in Growth Theory; in: Gahlen, B., Hesse, H., Ramser, H.J. (Hrsg.): Wachstumstheorie und Wachstumspolitik, Ein neuer Anlauf; J. C. B. Mohr (Paul Siebeck), Tübingen, S. 3-17.

Sontheimer, Kevin C. (1971): The Existence of International Trade Equilibrium with Trade Tax-Subsidy Distortions; in: Econometrica, Vol. 39, No. 6, November, S. 1015-1035.

Spence, Michael (1976): Product Selection, Fixed Costs, and Monopolistic Competition; in: Review of Economic Studies, Vol. 43, No. 2, S. 217-235.

Stern, Nicholas (1991): The Determinants of Growth; in: Economic Journal, Vol. 101, S. 122-133.

Stolpe, Michael (1992): Ansätze der neuen Wachstumstheorie – ein Literaturüberblick; Kieler Arbeitspapiere, Nr. 508, Institut für Weltwirtschaft, Kiel.

Strasek, Sebastjan (1994): The Role of Government in Transition: The Case of Slovenia; in: Rivista Internazionale di Scienze Economiche e Commerciali, Vol. 41, No. 2, S. 173-183.

Sujan, Ivan, Milota **Sujanova** (1994): The Macroeconomic Situation in the Czech Republic; Working paper series, No. 46, Center for Economic Research and Graduate Education, Charles University, Economics Institute of the Academy of Sciences of the Czech Republic, Prague.

Summers, Robert, Alan **Heston** (1988): A New Set of International Comparisons of Real Product and Price Levels Estimates for 130 Countries, 1950-1985; in: Review of Income and Wealth, Vol. 34, March, S. 1-25.

Summers, Robert; Alan **Heston** (1991): The Penn World Table (Mark 5) – an Expanded Set of International Comparisons, 1950-1988; in: Quarterly Journal of Economics, Vol. 106, May, S. 327-361.

Swan, Trevor W. (1956): Economic Growth and Capital Accumulation; in: Economic Record, Vol. 32, November, S. 334-361.

Syrquin, Moshe, Hollis Chenery (1989): Three Decades of Industrialization; in: The World Bank Economic Review, Vol. 3, No. 2, S. 145-181.

Tanzi, Vito (1991): Mobilization of Savings in Eastern European Countries – The Role of the State; in: IMF-Working Paper, WP/91/4, International Monetary Fund, Washington D. C.

Thieme, H. Jörg (1990): Geldangebotssteuerung bei unterschiedlichen Unternehmens- und Marktverfassungen; in: Wagner, Hans-Jürgen (Hrsg.): Monetäre Steuerung und ihre Probleme in unterschiedlichen Wirtschaftssystemen; Schriften des Vereins für Socialpolitik, Neue Folge Band 191, Duncker&Humblot, S. 77-95.

Träumer, Frauke (1994): Währung und Konvertibilität; in: Osteuropa auf Reformkurs, Heft 11, Slowenien, Projektleitung: Hans W. Müller, Otto Storf, Redaktion: Bernd Klett, Deutsche Bank Research, Frankfurt a. M., S. 30-32.

Tybout, Jean (1990): Research in the Trade-Productivity Link – New Directions; in: The World Bank Research Observer, World Bank, Washington, D. C.

Tyler, William G. (1981): Growth and Export Expansion in Developing Countries: What Is Behind It and Where Is It Headed; in: Journal of Development Economics, Vol. 3, S. 337-349.

Ufer, Horst (1995): Zur Neuorientierung der Außenwirtschaft in der Tschechischen und Slowakischen Republik; Diskussionspapier Nr. 103, Januar, Deutsches Institut für Wirtschaftsforschung, Berlin.

Uzawa, Hirofumi (1965): Optimal Technical Change in an Aggrigative Model of Economic Growth; in: International Economic Review, Vol. 6, No. 1, S. 18-31

Van Frausum, Yves G., Ulrich **Gehmann**, Jürgen **Gross** (1994): Market Economy and Economic Reform in Romania: Macroeconomic and Microeconomic Perspectives; in: Europe-Asia Studies, Vol. 46, No. 5, S. 735-756.

Villanueva, Delano (1993): Exports and Economic Development; IMF Working Paper, No. WP/93/41, International Monetary Fund, Middle Eastern Department, Washington D. C.

Vosgerau, Hans-Jürgen (1988): Wachstumstheorie II: neoklassische; in: Willi Albers u.a. (Hrsg.): Handwörterbuch der Wirtschaftswissenschaften (HdWW), Band 8, Gustav Fischer, Stuttgart und New York, J. C. B. Mohr (Paul Siebeck), Tübingen, Vandenhoeck & Ruprecht, Göttingen und Zürich; S. 492-512.

Vranic, Johann, Claudia **Herrmann** (1994): Slowenien rückt an Westeuropa heran: Ausbau der Marktwirtschaft, Festigung der politischen Reformen; in: Südosteuropa Mitteilungen, Jg. 34, Nr. 2, S. 131-137.

Walter, Helmut. (1983): Wachstums- und Entwicklungstheorie; Fischer, Stuttgart u. a.

Walter, Ingo, Jae W. **Chung** (1971): Non-Tariff Distortions and Trade Preferences for Developing Countries; in: Kyklos, Vol. 24, No. 4, S. 733-752.

Wang, Ping, Chong K. **Yip** (1992): Taxation and Economic Growth: The Case of Taiwan; in: American Journal of Economics and Sociology, Vol. 51, No. 3, S. 317-331.

Weizsäcker, Carl Christian (1965): Existence of Optimal Programs of Accumulation for an Infinite Time Horizon; in: Review of Economic Studies, Vol. 32, No. 2, S. 85-104.

Weltbank (1983): Weltentwicklungsbericht 1983; Oxford University Press, Washington, D. C., New York.

Weltbank (1991): Weltentwicklungsbericht 1991: Entwicklung als Herausforderung; Oxford University Press, Washington, D. C., New York.

WIIW (1995), Wiener Institut für Internationale Wirtschaftsvergleiche: Countries in Transition 1995; WIIW Handbook of Statistics – Bulgaria, Croatia, Czech Republic, Hungary, Poland, Romania, Russia, Slovak Republic, Slovenia, Ukraine, Hrsg.: Wiener Institut für Internationale Wirtschaftsvergleiche, Wien.

Williamson, John (1991): The Economic Opening of Eastern Europe; Political Analysis in International Economies, No. 31, Institute for International Economies, Washington D. C.

Wirtschaftsprogramm (1989): Das Wirtschaftsprogramm – Hauptgrundlagen und Richtlinien (Warschau, Oktober 1989); abgedruckt in: Henryk Bak, Piotr Pysz, Roland Scharff (Hrsg.): Das Balcerowicz-Programm: Konzept, Realisierungsschritte, Zwischenergebnisse; Deutsche Gesellschaft für zeitgeschichtliche Fragen e.V., Erlangen, 1991, S. 9-29.

Wolf, Holger C. (1994a): Wachstumstheorien im Widerstreit – Konvergenz oder Divergenz?; in: Wirtschaftswissenschaftliches Studium, Vol. 23. 1994, Heft 4, S. 187-193.

Wolf, Holger C. (1994b): Growth Convergence Reconsidered; in: Weltwirtschaftliches Archiv, Band 130, Nr. 4, S. 747 - 759.

World Bank (1993a): Estonia: The Transition to a Market Economy; International Bank for Reconstruction and Development, A World Bank Country Study; Washington, D. C.

World Bank (1993b): Latvia: The Transition to a Market Economy; International Bank for Reconstruction and Development, A World Bank Country Study, Washington, D. C.

World Bank (1993c): Lithuania: The Transition to a Market Economy; International Bank for Reconstruction and Development, A World Bank Country Study, Washington, D. C.

World Bank (1994a): Slovakia: Restructuring for Recovery; International Bank for Reconstruction and Development, A World Bank Country Study, Washington, D. C.

World Bank (1994b): World Development Report 1994; Oxford University Press, Washington, D. C., New York.

World Bank (1996): From Plan to Market, World Development Report 1996, International Bank for Reconstruction and Development, The World Bank, Washington D. C., Oxford University Press, New York.

World Competitiveness Report (1995): The World Economic Forum (Hrsg.): The World Competitiveness Report 1995, Geneva.

Yeh, Yeong Her (1987): International Trade versus Factor Mobility under Domestic Distortions; in: American Economist, Vol. 31, No. 2, S.73-75.

Young, Alwyn (1991): Learning by Doing and the Dynamic Effects of International Trade; in: Quarterly Journal of Economics, Vol. 106, S. 369-405.

Young, Alwyn (1993): Invention and Bounded Learning by Doing; in: Journal of Political Economy, Vol. 101, No. 3, June, S. 443-472.

Zizmond, Egon (1994a): The End of Transitional Depression in Slovenia; Working Papers EDP Vol. 5, No. 4, University of Maribor, School of Business and Economics, Institute for Economic Diagnosis and Prognosis, Maribor.

Zizmond, Egon (1994b): Economic Policies in Slovenia After its Independence; Working Papers EDP Vol. 5, No. 2, University of Maribor, School of Business and Economics, Institute for Economic Diagnosis and Prognosis, Maribor.